应急物资委托代储的激励机制博弈研究

高晓宇 著

中国社会科学出版社

图书在版编目（CIP）数据

应急物资委托代储的激励机制博弈研究 / 高晓宁著. —— 北京：中国社会科学出版社，2025.5. -- ISBN 978-7-5227-4900-6

Ⅰ.F253

中国国家版本馆 CIP 数据核字第 20251AN584 号

出 版 人	赵剑英	
责任编辑	程春雨	
责任校对	李　硕	
责任印制	张雪娇	

出　　版	中国社会科学出版社	
社　　址	北京鼓楼西大街甲 158 号	
邮　　编	100720	
网　　址	http://www.csspw.cn	
发 行 部	010-84083685	
门 市 部	010-84029450	
经　　销	新华书店及其他书店	

印　　刷	北京明恒达印务有限公司	
装　　订	廊坊市广阳区广增装订厂	
版　　次	2025 年 5 月第 1 版	
印　　次	2025 年 5 月第 1 次印刷	

开　　本	710×1000　1/16	
印　　张	21.25	
插　　页	2	
字　　数	328 千字	
定　　价	128.00 元	

凡购买中国社会科学出版社图书，如有质量问题请与本社营销中心联系调换
电话：010-84083683
版权所有　侵权必究

前　言

　　应急物资的供应保障能力对突发灾害的影响极为重大，直接关乎灾区民众伤亡损失程度。目前我国应急物资储备以国家储备为主，但是突发灾害具有不确定性，绝大多数应急物资具有保质期或使用期限，如保质期短、时效性强、需求量大的食品类物资。因此，要求政府预先储备无限规模的应急物资是不现实的，应该根据突发灾害类型和应急物资要求特征，找到合适的代储企业，建立应急物资委托代储的联合储备模式。应急物资委托代储是能够扩大应急物资供应保障能力的重要储备策略，该储备方式能够在很大程度上减少政府储备资金占用，降低物资变质造成的资源浪费，目前已被各级地方政府所采纳。而在应急物资委托代储过程中存在以下两方面问题，致使委托代储系统优势难以得到充分发挥：一是政企合作进行应急物资委托代储过程中，存在多种有限理性行为，政府追求以最低的补贴获取应急救援的社会效益最大化，而代储企业往往更多地顾及自身的经济利益，政企之间存在一定的合作博弈关系；二是委托代储供应链中存在信息不对称情形，作为主导方的政府无法实时且全方位地掌控企业行为，长周期无需求或需求量较少容易让代储企业滋生倦怠情绪，降低努力程度，导致道德风险问题，这就给应急条件下物资的及时供应带来极大隐患。

　　本书基于应急物资委托代储的相关理论基础与文献研究综述，发现国内外关于政企合作的应急物资委托代储的研究中，一方面研究过多地关注对称信息情况下政企利润分配以及供应链的协调问题，却忽视了信息不对称因素对政企合作供应链的影响。另一方面大多基于完全理性和风险中性假设构建模型，却忽视了一个基本现实，即"人"在决策过程中的表现是有限理性的。虽然少量研究也涉及了有限理性，但只考虑了政府或企业单种有限理性行为，对政府或企业多种有限理性行为的研究不足，而且缺少数据支撑，难以客观反映政府或企业的行为特征，也没有分析有限理性行为如何造成政企储备决策偏差及政企供应链协作效率低下问题。

因此，本书首先从政府委托企业代储物资的视角出发，考虑政府与企业存在主从博弈关系，利用激励机制与契约协调的方法，研究不同应急物资储备方式（实物代储和生产能力代储）与不同储备周期下的委托代储供应链激励契约的设计；其次，从政企联合储备物资的视角，考虑政企双方的合作博弈关系，一方面探讨政企联合储备下双向激励的设计问题，另一方面研究多企业参与下的收益分配与契约协调问题；再次，从多主体协同治理的视角，研究政府、企业及社会公众决策行为对应急物资代储供应链的影响，明确政府、企业和社会公众在应急物资委托代储中的利益和策略选择，构建激励博弈模型，全面探究政府监管、社会公众监督与企业努力行为之间的动态博弈关系；最后，从应急物资委托代储的制度环境层面、物资整体布局层面及风险控制层面提出管理策略，助力突发灾害下应急物资的充分高质量的供给。本书在确保政企双方有效合作、防范企业道德风险发生以及应急物资委托代储供应链协调方面具有重要的理论和现实意义。本书主要创新性工作如下。

第一，从政企合作的不同代储方式层面，研究应急物资实物代储和生产能力代储中激励契约的设计。研究发现，激励契约能够较好地处理应急物资实物代储和生产能力代储中企业道德风险问题，弥补了不同委托代储方式下政企合作供应链在信息不对称方面研究的不足，同时丰富了供应链契约理论，拓展了应急物资实物代储和生产能力代储领域的研究，分别为地方政府选择实物代储和生产能力代储方式提供实践应用价值。研究中重要观点具体如下：①政府补贴函数是关于政府激励的凸函数，政府收益函数是关于政府激励的凹函数，即存在最优的政府激励满足政府以最低的补贴实现社会效益最大化的目标；②政府的激励可以正向激励企业提升努力程度，防范企业道德风险问题；③政府激励与代储企业风险厌恶程度之间存在得失权衡的关系，代储企业越是厌恶风险，政府激励就越低，且系统中随机因子具有抑制政府激励的作用。

第二，从政企合作不同周期层面，研究单周期与多周期合作模式下激励契约的设计问题。研究发现，多期激励契约模型中涵盖了在政企不同委托代储方式层面的研究观点，此外求证了多期激励契约在政府激励、企业努力程度、应急物资市场价值和政企双方收益方面都优于单期激励契约，且模拟仿真结果进一步突出了多期激励契约模型的优势，并分析得出了政企双方最优合作周期。该研究拓展了单周期的实物代储和生产能力代储供应链在政企多期合作下的研究，能够更好保证应急物资市场价值，这在灾害频发的地区，如四川、青海等，无疑能够在一定程度上减轻灾害伤亡。研究中重要观点具体如下：①激励力度与企业努力成本系数负相关，与企业风险厌恶度负相关。代储企业越是勇于承担风险，政府给予的激励就越大。②多期契约模型下的最优激励系数是关于契约周期的递减凸函数，且激励系数在多期契约的每一个周期都大于单期契约最优激励。③多期契约最优努力程度的单调性同最优激励系数，是关于契约周期的递减凹函数，且每期的努力都优于单期契约的努力程度。④签订多期激励契约更有利于应急物资市场价值的提升。单期与多期激励契约的应急物资市场价值与政府激励正相关，多期情况下应急物资市场价值随契约周期的增大逐渐减小，并趋向于一定值。⑤多期激励契约下企业收益变化与激励系数相反，是关于契约周期的递增凸函数。在满足一定条件下，企业是倾向于签订多期激励契约的。

第三，从促进政府有效监管、规避政府监管不到位导致企业道德风险问题的视角，研究应急物资委托代储供应链双向激励契约的设计。研究发现，双边不对称信息下政企双方努力程度交互影响，政企合作供应链无法实现协调。通过设置补偿收益与惩罚因子共同调控政企利润，鼓励政企双方增强各自努力程度，能够促进政府履行监管职责，提高政企合作关系，保障易变质类应急物资的质量，实现了双边不对称信息下应急物资委托代储供应链协调。同时，该研究考虑了信息不对称程度的变化对激励机制设计的影响，进一步丰富了信息经济学知识领域的研究。研究中重要观点具体如下：①双边不对称信息下政府和企业的努力程度与应急物资单位变质损失、应急物资最大变质量、对方努力成本系数及应急物资变质损失比例呈正相关，而与其自身努力成本系数负相关。②当应急物资变质损失比例达到一定值时，双边不对称信息下政府或者企业的努力程度能够与对称信息下最优努力程度保持一致，但双方努力程度不可能同时实现最优。无论如何调整变质损失分配比例，都无法实现双边不对称信息决策与对称信息下供应链决策模型的统一。③双边不对称信息下的应急物资变质量高于对称信息策略，且随着应急物资变质损失比例的不均匀分配，双边不对称信息下的应急物资变质量将会越来越大。

第四，从多企业参与代储视角，分析政企多方内在利益博弈关系，研究多企业参与下激励博弈模型的设计。研究发现，存在唯一的总代储量满足多个代储企业总期望效用最大化的目标。政府设置的单位补贴额度与收益分配份额符合一定条件下，应急物资储备总量与参与企业数量正相关，与企业风险厌恶程度负相关。存在唯一的由单位补贴额度与收益分配比例组成的参数，实现多企业参与应急物资代储系统协调运作。研究中重要观点如下：①代储企业风险厌恶程度增加，导致代储企业总代储量减少；②应急物资代储企业数量的增加在一定程度上加剧了企业间的竞争，且本书验证得出竞争加剧能够提升应急物资总储备量；③代储企业数量的增大带来竞争的加剧，竞争的加剧会促使其增加应急物资储备量来获得更多政府给予的补贴或者收益分配份额。

第五，从协同治理角度，构建应急物资代储中相关主体博弈模型，探究相关利益者之间的动态博弈关系，寻求利益最大化的均衡策略。研究发现，通过调整相关主体初始意愿、政府补贴、惩罚额度等参数，可以促使三方转变行为策略，动态调整主体行为选择，为三方主体后续实施何种措施提供一定的参考与建议，尽可能减少信息不对称导致的企业道德风险，为理解政府、企业与社会公众在应急物资管理中的互动关系提供了科学依据。研究中重要观点如下：①各主体初始意愿越强，博弈主体收敛速度越快；②政府补贴越多，企业与公众采取最优策略即企业努力与公众参与监督的速度越快；③惩罚额度越大，企业偷懒的概率越小，能够有效督促企业合理管理应急物资，保证应急物资质量；④主体的行为成本越大，其做出相反的选择概率越大，即高成本会抑制积极行为，降低整体效率；⑤政府奖惩力度、监管强度与社会公众的监督力度变化与各主体的策略选择并不完全一致，需要结合实际进行详细分析。

本书的主体部分内容源于笔者在西安交通大学完成的博士学位论文，根据郑州大学张珂副研究员、西安交通大学田军教授、上海海事大学王金凤教授、郑州大学臧国全教授、郑州大学杨瑞仙教授等学者的学术性与建设性建议，结合笔者的最新研究进展，笔者对之进行了修改、补充与完善，方成今日之形。

目　录

第一章　引言 ……………………………………………………（1）
　第一节　选题背景 ………………………………………………（1）
　第二节　研究问题的意义与价值 ………………………………（14）
　第三节　研究目标与研究内容 …………………………………（16）
　第四节　研究思路与方法 ………………………………………（23）

第二章　相关理论基础与研究综述 ……………………………（28）
　第一节　应急物资委托代储相关理论与研究综述 ……………（28）
　第二节　应急管理领域多主体博弈问题研究综述 ……………（45）
　第三节　供应链契约理论与研究综述 …………………………（52）
　第四节　激励契约理论模型与研究综述 ………………………（77）
　第五节　本章小结 ………………………………………………（94）

第三章　应急物资实物代储供应链激励契约与协调研究 ……（96）
　第一节　问题描述 ………………………………………………（97）
　第二节　模型参变量说明和建模分析 …………………………（97）
　第三节　应急物资实物代储供应链激励契约 …………………（100）
　第四节　模型结果分析 …………………………………………（105）
　第五节　算例分析 ………………………………………………（108）
　第六节　本章小结 ………………………………………………（117）

第四章　应急物资生产能力代储供应链激励契约与协调研究 …… （120）
    第一节　问题描述 ………………………………………………… （121）
    第二节　变量定义和建模分析 …………………………………… （122）
    第三节　应急物资生产能力代储激励契约模型 ………………… （125）
    第四节　模型性质分析 …………………………………………… （129）
    第五节　算例分析 ………………………………………………… （131）
    第六节　本章小结 ………………………………………………… （139）

第五章　多期应急物资委托代储供应链的激励契约与
          协调研究 ……………………………………………………… （140）
    第一节　问题描述 ………………………………………………… （141）
    第二节　模型变量定义与建模分析 ……………………………… （142）
    第三节　多周期应急物资委托代储供应链激励契约模型 ……… （144）
    第四节　模型结果分析 …………………………………………… （153）
    第五节　算例分析 ………………………………………………… （160）
    第六节　本章小结 ………………………………………………… （167）

第六章　应急物资委托代储供应链双向激励契约与
          协调研究 ……………………………………………………… （169）
    第一节　问题描述 ………………………………………………… （169）
    第二节　政企无契约合作下供应链决策模型 …………………… （171）
    第三节　基于双向激励契约的供应链决策模型 ………………… （177）
    第四节　算例分析 ………………………………………………… （178）
    第五节　本章小结 ………………………………………………… （187）

第七章　政企合作应急物资委托代储利润分配与协调
          策略研究 ……………………………………………………… （188）
    第一节　问题提出 ………………………………………………… （189）
    第二节　模型描述与变量说明 …………………………………… （193）
    第三节　基本假设 ………………………………………………… （194）

第四节　模型建立 …………………………………………… （195）
　　第五节　利润分配与协调模型下政企决策分析 …………… （202）
　　第六节　数值模拟 …………………………………………… （205）
　　第七节　本章小结 …………………………………………… （212）

第八章　政企协同共治下应急物资委托代储博弈策略研究 ……… （214）
　　第一节　问题描述 …………………………………………… （214）
　　第二节　博弈模型构建 ……………………………………… （214）
　　第三节　政府与企业博弈分析 ……………………………… （216）
　　第四节　数值仿真 …………………………………………… （220）
　　第五节　本章小结 …………………………………………… （237）

第九章　多主体协同共治的应急物资委托代储博弈机制
　　　　　协调研究 ………………………………………………… （238）
　　第一节　多主体参与视角下应急物资委托代储人因风险
　　　　　　因素识别 …………………………………………… （240）
　　第二节　博弈模型构建 ……………………………………… （241）
　　第三节　政府、企业与社会公众的演化博弈分析 ………… （244）
　　第四节　数值仿真 …………………………………………… （250）
　　第五节　本章小结 …………………………………………… （277）

第十章　应急物资委托代储管理决策 ………………………………… （279）
　　第一节　应急物资委托代储的制度环境层面 ……………… （279）
　　第二节　应急物资委托代储的整体布局层面 ……………… （282）
　　第三节　应急物资委托代储的风险控制层面 ……………… （286）
　　第四节　本章小结 …………………………………………… （289）

第十一章　结论与展望 ………………………………………………… （291）
　　第一节　基本研究结论 ……………………………………… （291）
　　第二节　研究主要创新点 …………………………………… （297）

第三节　研究展望 …………………………………………（299）

参考文献 ……………………………………………………（301）

后　记 …………………………………………………………（327）

第 一 章

引　言

第一节　选题背景

一　问题提出

我国幅员辽阔，地形复杂，近年来发生了汶川地震、玉树地震、雅安地震、鲁甸地震、景洪特大洪水、舟曲山洪泥石流、"温比亚"超强台风等重特大灾害。根据民政部、国家减灾办、应急管理部等发布的2010年至2022年全国自然灾害基本情况，平均每年各种自然灾害造成2.24亿人次受灾，因灾死亡失踪1663人，紧急转移安置789.4万人次，直接经济损失3684.9亿元，对人民群众生命与财产安全、经济发展与社会稳定产生了巨大威胁。大规模突发灾害发生后，受灾人群对于各类应急物资的需求呈现爆发式增加，如何满足巨大的物资需求显得尤为重要，而充足的应急物资储备是满足巨大物资需求的关键条件[1]。因此，国务院印发了《"十四五"国家应急体系规划》，从优化应急物资管理、加强物资实物储备、提升物资产能保障等方面提出了强化应急物资准备的建设思路。在此背景下，应急物资"由谁来储""怎么储""储多少"等问题是政府部门亟待解决的关键问题。

目前我国应急物资储备以国家储备为主，但是突发灾害具有不确定性，绝大多数应急物资具有保质期或使用期限，要求政府预先储备无限规模的应急物资是不现实的，而是应该依据突发灾害类型和应急物资需

---

[1]　冯春、张怡：《人道物流：理论与方法》，西南交通大学出版社2015年版。

求特征，找到合适的代储企业，建立政企联合储备应急物资的工作机制[1]，促使市场中流动的大量物资为政府所用，这是对当前国家储备的有效补充，可有效缓解政府部门的财政负担[2]。应急物资委托代储是指政府与企业签订契约，委托企业代储应急物资（实物或生产能力）的一种储备策略，该储备方式能为政府减少储备成本，提高储备资金的利用率，降低物资变质带来的资源浪费，现已成为各级地方政府广为宣传采用的储备方式，并逐渐形成有一定规范和秩序的系统流程。然而，在政企合作的应急物资代储过程中，双方并非完全理性，有限理性行为使得政企决策产生巨大偏差，其中"过度储备"和"储备不足"是经常出现的两个现象。针对上述问题，本项目考虑政企有限理性行为，对政企合作下的应急物资委托代储问题展开研究，提供一套行之有效的应急物资储备模式以及相匹配的规范条件，这无疑对健全完善应急物资保障体系意义重大。

具体而言，基于文献调研、问卷访谈等方式获取政企有限理性行为因素数据，确定政企有限理性行为关键特征因素，然后在政企组成的应急物资供应链系统中引入契约，基于应急物资储备形式的不同（实物储备，产能储备，实物+产能储备），建立符合政企行为特征的应急物资储备激励模型，揭示政企决策偏差的形成机理，最后探索应急物资委托代储供应链的协调治理问题，使得系统运作绩效达到最优。总体上，本书基于信息不对称因素和有限理性行为理论对政企合作下的应急物资分类储备及协调问题展开研究，不仅弥补了不完全信息和有限理性假设下相关研究的不足，也为该问题研究建立较为完备的理论分析框架和研究范式，而且获得的研究成果为政府吸纳和统筹社会资源、分类制定应急物资储备策略、纠正决策偏差提供科学的决策依据，极大缓和当前应急物资储备过程中存在的"过度储备""储备不足"等问题，对于健全完善应急物资保障体系、提高政府应急管理效能和优化灾害运营管理理论具有

---

[1] 雷晓康：《突发公共事件应急管理的社会动员机制构建研究》，《四川大学学报》（哲学社会科学版）2020年第4期。

[2] 卢少平等：《应急物资储备的社会化研究》，《物流技术》2009年第8期。

重大理论和实践意义。

二 应急物资委托代储中信息不对称现象

应急物资委托代储是指政府与企业签订契约，委托企业代储应急物资（实物或生产能力）的一种储备策略，该储备方式能为政府减少储备成本，提高储备资金的利用率，降低物资变质带来的资源浪费，现已成为各级地方政府广为宣传采用的储备方式，并逐渐形成有一定规范和秩序的系统流程。政企合作进行应急物资委托代储中，首先政府要选择合适的代储企业，这是做好政企合作应急物资委托代储工作的重要环节。目前有关如何选择合适代储企业的研究方法中应用较多的主要有TOPSIS、基于最小判别的评价模型等方法，如韩永飞和侯云先[1]、吴晓涛等[2]分别基于改进的TOPSIS方法通过构建评价指标最终决定选择的代储企业，并得出在选择过程中影响最大的关键指标，而郭莹和张永领[3]认为任何指标都有可能对应急物资代储企业的选择产生影响，为避免TOPSIS方法掩盖最差指标的影响，提出并设计了最小判别的评价模型用以判别企业是否适合代储应急物资。目前关于选择代储企业的研究能够为政府提供理论和决策支持，政府选择代储企业时可结合理论与实地考察相结合的方法，客观选择适合当地情况的代储企业。其次，若某企业被选为代储企业，该企业就需尽快调整产成品的库存，根据政府所需物资代储量进行储备，并保证在合作期间不能缺货。对代储企业而言，希望通过政府获取一定的投资收益和银行贷款，同时在合作初期扩大生产规模会产生相应的库存管理费用或贷款利息等，当然需政府负担部分费用，企业才有合作的意向。对政府而言，需根据可靠的预测方案确定应急物资需求量，然后结合自身储备库的实际情况决定委托企业代储的应急物资数量，而后与企业签订单周期或多周期委托代储合同，代储企业则根据合同要求储备

---

[1] 韩永飞、侯云先：《基于改进模糊TOPSIS的应急物资代储企业选择研究》，《中国安全科学学报》2013年第3期。

[2] 吴晓涛等：《基于改进熵权TOPSIS的应急物资生产能力储备企业选择》，《安全与环境学报》2011年第3期。

[3] 郭莹、张永领：《应急物资代储企业评价模式研究》，《物流科技》2015年第10期。

一定的应急物资实物或生产能力。合作初期，政府需给予企业一定的固定补贴，以弥补企业因扩大储备能力带来的资金占用，合作期间政府负责监督管理工作，以提供可变补贴的方式督促企业按照合同精心照料代储物资，以保障应急物资质量，待契约到期或突发灾害发生时提供充足的应急物资。

而在供应链协调过程中，经常出现供应链中因自私的一方隐藏有价值的信息的情况，Lal 和 Staelin[1]较早地提出供应链中普遍存在不对称信息，导致供应链无法进行高效率协作的问题，之后相继有学者研究不对称信息下供应链协调问题，如 Egri 和 Váncza[2]考虑到供应链中零售商拥有需求以及成本等私有信息，设计协调机制解决信息不对称引发的库存成本高、供应链无法高效协作等问题。Papakonstantinou 和 Bogetoft[3]指出因存在不对称信息，代理人将不会诚实地报告质量成本的概率估计。而本书对象为委托代储供应链，政府委托社会企业代储应急物资，本身负责应急物资储备监管工作。代储企业拥有应急物资的管理权，政府拥有应急物资的使用权。政府期望灾害发生时因高质量高数量的应急物资供应使得社会效益最大化，而企业在该过程中追求自身经济利益最大化，政企双方必然存在利益博弈关系。另外，委托代储过程中政府与企业之间存在共同信息，双方也拥有各自私人信息。政府作为信息劣势方很难完整获取企业所拥有的市场信息，长期的太平盛世极易导致代储企业的两种行为，一是代储企业犹如温水中的青蛙，滋生倦怠情绪，努力程度下降，对应急物资储备不够尽心尽力，难以保障应急物资高质量供应[4]。二是很容易导致一心追求经济利益最大化的企业投机取巧，以损坏政府

---

[1] Lal R. and Staelin R., "Salesforce Compensation Plans in Environments with Asymmetric Information", *Marketing Science*, Vol. 5, No. 3, 1986.

[2] Egri P. and Váncza J., "A Distributed Coordination Mechanism for Supply Networks with Asymmetric Information", *European Journal of Operational Research*, Vol. 226, No. 3, 2013.

[3] Papakonstantinou A. and Bogetoft P., "Multi-Dimensional Procurement Auction Under Uncertain and Asymmetric Information", *European Journal of Operational Research*, Vol. 258, No. 3, 2016.

[4] Gao X. N. and Tian J., "Multi-Period Incentive Contract Design in the Agent Emergency Supplies Reservation Strategy with Asymmetric Information", *Computers & Industrial Engineering*, Vol. 120, 2018.

利益为代价获取一己私利，契约结束或突发灾害发生时无法提供双方事前约定的应急物资数量，给应急条件下物资供应带来极大的隐患。因信息不对称致使应急物资供应不足或供过于求，进而导致重大伤亡的现象，在以往突发灾害中都有个例，如1999年土耳其大地震中，同样因信息反馈的滞后，加之政府应急组织协调能力不足，导致物资紧缺、应急救援能力下降，造成约1.8万人死亡、4.3万人受伤的惨剧，经济损失达200亿美元；2001年美国恐怖袭击事件中，众多伤亡人员因失血过多危及生命，为此各大公司、单位及学校都组织捐献血液并及时提供给救援人员，但因救援中信息无法及时共享，最终导致大约30万个单位的血液被销毁，这给社会民心带来极大的消极作用[1]；血液的保质期短，必须在非常短的时间内使用，Ibrion等[2]也提到伊朗巴姆大地震期间，地震发生后四天的时间内，当地医院仅接收到1231个单位的血液，但四天内捐献的血液却是使用量的1.3%，整个地震期间捐献血液共有108985个单位，但只有21347个单位的血液被有效运往当地医院，大量的捐献血液被销毁。2008年汶川地震期间，四川绵阳三台县德光办事处在发放物资时发现已经过期的方便面和面包各两箱，以及变质的瓶装水六箱，但鉴于食品安全问题并没有继续发放，这批变质的应急物资于2014年被发现，事发后当地德光办事处领导已被停职。2015年东方之星翻沉，事件发生时间为2015年6月1日21点，但因信息没有实时更新，地方政府接到沉船事件消息的时间晚了将近两个小时，错过了最佳的救援时间，导致442人遇难。

无独有偶，目前在政府委托企业代储应急物资过程中，不对称信息存在的现实成为最终能否提升政府应急救援能力的隐患，如Wu[3]提到某

---

[1] Hess J. R. and Thomas M. J. G., "Blood Use in War and Disaster: Lessons from the Past Century", *Transfusion*, Vol. 43, No. 11, 2003.

[2] Ibrion M., et al., "Earthquake Disaster Risk Reduction in Iran: Lessons and 'Lessons Learned' from Three Large Earthquake Disasters – Tabas 1978, Rudbar 1990 and Bam 2003", *International Journal of Disaster Risk Science*, Vol. 6, No. 4, 2015.

[3] Wu Y., "The Government Expenditure on Health and Health Systems – The Perspective Behind the SARS", *Chinese Hospital Management*, Vol. 23, No. 7, 2003.

大型国有企业基于自身处于信息优势地位，在代储医疗物资过程中，并没有将政府给予的补贴用于采购和储备医药物资，最终物资数量远低于政企事先约定量。因此，政企合作的应急物资委托代储供应链中，不对称信息的存在是造成应急物资供应隐患的主要原因，为避免信息不对称前提下代储企业谋取私利的行为，政企合作进行委托代储中亟须设置激励机制，即在给予企业固定补贴之外，设置可变补贴系数，用以刺激代储企业尽心尽力地储备物资，可变补贴系数与企业利益紧密相关，若代储企业不努力或代储过程中产生投机取巧行为，则可变补贴部分则会减少，反之，代储企业最终收益将会提高。那么，如何通过设计相应的供应链契约数学模型，约束代储企业行为，缓解因不对称信息造成的供应链无法高效协作以及委托代储供应链优势无法充分发挥的局面？这对于实现应急物资委托供应链的高效率运作和协调具有重要的现实意义和实践价值，目前也成为政企合作中应急物资委托代储领域中一个值得研究的问题。

三　有限理性行为对政企应急物资储备策略的影响

新古典经济学的"理性经济人"假设认为相信决策者具有理性决策能力并受自利动机的激励来最大限度地实现预定目标。然而，这一假设是比较理想化的，美国学者Simon[1]（1955）在《理性决策的行为模型》中首次提出有限理性的概念，认为决策者是介于完全理性与非理性之间的"有限理性"个体。在应急管理领域，应急物资采购市场是一个明显的买方市场，由于突发灾害引起的物资需求具有极大的不确定性以及受到复杂环境、有限信息等因素的影响，参与政企合作储备应急物资的代储企业通常是有限理性的。然而出于模型简化的目的，这些行为因素在建模过程中大多被忽略了，只有少数研究对政府或企业的风险态度进行了研究。例如，Wang等[2]将满意度概念引入应急物资采购过程，定义了

---

[1] Simon H. A., "A Behavioral Model of Rational Choice", *The Quarterly Journal of Economics*, Vol. 69, No. 1, 1955.

[2] Wang X. H., et al., "Pre-Purchasing with Option Contract and Coordination in a Relief Supply Chain", *International Journal of Production Economics*, Vol. 167, 2015.

采购方（政府）和供应方（企业）的风险规避系数，研究了政企风险规避程度对契约参数、收益分配的影响。刘阳等[1]运用前景理论刻画供应商风险规避特性，将期权契约引入政企组成的供应链，构建基于期权契约的政企联合储备应急物资模型，探讨了现货市场、政府强制性要求对政企联合储备应急物资模型的影响，得出了实现供应链协调与政企双赢的期权价格取值范围。Gao 等[2][3]考虑到政企长期合作的实际需求，构建了以应急物资市场价值最大化为目标的应急物资实物代储系统长期激励模型，表明企业风险规避程度越高，越不利于提高储备应急物资的能力水平，因此应急物资市场价值越低。除此之外，一些学者利用条件风险价值、一阶随机占优等方法对决策者风险态度进行衡量，确定了应急资源（包装食物、救护车、机场医疗物资等）预置水平[4][5][6]。也有部分学者运用演化博弈模型推理政企决策演化过程，分析了有限理性行为对应急物资储备策略、效率的影响[7][8][9]。

从发展动态来看，学者们逐渐开始摆脱完全理性假设的限制，关注政企有限理性行为对应急物资储备策略的影响。总体而言，此方面研究

---

[1] 刘阳等：《供应商风险规避下基于期权契约的政企联合储备应急物资模型》，《运筹与管理》2020 年第 11 期。

[2] Gao X. N. and Tian J., "Multi–Period Incentive Contract Design in the Agent Emergency Supplies Reservation Strategy with Asymmetric Information", *Computers & Industrial Engineering*, Vol. 120, 2018.

[3] 高晓宁等：《应急物资委托代储系统跨期激励的契约设计与管理策略研究》，《管理工程学报》2021 年第 1 期。

[4] Yu G. D., et al., "Risk–Averse Flexible Policy on Ambulance Allocation in Humanitarian Operations Under Uncertainty", *International Journal of Production Research*, Vol. 59, No. 9, 2021.

[5] 潘伟等：《我国随机事故发生时间的机场应急物资储备——基于单个应急准备阶段的医疗物资应急库存决策》，《管理评论》2015 年第 10 期。

[6] Noyan N., "Risk–Averse Two–Stage Stochastic Programming with an Application to Disaster Management", *Computers & Operations Research*, Vol. 39, No. 3, 2012.

[7] 张乃平、张钰林：《基于演化博弈的政企联合应急储备决策研究》，《武汉理工大学学报》（信息与管理工程版）2020 年第 2 期。

[8] 雷洋、黄承锋：《基于演化博弈的非耐用型应急物资储备策略探析》，《财会月刊》2017 年第 21 期。

[9] 罗静、李从东：《基于演化博弈的应急物资生产能力储备策略》，《工业工程》2015 年第 2 期。

相对较少，可能是因为目前诸多研究依然采用传统供应链管理理论指导灾害运作管理，从而避免政企行为因素对应急物资供应链运作绩效的干扰，因此完全理性假设成为很多学者进行研究的前提条件。少量研究主要围绕代储企业的风险规避特性展开，是对完全理性假设下相关研究的有限扩展，但是存在以下不足之处：第一，缺少对其他有限理性行为（如损失规避、参考依赖、过度自信等个人决策偏好和公平关切等社会偏好）的深入研究，也没有考虑多种行为因素的交互过程和叠加效应。第二，对政府或代储企业风险规避态度的刻画只是引入了风险规避系数，缺少数据支撑，难以客观反映政府或企业的行为特征。

四　激励机制对于政企合作供应链的作用与价值

（一）改进信息共享，提高供应链运作效率

在供应链管理中，信息不对称因素是扰乱供应链协调的主要因素之一，因信息不对称导致上游企业的成本增加，为众多学者开展针对下游企业共享信息的激励机制和实现协调方面的研究提供了契机。Fayezi 等[1]指出在供应链管理中，设计激励机制能够有效解决因信息共享程度低等因素诱发的供应链无法高效协作问题。信息不对称因素的存在，激发了政企合作供应链中因道德风险、收益及成本分配不均等问题导致的供应链失调现象，诸多学者对此展开了进一步的应用研究，如激励机制在政企合作的逆向供应链中得到大量的应用[2][3]，曹柬等[4]研究了制造商拥有再制造率和努力程度等不对称信息，导致制造商并存的道德风险和逆向选择问题，发现政府激励契约能够实现供应链高效率激励。张汉江和甘兴分别针对只生产新产品的两级供应链和同时生产新产品及在制造品的

---

[1] Fayezi S., et al., "Agency Theory and Supply Chain Management: A Structured Literature Review", *Supply Chain Management: An International Journal*, Vol. 17, No. 5, 2012.

[2] Li B., Chen W., Xu C., et al., "Impacts of Government Subsidies for Environmental - Friendly Products in a Dual - Channel Supply Chain", *Journal of Cleaner Production*, Vol. 171, 2018.

[3] Ma W. M., Zhao Z. and Ke H., "Dual - Channel Closed - Loop Supply Chain with Government Consumption - Subsidy", *European Journal of Operational Research*, Vol. 226, No. 2, 2013.

[4] 曹柬等：《基于EPR制度的政府与制造商激励契约设计》，《系统工程理论与实践》2013年第3期。

两级供应链设计了最优激励契约,鼓励零售商制定合理的零售价格实现供应链完美协调,并进一步研究了制造商针对回收商回收努力制定最优激励契约,实现回收努力前提下闭环供应链协调问题[1][2][3]。张汉江等[4]又考虑再制造补贴下闭环供应链协调问题,设计了以回收价格为激励对象的激励契约模型,并通过模型结果分析发现激励契约能够实现废旧产品回收销售的闭环供应链协调。

郑琪和范体军[5]考虑到风险偏好程度对生鲜农产品供应链利润的影响,通过设计激励契约数学模型提高了供应链中生产商、超市的利润,生鲜农产品供应链总利润有所提高,实现了供应链高效协作。经有国等[6]基于成本共担策略设计了新能源汽车租赁系统激励契约模型,数值模拟结果表明契约参数满足一定条件时系统利润实现最大化,且能够使得系统成员达到帕累托改进。Weitzman[7]在买方与卖方的交易过程中引入线性激励契约,买方承担固定费用和一部分审计成本,卖方承担分担比率,设置较高的分担比率能够降低总研制成本,但同时使代理方承担更高的不确定性,最后建立了最优分担比率与不确定性、风险厌恶程度等因素的关系。林云等[8]研究得出基于惩罚—激励契约能够实现由制造商、零售商和第三方物流构成的三级逆向供应链协调。

---

[1] 张汉江、甘兴:《供应链协调的最优销售价格激励契约设计》,《系统工程》2015年第2期。

[2] 张汉江等:《基于销售激励与回收激励的闭环供应链协调契约研究》,《系统工程学报》2015年第2期。

[3] 张汉江等:《闭环供应链上的回收激励契约设计与政府补贴再制造政策的优化》,《中国管理科学》2016年第8期。

[4] 张汉江等:《再制造补贴下闭环供应链协调的最优价格激励方式》,《系统工程》2016年第8期。

[5] 郑琪、范体军:《考虑风险偏好的生鲜农产品供应链激励契约设计》,《管理工程学报》2018年第2期。

[6] 经有国等:《成本分担政策下新能源汽车租赁系统激励契约》,《交通运输系统工程与信息》2018年第1期。

[7] Weitzman M. L., "Efficient Incentive Contracts", *The Quarterly Journal of Economics*, Vol. 94, No. 4, 1980.

[8] 林云等:《基于惩罚—激励契约的三级逆向供应链协调》,《世界科技研究与发展》2016年第6期。

（二）提高合作企业努力程度，增强物资供应的可靠程度

在供应链管理中，尤其针对存在委托代理关系的合作双方，若代理方合作过程中不努力，很容易导致最终合作关系破裂，很难高质量完成委托方要求。如 Yalabik 等[1]指出如果零售商无法协调其营销和运输努力程度，将会直接导致供应链中物资投入过量或者出现不足的现象。因此，运用激励机制提升产品营销供应链中企业努力程度的研究成为热点问题，如 Corbett 等[2]在供应链渠道中设置了激励因素用于降低间接物资的消耗，通过构建最优收益共享契约来提高供应商和消费者的努力程度。Pu 等[3]制造商在考虑到零售商公平偏好的影响下，设计激励契约鼓励零售商提升销售努力程度，发现激励契约的设计能够实现制造商和零售商利润的帕累托改进。Seung 和 Taesu[4] 研究了激励契约在买方驱动供应链质量改进上的应用，购买方作为博弈主导者如何设计激励契约鼓励供应商提高其质量改进努力程度。也有学者设计契约激励企业提升产品质量研发努力，Gao 等[5]则采用成本分担激励的方式提升企业质量改进努力程度。Lambertini[6] 运用二部定价契约激励企业提升研发努力程度并实现了供应链协调。

同样，政企合作供应链中同样存在企业努力程度不可观测的情况，综上研究发现，通过激励机制设计能够提升企业努力程度，协调政企合作供应链。研究发现，在政企合作的逆向供应链中，政府设计激励机制

---

[1] Yalabik B., et al., "An Integrated Product Returns Model With Logistics and Marketing Coordination", *European Journal of Operational Research*, Vol. 161, No. 1, 2005.

[2] Corbett C. J., et al., "Optimal Shared – Savings Contracts in Supply Chains: Linear Contracts and Double Moral Hazard", *European Journal of Operational Research*, Vol. 163, No. 3, 2005.

[3] Pu X., et al., "A Feasible Incentive Contract Between a Manufacturer and His Fairness – Sensitive Retailer Engaged in Strategic Marketing Efforts", *Journal of Intelligent Manufacturing*, Vol. 27, No. 3, 2016.

[4] Seung H. Y. and Taesu C., "Quality Improvement Incentive Strategies in a Supply Chain", *Transportation Research Part E: Logistics & Transportation Review*, Vol. 114, 2018.

[5] Gao C., et al., "Incentives for Quality Improvement Efforts Coordination in Supply Chains With Partial Cost Allocation Contract", *International Journal of Production Research*, Vol. 54, No. 20, 2016.

[6] Lambertini L., "Coordinating Research and Development Efforts for Quality Improvement Along a Supply Chain", *European Journal of Operational Research*, Vol. 270, No. 2, 2018.

能够在一定程度上提升企业回收的积极性，增强其努力程度。胡强等[①]针对回收企业努力程度无法被观察而隐匿的道德风险问题，研究了政府针对回收企业设计激励契约的过程，并验证了激励契约的设计能够提升回收企业努力程度。曹柬等[②]采用激励理论研究政府与逆向供应链系统协调问题，验证了激励契约能够有效甄别企业信息，提升代理人努力程度。在政企合作中应急物资委托代储供应链，大多数研究基于完全信息角度考虑供应链协调情况，较少学者从不对称信息探讨应急物资委托代储供应链系统运用效率，而随着应急物资委托代储方式的广泛应用，相继有研究人员在分析中加入非对称信息，如高晓宁等讨论了政府对企业行为具有非对称信息的情况下，根据委托代储方式的不同，分别分析了应急物资实物代储供应链[③]和生产能力代储供应链[④]中政企利益博弈关系，研究了政府作为主导方如何设计激励契约刺激企业增加努力程度，促进企业信息共享程度。接着探讨了政企跨期合作进行应急物资委托代储过程[⑤]，设置相应的契约参数，构建跨期激励契约模型，应对了信息不对称因素的影响，使得应急物资委托代储供应链的作用得到充分发挥。

（三）增强信任，改善管理水平

设计合适的激励契约对于增强合作双方的信任至关重要，能够在不对称信息条件下实现供应链双方合作关系的协调。目前诸多学者致力于研究如何通过协调供应链双方的关系解决双方的利益冲突问题，如 Lee[⑥]设计并分析了多对多供应链协商流程，探讨了在不同订购方和竞争条件

[①] 胡强等：《不对称信息下政府与回收处理企业激励契约设计》，《软科学》2014年第10期。

[②] 曹柬等：《基于激励理论的政府与逆向供应链系统协调机制》，《系统工程学报》2015年第6期。

[③] 高晓宁等：《政府委托下应急物资代储系统激励契约设计》，《运筹与管理》2017年第11期。

[④] 高晓宁等：《政府委托下应急物资生产能力代储系统激励契约设计》，《管理工程学报》2019年第1期。

[⑤] 高晓宁等：《应急物资委托代储系统跨期激励的契约设计与管理策略研究》，《管理工程学报》2021年第1期。

[⑥] Lee C. C., "Development and Evaluation of the Many-to-Many Supplier Negotiation Strategy", *Computers & Industrial Engineering*, Vol. 70, No. 4, 2014.

存在的情况下,设计激励机制对需求方投标策略和协商效率的影响。Renna[①]同样提出了协商策略并将多代理系统方法运用于电子市场环境,发现该方法能够同时为供应商和顾客带来利润。Mohebbi 和 Li[②] 提出了合作机制在供应链网络中的应用研究,设计了一个能力分享指标解决供应链网络中主体双方的利益分配问题。Zaheer 和 Venkatraman[③]强调合作伙伴间的相互信任和承诺的重要性,认为相互信任可以促进组织间相互学习和知识转移,降低谈判成本和提高联盟绩效。进一步研究发现,激励契约设计中双方的信任程度对最终收益的提高及供应链协调都具有重要的影响。王辉和侯文华[④]结合使用收益共享机制和奖惩机制,设计了业务流程外包激励契约,降低了服务商的道德风险,增大了双方的合作信任程度,从而给发包商带来更大的利润。李云飞和周宗放[⑤]基于风险投资家和投资者的委托代理关系,建立了风险投资家激励契约模型,通过增强风险投资家的激励强度,降低风险投资者道德风险和逆向选择问题,提高了风险投资者的期望收益。

基于以上分析,理论上激励机制设计能够促进政企合作的应急物资委托代储供应链中的信息共享。从利益驱动的角度鼓励代储企业分享私有信息,实现政企合作供应链高效协作具有一定的可行性。同时设计合适的激励契约有助于增强供应链中合作双方的彼此信任,进而提高双方高效合作的积极性,另外,激励契约设计在提高供应链一方努力程度方面具有重要作用。

综上所述,信息不对称因素的存在使得激励问题成为供应链管理中

---

① Renna P., "Negotiation Policies and Coalition Tools in E‐Marketplace Environment", *Computers & Industrial Engineering*, Vol. 59, No. 4, 2010.

② Mohebbi S. and Li X., "Coalitional Game Theory Approach to Modeling Suppliers Collaboration in Supply Networks", *International Journal of Production Economics*, Vol. 169, No. 2, 2015.

③ Zaheer A. and Venkatraman N., "Relational Governance as an Interorganizational Strategy: An Empirical Test of Trust in Economic Exchange", *Strategic Management Journal*, Vol. 16, No. 5, 1995.

④ 王辉、侯文华:《考虑业务流程模块化度影响的业务流程外包激励契约设计》,《管理工程学报》2014年第1期。

⑤ 李云飞、周宗放:《基于委托—代理关系的风险投资家激励契约模型》,《管理学报》2011年第6期。

的热点研究问题,激励契约设计的关键在于确定供应链双方收益函数,厘清双方的利益博弈关系。基于此设计 $q = f(e)$ 建立信息优势方产出与其努力程度的函数关系,以此提升信息优势方努力程度,促进信息共享。而在政府合作中的应急物资委托代储供应链中,与商业供应链的不同之处体现在:政府作为一个特殊的风险中性的独立个体,其追求的利益是社会效益最大化,即希望有充足的应急物资供应来减轻突发灾害中人、财、物的损失。因此,在本书中,设计激励机制模型的难点在于如何量化政府收益。首先,在政府与企业签订短期委托代储合同时,政府的关注点主要是充足的应急物资供应带来的社会效益;其次,若政府选择与企业签订长期委托代储合同,对于政府而言,考虑到长期的代储很容易出现应急物资变质的情况,那么政府追求的目标就会变化,更多地关注应急物资价值作为自身长远利益。

此外,政企合作进行委托代储过程中,从不同的应急物资代储方式、政企合作周期以及促进政企合作中政府有效监管,规避政府监管不到位导致企业风险道德问题层面考虑,三种情形下激励机制设计过程存在差异。在不同的委托代储方式下,需逐一分析应急物资实物代储以及生产能力代储过程中政企利益博弈关系,激励契约模型构建的关键制约在于如何针对两种代储方式设计相应的参数变量;而在政企合作周期不同层面,考虑到多期合作情况下政府关注点集中于应急物资价值,那么政府设计多期激励契约时如何计算、求证和模拟多期激励契约模型下政府激励、企业努力程度、应急物资价值以及政企收益等重要变量的优势是该部分研究的难点;而在从促进政府有效监管,规避政府监管不到位导致企业风险道德问题的视角,考虑政企双方努力程度交互影响的前提下政府监管对企业努力程度影响的重要性,在政府监管信息不公开的前提下,即政企双方努力程度互不可见,为避免政府监管职责外包对企业努力程度造成不利影响,那么设计激励契约的关键在于如何设置针对政企双方努力程度的参变量,分析政企收益如何通过转移支付理念实现协调是该部分研究的难点。

第二节 研究问题的意义与价值

一 研究意义

本书在确保政企双方有效合作、防范企业道德风险发生以及应急物资委托代储供应链协调方面具有重要的理论和现实意义。应急物资委托代储作为一种能够降低物资储备资金占用、减少物资变质带来的资源浪费、保障应急物资供应能力的重要储备策略，目前已被各级地方政府所采用。应急物资委托代储涉及政府与企业双方的利益博弈关系，政府期望灾害发生时充足的应急物资供应带来的社会效益最大化，代储企业则谋求经济利益最大化。委托代储过程中政企存在多种有限理性行为，加之不对称信息因素的存在，让代储企业在储备过程中容易产生两种行为：政府无法观测到企业行为，加之突发灾害发生时间的不确定性，长期的"太平无事"会让代储企业犹如温水中的青蛙，滋生倦怠情绪，努力程度下降，无法保障应急物资及时供应需求；以盈利为目的的企业极易存在谋取私利的行为，放松对应急物资的管理，导致契约期满或灾害发生时无法交付符合要求的物资。因企业的道德风险问题导致委托代储供应链优势无法得到充分发挥。

为此，本书运用文献调研、问卷访谈等方法获取政企有限理性行为数据，分析并确定政企有限理性行为关键特征因素。将关键特征因素引入政企效用函数构建，分别在政企合作的不同代储方式、合作周期以及促进政府有效监管，规避政府监管不到位导致企业道德风险问题的层面，探讨如何设计激励契约模型约束企业行为、改善政企合作关系、促进政企合作供应链高效协作，为不同类型应急物资储备建立政企博弈模型，采用逆向推导对模型进行求解，揭示政企不同决策偏差形成机理。此外，将政企有限理性行为关键因素纳入多主体协同共治博弈模型中，分析不同情境下政企博弈策略的演变。本书在理论上丰富了供应链契约理论，补充了应急物资委托代储供应链在信息不对称前提下的研究，同时本书在应急物资委托代储领域考虑激励契约设计，拓宽了激励契约的应用研究领域；在应用上为政府提供了针对企业道德风险问题的防范策略，确保政企双方高效率协作，提升了突发灾害下应急物资的及时供应能力。

综上所述，政府通过设计激励契约应对信息不对称因素对代储企业潜在的道德风险问题的不利影响，在改善政企合作关系、增强企业努力程度、提升应急条件下物资供应能力以及协调政企合作供应链方面具有重要的现实意义。

二　研究价值

首先，在理论层面，结合目前激励契约在供应链管理中的应用研究，发现激励机制具有有效改善政企合作供应链双方的合作关系、提升代储企业努力水平、促进信息共享程度、协调委托代储供应链的作用。政企合作中应急物资委托代储的激励契约设计思路与收益共享契约有相似之处，政企合作供应链中双方收益的博弈过程借鉴了收益共享契约理论知识，政府和企业共享一部分收益，政府通过调整收益比例系数来实现约束代储企业行为的目的，这在一定程度上丰富了供应链契约理论。另外，本书分别考虑了不同代储方式下激励机制与契约协调研究，拓展了应急物资实物代储以及生产能力代储供应链领域的研究；且考虑了信息不对称程度的变化对激励机制设计的影响，进一步丰富了信息经济学知识领域的研究。

其次，在应用层面，较之中央级或地方政府救灾物资储备库而言，应急物资委托代储方式能够在很大程度上降低地方政府储备资金占用率，企业的供销系统能够降低易变质物资损耗带来的资源浪费，能够提升突发灾害时应急物资的及时供应能力，进而减少突发灾害造成的人员伤亡及财产损失，具有实际应用价值，目前该储备方式从应用层面也成为热点研究对象。另外，激励机制的设计有助于委托代储供应链的作用得到充分发挥，通过建立不同代储策略下产出与努力程度的函数关系，刺激政府或企业付出努力确保应急物资高质量储备，进一步提升突发灾害中应急物资市场价值。政企合作的委托代储方式对于时效性强、需求峰值较大的应急物资而言越发受用，且在降低应急物资变质量方面的作用更为突出。

最后，研究政企合作中应急物资委托代储的激励机制和契约协调，能够为地方政府提供应急物资委托代储方面的决策指导。研究应急物资实物代储和生产能力代储供应链的激励契约设计，可以为选择不同储备方式的地方政府提供实践应用价值；研究政企长期合作中应急物资委托代储的激励契约设计，能够更好地保证应急物资市场价值，这对灾害频发的地区，如四川、青海等，无疑能够在一定程度上减轻灾害伤亡；研究应急物资委托代储双向激励契约协调机制，在信息不对称因素加剧的情况下，能够避免政府监管职责外包对企业努力程度的不利影响，促进政府有效监管，督促政府实行监管职责，改善政企双方合作关系，协调政企双方努力程度交互影响下应急物资委托代储供应链。

第三节　研究目标与研究内容

一　研究目标

本项目从有限理性行为视角对政企合作下的应急物资分类储备问题进行研究，并基于信息不对称因素导致的代储企业道德风险问题，激励企业提高储备努力程度，从而提升应急物资及时供应能力，实现政企合作供应链协调。依据本项目的研究内容以及与以往研究的比较，具体研究目标如下。

（一）明晰政企有限理性行为影响因素

首先利用文献调研、问卷访谈等方法分析政企有限理性行为影响因素，通过系统梳理国内外现有应急物资储备学术成果与政策文件等初步识别可能影响政企有限理性行为的关键因素。其次结合实际情况设计详细的调查问卷，并邀请不同类型的政企代表进行深入访谈，根据问卷与访谈数据确定政企有限理性行为关键特征因素，为构建符合政企行为特征的应急物资委托代储激励与协调模型提供支撑。

（二）求解不同类型应急物资委托代储最优储备策略

首先分析不同代储方式下政企合作的委托代储供应链，分别从政企合作进行实物代储和生产能力代储中拟定政府收益的衡量指标，找寻双方利益博弈点，建立代储量与企业努力程度的关系，弥补企业信息不对称对政府监管的影响，政府则通过实收代储量对企业实施奖惩机制，以此激励企业合作积极性，提升储备努力程度；其次分析政企合作周期的不同对激励契约模型构建的影响，确保政企长期合作中政府的长远利益，比较并求证政企单期和多期合作中契约关键变量的差异，通过算例分析找寻多期合作供应链最优合作期限；最后考虑政府监管对企业努力程度的影响，为避免政府监管职责不到位导致企业道德风险问题出现，设计双向激励契约督促政府实时监管，调动政企双方提高努力程度的积极性，减少应急物资变质数量，提高易变质应急物资的供应能力。

（三）揭示政企双方有限理性行为的政企储备决策形成机理

在委托代储供应链协调方面，通过分析并设计对称信息策略下政企合作供应链决策模型，发现对称信息下代储企业总会选择最优努力满足政府社会效益最大化，实现帕累托最优状态。而当信息不对称因素存在时，企业努力程度无法被实时观测，导致企业很容易滋生倦怠情绪或投机行为，努力程度下降，政企合作的应急物资委托代储供应链处于失调状态。针对此设计相适应的激励契约协调机制，通过建立企业努力程度与其利益的函数关系，或是补偿收益和转移支付的方式均衡分配政企利益，降低应急物资变质量，提高政企合作效率，进而提升政企合作供应链高效协作能力。

（四）提出多主体协同共治的应急物资委托代储供应链协调机制

在多主体协同共治的格局下，政府、企业及社会公众成为应急管理中的重要角色，企业应急物资代储过程中离不开政府的政策指引、资金支持和监督管理以及社会公众的支持与监督。因此，本部分将政企有限理性行为关键因素纳入政企博弈收益矩阵中，构建政府、企业和社会公众激励博弈模型，探究政府常规监管、社会公众监督与企业遵守道德行为之间的动态博弈关系，分析不同主体对应急物资筹集的影响，并试图达到理想的均衡状态，且对各主体的稳定性策略的演化趋势进行数值仿真，得出相关结论，以期降低企业出现道德风险的可能性，为维持政府、企业与社会公众之间长久稳定的良好关系提供策略与建议。

二　研究内容

研究核心内容共十一章，除第一章引言和第十一章结论与展望外，研究核心内容分为五部分，集中体现在第二至第十章，第一部分为第二章，系统梳理了相关理论基础与国内外文献，全面分析了激励契约理论模型构建框架。第二部分为第三、第四、第五章，从政府委托企业代储应急物资的视角，考虑双方主从博弈关系，分别研究了代储方式和不同代储周期下，政企合作进行应急物资实物代储、生产能力代储与长期代储的激励契约设计。第三部分为第六、第七章，从政企联合储备应急物资的视角，基于双方合作博弈的关系，一方面从促进政府有效监管，规避政府监管不到位导致企业风险道德问题的角度，设计针对政企双方努力程度的应急物资委托代储供应链双向激励契约协调机制；另一方面考虑多企业参与代储下，鉴于政企多方利益分配与协调问题，设计多主体参与下的激励博弈机制。第四部分为第八、第九章，从多主体协同治理的视角，首先研究了应急物资委托代储政府与企业双方演化博弈模型，探究政府监管与企业努力行为之间的动态博弈关系，探寻双方利益最大化的均衡策略。其次，将社会公众纳入应急物资委托代储政府与企业双方演化博弈模型中，构建政府、企业与社会公众三方激励博弈模型，探究政府监管、社会公众监督与企业努力行为之间的动态博弈关系，探寻多主体协同共治视角下各方利益最大化的均衡策略。第五部分为第十章，从应急物资委托代储制度环境层面、整体布局层面与风险控制层面分析应急物资委托代储管理决策。

本项目重点内容框架与逻辑关系如图1-1所示。

第一章"引言"。第一，从现实背景与现有研究出发，提炼出本项目的研究问题；第二，从政企合作应急物资委托代储中信息不对称存在的现实出发，阐述了因信息不对称因素导致应急物资供应出现隐患的事实根据；第三，分析了有限理性行为对政企应急物资储备策略的影响；第四，针对激励机制在供应链协调中的应用和发展趋势展开分析，了解到激励契约是解决政企合作供应链中信息不对称问题的有效途径；第五，分析了本书中激励问题的难点和关键制约，提出运用激励机制与契

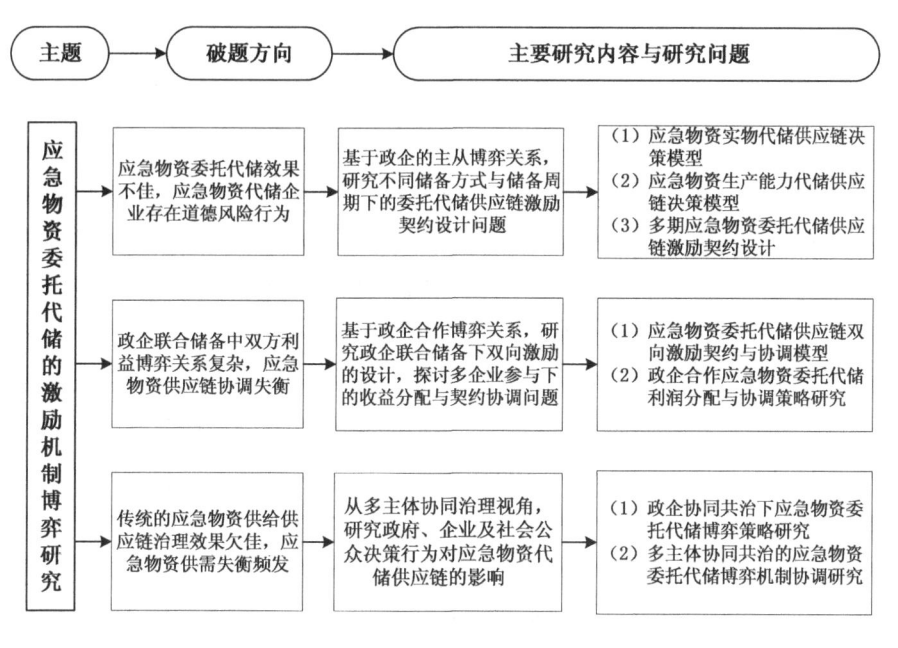

图 1-1　总体内容框架

约协调理论研究应急物资委托代储中因信息不对称引发的一系列问题的设想，以设想为逻辑分析基础，提出了研究目标、研究思路和研究内容框架。

第二章"相关理论基础与研究综述"。首先，探讨了应急物资委托代储具体应用流程，回顾了目前应急物资需求的相关现状，综述了应急物资实物储备和生产能力储备的相关研究；其次，梳理了四种典型供应链契约模型，比较分析了各供应链契约之间的优缺点，有助于本书更好地应用并拓展基本供应链契约理论知识，并系统综述了供应链契约在信息共享和应急管理两方面的国内外研究；最后，分析了建立激励契约模型的一般框架，阐述了三种基本的委托代理问题模型化方法，并分别综述了激励契约在不同程度的信息不对称条件下的相关研究。

第三章"应急物资实物代储供应链激励契约与协调研究"。在探讨政府为实现应急物资快速筹集的目标，委托代储企业进行实物储备的过程中，发现企业努力程度对实物代储供应链的重要影响。为避免因单边不对称信息因素导致代储企业努力程度下降的现象，首先分析代储企业努力程度可观测的情况，通过设计政府最优支付策略确定了对称信息情况下最优努力程度。其次详细探讨代储企业努力程度不可观测的情况，建立政企之间的利益博弈模型，分析政府的激励方式和激励数额对应急物资代储企业努力程度的影响。在此基础上，设计符合实际需要的应急物资代储激励契约，制定相应的奖惩规则，并通过数值仿真寻找最优的参数设置，为政府有效管理应急物资代储企业，提高其努力程度，提升应急条件下应急物资供应保障能力提供了理论支撑。

第四章"应急物资生产能力代储供应链激励契约与协调研究"。本章探讨了政府委托代储企业进行生产能力储备中的委托代理关系，研究了对称信息与单边不对称信息条件下政府与代储企业之间的利益博弈，提出了针对委托代储企业的激励机制，建立了相应的激励契约模型，通过设置储备量奖惩系数有效控制应急物资生产能力储备水平，同时设计了收益奖惩系数，根据实际效果对委托代储企业实施奖罚。通过双重激励措施，鼓励企业改善信息共享程度，激励企业增加努力程度。最后，运用MATLAB实验平台对模型求解并结合算例分析。结果表明，激励契约模型存在最优储备量奖惩系数和最优收益奖惩系数，通过协调可以达到双方联合最优收益值，从而实现最大化社会效益。

第五章"多期应急物资委托代储供应链的激励契约与协调研究"。重点针对政府委托企业多周期代储应急物资过程中，单边不对称信息的存在对多期委托代储供应链的影响更为明显。为此，本章首先分析对称信息下单期最优支付策略和单边不对称信息下应急物资委托代储单期激励契约模型；其次将单期拓展为多期模式，同样分析对称信息下多期最优支付策略，求解出对称信息下企业的最优努力程度，重点针对单边不对称信息下最优激励契约模型展开分析，推导分析多期契约模型中最优激励、最优努力程度、应急物资市场价值和政企收益随契约周期的变化关系，并与同周期下单期契约相比较。其次运用MATLAB实验平台模拟了多期激励契约模型下激励系数、企业努力程度、应急物资市场价值、政企双方收益随契约周期的变化趋势，依据模拟数值比较分析了关键参变量在单周期与多周期激励契约模型下的优劣，验证了模型推导结果，并进一步分析求解出政企双方最优合作周期。结果表明，政企签订多周期激励契约能够稳步提升应急条件下物资供应保障能力，实现应急物资委托代储过程中政企双方长期效益，为政企决策提供重要参考建议。

第六章"应急物资委托代储供应链双向激励契约与协调研究"。考虑到政府与代储企业的努力对应急物资委托代储供应链的重要影响，避免政府努力程度不可见的情况下政府监管职责外包对企业努力程度的不利影响。本章首先考虑对称信息下应急物资委托代储供应链决策模型设计。其次探讨在双边不对称信息因素存在的情况下，通过与对称信息下供应链决策模型的参数比较分析，发现应急物资委托代储供应链无法实现协调。为此设置补偿收益系数和惩罚系数，构建激励契约协调机制调整政企双方利润分配，对供应链进行帕累托改进并实现协调。最后，运用MATLAB实验平台进行数值模拟，深层分析如何通过调整补偿收益与惩罚系数之间的关系实现应急物资委托代储供应链协调。结果表明，设计双向激励契约协调机制能够调动政企双方提高努力程度的积极性，减少易变质应急物资数量，实现双边不对称信息条件下应急物资委托代储供应链协调。

第七章"政企合作应急物资委托代储利润分配与协调策略研究"。多企业参与应急物资代储的方式缓解了应急物资需求不确定性和紧迫性问题，但多方复杂的利益博弈关系增加了政府协调的难度。本章研究了集中决策与分散决策下政府与企业期望收益和决策的不同，通过设置奖惩与收益共享的份额协调分散决策的利益博弈冲突问题，设计了多主体参与应急物资代储的利润分配与协调模型。研究发现，存在唯一的总代储量满足多个代储企业总期望效用最大化的目标。政府设置的单位补贴额度与收益分配份额符合一定条件时，应急物资储备总量与参与企业数量正相关，与企业风险厌恶程度负相关。存在唯一的由单位补贴额度与收益分配比例组成的参数，实现多企业参与应急物资代储系统协调运作。在代储企业风险厌恶程度和代储企业数量变动的前提下，算例模拟了政府收益分配比例最优取值范围、供应链及各方期望收益和期望效用的变动情况。

第八章"政企协同共治下应急物资委托代储博弈策略研究"。现阶段应急物资委托代储管理体系中的行为主体主要是政府与企业。政府负责制定相关法规和政策框架，实施必要的制度监管来监督企业的运作，确保企业在应急物资管理过程中遵守相关规定。企业在储备和管理应急物资时，建立健全的应急管理制度，定期进行物资盘点和更新，确保应急物资始终处于良好的状态，质量和数量能够满足突发事件的需求，做到及时供应、保障有力。政府和企业的协同合作，能够形成良好的应急物资管理体系，既满足企业的盈利需求，又实现社会公共利益的最大化。本章首先明确应急物资委托代储中政府与企业各自的行为选择及其相互影响，构建政府与企业双方演化博弈模型，深入探究政府监管与企业努力行为之间的动态博弈关系，在权衡双方利益的基础上达成最优合作方案。其次对演化趋势进行系统仿真分析与优化，在初始意愿、奖惩机制与政府监管强度变化的情况下，研究关键变量对博弈均衡及各主体行为决策的影响，全面揭示应急物资委托代储中政府与企业博弈的复杂动态关系，进而为实际政策的制定提供具有实践价值的指导建议。

第九章"多主体协同共治的应急物资委托代储博弈机制协调研究"。现阶段关于应急物资委托代储的研究，多考虑政府与企业的两方演化博弈，较少地将社会公众纳入同一系统中进行博弈研究，尤其是在企业道德风险研究方面，目前还存在较大不足。在多主体协同共治的格局下，政府、企业和社会公众作为应急管理中的重要角色，各自承担着不同的责任和任务。企业在应急物资筹集过程中，离不开政府的政策指引、资金支持和监督管理，同时也需要社会公众的支持与监督，以确保应急物资的及时和有效筹集。因此，本章构建了一个包含政府、企业和社会公众的激励博弈模型，深入探讨政府监管、社会公众监督与企业努力行为之间的动态博弈关系，分析不同主体在应急物资筹集过程中的作用和影响，尝试找到使各方利益最大化的均衡策略，且对各主体的稳定性策略演化趋势进行数值仿真，得出相关结论。为构建一个更加完善的应急物资管理体系提供理论支持和实际指导，确保在突发事件中能够迅速、高效地响应和处理，为社会的安全与稳定贡献力量。

第十章"应急物资委托代储管理决策"。首先，从应急物资委托代储制度环境层面分析应急物资委托代储管理决策,研究相关法律法规、政策指引和标准规范的制定与实施情况,评估其对应急物资委托代储管理的影响与作用。探讨如何通过完善制度环境提升应急物资委托代储管理的规范性和有效性,确保各方在制度框架内协调运作。其次,从应急物资委托代储整体布局层面分析应急物资委托代储管理决策,研究应急物资储备点的选址与布局、储备量的确定、资源配置的优化等方面。探讨如何通过科学合理的整体布局提高应急物资储备的覆盖率和响应速度,确保在突发事件发生时能够迅速调配资源,保障应急物资的及时供应。最后,从应急物资委托代储风险控制层面分析应急物资委托代储管理决策,研究潜在风险的识别与评估、风险防控措施的制定与实施、应急响应机制的完善等方面。探讨如何通过建立健全的风险控制体系,降低应急物资代储过程中可能出现的风险,提升应急管理的安全性和可靠性,确保在各种突发情况下能够有效应对和处置。

第十一章"结论与展望"。总结全书主要内容和重要结论,提炼出主要创新点,并提出今后有待进一步研究的方向。

第四节 研究思路与方法

一 研究思路

本书遵循"提出问题—分析问题—解决问题"的研究思路。①提出问题,即应急物资委托代储中受信息不对称和有限理性行为因素的影响,应急条件下以何种方式储备应急物资、储备多少应急物资;如何约束企业储备行为,增强政府监管效力等成为重难点研究问题。②分析问题,该部分研究的逻辑路径分 3 个层面,涵盖本书中 7 个章节的内容(第三至第九章)。一是考虑政企主从博弈关系,从政府委托企业代储应急物资层面开展研究;二是考虑政企合作博弈关系,从政企联合储备应急物资层面开展研究;③解决问题,考虑多主体协同治理的角度,从政府、企业与社会公众多主体协同治理层面开展研究。最后,从制度环境、整体布局和风险管控层面提出具体管理决策。因此,本书重难点内容主要体现在第三至第九章。

第一，从应急物资不同的代储方式考虑，针对政府委托企业实物代储过程设计激励机制。第二，研究政府委托企业生产能力代储过程中激励契约的设计问题。第三，从政企合作周期不同考虑，将企业有限理性行为关键因素纳入企业效用函数中，研究政企合作中单期和多期应急物资委托代储激励契约设计。第四，将政企有限理性行为关键因素分别纳入政企效用函数中，从促进政府有效监管，规避政府因监管不到位导致企业风险道德问题层面考虑，研究信息不对称因素对政企合作供应链协调的影响，设计双向激励契约协调机制促进政府行使监管职责，避免政府监管责任外包等因素对企业努力程度造成的不利影响，以协调政企合作的委托代储供应链。第五，将政企有限理性行为关键因素纳入政企博弈收益矩阵中，构建政府、企业和社会公众激励博弈模型，探究政府常规监管、社会公众监督与企业遵守道德行为之间的动态博弈关系，分析不同主体对应急物资委托代储供应链协调的影响，并试图达到理想的均衡状态，且对各主体的稳定性策略的演化趋势进行数值仿真，得出相关结论，以期降低企业出现道德风险的可能性。第六，分析政府与企业在应急物资储备过程中的互动机制，揭示双方在不同策略下的利益分配和行为选择，构建一个涉及政府与企业双方的应急物资委托代储博弈模型，深入探讨政府监管与企业努力行为之间的动态博弈关系，找出双方利益最大化的均衡策略，对演化趋势进行系统仿真分析与优化，研究初始意愿、奖惩机制与政府监管强度变化的情况下，关键变量对博弈均衡以及各主体行为决策的影响，为优化政策和管理措施提供科学依据。第七，明确政府、企业和社会公众三方在应急物资储备过程中的利益和策略选择，构建应急物资储备三方激励博弈模型，全面探究政府监管、社会公众监督与企业努力行为之间的动态博弈关系，分析不同主体对应急物资筹集的影响，并试图达到理想的均衡状态，且对各主体的稳定性策略演化趋势进行数值仿真。通过调整政府的监管力度、社会公众的监督强度以及企业的努力水平，观察各方策略的演变和最终趋向的均衡状态，得出相关结论，以期确保应急物资的高效筹集与管理，促进各方协同合作，加大整体应急响应能力。

具体研究思路如图1-2所示。

第一章 引 言 25

```
┌─────────────────────────────────────────────────────────────────────┐
│              应急物资实物代储供应链激励契约与协调研究                  │
│  ┌──────────────┐  ┌──────────────┐  ┌──────────────┐              │
│  │应急物资实物代储│  │ 模型结果分析  │  │  算例分析     │              │
│  │供应链激励契约 │  │①政府激励与最优│  │①模拟关键变量与│              │
│  │   的设计      │  │补贴函数间的关系│  │代储企业可变投入│             │
│  │①对称信息下最优│  │   分析        │  │   边际成本    │              │
│  │支付策略分析   │  │②政府激励与代储│  │②模拟关键变量与│              │
│  │②单边不对称信息│  │企业风险厌恶程 │  │   随机因子    │              │
│  │下激励契约的分析│  │度的关系分析   │  │③模拟关键变量与│              │
│  │              │  │③讨论关键参数对│  │代储企业储备能力│             │
│  │              │  │激励契约的影响 │  │              │              │
│  └──────────────┘  └──────────────┘  └──────────────┘              │
│         信息不对称、委托代理、激励契约的设计、数值模拟、仿真实验      │
└─────────────────────────────────────────────────────────────────────┘
                              ⇓
研究目的1: 分析政府主导下应急物资实物代储中如何提升企业努力程度、提高应急物资实物代储的快速筹集和及时供应能力

┌─────────────────────────────────────────────────────────────────────┐
│            应急物资生产能力代储供应链激励契约与协调研究               │
│  ┌──────────────┐  ┌──────────────┐  ┌──────────────┐              │
│  │应急物资生产能力│  │ 模型性质分析  │  │  算例分析     │              │
│  │ 代储激励契约  │  │①最优奖惩系数 │  │①政府期望效用函│              │
│  │   的模型      │  │   推导       │  │数变化趋势分析 │              │
│  │①对称信息下最优│  │②分析模型参数对│  │②采用数值分析方│             │
│  │支付策略分析   │  │政府激励的影响 │  │法进行验证说明 │              │
│  │②单边不对称信息│  │              │  │              │              │
│  │下激励契约的分析│  │              │  │              │              │
│  └──────────────┘  └──────────────┘  └──────────────┘              │
│         信息不对称、委托代理、激励契约的设计、数值模拟、仿真实验      │
└─────────────────────────────────────────────────────────────────────┘
                              ⇓
研究目的2: 分析政府主导下应急物资生产能力代储中如何提升企业努力程度、提高应急物资代储的快速筹集及及时供应能力

┌─────────────────────────────────────────────────────────────────────┐
│            多期应急物资委托代储供应链的激励契约与协调研究             │
│  ┌──────────────┐  ┌──────────────┐  ┌──────────────┐              │
│  │多周期应急物资 │  │ 模型结果分析  │  │  算例分析     │              │
│  │委托代储供应链 │  │①激励系数分析 │  │①多期激励契约的│              │
│  │激励契约的模型 │  │②企业努力程度分│  │优势模拟分析   │              │
│  │①单期激励契约的│  │   析         │  │②多期激励契约下│              │
│  │模型设计       │  │③应急物资市场价│  │政企双方最佳合作│             │
│  │②多期激励契约下│  │   值分析     │  │   周期分析    │              │
│  │供应链决策模型 │  │④政企双方收益分│  │              │              │
│  │   设计       │  │   析         │  │              │              │
│  └──────────────┘  └──────────────┘  └──────────────┘              │
│            委托代理、激励契约设计、数值模拟、仿真实验                │
└─────────────────────────────────────────────────────────────────────┘
                              ⇓
研究目的3: 针对在应急物资多周期委托代储供应链中政府主导下企业易出现的不自觉、不努力或懈怠等行为设计激励契约模型

┌─────────────────────────────────────────────────────────────────────┐
│            应急物资委托代储供应链双向激励契约与协调研究               │
│  ┌──────────────┐  ┌──────────────┐  ┌──────────────┐              │
│  │政企无契约合作下│  │基于双向激励契约│  │  算例分析     │             │
│  │供应链决策模型 │  │的供应链决策模型│  │①绘制政府与企业│             │
│  │①对称信息下供应│  │①双边不对称信息│  │补偿收益曲线   │              │
│  │链决策模型设计 │  │下供应链协调实现│  │②不同策略下政企│             │
│  │②双边不对称信息│  │②分析政企双方补│  │双方利润对比分析│             │
│  │下供应链决策  │  │偿收益需满足的条│  │              │              │
│  │   模型设计   │  │   件         │  │              │              │
│  └──────────────┘  └──────────────┘  └──────────────┘              │
│            委托代理、激励契约设计、数值模拟、仿真实验                │
└─────────────────────────────────────────────────────────────────────┘
                              ⇓
研究目的4: 政府与企业联合储备下应急物资委托代储供应链激励契约和协调机制设计

┌─────────────────────────────────────────────────────────────────────┐
│            政企合作应急物资委托代储利润分配与协调策略研究             │
│  ┌──────────────┐  ┌──────────────┐  ┌──────────────┐              │
│  │  模型建立    │  │利润分配与协调模│  │  数值模拟     │             │
│  │①集中决策下政企│  │型下政企决策分析│  │①分析政企收益、│              │
│  │最优期望收益模 │  │①利润分配与协调│  │供应链整体收益和│             │
│  │型建立与分析   │  │模型下的政企决策│  │参与的代储企业数│             │
│  │②分散决策下政企│  │面临问题分析   │  │量和其风险厌恶 │              │
│  │最优期望收益模 │  │②决策模型构建 │  │   程度分析    │              │
│  │型建立与分析   │  │              │  │②分散决策下政企│              │
│  │              │  │              │  │合作供应链协调实│             │
│  │              │  │              │  │   现         │              │
│  └──────────────┘  └──────────────┘  └──────────────┘              │
│            委托代理、激励契约的设计、数值模拟、仿真实验              │
└─────────────────────────────────────────────────────────────────────┘
                              ⇓
研究目的5: 探讨政府与多个企业联合储备应急物资时利润分配与供应链协调问题

┌─────────────────────────────────────────────────────────────────────┐
│            政企协同共治下应急物资委托代储博弈策略研究                │
│  ┌──────────────┐  ┌──────────────┐  ┌──────────────┐              │
│  │ 博弈模型构建 │  │政府与企业博弈分│  │  数值仿真     │             │
│  │①博弈模型假设 │  │    析        │  │①不同情境下的仿│              │
│  │   设定       │  │①两方复制动态方│  │   真分析     │              │
│  │②政企博弈参数 │  │   程分析     │  │②参数变化对博弈│              │
│  │   设定       │  │②演化博弈均衡点│  │的影响仿真分析 │              │
│  │              │  │   稳定性分析 │  │              │              │
│  └──────────────┘  └──────────────┘  └──────────────┘              │
│            委托代储、演化博弈、数值模拟、仿真实验                    │
└─────────────────────────────────────────────────────────────────────┘
                              ⇓
研究目的6: 分析政府监管与企业努力行为之间的动态博弈关系，构建应急物资代储博弈模型，探究政府与企业协同共治下双方受益最大化协调策略

┌─────────────────────────────────────────────────────────────────────┐
│          多主体协同共治的应急物资委托代储博弈机制协调研究             │
│  ┌──────────────┐  ┌──────────────┐  ┌──────────────┐              │
│  │多主体参与视角 │  │ 博弈模型构建  │  │  数值仿真     │             │
│  │下应急物资委托 │  │①政府、企业与社│  │①不同情境下的仿│             │
│  │代储人因风险因 │  │会公众三方博弈 │  │   真分析     │              │
│  │   素识别     │  │模型假设设定   │  │②参数变化对博弈│              │
│  │①从来源角度挖掘│  │②政府、企业与社│  │的影响仿真分析 │              │
│  │人因风险因素   │  │会公众的演化博 │  │              │              │
│  │②实证分析找出应│  │   弈分析     │  │              │              │
│  │急物资代储中关 │  │              │  │              │              │
│  │键风险因素     │  │              │  │              │              │
│  └──────────────┘  └──────────────┘  └──────────────┘              │
│            委托代储、演化博弈、数值模拟、仿真实验                    │
└─────────────────────────────────────────────────────────────────────┘
```

研究目的7: 考虑社会公众参与下多主体协同治理，分析政府监督、社会公众监督与企业努力行为之间的动态博弈关系，构建政府、企业和社会公众激励博弈模型，探究多主体协同共治下各方受益最大化协调策略

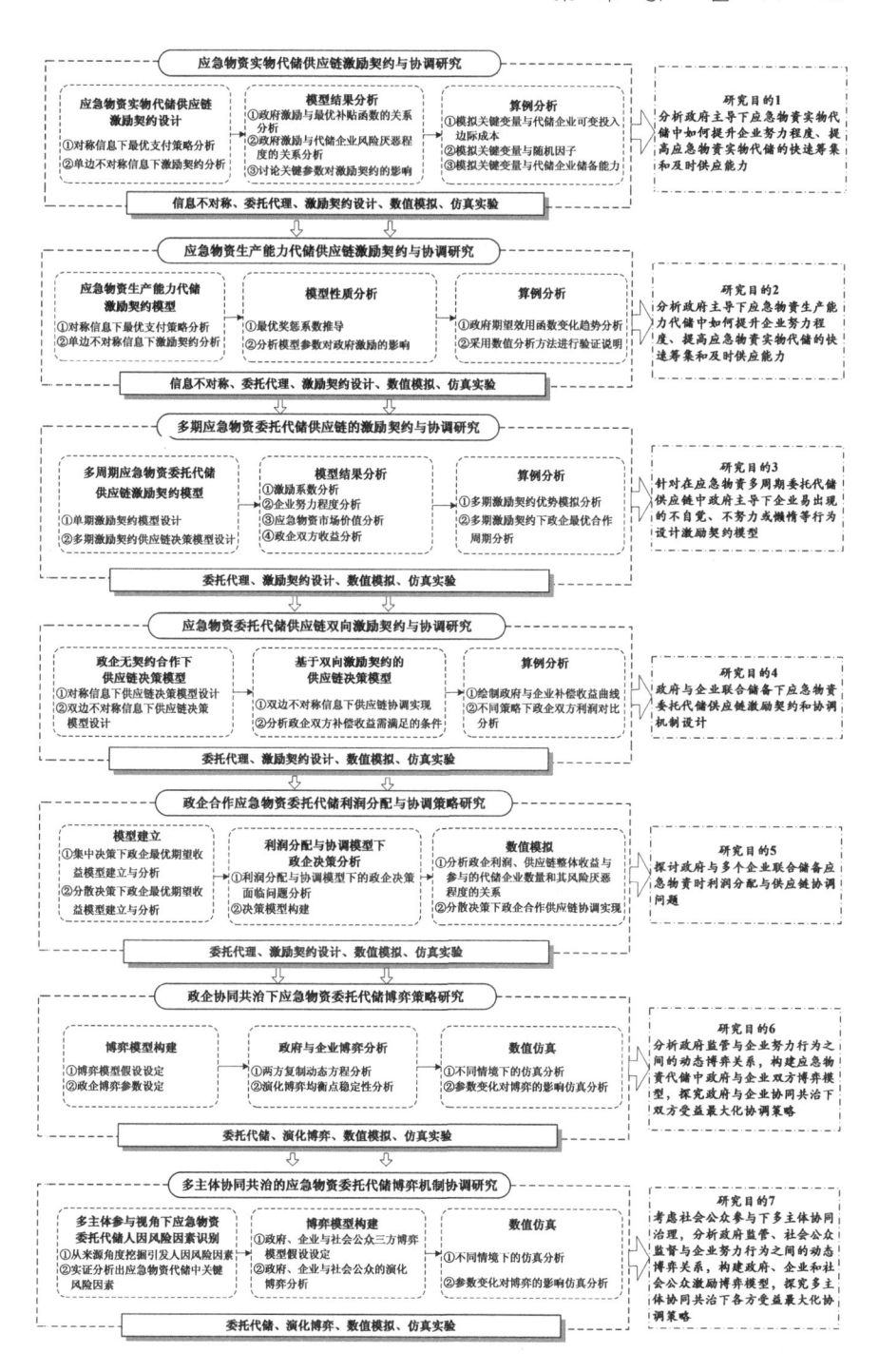

图1-2 研究思路

二 研究方法

(一) 文献研究与现实分析相结合

在研究对象与内容方面，通过综述国内外学者对应急物资储备方面的研究，研究主要侧重于采用数学方法分析政企合作时双方利益分配问题，找出双方利益平衡点，或是理论上指出政府可以与企业联合进行委托代储，而对于委托代储过程中政府与企业之间的行为分析鲜有研究；在应急管理契约理论应用方面，从不同角度综述了应急管理中供应链契约的设计，研究评述得出在应急物资采购与储备领域的供应链契约主要集中于期权契约、数量柔性契约等，以应急物资价格和数量作为决策变量进行建模。结合现实情况分析，不对称信息普遍存在于委托代储过程中，因不对称信息导致最终应急物资供应隐患的实例屡见不鲜，而对于激励契约的综述研究发现，激励机制的设计是应对供应链中不对称信息存在的有效方法，基于此，本书展开对激励契约在应急物资委托代储供应链中的研究。

(二) 问卷访谈法

为全面分析政企有限理性行为影响因素，本书运用问卷访谈法，依据文献调研结果，结合实际情况设计调查问卷，并邀请不同类型的政企代表进行深入访谈。通过对问卷调查和访谈数据进行系统分析和归纳总结，确定政企有限理性行为的关键特征因素，以便确保后续运用激励机制与契约协调方法时将政企有限理性行为关键特征因素引入政企效用函数设计中，让为不同类型应急物资储备建立的政企决策模型能够真实反映实际情况。

(三) 激励机制与契约协调

激励契约是解决因不对称信息存在导致供应链失调的主流研究方法。该方法首先通过设计 $q = f(e)$ 建立代储企业产出与其努力程度的函数关系，弥补因单边不对称信息存在致使政府无法观测到企业努力行为的缺陷。其次，单边不对称信息存在的情况下，政府作为主导根据实际效果对代储企业实施奖惩，提升代储企业努力程度；双边不对称信息存在的情况下，设计双向激励契约协调机制，刺激政企双方增强努力程度，协调政企合作的应急物资委托代储供应链，提升易变质类应急物资供应能力。总之，针对应急物资委托代储供应链的激励机制与契约协调研究能够约束企业潜在的倦怠情绪及各种投机行为，为政府提供企业道德风险问题的防范策略。基于企业以盈利为目的的特点，在企业收益与政府的激励之间建立相互关联关系，以此刺激其增加努力程度，实现双方协调后的联合最优收益值，进而达到供应链完美协调。

（四）数学模型与数值模拟相结合

首先构建政企双方合作的情景，分析政府与企业双方的收益和效用函数，进一步探究双方之间的利益博弈关系；其次基于系统建模的思想提出基本假设，设置契约参数进行建模分析，结合博弈论、供应链契约理论知识，研究不同情形下最优激励契约的设计；最后赋予各契约参数不同的数值，采用MATLAB实验平台进行数据仿真模拟，找寻契约参数的最优取值，验证契约模型有效性，并根据数值模拟结果分析各契约参数对政府激励的影响，达到数学模型与数值模拟的有机结合。

（五）演化博弈

应用演化博弈方法分析和优化政府、企业和社会公众在应急物资储备和筹集过程中的互动机制和策略选择。首先，构建应急物资委托代储政府与企业双方演化博弈模型，分析双方在不同策略情况下的利益分配和行为选择，揭示其互动机制，探寻双方利益最大化的均衡策略，并对演化趋势进行系统仿真分析与优化，同时在初始意愿、奖惩机制与政府监管强度变化的情况下，研究关键变量对博弈均衡及各主体行为决策的影响。其次，构建政府、企业和社会公众激励博弈模型，探究政府监管、社会公众监督与企业努力行为之间的动态博弈关系，分析不同主体对应急物资筹集的影响，并试图达到理想的均衡状态，且对各主体的稳定性策略演化趋势进行数值仿真，得出相关结论。最后，深入理解各主体在应急物资储备和筹集过程中的互动机制，优化政策和管理措施，确保高效筹集与管理应急物资，提升整体应急响应能力。

第二章

相关理论基础与研究综述

第一节 应急物资委托代储相关理论与研究综述

一 应急物资需求理论与研究现状

应急物资主要特征[①]表现在突发性、不确定性、时效性、不可替代性等方面，不可替代性主要针对一些特殊的物资，如 SARS 期间急需的一些药物和疫苗，无法在短时间内找到替代品。根据应急物资用途不同，国家发展和改革委员会在《应急物资分类及产品名录》中将应急物资划分为 13 个大类，包括：防护用品、生命救助、生命支持、临时食宿、救援运载、通信广播、污染清理、动力燃料、工程设备、器具工具、照明设备、交通运输、工程材料。不同类型的突发灾害对于应急物资的需求存在差异，如水灾中急需生命救助类物资中的救生圈、救捞船等物资，火灾中需求时效性强的应该为防护用品类物资，地震等自然突发灾害中首要解决的需求量最大的实属临时食宿类物资。但无论突发哪种类型的灾害，临时食宿类物资都是必需品，本书研究对象主要针对突发灾害中时效性强、需求量大、储备期限较短的应急物资，即主要针对临时食宿类中的面包、瓶装水等物资。

应急物资需求是指能够快速、有效应对应急救援中所需的最低应急物资需求[②]。快速有效应对是指能够做到资源合理分配和高效率应用，而

[①] 周定平：《突发事件应对的物资保障分析》，《中国安全科学学报》2008 年第 3 期。
[②] 黄星：《震灾应急物资筹集的优化决策模型研究》，博士学位论文，哈尔滨工业大学，2014 年。

最低需求数量则代表避免造成资源浪费，达到成功应对应急救援的最低物资需求量。从概念上分析，应急物资需求体现了优化决策思想，即在不影响应急救援的情况下，使用的应急物资数量最少。根据应急物资所具备的特征，应急物资需求除同样具备突发性、不确定性、时效性等特征之外，还具有多样性、事后选择性特征。

（一）应急物资需求的突发性与急迫性

突发性是所有突发事件共有的特点，突发性特点决定了该事件的无法预见性，以至于无法预测并掌控突发事件的类型、发生的时间、地点和波及范围[1]。突发事件一旦发生，就会急需大量的物资用于应急救援，导致对应急物资的需求同样具有突发性和急迫性。

（二）应急物资需求的不确定性

突发事件发生初期，因严重的信息不对称因素，信息无法及时反馈给政府及管理方，导致无法预料所需应急物资的种类、数量以及运达的具体时间和位置，即使政府方提前预测突发事件物资需求，事前的预估也具有高度的不确定性。

（三）应急物资需求的时效性

以往突发事件中，伤亡惨重程度往往与应急物资供应能力紧密相关，因物资无法及时供应或物资供应不足导致灾害进一步扩大的现象时有发生，应急救援中一旦耽误了最佳的救援时机，往往会造成更大的伤亡，因此必须要求应急物资需求具备及时有效性特征。

（四）应急物资需求的多样性

快速、高效地应对突发灾害是应急救援关键目的，这就要求较高应急物资供应能力。应急条件下须短时间内大量筹集临时食宿、生命救助、生命支持、防护用品等多类型应急物资，及时高效供应多品种的应急物资，才能够有效缓解突发事件带来的伤亡。因此，应急物资需求应具备多样性特征。

---

[1] Natarajan K. V. and Swaminathan J. M., "Inventory Management in Humanitarian Operations: Impact of Amount, Schedule and Uncertainty in Funding", *Manufacturing & Service Operations Management*, Vol. 16, No. 4, 2014.

(五) 应急物资需求的事后选择性

应急物流与普通商业物流有很大的不同，商业物流中可以事前根据终端需求，准确预测物资的需求品种和数量。而鉴于突发事件的不确定性和随机性，突发事件发生之后，应急物流要求在极短的时间内预估并筹集物资，以成功应对应急救援的需要，因此应急物资需求具有很强的事后选择性。

应急救援中应急物资需求主要包括四方面内容：应急物资数量需求、应急物资质量需求、应急物资种类需求和应急物资结构需求。

1. 应急物资数量需求

应急物资数量需求是指突发危急事件之后，能够快速响应应急救援的最低物资数量。根据突发事件严重等级的不同，对应急物资的需求也不同，通常来讲，突发事件等级越高，说明事件越严重，往往对应急物资的需求数量也较高。此外，突发事件的影响范围、发生地人口密集程度、造成的伤亡损失等都直接影响应急物资数量需求，且一般情况下应急物资数量需求与以上因素呈正相关关系。

2. 应急物资质量需求

应急物资的质量需求直接关系应急救援的效果。应急物资质量需求一方面要求物资本身较高质量，尤其针对食品类、药品类物资，高质量的应急物资能够快速缓解灾区伤员的身体不适；另一方面对应急物资能否快速、准时到达事发地点也有质量方面的要求，而突发灾害种类及影响规模等因素对应急物资质量需求产生一定的影响，因此应急物资质量需求并非一成不变。

3. 应急物资种类需求

应急物资种类需求与突发事件类型紧密相关，不同类型的突发事件对物资种类的需求不同，如突发的地震自然灾害中，对生命救助类、临时食宿类等类型的物资有大量需求，除此之外，灾后重建过程大量需要动力燃料类、器具工具类、照明设备类等类型物资。总之，一次重大的自然灾害对物资需求的种类多达数万种类型。

4. 应急物资结构需求

应急物资结构需求主要指一些互补品之间的比例关系，如血液与输血管，若血液数量较多，而没有足够的输血管与之配合，很可能导致大量血液变质，非但无法实现救援，还造成大量资源浪费或闲置。因此，各类应急物资之间必须符合一定的比例关系，做到合理配置资源才能成功应对救援，控制伤亡规模的进一步扩大。

应急物资需求研究是应急物资委托代储的基础工作之一，政府需事前预测应急物资的需求，然后才能进一步决策代储量、代储地点等内容，有关应急物资需求的研究主要体现在两方面，一是对应急物资需求时间、地点不确定性方面的研究，二是有关应急物资需求预测的研究。

针对应急物资需求不确定性的研究，Wassenhove[1]指出应急救援中所需的有关应急物资的基本参数都具有很高的不确定性，如什么时间、什么地点、哪种类型的物资等，Trunick[2]强调了应急物资需求无规律可循，因此需提供足量的物资保障灾区需求。Ergun等[3]进一步提出即便在有历史数据可循的情形下，预测应急物资需求同样存在较大的出入，主要还应考虑灾区经济、习俗以及人口结构分布等情况，之后Ergun等在分析运筹学方法在灾害供应链管理的应用中，提出应急物资的需求具有动态性、阶段性特征，而在各阶段物资需求是不同的。Li等[4]针对人道主义援助需求不确定性因素，设计了合作覆盖模型最大化受灾地区的利益。目前国内关于应急物资需求不确定性方面的研究，主要集中于采用鲁棒优化等方法消除不确定性因素对应急救援的消极影响。张玲等[5]利用可调度鲁棒优化方法解决了含有不确定需求的资源配置问题；张旭等[6]构建区间鲁棒

---

[1] Van Wassenhove L. N., "Blackett Memorial Lecture – Humanitarian Aid Logistics: Supply Chain Management in High Gear", *Journal of the Operational Research Society*, Vol. 57, No. 5, 2006.

[2] Trunick P. A., "Tsunami Aftermath: How to Make Good Logistics Better: Disaster Resource Network Reveals Lessons Learned in Sri Lanka. (News)", *Logistics Today*, Vol. 46, No. 4, 2005.

[3] Ergun O., Karakus G., Keskinocak P., et al., "Operations Research to Improve Disaster Supply Chain Management", *John Wiley & Sons, Inc*, 2010.

[4] Li X., et al., "Cooperative Maximal Covering Models for Humanitarian Relief Chain Management Under Demand Uncertainty", *Computers & Industrial Engineering*, Vol. 119, 2018.

[5] 张玲等：《不确定需求下应急资源配置的鲁棒优化方法》，《系统科学与数学》2010年第10期。

[6] 张旭等：《不确定需求下基于匹配度的应急物资分配区间鲁棒优化》，《系统工程》2023年第1期。

优化模型改善了应急物资的分配效率与需求匹配度；张梦玲等[1]考虑供应商参与机制建立两阶段鲁棒优化模型，为应对地震灾难中应急物资配置问题提供策略；何珊珊等[2]运用相对鲁棒优化方法建立了总时间和总成本最优的多目标数学模型，解决了因应急物资需求不确定性导致的选址—路径安排问题；孙华丽等[3]建立多目标定位—路径模型证明了鲁棒优化方法对于处理应急救援不确定需求方面的有效作用；姜冬青和江新华[4]同样考虑到物资需求不确定性导致决策者难以制定出有效的应急预案问题，构建了鲁棒优化模型并转化为鲁棒对应模型，通过数值模拟结果突出了采用鲁棒优化模型在提升应急物资需求满足率、增强应急救援社会效益方面的优势；高雷阜等[5]研究了不确定需求因素对应急物资储备库选址的影响，利用人工蜂群算法计算出了不确定性需求下应急物资储备库最优选址方案。

而在应急物资需求预测方面虽存在较大的难点，但也有学者提出了有价值的预测方法和模型，如郭瑞鹏[6]在分析应急物资需求内容方面，提出采用人工智能中的案例推理技术，通过合理运用已有突发事件中可靠信息，预测灾害发生后应急物资数量需求、质量需求和结构需求。之后汪贻生等[7]采用案例推理理论与方法，设计了契合突发灾害特性的应急物资动态需求预测模型，根据应急救援进展情况、灾害演变和物资消耗程度等按需预测应急物资数量需求，在很大程度上提高了应急救援效率。

---

[1] 张梦玲等：《不确定需求下考虑供应商参与机制的应急资源配置鲁棒优化研究》，《中国管理科学》2020年第7期。

[2] 何珊珊等：《不确定需求下应急物流系统多目标鲁棒优化模型》，《辽宁工程技术大学学报》（自然科学版）2013年第7期。

[3] 孙华丽等：《风险应对视角下不确定需求定位—路径鲁棒优化研究》，《运筹与管理》2017年第11期。

[4] 姜冬青、江新华：《不确定情况下考虑设施失效的鲁棒选址问题研究》，《计算机与应用化学》2017年第8期。

[5] 高雷阜等：《不确定需求下应急物资储备库选址鲁棒优化模型》，《中国安全科学学报》2015年第12期。

[6] 郭瑞鹏：《应急物资动员决策的方法与模型研究》，博士学位论文，北京理工大学，2006年。

[7] 汪贻生等：《基于CBR的突发事件应急物资动态需求预测方法研究》，《后勤工程学院学报》2016年第6期。

石钰磊等[1]基于大数据理念,结合已有的数据积累采用粒子群优化算法设计了震灾应急物资需求预测模型,且使用算例验证了模型有效性。眭楷等[2]提出了一种采用多元回归法预测应急物资需求的方案,并利用历史数据得出该方法能够快速计算出灾害发生后对各种应急物资的需求量。郭子雪等[3]为提升应急物资需求预测精度,采用对称三角模糊数表征灾害级别、受灾人口和受灾面积等模糊属性,构建了基于多元模糊线性回归的应急物资需求预测模型,通过数值模拟分析验证了该方法在提高应急物资需求预测准确性方面的有效性。马龙等[4]提出基于新陈代谢灰色马尔科夫的应急物资需求量预测方法以提高受灾人数与应急物资需求量预测精度。Pacheco 和 Batta[5]设计了需求预测驱动模型,该模型不仅能够预测灾害后物资需求数量,还能够预测灾害发生的大致位置和时间。蔡玫和曹杰[6]设计了能够在信息匮乏的条件下较为准确、可靠地预测应急物资需求的二型模糊集合预测方法,该方法能够保留更多的个体预测信息。曾波等[7]推导分析并构建了灰色异构数据预测模型,并将其成功应用于某地震帐篷需求量的预测。王英辉等[8]基于实时情报信息动态预测的灰色组合模型构建应急物资需求预测模型,并运用具体案例数据验证模型预测的精

---

[1] 石钰磊等:《基于大数据的震灾应急物资需求预测方法研究》,《军民两用技术与产品》2017 年第 19 期。

[2] 眭楷:《基于多元回归分析法的电网应急物资需求预测方法》,《电子技术与软件工程》2016 年第 23 期。

[3] 郭子雪等:《基于多元模糊回归的应急物资需求预测模型》,《河北大学学报》(自然科学版)2017 年第 4 期。

[4] 马龙等:《基于新陈代谢灰色马尔科夫的应急物资需求量预测方法》,《系统仿真学报》2023 年第 2 期。

[5] Pacheco G. G. and Batta R., "Forecast-Driven Model for Prepositioning Supplies in Preparation for a Foreseen Hurricane", *Journal of the Operational Research Society*, Vol. 67, No. 1, 2016.

[6] 蔡玫、曹杰:《应急物资需求量的二型模糊集合预测方法》,《中国安全科学学报》2015 年第 9 期。

[7] 曾波等:《面向灾害应急物资需求的灰色异构数据预测建模方法》,《中国管理科学》2015 年第 8 期。

[8] 王英辉等:《重大公共卫生事件下应急物资动态需求预测分析》,《情报杂志》2022 年第 6 期。

确性和应用性。刘德元和朱昌锋[1]基于案例模糊推理方法建立了物资需求预测模型，赵小柠和马昌喜[2]则采用范例推理理论，找出相似度最高的主震历史范例，结合对各物资需求量的影响因素分析，预测范例主震期间对应急物资的需求量。

综上分析可知，在应急物资需求研究方面，现有成果通过对需求过程中关键变量的提取以及模型设计等方法，逐渐克服了应急物资在需求时间和地点不确定性方面的缺陷，较好地解决了应急物资需求预测问题。

二 应急物资分类储备模型相关研究综述

对品种繁多的应急物资进行分类是科学储备应急物资的前提和基础，目前应急物资分类方式很多，如国家发展改革委编制的《应急保障重点物资分类目录（2015年）》和国家标准《应急物资分类及编码》（GB/T 38565-2020）。由于每一类应急物资的自然属性、社会属性与应急需求特征都是不一样的，因此对不同类型的应急物资应当采用不同的储备方法，例如实物储备、产能储备、实物+产能（混合）储备等。例如，张永领[3]从应急物资的有效使用期限、用途、生产周期、价格、市场流通量、社会集中拥有量、突发事件预计需求量和需求层次等方面建立应急物资分类指标体系，采用模糊聚类对应急物资进行分类并给出了每一类应急物资的储备模式。除了模糊聚类方法，层次聚类[4]、层次分析法[5][6]、

---

[1] 刘德元、朱昌锋：《基于案例模糊推理的应急物资需求预测研究》，《兰州交通大学学报》2013年第1期。

[2] 赵小柠、马昌喜：《基于范例推理的灾害性地震应急物资需求预测研究》，《中国安全科学学报》2012年第8期。

[3] 张永领：《基于模糊聚类的应急物资分类储备研究》，《灾害学》2012年第1期。

[4] 丁斌、王鹏：《基于聚类分析的应急物资储备分类方法研究》，《北京理工大学学报》（社会科学版）2010年第4期。

[5] 张永领：《基于层次分析法的应急物资储备方式研究》，《灾害学》2011年第3期。

[6] 丁斌、朱玉杰：《政企合作应急物资储备策略探析》，《中国应急管理》2022年第2期。

K均值聚类[1]、支持向量机[2][3]、神经网络[4]等方法都在应急物资储备模式选择上有着广泛应用，得出了一系列有益的结论。

上述研究通过构建的评价指标体系为储备应急物资选择合适的模式，但是缺少对应急物资"由谁来储""怎么储""储多少"等问题的研究，而这些问题又是政府部门不得不关注的关键问题。为此，越来越多的学者试图运用供应链管理理论解决上述问题，尤其是对政企合作下的应急物资储备模型进行了深入研究，主要包括以下几个方面。

（一）实物储备模型

政府直接存储成品应急物资是能够实现应急快速救援的最直接有效的储备方式，政府根据市场需求预测，采购一定的应急物资并直接存储于政府储备库中。由于突发灾害发生的不确定性，实物储备方式可以做到直接调用应急物资，因此，实物储备方式在控制应急突发灾害初期灾情方面具有不可替代的作用。但因该储备方式占用大量资金，且很难做到物资及时更新轮换，尤其对保质期短、易腐易变质的应急物资来讲，若采用实物储备方式会造成很大的资源浪费，因此实物储备无法满足整个灾期对应急物资的需求量。政府委托企业代储应急物资是指政府与企业签订合同，将一部分物资委托于企业进行储备，政府只需给予企业一定的补贴，该储备方式能够有效弥补直接储备的不足之处，既能够节省政府储备资金，同时可以利用企业储备管理的优势及时轮换更新物资，保证应急物资高质量供应。但从另一方面考虑，政府委托企业储备需承担一定的风险，作为以盈利为目的的企业很可能利用自身在市场中顺利获取信息的优势，产生不利于政府利益的投机行为，最终造成应急物资供应不足或提供质量较低的物资。

---

[1] 王庆荣等：《基于改进K均值聚类POS算法的应急物资分类研究》，《兰州交通大学学报》2014年第3期。

[2] 赵振华等：《基于模糊聚类与多类支持向量机的战备物资储备模式选择研究》，《数学的实践与认识》2015年第10期。

[3] 王伟涛等：《基于模糊支持向量机的深远海应急物资优先级研究》，《安全与环境学报》2022年第6期。

[4] 夏萍、刘凯：《应急物流中基于PPSVM的应急物资分类研究》，《交通运输系统工程与信息》2010年第2期。

应急物资实物储备是实现应急物资快速筹集的重要储备策略，是一种各级地方政府储备或委托企业储备应急物资实物的储备方式。Whybark[1]强调应急物资实物储备的重要性，并重点提出应急救援中库存管理在科学研究领域日益重要。Beamon 和 Kotleba[2] 突出应急救援中大量无规律需求模式和不寻常的内在约束对应急物资供应系统具有独特挑战，并基于此提出了一种以改善长期应急救援效果的库存储备方式。Roh 和 Pettit 强调应急物资储备地点应尽量贴近需求地区，在物资调运方面，在节约运输成本的基础上尽量提升运送速度，逐步形成高效运作的供应链体系。国内应急物资实物储备过程中政府面临如何选择和优化布局储备库的问题，王飞飞等[3]基于 Berman[4] 提出的最大覆盖模型及其求解方法，考虑应急物资储备库布局优化对城镇应急救援的重要影响，以应急物资总需求满意度最大和总配送距离最短作为优化目标，提出了城镇应急物资储备库动态多重覆盖模型。肖俊华和侯云先[5]针对应急物资储备库等应急设施，考虑突发灾害发生频率低，大规模的应急设施储备易造成资源浪费的问题，设计了双目标多级覆盖选址模型并通过实例验证了模型的有效性。周愉峰等[6]考虑应急救援中储备库存在失灵风险，基于对不同地区储备库不同的失灵概率的分析，设计了一种应急物资储备库的可靠性 P‐中位选址模型。付德强等[7]采用带精英策略的非支配排序遗传算法（NS-

---

[1] Whybark D. C., "Issues in Managing Disaster Relief Inventories", *International Journal of Production Economics*, Vol. 108, No. 1 - 2, 2007.

[2] Beamon B. M. and Kotleba S. A., "Inventory Modelling for Complex Emergencies in Humanitarian Relief Operations", *International Journal of Logistics: Research and Applications*, Vol. 9, No. 1, 2006.

[3] 王飞飞等：《城镇应急物资储备库动态多重覆盖模型》，《北京航空航天大学学报》（社会科学版）2019 年第 1 期。

[4] Berman O., et al., "Generalized Coverage: New Developments in Covering Location Models", *Computers and Operations Research*, Vol. 37, 2010.

[5] 肖俊华、侯云先：《带容量限制约束的应急设施双目标多级覆盖选址模型及算法》，《计算机应用研究》2015 年第 12 期。

[6] 周愉峰等：《应急物资储备库的可靠性 P‐中位选址模型》，《管理评论》2015 年第 5 期。

[7] 付德强等：《基于 NSGA‐Ⅱ的应急储备库多目标选址决策模型及算法研究》，《运筹与管理》2014 年第 4 期。

GA-Ⅱ)建立了应急储备库多目标选址决策模型,并通过对比分析验证了模型的可行性和算法的有效性。郝蒙浩等[1]考虑应急管理中救援的有效性,以最小化设施数量为计划,以最大救援距离不超过某阈值为约束,构建了国家级应急物资储备库选址模型(EFLP)并设计变邻域算法完成求解。

鉴于仅有各级地方政府进行实物储备占用大量的资金,尤其针对峰值需求量大、保质期短或储备环境要求较高的应急物资,在储备过程中很可能会因物资变质而造成资源浪费,政府委托企业、供应商进行实物代储成为解决这一问题的有效途径。诸多学者认为多个供应商参与应急物资储备对于应急物资的快速筹集具有重要作用,Wang 等[2]考虑中央级储备库存在储备能力有限,难以满足突发灾害发生之后对应急物资的迅猛需求等缺陷,引入多供应商的资源供应模型,该策略能够有效提高应急物资储备的种类和数量,满足突发灾害中对应急物资的强烈需求,且能够实现持续供应要求。Wang 等[3]在应急救援供应链外包策略和灾害响应方法的研究中,认为针对易变质应急物资实施外包策略是提高应急救援效率的可行途径。卢少平等[4]考虑到应急物资储备中应充分利用企业的储备力量,并提出将企业储备纳入应急物资储备体系的构想。而在企业代储过程中政企双方的利益分配成为目前研究的焦点,艾云飞等[5]探究了政企联合实物储备的合作机理,分析了政府和企业间的博弈关系并建立收益模型,运用 shapley 值解决合作的联盟收益分配问题,最后分析了该联盟的稳定性。黄星和王绍玉[6]运用种群共生理论分析了政府与实物代储

---

[1] 郝蒙浩等:《基于 P - center 问题的国家级应急物资储备设施选址优化布局研究》,《自然灾害学报》2019 年第 3 期。

[2] Wang Y., et al., "Emergency Resource Supplying Model Under Multi - Supply Subjects", *Chang'an Daxue Xuebao (Ziran Kexue Ban) / Journal of Changan University (Natural Science Edition)*, Vol. 36, No. 6, 2016.

[3] Wang X. H., et al., "Pre - Purchasing With Option Contract and Coordination in a Relief Supply Chain", *International Journal of Production Economics*, Vol. 167, 2015.

[4] 卢少平等:《应急物资储备的社会化研究》,《物流技术》2009 年第 8 期。

[5] 艾云飞等:《应急物资政企联合储备合作机理研究》,《运筹与管理》2015 年第 5 期。

[6] 黄星、王绍玉:《基于稳定性分析的应急物资储备策略研究》,《运筹与管理》2014 年第 1 期。

企业满足共生平衡点的稳定性条件，解决了政府在有限支付条件下如何选择代储企业的问题；丁斌和桂斌[①]从合作博弈的角度，考虑了政府与供应商联合储备应急物资的方式，确立了联盟的合作期限与政府提前支付货款比例；接着丁斌等[②]研究了使应急物资存储成本节省的储备方式，解决了政企联合储备时成本分摊问题；之后丁斌和邹月月[③]在之前研究的基础上，探讨了政企联合储备应急物资的模式下，在支付比例已知的条件下运用合作博弈理论解决政府应急物资最优订货量的问题。

实物储备以实物形式储存在仓库中，当突发事件发生后随时可调用，是大规模突发事件初期应对的主要物资来源，因此诸多学者对实物储备模型进行了深入研究。例如，王熹徽与梁樑[④]分析了期权契约机制和带退货机制下应急物资实物采购策略的差异性，研究表明在一定条件下期权契约机制提高了应急物资供应链系统的整体收益。庞海云和叶永[⑤]利用期权契约构建了政企共同储备实物应急物资模型，分析了政企单位物资库存成本比率对供应链系统整体收益的影响，研究表明政企单位物资库存成本比率超过一定水平后，双方越有动机建立联合储备应急物资的关系。Yao 等[⑥]利用两阶段协调方法分析了有无服务外包条件下的应急物资实物储备策略，研究表明有服务外包比没有服务外包更利于提高企业（卖方）和政府（卖方）收益。刘阳等[⑦]假设政府从两个代储企业购买实物期权，构建了基于期权契约的政企联合储备实物应急物资模型，得到了实现供

---

① 丁斌、桂斌：《基于合作博弈的预付条件下应急物资库存策略》，《运筹与管理》2011 年第 3 期。

② 丁斌等：《应急物资储备方式选择与成本分摊问题》，《北京理工大学学报》（社会科学版）2011 年第 6 期。

③ 丁斌、邹月月：《基于政企联合储备模式下的应急物资 EOQ 模型》，《大连理工大学学报》（社会科学版）2012 年第 1 期。

④ 王熹徽、梁樑：《救灾供应链采购策略及契约协调机制研究》，《中国管理科学》2013 年第 4 期。

⑤ 庞海云、叶永：《基于实物期权契约的应急物资政企联合储备模型》，《系统管理学报》2020 年第 4 期。

⑥ Yao X., et al., "Pre-Positioning Inventory and Service Outsourcing of Relief Material Supply Chain", *International Journal of Production Research*, Vol. 56, No. 21, 2018.

⑦ 刘阳等：《基于期权契约的政企联合储备应急物资模型与利润分配机制研究》，《中国管理科学》2020 年第 8 期。

应链协调和任一企业都有动机参与期权契约机制的条件,实现了两个企业利润的合理分配。实物储备要求代储企业必须以实物形式为政府储备一定数量的应急物资,但是突发灾害没有发生或应急物资实际需求量很小时,则有可能会造成大量物资的长期闲置甚至浪费。因此,一些学者假设代储企业可以储备一定的富余生产能力,以便在发生突发事件时迅速生产、转产应急物资。

(二) 生产能力储备模型

生产能力储备方式是政府与企业签订协议,企业保留一定的生产能力,待灾害发生时及时转换生产能力,为政府提供充足的应急物资供应。相较于政府实物储备,生产能力储备是能够节约政府储备成本的方式,且能够避免因应急物资变质带来的资源浪费,对于灾区持续需求且需求量大的应急物资,生产能力储备方式优势发挥得更为明显。但由于灾害发生时需转换生产能力才能获取应急物资成品,需要一定的响应时间,加之选择的代储企业若在该方面存在设备欠缺、生产线较少等因素,很难保障应急物资的充足供应。此外,生产能力储备虽无法实现应急物资的快速筹集,但在特殊情况下却具有不可替代的作用,如地震等突发灾害造成交通堵塞,或是其他原因导致应急物资无法顺利运送到灾区的情况,当地应急物资生产能力储备能够迅速投产,有效弥补应急物资供应不足,缓解灾区物资紧张的压力。

应急物资生产能力储备是一种能够减少资金占用、降低物资损耗造成的资源浪费的重要策略。鉴于应急物资实物储备过程中具有占用政府资金以及资源浪费等缺陷,张红[1]认为政府应联合应急物资生产企业进行共同储备,并指出企业合作储备包括实物储备与生产能力储备两种方式。张自立等[2]提出面对突发灾害时应急物资的大量需求,生产能力储备是解决物资供应不足的有效途径。王珂和吴丽瑶[3]也认为加入生产能力储备的

---

[1] 张红:《我国应急物资储备制度的完善》,《中国行政管理》2009年第3期。
[2] 张自立等:《基于生产能力储备的应急物资协议企业选择研究》,《运筹与管理》2009年第1期。
[3] 王珂、吴丽瑶:《不确定需求下应急物资实物与生产能力混合储备决策分析》,《工业安全与环保》2018年第3期。

混合储备策略是能够有效提升应急物资保障能力，优化社会资源配置的有效途径。张永领[1]指出大规模突发事件在应急物资储备的过程中尤其要注重生产能力储备。考虑到突发事件灾前应急物资需求特征，陈业华和史开菊[2]建立了一种基于生产能力储备的政企联合储备模式，并验证了政企联合储备模式的有效性和实用性。扈衷权等[3]从供应链的角度出发，利用供应链契约中的数量柔性契约建立了生产能力储备模式下的应急物资储备与采购定价模型，得出双方最优决策。陆颖和景鹏[4]也考虑到应急储备中实物储备和生产能力储备分配问题，引入部分延迟策略建立了应急物资能力储备模型，算例分析得出在应急救援中一定数量的能力储备能够有效降低期望成本。陈涛等[5]建立了企业实物储备和生产能力储备协调性模型，并通过分析政府采购价格协议得出企业实物储备和生产能力储备数量。罗静和李从东[6]基于演化博弈分析政府和企业进行生产能力储备中双方成本收益，给出了最优的生产能力储备策略。

鉴于生产能力储备对应急救援的重要性，部分研究展开对地区企业生产能力储备的评估，Huang 等[7]为控制并减轻应急灾害带来的损失，提出采用模糊层次分析法评估地区企业生产能力储备，并以浙江省台风灾害事件为例，评估结果显示浙江省生产能力储备有待进一步提高。Ren 等[8]首

---

[1] 张永领:《中国政府应急物资的储备模式研究》,《经济与管理》2011 年第 2 期。

[2] 陈业华、史开菊:《突发事件灾前应急物资政企联合储备模式》,《系统工程》2014 年第 2 期。

[3] 扈衷权等:《生产能力储备模式下应急物资储备与采购定价模型》,《管理工程学报》2021 年第 2 期。

[4] 陆颖、景鹏:《基于部分延迟策略的应急物资能力储备问题研究》,《物流技术》2014 年第 1 期。

[5] 陈涛等:《协议企业实物储备、生产能力储备模式的协调性研究》,《中国管理科学》2013 年第 5 期。

[6] 罗静、李从东:《基于演化博弈的应急物资生产能力储备策略》,《工业工程》2015 年第 2 期。

[7] Huang Y., et al., "Research of Regional Emergency Logistics Support Capability Evaluation: A Case of Typhoon Disaster in Zhejiang Province", *Journal of Applied Sciences*, Vol. 13, No. 5, 2013.

[8] Ren X., et al., "Enterprise Emergency Logistics Capability Evaluation Research Based on Rough Set and Unascertained Measurement Model", *IAENG International Journal of Applied Mathematics*, Vol. 44, No. 2, 2014.

先分析了企业应急物流中影响生产能力储备的 6 个因素，运用粗糙集对影响因素进行筛选并全面评估，并通过算例分析验证该方法的有效性。政府在选择应急物资生产能力储备时需要支付企业一定的资金，以激励企业拓展生产能力储备规模，随着储备水平的升高，企业会要求政府给予的补贴进一步增大，但考虑到政府应急资金的约束，因此应慎重考虑应急物资生产能力储备企业的选择问题。[1] 目前研究大多集中于采用数学评估方法对政府合作企业进行评估，以选择合适的合作企业，如陈俐颖等[2]针对战备物资生产能力储备的重要性，认为选择哪些企业进行生产能力储备至关重要，建立三层指标体系，采用模糊层次分析法对企业进行评估。李绍斌等[3]则采用主成分分析法和聚类分析法相结合的方法，对战备物资生产能力储备企业进行选择。吴晓涛等[4]考虑到应急物资生产能力储备企业选择的重要性，构建基于熵权 TOPSIS 法的生产能力储备企业选择模型。考虑到政府委托企业进行生产能力储备时资金的约束，政府应考虑生产能力储备企业的选择问题。

产能储备主要适用于不易长期储存、生产周期较短或者储存需要占用较多空间的物资。针对这些应急物资进行产能储备得到了诸多学者的关注，并取得了丰富的研究成果。例如，扈衷权等[5]假设政府从代储企业处购买一定量的能力期权，代储企业在突发物资需求发生时可以将预储生产能力紧急转化生产为实物物资，构建了基于期权契约的应急物资产能储备模型，研究表明柔性生产模式可以降低代储企业成本，提高供应

---

[1] Lodree E. J. and Taskin S., "An Insurance Risk Management Framework for Disaster Relief and Supply Chain Disruption Inventory Planning", *Journal of the Operational Research Society*, Vol. 59, No. 5, 2008.

[2] 陈俐颖等：《基于生产能力储备的战备物资生产企业选择》，《军事交通学院学报》2017 年第 4 期。

[3] 李绍斌等：《基于主成分聚类分析的战备物资生产能力储备企业选择》，《军事交通学院学报》2017 年第 3 期。

[4] 吴晓涛等：《基于改进熵权 TOPSIS 的应急物资生产能力储备企业选择》，《安全与环境学报》2011 年第 3 期。

[5] 扈衷权等：《基于供应方生产能力的应急物资生产模型》，《运筹与管理》2019 年第 4 期。

链整体收益水平。田军等[1]考虑应急物资产能储备和存在有限现货市场的情形，构建了基于期权契约的两渠道应急物资产能储备及采购模型，研究表明政府基于生产能力的期权契约采购机制可以合理补偿代储企业经营风险。胡少龙等[2]在代储企业储备生产能力情景下，构建了应急物资两阶段配置模型，有效满足了灾民突发需求。应急物资产能储备虽然有利于降低代储企业的经营风险，但是所有应急物资都以能力形式储备很容易造成物资供应不及时，因此保证应急物资实物储备量和产能储备量的均衡至关重要。[3] 为了快速响应突发灾害引发的巨大物资需求及尽可能减少代储企业经营风险，一些学者假设代储企业可以以"实物+产能"相结合的形式储备应急物资（混合储备）。

（三）混合储备模型

混合储备借助实物物资保证灾害初期物资供应的及时性，借助产能储备保证后期物资供应的充足，是实物储备和产能储备的有机融合，因此成为应急物资储备研究的热点话题。例如，陈涛等[4]以最大化代储企业收益为目标，构建了应急物资实物与产能联合储备的协调模型，提出了应急物资混合储备的协调机制和引导策略。王珂和吴丽瑶[5]构建了补贴情形下政府实物储备和企业产能储备的混合决策模型，分析了补贴数额对政企应急物资最优储备水平和双方成本收益的影响。扈衷权等[6]基于数量柔性契约分析了企业应急物资混合储备策略，得到了企业应急物资实物和产能储备的最优方案以及政府采购最优定价水平。

---

[1] 田军等：《基于能力期权契约的双源应急物资采购模型》，《系统工程理论与实践》2013年第9期。

[2] 胡少龙等：《考虑企业生产能力储备的应急物资配置随机规划模型》，《系统工程理论与实践》2018年第6期。

[3] Whybark D. C., "Issues in Managing Disaster Relief Inventories", *International Journal of Production Economics*, Vol. 108, No. 1-2, 2007.

[4] 陈涛等：《协议企业实物储备、生产能力储备模式的协调性研究》，《中国管理科学》2013年第5期。

[5] 王珂、吴丽瑶：《不确定需求下应急物资实物与生产能力混合储备决策分析》，《工业安全与环保》2018年第3期。

[6] 扈衷权等：《协议企业代储模式下应急物资储备策略及采购定价研究》，《系统工程理论与实践》2020年第3期。

与扈衷权等[①]研究相似，陈业华和史开菊[②]研究了代储企业柔性储备下的政府应急物资储备采购模型，实现了政府成本最小化与代储企业利润最大化。魏洁等[③]结合新冠疫情发生后医药类应急物资需求量急剧增加的现实问题，假设医药企业以实物和产能两种形式储备医疗物资，构建了医疗物资混合储备模型，结合实际案例验证了该模型的有效性。刘阳等[④]利用期权契约构建了实物和产能共同储备下的应急物资混合储备模型，决策了每个企业代储应急物资的数量，实现了应急物资供应链协调。区别于上述研究，Liu等[⑤]认为社会捐赠物资也是政府获取应急物资的来源之一，按照应急物资耐用程度和需求优先权的不同，构建了基于实物储备、"实物+产能"储备的应急物资储备模型，分析了应急物资捐赠量对政企达成契约合作以及最优储备决策的影响。

三 应急物资储备存在问题分析

综上，在应急物资储备方面，目前国内外学者从不同角度研究了应急物资储备问题，有助于进一步认清应急物资储备内涵，对应急物资储备策略也很有启发和帮助。但对于应急物资实物储备的研究主要侧重于在完全信息情况下，以应急物资数量或价格为决策变量，利用数学方法或供应链契约模型分析政企合作时双方利益分配问题，找出双方利益平衡的点，进而协调供应链；对于应急物资生产能力储备方面的研究则大多为理论剖析，从理论上提出应急物资生产能力储备的重要性，而在生产能力代储方面有关定量、可操作性的研究较少。总之，目前在应急物资储备方面主要还存在以下三个方面的问题。

[①] 扈衷权等：《协议企业代储模式下应急物资储备策略及采购定价研究》，《系统工程理论与实践》2020年第3期。

[②] 陈业华、史开菊：《突发事件灾前应急物资政企联合储备模式》，《系统工程》2014年第2期。

[③] 魏洁等：《政府补贴下应急医疗物资政企协议储备决策研究》，《中国管理科学》2023年第11期。

[④] 刘阳等：《期权契约机制下应急物资储备模型研究》，《中国管理科学》2022年第12期。

[⑤] Liu Y., et al., "Pre-Positioning Strategies for Relief Supplies in a Relief Supply Chain", *Journal of the Operational Research Society*, Vol. 73, No. 7, 2022.

首先，针对政府利用中央级物资储备库直接储备应急物资的方式，主要问题有以下几个方面。①应急物资储备点少且储备量不足：中央级应急物资储备库中，仓储面积在一万平方米以上的仅有郑州、天津等少数储备库，大部分政府中央级储备库面积较小。汶川地震时，应急物资中帐篷的供应远远满足不了当时灾区需求，储备量不足的缺陷暴露无遗。②应急物资储备种类较少：国家级中央储备建立之初，仓库储备的应急物资唯有帐篷一种，随着突发灾害发生频率的增大和灾害程度的增强，应急物资种类的需求量日益增大，因此仅靠中央级储备库存储物资远不能实现应急救援的高效率运转。③应急物资储备成本较高导致资金不足：中央级储备库部分采用租借的方式，应急物资储备费用占实际储备物资金额的最低比例为3%，而在实践中，此项比例一般能达到5%，政府按规定拨款之后，就很难弥补租赁费用这一项，导致最终资金严重短缺。

其次，针对目前各级地方政府大都采用的与企业联合储备应急物资的方式，根据以上综述分析，目前在应急物资企业代储方面的研究比较片面，已有应急物资委托代储的文献主要集中于完全信息下，运用数学方法或契约模型对双方利益合理分配的问题，或是理论上指出政府可以与企业联合储备应急物资，而对于委托代储过程中政府与企业之间的行为分析鲜有研究，忽视了不对称信息因素对政企合作供应链的影响，轻视了因信息不对称存在导致应急物资供应不足的问题，同时缺少对委托代储过程中代储企业努力程度的关注，针对如何增强代储方努力行为的研究较少。

最后，从国内外研究热点和发展动态来看，分类储备是应急物资储备的发展方向，逐渐由单一化储备模式向多元化方向转变。然而，在实际工作中一些理论结果并不一定会被采用，应急物资"过度储备"和"储备不足"现象时常发生。究其原因，主要包括两个方面：第一，政企并不遵循完全理性假设，而是会受到有限理性行为的影响，然而出于模型简化目的，这些行为特征在建模过程中大多被忽略了。第二，应急物资分类依据并不规范，因此对同一种应急物资会采用不同的储备模式，如一些学者认为帐篷需要进行实物储备，但是也有学者认为帐篷更适合以实物和产能两种形式进行储备，而这会造成应急物资储备策略的混乱。

第二节　应急管理领域多主体博弈问题研究综述

一　演化博弈理论与研究

演化博弈理论通过引入生物进化的视角，探究在有限理性条件下博弈主体在无限重复博弈中的策略选择和动态演化过程。[①] 相较于传统博弈论，演化博弈理论在参与人理性的假设和研究对象方面有所不同。首先，演化博弈理论摒弃完全理性的假设，转而以有限理性（Bounded Rationality）原则为基础。有限理性原则下，博弈主体在面对复杂环境和决策任务时，由于信息不完全、处理信息的能力有限以及受到认知和情感因素的影响，无法做到完全理性地分析和选择最优策略，而是表现出的一种介于完全理性和非完全理性之间的理性状态。其次，演化博弈理论将研究对象从单一个体扩展到群体，强调群体层面演化过程中的动态变化和适应性。在无限重复博弈中，博弈主体根据内外部条件的变化，通过不断的学习、试错和调整，逐渐达到动态均衡状态。由此可知，演化博弈理论在预测和解释现实问题上更具适应性和实用性[②]。

演化博弈问题可以描述为：考虑一个均匀且无限大的种群，群体中每个个体均有可选策略 $s \in S = \{1,2,3\cdots n\}$。不同策略下个体享有相应的收益，其收益矩阵 $a_{ij} \in A = \begin{bmatrix} A_{11} & A_{12} & \cdots & A_{1n} \\ A_{21} & A_{22} & \cdots & A_{2n} \\ \vdots & \vdots & & \vdots \\ A_{n1} & A_{n2} & \cdots & A_{nn} \end{bmatrix}$，其中 $a_{ij} = \pi_{ij}$ 表示个体采用策略 (i) 与另一个采用策略 (j) 的个体相遇时，策略 (i) 所获取的

[①] Traulsen A. and Glynatsi N. E., "The Future of Theoretical Evolutionary Game Theory", Philosophical Transactions of the Royal Society B – biological Sciences, Vol. 378, No. 1876, 2023.

[②] 王先甲等：《随机演化动态及其合作机制研究综述》，《系统科学与数学》2019 年第 10 期。

收益，$i,j \in S$。在演化过程中，个体使用策略在种群中存在频率变化。假设 x_i 为策略（i）在种群中的频率，则所有策略的频率之和为 1，即 $\sum_{i=1}^{n} x_i = 1$。[①]

复制动态方程（Replicator Dynamics）与演化稳定策略（Evolutionary Stable Strategy，ESS）构成演化博弈理论最核心的一对基本概念。

（一）复制动态方程

复制动态方程是一种特殊的非线性系统，由 Taylor 和 Jonker 于 1978 年首次提出，并由 Schuster 和 Sigmund 命名。复制动态方程描述了策略（i）的频率如何随时间变化：$\dot{x}_i = x_i(\pi_i - \bar{\pi})$，$i \in S$。其中，$\pi_i = \sum_{j \in S} x_j \pi_{ij}$ 是策略（i）与大量随机个体的单次交互的预期收益；$\bar{\pi} = \sum_{i \in S} x_i \pi_i$ 是随机选择的个体的平均预期收益，即种群平均收益。该方程表示策略（i）的频率变化率 $\dot{x}_i$ 是其期望收益与种群平均收益之差乘以该策略当前的频率 x_i。当策略（i）的期望收益高于种群平均收益时，其频率增加，反之则减少。

（二）演化稳定策略

演化稳定策略最早由 Smith 和 Price 提出，用于描述一个种群抵抗任意变异策略侵入的一种稳定状态。[②] 它表征了演化博弈的稳定状态，即当策略 s 在演化过程中能够抵御任意策略 s^* 的入侵并重新成为种群中的主流策略时，则称策略 s 为演化稳定策略（$s \neq s^*$ 且 $s, s^* \in S$）。具体而言，需满足以下条件：当策略 s 等于或高于 s^* 的频率（$x_s \geq x_{s^*}$），策略 s 的期望收益不低于策略 s^* 的期望收益，即 $\pi_s \geq \pi_{s^*}$。

二　政府与企业博弈问题相关研究

首先，部分学者借助博弈模型研究政企联合救灾过程中双方合作博

[①] Yang Y. M., et al., "Bilateral Negotiation Facilitates Stable Coexistence of Cooperation with Defection in Prisoner's Dilemma Game", *Applied Mathematics and Computation*, Vol. 471, 2024.

[②] Mei S. W., Liu F., Wei W., eds., *A Primer in Engineering Game Theory and Its Application in Power Systems*, Beijing: Science Press, 2016.

弈关系，以此规避企业潜在的风险行为，提升应急条件下的政企协作救灾的效率。针对政企协作救灾过程中企业慈善行为动机不单纯问题，赵黎明等[①]利用微分博弈模型发现协同合作契约下政企博弈均衡实现最优。杨曼和刘德海[②]也基于微分博弈探讨了救援延迟时间对选择政企协同救援与自发救援两种策略的影响。宋晓彤等[③]则考虑随机干扰因素对政企协同救灾策略的影响，建立三种随机微分博弈模型，并得出最优救灾策略。

其次，国内外大多数学者针对企业参与的应急物资筹集、储备与管理过程中政企博弈问题展开了一系列研究，如张琳等[④]通过构建政企双方博弈模型对企业按期轮换更新应急物资的行为加以管控，模拟了轻微、中度、严重社会损失三个情景下各主体最优的均衡行为选择策略；陈倩倩[⑤]运用演化博弈模型分析了政企应对应急物资生产能力储备的博弈过程，利用系统的相位图分析政府与企业最优生产能力储备策略的演化路径，数值模拟了相关参数对博弈策略演化方向的影响。部分学者引入第三方的监管，通过建立三方博弈模型研究政企间的博弈，为应急物资管理中的政企关系提出了相关建议，提升了应急条件下的物资保障能力，如 Qiu 等[⑥]将高级别应急管理局、地方应急管理局和应急物流企业抽象为主要利益相关者，通过构建三方演化博弈模型和系统动力学模型，研究

---

① 赵黎明等：《基于微分博弈的政企救灾合作策略研究》，《系统工程理论与实践》2018 年第 4 期。

② 杨曼、刘德海：《救援延迟效应如何影响政府企业救灾合作？基于微分博弈的研究》，《运筹与管理》2022 年第 5 期。

③ 宋晓彤等：《考虑随机干扰的政企救灾协同策略研究》，《数学的实践与认识》2020 年第 14 期。

④ 张琳等：《企业应急物资轮换更新行为与政府监管博弈分析》，《系统工程理论与实践》2018 年第 10 期。

⑤ 陈倩倩：《突发事件应急物资生产能力储备的政企演化博弈研究》，《数学的实践与认识》2022 年第 5 期。

⑥ Qiu Y., et al., "System Dynamics Mechanism of Cross-Regional Collaborative Dispatch of Emergency Supplies Based on Multi-Agent Game", *Complex & Intelligent Systems*, Vol. 1, No. 12, 2021.

了应急物资跨区域协调调度问题；Zhang 和 Kong[①]在应急物资联合储备模式下建立政府、企业和社会三方演化博弈模型，探讨实现政企合作的具体条件和影响因素，针对性提出了一些管理启示和建议；宋英华等[②]构建政府、公立医院和医疗物资供应商三方博弈主体决策模型，通过仿真探讨常态化和非常态化下三方博弈主体合作机制的动态演化过程。

三 政府与社会公众的博弈问题相关研究

在应急管理过程中，社会公众的力量不容忽视，其行为选择也影响着应急救援的效率和效果。针对政府与公众的博弈问题，学者们较多从政府与灾民、社会组织两方面博弈入手进行研究。

在政府与灾民间的博弈研究中，相关学者分析政府与灾民各自的行为选择及产生的相互影响，寻求双方均衡，有利于剖析应急管理过程中政府与灾民之间的关系，找出影响救灾效率的相关因素，针对性地提出相关对策，解决实际问题，如赵黎明等[③]通过建立地方政府与受灾者的博弈模型，分析两者关于救灾努力水平和成本分摊间的博弈关系，得出协同合作契约下政企救灾的最优策略；张昊宇和陈安[④]建立了中央政府、地方政府和灾民三方博弈模型，利用逆向归纳法对博弈过程进行研究，并考虑机会主义行为的道德风险因素，分析对应急救灾效率的影响；马娜[⑤]同样建立了中央政府、地方政府、受灾群众的三方博弈模型，并求解出最优均衡解，得出三方救灾成功后的期望收益与救灾投入成本有关。

[①] Zhang M. and Kong Z., "A Tripartite Evolutionary Game Model of Emergency Supplies Joint Reserve Among the Government, Enterprise and Society", *Computers & Industrial Engineering*, Vol. 169, 2022.

[②] 宋英华等：《基于演化博弈的应急医疗物资质量保障策略研究》，《中国安全生产科学技术》2022 年第 5 期。

[③] 赵黎明等：《基于微分博弈的政企救灾合作策略研究》，《系统工程理论与实践》2018 年第 4 期。

[④] 张昊宇、陈安：《应急救灾三方博弈模型研究》，《电子科技大学学报》（社会科学版）2011 年第 3 期。

[⑤] 马娜：《应急救灾三方博弈模型的均衡分析》，《山东科学》2019 年第 1 期。

对于政府与社会组织间的博弈，通过研究政府与社会组织在应急管理中的行为，求出博弈均衡解，能够在实际生活中为双方提出更优的措施，共同保障社会秩序，如徐辉[1]构建了中央政府、地方政府、社会组织与居民在应对突发公共事件中的策略选择演化博弈模型，并将中央政府的惩罚措施行为纳入模型中，求出博弈均衡解，运用仿真分析三方主体的演化进程，为应对治理突发公共事件提供策略；朱华桂、吴丹[2]通过建立地方政府与社会组织的双方行为演化博弈模型来研究双方实现持续合作的均衡机制；赵悦[3]构建了政府救援部门和社会力量协同救灾的演化博弈，阐述了"政府主导—社会参与"救灾体制改革的多重演化路径、均衡条件和关键影响因素，结合保险制度为救灾提供了新模式。

四 应急管理中政府监管与企业道德风险行为博弈问题

面向不同行业中企业道德风险行为的政企博弈问题，众多学者在环境污染与治理、食品安全、产品质量监管、行业诚信等领域展开了一系列相关研究。在环境污染与治理方面，针对企业存在的技术不达标、服务不合格、造成污染与资源浪费等问题，诸多学者分别针对绿色技术实施[4][5][6]、低碳环保行为[7][8][9]、

---

[1] 徐辉：《突发公共事件应急治理三方博弈模型构建》，《统计与决策》2020年第22期。

[2] 朱华桂、吴丹：《基于演化博弈的政府—社会组织应急管理合作持续性研究》，《风险灾害危机研究》2020年第2期。

[3] 赵悦：《政府主导、社会力量和保险机制参与的救灾体制演化博弈模型》，硕士学位论文，东北财经大学，2020年。

[4] 王志国等：《动态博弈下引导企业低碳技术创新的政府低碳规制研究》，《中国管理科学》2016年第12期。

[5] 邵必林、胡灵琳：《绿色供应链参与行为演化博弈分析——基于系统动力学视角》，《科研管理》2021年第11期。

[6] 陈立文、张孟佳：《基于前景理论的既有建筑绿色改造多主体演化博弈》，《土木工程与管理学报》2021年第5期。

[7] 许杰等：《机动车碳税政策下政府、企业与出行者的三方演化博弈模型研究》，《运筹与管理》2021年第9期。

[8] 傅沂等：《新能源汽车行业的政策设计及优化研究——基于Van Damme模型的三方演化博弈视角》，《工业技术经济》2021年第10期。

[9] 李晓华等：《基于SD及三方博弈的低碳供应链消费市场活力激发研究》，《工业工程》2021年第4期。

产品的制造与回收[1][2][3]、企业污染减排过程[4][5]中企业道德风险问题进行研究，建立政企博弈模型，分析相关参数如政府补贴与处罚对主体的影响，依此实施针对性治理措施来调节主体关系，有利于社会环境治理与构建绿色环保国家。在食品安全方面，针对部分企业生产中因存在不自律、违规等道德风险行为而导致的食品安全无法保障问题，学者们通过建立政府与食品企业的博弈模型，对食品企业的生产行为[6][7][8]中存在的道德风险进行研究，通过分析主体行为及策略选择进而制定相应政策与法律，为保障食品安全提供参考，有助于构建健康安全的社会环境。在产品质量监管方面，针对某些质量检测机构不遵守相关规定、对产品放松监管甚至出具虚假质检报告等道德风险问题，部分学者借助博弈模型针对质量监管中的风险行为[9]及企业寻租行为[10]进行政企博弈研究，保证质量监管部门担负起监督产品安全的重要责任，有利于维护产品质量安全、维护社会公平正义。在行业诚信方面，高长春和刘诗雨[11]、郝琳娜等[12]针对诚

---

[1] 陈婉婷、胡志华：《奖惩机制下政府监管与制造商回收的演化博弈分析》，《软科学》2019年第10期。

[2] 刁玉宇、郭志达：《基于三方博弈模型的快递包装废弃物回收激励模式研究》，《环境保护科学》2021年第5期。

[3] 武健等：《"互联网＋"背景下再生资源产业协同创新三方演化博弈研究》，《中国软科学》2021年第12期。

[4] 张彦博等：《企业污染减排过程中的政企合谋问题研究》，《运筹与管理》2018年第11期。

[5] Xu R., et al., "Evolutionary Game Analysis for Third – Party Governance of Environmental Pollution", *Journal of Ambient Intelligence and Humanized Computing*, Vol. 10, No. 8, 2019.

[6] 曹裕等：《政府参与下食品企业监管博弈研究》，《系统工程理论与实践》2017年第1期。

[7] 杨松等：《不同奖惩机制下食品企业行为与政府监管演化博弈》，《管理评论》2022年第3期。

[8] 浦徐进等：《企业生产行为和官员监管行为的演化博弈模型及仿真分析》，《中国管理科学》2013年第S1期。

[9] 王璜、李明贤：《质量安全追溯体系三方动态演化博弈及仿真分析》，《江西社会科学》2021年第12期。

[10] 彭雪等：《政府监管机制下农产品质量安全生产三方演化博弈研究》，《数学的实践与认识》2021年第14期。

[11] 高长春、刘诗雨：《政府—行业协会双重调控监督与隐形契约单独监督对推动企业诚信合作的演化博弈分析》，《中国市场》2022年第14期。

[12] 郝琳娜等：《信用≠利益？——创新共享平台信用三方的演化博弈策略分析》，《上海管理科学》2022年第2期。

信共享问题,建立了政府监督下的三方博弈模型,分别分析了企业与创新平台中参与共享的博弈主体在不同情况下的演化稳定策略,以期促进企业与公众在诚信环境下开展合作共享。刘桂海等[1]针对假房源问题,构建基于区块链技术的政府、房源信息发布者、接受者三方博弈模型,分析以政府为主导的房源治理模式,为社会健康发展、行业诚信建设提出更高要求。

在应急管理领域,学者们对道德风险的研究大都集中在应急救灾过程中政府与灾民之间,如张昊宇和陈安[2]建立中央政府、地方政府和灾民三方博弈模型,考虑道德风险问题,研究地方政府和灾民之间相互不信任对救灾效率的影响;李红艳[3]运用委托代理理论,研究灾民与政府间存在的道德风险,分析灾民、政府、非政府组织间的双重委托代理关系。还有部分学者针对应急物资存储与管理过程中企业道德风险问题来研究政企双方关系,张琳等[4]针对应急物资和设备周期性轮换更新问题,构建政企双方的博弈模型,探究企业道德风险对应急物资管理的影响;丁斌和徐俊[5]、刘阳等[6]运用委托代理理论方法,针对政府委托下应急物资生产企业在应急物资存储与管理过程中存在的道德风险,分别探讨政府与企业之间应急物资库存成本问题与声誉效应机制。

综上所述,现阶段关于应急物资管理的研究,参与主体多考虑政府与企业的双方主体演化博弈,较少地将政府、企业与社会公众纳入同一系统进行演化博弈研究,并且其中对于企业道德风险的研究也还比较少,

---

[1] 刘桂海等:《区块链技术背景下假房源治理主体博弈及仿真分析》,《管理评论》2021年第9期。

[2] 张昊宇、陈安:《应急救灾三方博弈模型研究》,《电子科技大学学报》(社会科学版)2011年第3期。

[3] 李红艳:《突发公共事件应急管理双重委托代理博弈分析》,《自然灾害学报》2014年第4期。

[4] 张琳等:《企业应急物资轮换更新行为与政府监管博弈分析》,《系统工程理论与实践》2018年第10期。

[5] 丁斌、徐俊:《委托代理理论下应急物资库存成本控制》,《北京理工大学学报》(社会科学版)2012年第2期。

[6] 刘阳等:《考虑声誉效应的应急物资储备系统动态激励模型》,《系统管理学报》2022年第1期。

政府、企业及社会公众作为应急管理中的重要角色，在企业应急物资筹集过程中，离不开政府的政策指引、资金支持和监督管理，以及社会公众的支持与监督。因此，本章将政府、企业和社会公众一同纳入模型中，将企业的人因风险设置为道德因素，建立政府、企业和社会公众的三方演化博弈模型，探究政府监管、社会公众监督与企业遵守道德行为之间的动态博弈关系，分析得出均衡策略，进而运用数值仿真进行算例分析，探究不同参数取值对演化进程的影响，得出相关结论与建议。

第三节　供应链契约理论与研究综述

一　四种典型供应链契约模型

Pasternack[1]在分析易变质商品的定价和回购策略时，首次提出了供应链契约的概念。学者们基于此展开了对供应链契约的大量研究，最基本的供应链契约有四种：批发价格契约（Wholesale Price Contract）、回购契约（Buy Back Contract）、收益共享契约（Revenue Sharing Contract）和数量柔性契约（Quantity Flexibility Contract），批发价格契约和回购契约是较早研究同时也是最为常见的契约类型，而收益共享契约和数量柔性契约分别针对供应链核心部分"收益和数量"展开研究。此外，在以上基本契约基础上，研究过程中通过改变契约参数等条件，结合研究内容又衍生出相关的契约类型，应用较多的如数量折扣契约[2]、回馈与惩罚契约[3]、预购契约等，其中数量折扣契约是由批发价格契约衍生而来，回馈与惩罚契约则可以理解为在批发价格契约基础上设置激励或惩罚机制，预购契约由回购契约演变而成。毋庸置疑，相较于目前衍生出的供应链契约，以上四种基本契约模型在应用上具有明显的通用性和

---

[1] Pasternack B. A., "Optimal Pricing and Return Policies for Perishable Commodities", *Marketing Science*, Vol. 27, No. 1, 2008.

[2] 张云丰等：《需求受销售价格与变质时间影响的时滞变质品供应链协调研究》，《中国管理科学》2020年第3期。

[3] 孙怡川等：《风险波动下带有努力水平的回馈与惩罚契约模型》，《系统管理学报》2017年第6期。

广泛性。

当然，供应链契约还可以根据模型中契约参数的不同进行分类[①]，本书中应用的激励协调契约同样属于供应链契约的一种，主要解决供应链中因信息不对称因素导致的供应链运作效率低下、供应链上游成员成本较高等问题。该部分内容主要针对供应链契约的基本模型进行总结整理，比较分析四种基本契约的优势与不足之处，为供应链契约的进一步发展提供理论基础。供应链契约研究中一般指由供应商和销售商构成的二级供应链，其中，供应商是领导者，销售商是跟随者，供应商作为主导者设置主要的契约参数，销售商根据自身利益最大化原则确定最优订购量。供应链管理中对于契约的选择随国家、产业、产品以及运输方式的变化而变化，并指出影响契约选择的主要因素有六个，分别为随机需求环境下的最优库存策略、处理未卖出库存产品的相对优势、最优风险分配、激励因素、信息不对称因素以及运送成本因素。[②]

供应链四种基本模型构建都是基于完全信息的情况，供应商能够获取有效的信息预测销售商的订购量，以便制定出最佳决策。且在此过程中，双方都是完全理性的，对风险的态度为中性。本节主要分析供应链契约四种基本类型的主要特征，为便于分析，对基本契约参数加以说明：Q 为订购量，p 为零售价格，ω 为批发价格，c 为单位产品生产成本，c_h 为单位产品的库存成本，c_u 为单位产品的缺货成本，r 为单位产品的销售价格，x 为实际需求，在销售期末，若销售商还有库存产品，那么就以价格 v 处理剩余库存，其中 $v<c$，μ 和 σ 分别为需求 x 的期望和方差，$f(x)$ 和 $F(x)$ 分别是需求的概率密度函数和分布函数。$S(Q)$ 为销售商期望销售量，$I(Q)$ 为销售商期望库存量，$L(Q)$ 为销售商期望缺货量。

$$S(Q) = \int_0^\infty (Q^x) f(x) dx = \int_0^\infty \int_{y=0}^{Q^x} dy f(x) dx$$

[①] Tsay A. A., "The Quantity Flexibility Contract and Supplier – Customer Incentives", *Management Science*, Vol. 45, No. 10, 1999.

[②] Kandel E., "The Right to Return", *The Journal of Law and Economics*, Vol. 39, No. 1, 1996.

$$= \int_0^Q \int_y^\infty f(x)\,dx = \int_0^Q \bar{F}(x)\,dx \qquad (2-1)$$

$$I(Q) = E(Q-x)^+ = Q - S(Q) \qquad (2-2)$$

$$L(Q) = E(x-Q)^+ = \mu - S(Q) \qquad (2-3)$$

根据以上基本供应链契约模型的分析,以下主要回顾并简单综述批发价格契约、回购契约、收益共享契约以及数量柔性契约的特征及主要应用范围。

(一)批发价格契约

批发价格契约是指供应商和销售商共同签订契约合同,销售商根据批发价格和市场需求决定自身订购量,供应商则基于销售商的订购量组织生产,销售商承担商品未卖出的全部损失。由上可知,供应商的利润是确定的,无须承担市场风险,而零售商需承担全部市场需求风险。批发价格契约是最常见也是最为简单的一种契约,契约成本较低。通过对批发价格契约模型的分析,单纯的批发价格契约是无法实现供应链整体期望利润最大化的。Katok 等[1]提出单纯地运用批发价格契约,供应链运作效力会降低,供应链契约有可能会协调失败。由于批发价格固定不变,批发价格契约属于"推动"式契约模型,并不能真正"拉动"销售商的订购热情,而针对这一缺陷,数量折扣契约作为批发价格契约的升级版,在问题研究中得到大量应用[2][3][4]。

Jena 和 Sarmah[5] 运用数量折扣契约协调需求不确定情况下的逆向供

---

[1] Katok E., et al., "Wholesale Pricing Under Mild and Privately Known Concerns for Fairness", *Production & Operations Management*, Vol. 23, No. 2, 2014.

[2] Nie T. and Du S., "Dual - Fairness Supply Chain with Quantity Discount Contracts", *European Journal of Operational Research*, Vol. 258, 2016.

[3] Sarathi G. P., et al., "An Integrated Revenue Sharing and Quantity Discounts Contract for Coordinating a Supply Chain Dealing with Short Life - Cycle Products", *Applied Mathematical Modelling*, Vol. 38, No. 15 - 16, 2014.

[4] Xu J., et al., "Coordinating a Dual - Channel Supply Chain with Price Discount Contracts Under Carbon Emission Capacity Regulation", *Applied Mathematical Modelling*, Vol. 56, 2018.

[5] Jena S. K. and Sarmah S. P., "Price and Service Co - Opetition Under Uncertain Demand and Condition of Used Items in a Remanufacturing System", *International Journal of Production Economics*, Vol. 173, 2016.

应链。其核心理念为供应商可根据销售商订购量的多少在批发价格方面进行打折,以此激发销售商的订购热情。

在实际操作中,批发价格契约往往被供应链广泛采用,主要基于以下两个原因:一是因为批发价格契约操作简单,二是供应链成员并不都是"经济理性人",他们具有互惠、公平、利他等社会心理偏好。范如国等[1]基于批发价格契约建立社会偏好下的供应链博弈模型,发现制造商的利他行为可以缓解"双重边际效应",供应链成员利他偏好程度的增大可以激励制造商的减排投资。代应等[2]建立了完全自利下、利他偏好下基于批发价格契约的报童模型,探讨利他偏好对低碳供应链相关决策及其协调性的影响,发现零售商更倾向于与低碳型制造商合作,零售商的利他偏好能在一定程度上鼓励制造商投资减排。林强等[3]构建了由一个占主导地位的电商平台和一个处于跟随地位的制造商组成的Stackelberg主从博弈模型,研究电商平台有无利他偏好时电商供应链的最优决策和契约协调问题,结果表明电商平台的利他偏好行为能够促使自身服务水平提高,正向影响制造商的最优销售价格并削弱自身利润。吴正祥等[4]还在Stackelberg价格博弈模型基础上增加了零售商营销努力决策变量,分别构建考虑利他偏好的批发价格契约模型、收益共享契约模型、收益共享成本共担契约模型,分析利他偏好对供应链决策的影响,探讨批发价格契约、收益共享契约以及收益共享成本共担契约对供应链的协调性。

批发价格策略下,销售商的利润函数为:

$$
\begin{aligned}
\Pi_r &= rS(Q) + vI(Q) - c_h I(Q) - c_u L(Q) - \omega \\
&= (r + c_h + c_u - v)S(Q) - (\omega + c_h - v)Q - \mu c_u
\end{aligned} \quad (2-4)
$$

---

[1] 范如国等:《基于批发价格契约的低碳供应链协调研究——考虑互惠和利他偏好的分析视角》,《商业研究》2020年第6期。

[2] 代应等:《利他偏好下低碳供应链批发价格契约协调机制》,《计算机工程与应用》2017年第11期。

[3] 林强、秦星红:《基于利他偏好的电商供应链最优决策与契约协调》,《数学的实践与认识》2021年第4期。

[4] 吴正祥、李宝库:《利他偏好下需求依赖于价格和营销努力的两级供应链决策与协调》,《中央财经大学学报》2017年第12期。

该函数是关于订购量 Q 的凹函数,通过求导得出销售商最优订购量为:

$$Q_r^* = F^{-1}\left(\frac{r + c_u - \omega}{r + c_h + c_u - v}\right) \quad (2-5)$$

批发价格契约下当 $Q_r^* = Q^*$ 时,此时供应链实现协调,但由 $Q_r^* = Q^*$ 得出 $\omega = c$,即批发价格与单位产品生产成本相等,显然有悖于常理,由此可见,单独使用批发价格契约无法实现供应链协调。房宏扬和陈荔[1]指出无论何种策略下,传统的批发价格契约都无法实现低碳供需网系统的协调。陈戈等[2]提出批发价格契约虽不能实现确定需求条件下的供应链协调,但却能协调随机需求下的供应链。批发价格契约也可以缓解不对称信息因素对供应链效益的消极影响,吴忠和等[3]采用批发价格契约研究零售商成本信息不对称下的二阶供应链系统,并求证得出改进的批发价格契约能够实现不对称信息下的分散策略供应链系统协调。Wang 等[4]研究了由一个风险中性的供应商和一个风险厌恶的零售商组成的供应链中,存在双边不对称信息的情况下,运用批发价格契约探讨双方信息纰漏情况,发现双边在不对称信息前提下都存在投机行为,也就是说,会选择宣布一个较低价值的信息来换取较高的利益。Lariviere 等[5]针对简单的二级供应链报童模型中的批发价格协调问题进行研究,发现零售商面临的市场需求不确定性与零售商利润显著正相关。零售商市场需求函数的变异系数增大意味着面临的市场风险加大,利润的增加是一种对零售商的风险补偿。

---

[1] 房宏扬、陈荔:《低碳背景下考虑批发价格契约供需网企业决策》,《计算机应用研究》2019 年第 6 期。

[2] 陈戈等:《不同公平偏好模型下基于批发价格契约的供应链协调》,《预测》2017 年第 3 期。

[3] 吴忠和等:《非对称信息下供应链批发价格契约应对突发事件》,《数学的实践与认识》2014 年第 21 期。

[4] Wang X., Guo H., Wang X., eds., *Wholesale Price Contract Under Bilateral Information Asymmetry*, Proceedings of the Ninth International Conference on Management Science and Engineering Management, 2015.

[5] Lariviere M. A. and Porteus E. L., "Selling to the Newsvendor: An Analysis of Price - Only Contracts", *Manufacturing & Service Operations Management*, Vol. 3, No. 4, 2001.

目前大多数研究集中于批发价格契约与其他类型契约同时运用。Chen 等[1]采用数量折扣契约和批发价格契约来进行供应链协调，研究当需求存在较大波动时，由一个供应商、一个主导的零售商和多个处于边缘的零售商组成的供应链的协调问题。Paha[2] 分析了上游制造商无法完全获取下游零售商的生产成本信息情况下，将批发价格契约与数量折扣契约联合规避了双边道德风险问题，并实现了信息共享局面。Ma 等[3]首先利用批发价格契约作为基本模型深入探讨信息共享价值，其次提出了二步定价契约应对信息不对称因素，实现供应链协调。或结合薪酬激励机制等方式更高效地实现供应链完美协调，如 Nouri 等[4]考虑到制造商创新努力程度和零售商广告宣传努力程度对双方利润的影响，提出了一种基于薪酬激励的批发价格契约，鼓励双方付出更多的努力实现供应链整体利润最大化。

（二）回购契约

回购契约是目前市场上普遍采取的一种协调策略，主要是指供应商用一个合理的价格 $v_1(v_1 > v)$ 从销售商那里买回销售期结束时未卖出的产品，从而刺激销售商增加订购量，扩大产品销售量。Jeuland 和 Shugan[5]、Pasternack[6] 较早分析了回购策略在供应链管理中的应用，研究中都提到回购策略可以同时提升供应商和销售商的利润，但并没有给出具体的回

---

[1] Chen K. B. and Xiao T. J. , "Demand Disruption and Coordination of the Supply Chain with a Dominant Retailer", *European Journal of Operational Research*, Vol. 197, 2009.

[2] Paha J. , "Wholesale Pricing with Incomplete Information About Private Label Products", *Magks Papers on Economics*, 2017.

[3] Ma P. , et al. , "Enhancing Corporate Social Responsibility: Contract Design Under Information Asymmetry", *Omega*, Vol. 67, 2016.

[4] Nouri M. , et al. , "Coordinating Manufacturer's Innovation and Retailer's Promotion and Replenishment Using a Compensation – Based Wholesale Price Contract", *International Journal of Production Economics*, Vol. 198, 2018.

[5] Jeuland A. P. and Shugan S. M. , "Managing Channel Profits", *Marketing Science*, Vol. 2, No. 3, 1983.

[6] Pasternack B. A. , "Filling Out the Doughnuts: The Single Period Inventory Model in Corporate Pricing Policy", *Interfaces*, Vol. 10, No. 5, 1980.

购契约模型;之后 Pasternack[①] 继续研究回购策略,最早提出了回购契约模型,并指出全部回购策略和不允许回购策略都无法实现供应链协调,仅在折中情况下可以实现帕累托优化并达到高效率协作。Wei 等[②]在分析公平性如何影响批发价格时,也得出了在斯塔克尔伯格博弈下,无论如何考虑公平性指标,回购契约都无法实现供应链协调。

回购契约中销售商的利润函数为:

$$\Pi_r = rS(Q) + v_1I(Q) - c_hI(Q) - c_uL(Q) - \omega Q$$
$$= (r + c_h + c_u - v_1)S(Q) - (\omega + c_h - v_1)Q - \mu c_u \quad (2-6)$$

同样,通过求导得出销售商最优订购量为:

$$Q_r^* = F^{-1}\left(\frac{r + c_u - \omega}{r + c_h + c_u - v_1}\right) \quad (2-7)$$

为实现协调,令 $Q_r^* = Q^*$,得出批发价格:

$$\omega = c + \frac{(v_1 - v)(r + c_u - c)}{r + c_h + c_u - v} \quad (2-8)$$

将其代入销售商利润函数得:

$$\Pi_r = \frac{r + c_h + c_u - v_1}{r + c_h + c_u - v}\Pi_T - \frac{v_1 - v}{r + c_h + c_u - v}\mu c_u \quad (2-9)$$

供应商的利润为:

$$\Pi_s = \Pi_T - \Pi_r = \frac{v_1 - v}{r + c_h + c_u - v}(\Pi_T + \mu c_u) \quad (2-10)$$

式中显然有 $0 < \frac{v_1 - v}{r + c_h + c_u - v} < 1$,因此回购契约可以实现供应链协调。供应商可以根据 $\frac{v_1 - v}{r + c_h + c_u - v}$ 的大小确定自身利润在整个供应链利润中所占的份额,且可以确定批发价格 ω 的大小。

---

① Pasternack B. A., "Optimal Pricing and Return Policies for Perishable Commodities", Marketing Science, Vol. 27, No. 1, 2008.

② Wei G. and Yin Y., "Buy - Back Contract Incorporating Fairness in Approach of Stackelberg Game", American Journal of Industrial and Business Management, Vol. 4, No. 1, 2014.

根据以上模型分析得出，回购契约需在一定条件下协调供应链，Zhao 等[1]研究了只有需求被设定在某一水平时，回购契约的设计才能够同时有益于供应商、零售商以及整个供应链系统。Devangan 等[2]考虑当零售商需求受货架库存数量的影响时，如何在存在个体理性约束的条件下设计回购契约协调供应链。Liu 等[3]在分析顾客回报如何影响零售商订购决策以及制造商和零售商利润的研究中，也得出退款金额为外生变量时，回购契约才能协调供应链。也有部分研究集中于随机需求下如何通过回购契约协调供应链，如 Zhang 等[4]通过设置模糊需求变量，设计回购契约实现了随机需求下供应链协调。目前部分对回购契约的研究主要集中于不同前提条件下，如何设置适当的回购价格，以及研究企业风险偏好或顾客策略等因素对回购契约的影响，分析回购价格与其他参变量的复杂关系。比如，蒋雪琳和何建佳[5]分析得出顾客策略行为和风险偏好影响供应链回购契约下零售商的定价决策，深入探讨了零售商订货量与回购契约价格的关系。Wu[6]分析了回购价格对零售商价格、订购量以及批发价格的影响。简惠云和许民利[7]在零售商和供应商风险规避下，设计了基于 Stackelberg 博弈的回购契约模型，发现在不同的风险规避水平与批发价取值区间，供应商会选择不同的回购策略。Farhat 等[8]采用回购契约解决了

---

[1]　Zhao Y., et al., "Buyback Contracts with Price – Dependent Demands: Effects of Demand Uncertainty", *European Journal of Operational Research*, Vol. 239, No. 3, 2014.

[2]　Devangan L., et al., "Individually Rational Buyback Contracts with Inventory Level Dependent Demand", *International Journal of Production Economics*, Vol. 142, No. 2, 2013.

[3]　Liu J., et al., "Supply Chain Coordination with Customer Returns and Refund – Dependent Demand", *International Journal of Production Economics*, Vol. 148, No. 2, 2014.

[4]　Zhang B., et al., "Supply Chain Coordination Based on a Buyback Contract under Fuzzy Random Variable Demand", *Fuzzy Sets & Systems*, Vol. 255, 2014.

[5]　蒋雪琳、何建佳：《考虑顾客策略行为和风险偏好影响的供应链回购契约研究》，《统计与决策》2016 年第 15 期。

[6]　Wu D., "Coordination of Competing Supply Chains with News – Vendor and Buyback Contract", *International Journal of Production Economics*, Vol. 144, No. 1, 2013.

[7]　简惠云、许民利：《风险规避下基于 Stackelberg 博弈的供应链回购契约》，《系统工程学报》2017 年第 6 期。

[8]　Farhat M., et al., "Procurement Planning with Batch Ordering under Periodic Buyback Contract", *IFAC Papersonline*, 2017, Vol. 50, No. 1.

批量采购问题，Zhou 等[①]在零售商和供应商都为风险厌恶时，基于斯塔克尔伯格博弈设计了回购契约模型，得出了最优回购价格和最优订购量表达式。

(三) 收益共享契约

收益共享契约是指供应商首先给销售商一个较低的批发价格，且很有可能低于产品的生产成本，但在销售期末，供应商将获得销售商一部分销售收入，以弥补批发价格方面的损失。收益共享契约下，假定供应商占销售商销售收入的份额为 θ，则销售商所占比例为 $(1-\theta)$，销售商利润函数为：

$$\begin{aligned}\Pi_r &= (1-\theta)[rS(Q) + vI(Q)] - c_h I(Q) - c_u L(Q) - \omega Q \\ &= [(1-\theta)(r-v) + c_h + c_u]S(Q) \\ &\quad - [\omega + c_h - (1-\theta)v]Q - \mu c_u \end{aligned} \quad (2-11)$$

此时销售商的最优订购量为 $Q_r^* = F^{-1}\left[\dfrac{(1-\theta)r + c_u - \omega}{(1-\theta)(r-v) + c_h + c_u}\right]$，令 $Q_r^* = Q^*$，可得批发价格：

$$\omega = (1-\theta)c + \theta c_u - \dfrac{\theta(c_h + c_u)(r + c_u - c)}{r + c_h + c_u - v} \quad (2-12)$$

$$\Pi_r = \dfrac{(1-\theta)(r-v) + c_h + c_u}{r + c_h + c_u - v} \Pi_T - \dfrac{\theta(r-v)}{r + c_h + c_u - v}\mu c_u \quad (2-13)$$

供应商的利润为：

$$\Pi_s = \Pi_T - \Pi_r = \dfrac{\theta(r-v)}{r + c_h + c_u - v}(\Pi_T + \mu c_u) \quad (2-14)$$

显然，$0 < \dfrac{\theta(r-v)}{r + c_h + c_u - v} < 1$，因此收益共享契约下同样可以实现供应链协调。且供应商可根据 $\dfrac{\theta(r-v)}{r + c_h + c_u - v}$ 的大小确定自身利润所占份额，从基本模型中可以看出，当 $v_1 - v = \theta(r-v)$ 时，收益共享契约和回

---

① Zhou Y., et al., "Stackelberg Game of Buyback Policy in Supply Chain with a Risk-Averse Retailer and a Risk-Averse Supplier Based on CVaR", *PLOS ONE*, Vol. 9, No. 9, 2014.

购契约在实现供应链协调方面是一致的。

本书在后续章节研究中也借鉴了收益共享模型构建的理念，政府向企业提供的可变补贴系数与数量柔性契约中 θ 的意义相似，代表代储企业收益所占整体代储供应链利润的份额。收益共享契约在提升供应链效率方面有很大影响，如 Govindan 和 Popiuc[1] 以个人计算机行业为例，得出运用收益共享契约可以提高二级或三级逆向供应链协作效率，提高供应链整体利润。Hu 等[2] 也分析了由损失厌恶的零售商、损失中性的分销商和损失中性的制造商构成的三阶供应链，收益共享契约实现了该三阶供应链的帕累托改进。Becker – Peth 等[3] 考虑了在消费者行为具有相互参考的情况下，如何利用收益共享契约实现供应链协调。也有部分收益共享契约研究集中于解决因供应链企业道德风险带来的供应链失调现象，如 Ouardighi[4] 运用收益共享契约缓解供应链中双边道德风险问题带来的影响。或是分析在需求受价格或其他因素影响的情况下，运用收益共享契约协调供应链，如 Giri 和 Bardhan[5] 分析了需求依赖价格时如何运用收益共享契约协调供应链。柏庆国等[6] 探讨了需求受多方面因素影响，并且设定需求速率是关于销售价格的多变量连续函数的前提下，运用收益共享

---

[1] Govindan K. and Popiuc M. N. , "Reverse Supply Chain Coordination by Revenue Sharing Contract: A Case for the Personal Computers Industry", *European Journal of Operational Research*, Vol. 233, No. 2, 2014.

[2] Hu B. , et al. , "Three – Echelon Supply Chain Coordination with a Loss – Averse Retailer and Revenue Sharing Contracts", *International Journal of Production Economics*, Vol. 179, 2016.

[3] Becker – Peth M. and Thonemann U. W. , "Reference Points in Revenue Sharing Contracts: How to Design Optimal Supply Chain Contracts", *European Journal of Operational Research*, Vol. 249, No. 3, 2016.

[4] Ouardighi F. E. , "Supply Quality Management with Optimal Wholesale Price and Revenue Sharing Contracts: A Two – Stage Game Approach", *International Journal of Production Economics*, Vol. 156, 2014.

[5] Giri B. C. and Bardhan S. , "Supply Chain Coordination for a Deteriorating Item with Stock and Price – Dependent Demand under Revenue Sharing Contract", *International Transactions in Operational Research*, Vol. 19, No. 5, 2012.

[6] 柏庆国等：《基于收益共享的多周期易变质产品供应链协调模型》，《运筹与管理》2016 年第 2 期。

契约模型得出了能够使供应链高效协作的收益共享系数的范围。崔春岳等[1]证明收益共享契约可以通过调整零售商的订购量达到集中决策下的最优订购量进而实现两阶段供应链协调，设置较低的收益共享契约参数将会更有利于制造商降低批发价格主动进行碳减排投入。Hu 和 Feng[2] 则分析在由一个供应商和一个购买方组成的供应链中，当需求和供应都存在不确定性因素的前提下，运用收益共享契约可以同时实现供应链协调和整体利润最大化。

但考虑到单一运用收益共享契约在某种情况下会失去效力，如代建生[3]提出在供应链中存在促销努力，销售商属于风险厌恶型企业时，收益共享契约无法实现供应链完美协调。Cai 等[4]在分析如何实现供应商管理库存供应链协调的研究中，也认识到单纯的收益共享契约可能无法使得供应链效益最大化，因此将供应商补贴因子引入收益共享契约模型中，求证得出供应链成员最优价格和收益分享系数，最大化了供应链整体效益。之后学者考虑将收益共享契约与其他契约机制结合，来更好地实现供应链高效协作。Arani 等[5]将收益共享契约和欧式看涨期权结合应用于零售商和制造商组成的二阶供应链中，通过混合契约得出零售商最优订购量和制造商最优生产量，实现供应链纳什均衡。Chakraborty 等[6]结合批发价格机制，采用斯塔克尔伯格博弈模型，并运用收益共享契约协调由

---

[1] 崔春岳等：《碳配额交易政策下基于收益共享契约的两阶段供应链协调》，《中国管理科学》2021 年第 7 期。

[2] Hu B. and Feng Y., "Optimization and Coordination of Supply Chain with Revenue Sharing Contracts and Service Requirement under Supply and Demand Uncertainty", *International Journal of Production Economics*, Vol. 183, 2017.

[3] 代建生：《促销和定价影响需求下供应链的收益共享契约》，《管理学报》2018 年第 5 期。

[4] Cai J., et al., "Flexible Contract Design for VMI Supply Chain with Service - Sensitive Demand: Revenue - Sharing and Supplier Subsidy", *European Journal of Operational Research*, Vol. 261, No. 1, 2017.

[5] Arani H. V., et al., "A Revenue - Sharing Option Contract Toward Coordination of Supply Chains", *International Journal of Production Economics*, Vol. 178, 2016.

[6] Chakraborty T., et al., "Coordination and Competition in a Common Retailer Channel: Wholesale Price Versus Revenue - Sharing Mechanisms", *International Journal of Production Economics*, Vol. 166, 2015.

两个具有竞争关系的制造商和一个普通的零售商构成的供应链。邹筱等[①]在不同决策模式下分析各因素的最优决策,提出双向收益共享成本分担契约,弥补单一成本分担契约无法实现帕累托改进的缺陷,使得供应链实现完美协同,获取整体利润最大化。

(四) 数量柔性契约

所谓数量柔性契约,是指销售商可在销售季之前先订购一部分产品,供应商针对此组织生产,待后期销售商获取产品需求量之后,可在供应商提供的产品数量范围内确定最终的购买量。数量柔性契约下,假设销售商预测市场需求为 q,销售商保证能够订购 $(1-\beta)q$ 个产品,供应商根据销售商订购量决定生产 $Q_S = (1+\alpha)q$,其中 $\beta \in [0,1]$,$\alpha \in [0,\infty]$,销售商期望订购量和期望销售量分别为:

$$N(q,\alpha,\beta) = \int_0^{(1-\beta)q} (1-\beta)qf(x)dx + \int_{(1-\beta)q}^{(1+\alpha)q} xf(x)dx$$
$$+ \int_{(1+\alpha)q}^{\infty} (1+\alpha)qf(x)dx \quad (2-15)$$

令 $S[(1+\alpha)q] = \int_0^{(1+\alpha)q} \bar{F}(x)dx$ $S[(1-\beta)q] = \int_0^{(1-\beta)q} \bar{F}(x)dx$

数量柔性契约下,销售商期望利润为:

$$\Pi_r = rS[(1+\alpha)q] + vI[(1-\beta)q] - c_hI[(1-\beta)q]$$
$$- c_uL[(1+\alpha)q] - \omega N(q,\alpha,\beta) \quad (2-16)$$

关于 q 求导得 $(1+\alpha)(r-\omega+c_u)\bar{F}[(1+\alpha)q^*] - (1-\beta)(\omega-v+c_h)\bar{F}[(1-\beta)q^*] = 0$

令 $\eta = \dfrac{1+\alpha}{1-\beta}$,结合 $Q_S = (1+\alpha)q$,得出 $F(\dfrac{Q_S}{\eta}) = \eta\dfrac{(r-\omega+c_u)}{(\omega-v+c_h)}[1-F(Q_S)]$

另 $Q_S = F^{-1}(\dfrac{r+c_u-c}{r+c_u+c_h-v})$,由此得出批发价格:

---

① 邹筱等:《双向收益共享成本分担契约下生鲜农产品供应链优化研究》,《西南大学学报》(自然科学版) 2021 年第 11 期。

$$\omega = v - c_h + \frac{c - v + c_h}{\frac{1}{\eta}F\left[\frac{1}{\eta}F^{-1}\left(\frac{r + c_u - c}{r + c_u + c_h - v}\right)\right] + \frac{c - v + c_h}{r + c_u + c_h - v}} \quad (2-17)$$

其中 η 即可作为数量柔性契约的柔性参数。根据批发价格公式分析，若 $\eta = \infty$，$\alpha = \infty$，$\beta = 1$ 的情况下，即数量柔性无限大，此时 $\omega = r$，那么销售商这种情形下利润为零；若 $\eta = 1$，$\alpha = 0$，$\beta = 0$ 的情况下，即数量柔性最小，此时 $\omega = c$，那么此时的数量柔性契约就转变为批发价格契约，销售商将承担全部的需求风险。以上两种极限情形下供应链都无法实现协调，当且仅当 $c < \omega < r$ 时，通过协调机制才可以实现供应链协调。Tsay[1] 较早地提出数量柔性契约可以实现供应链协调问题。之后就有大量关于此方面的研究，Xiong 等[2]介绍了一种由回购契约和数量柔性契约组合而成的契约模型，分析得出该契约模式在供应链协调、利润分配和风险分配方面都具有一定优势。朱海波和胡文[3]将数量柔性契约和期权契约相结合，协调了由单个制造商和单个销售商组成的多周期单产品两级供应链。Li 等[4]研究指出化妆品供应商允许零售商根据实时库存和顾客可能的需求调整订购量时，在此数量柔性契约下，双方利润都能实现最大化且供应链能够实现协调。供应链中数量柔性契约的应用可以为买方带来好处，Kim 等[5]探讨了在多个供应商向一个买方提供单一类型产品的供应链中，设计数量柔性契约在合理的时间范围内为买方提供一个合理的成本有效性解决方法。Bicer 和 Hagspiel[6] 认为数量柔性可能会导致供应商直

---

[1] Tsay A. A., "The Quantity Flexibility Contract and Supplier - Customer Incentives", *Management Science*, Vol. 45, No. 10, 1999.

[2] Xiong H., et al., "A Composite Contract Based on Buy Back and Quantity Flexibility Contracts", *European Journal of Operational Research*, Vol. 210, No. 3, 2011.

[3] 朱海波、胡文：《基于期权的供应链数量柔性契约决策模型》，《控制与决策》2014 年第 5 期。

[4] Li X., et al., "A Quantity - Flexibility Contract with Coordination", *International Journal of Production Economics*, Vol. 179, 2016.

[5] Kim J. S., et al., "A Quantity Flexibility Contract Model for a System with Heterogeneous Suppliers", *Computers & Operations Research*, Vol. 41, No. 1, 2014.

[6] Bicer I. and Hagspiel V., "Valuing Quantity Flexibility Under Supply Chain Disintermediation Risk", *International Journal of Production Economics*, Vol. 180, 2016.

接跳过零售商将产品销售给终端顾客，因此深入研究了非中介化风险下数量柔性契约的价值。İsmail Serdar Bakal 和 Karakaya[①] 分析了当零售商存在期初订购和最终订购两阶段订购方式时，如何运用数量柔性契约确定最优订购策略。鉴于应急物资需求的不确定性，政府从企业调用的物资数量会随着物资实际需求量的变化而改变，这就要求构建双方合作的契约必须使物资的采购具有一定的柔性和灵活性，因而在众多的供应链契约中，以允许采购方可根据自身需求进行柔性采购的数量柔性契约无疑是建立政企合作关系的最佳选择。基于此，陈涛等[②]利用数量柔性契约建立了应急物资协议企业储备模型，并对企业在该储备模式下的物资储备量问题进行了研究。扈衷权等[③]则在此基础上考虑了灾害事件发生概率对政企双方合作的影响，并进一步给出了政府在不同情形下的最优采购定价策略，同时其也考虑了企业存在储备约束的情形。Wang 等[④]则分别以回购契约和数量柔性契约中的期权契约建立政企合作关系，证明了与回购契约相比，期权契约更能提升政企整体的合作绩效水平。

（五）四种典型供应链契约比较分析

从供应链契约的研究分析，供应链契约研究越来越受到学者关注，但实际中的供应链组织要复杂得多，且随电子商务市场的兴起，所处环境也日趋复杂化，供应链契约的四种基本类型无法完全适应这种变化，单纯地应用某种契约类型很难实现供应链协作。Xu 等[⑤]分别将收益共享契约、成本分担契约和惩罚契约应用于财政约束下的外包供应链协调研究，发现成本分担契约在实现供应链协调的同时，能够增大供应链双方

[①] İsmail Serdar Bakal and Karakaya S., "Quantity Flexibility for Multiple Products in a Decentralized Supply Chain", *Computers & Industrial Engineering*, Vol. 64, No. 2, 2011.

[②] 陈涛等：《协议企业实物储备、生产能力储备模式的协调性研究》，《中国管理科学》2013 年第 5 期。

[③] 扈衷权等：《协议企业代储模式下应急物资储备策略及采购定价研究》，《系统工程理论与实践》2020 年第 3 期。

[④] Wang X. H., et al., "Pre-Purchasing with Option Contract and Coordination in a Relief Supply Chain", *International Journal of Production Economics*, Vol. 167, 2015.

[⑤] Xu X. Y., et al., "Coordination Contracts for Outsourcing Supply Chain with Financial Constraint", *International Journal of Production Economics*, Vol. 162, 2015.

的收益,而其他两种契约同样能够实现供应链协调,但要牺牲供应链中一方的收益。Saha 和 Goyal[1]分别采用回购契约、批发价格契约和成本分担契约分析供应链协调问题,研究结果发现不同条件的零售商会倾向于采用不同的契约方式,如议价能力较强的零售商会更期望选择批发价格契约。另外,供应链契约之间有很强的关联性,可以通过相互组合应用来实现协作,批发价格契约、回购契约和收益共享契约主要围绕价格参数实现供应链协调,而数量柔性契约则是通过数量参数实现协调。而组合应用中研究较多的为批发价格契约与收益共享契约的组合[2]、回购契约与收益共享契约的组合[3]。

1. 批发价格契约与收益共享契约比较

相较于其他三种契约类型,批发价格契约无法实现供应链协调,但基于批发价格契约便于管理的优势,其应用领域较为广泛。批发价格契约不用考虑零售商是否具备一定的承担市场需求风险的能力,而收益共享契约则必须通过收集与零售商销售能力相关的信息,如相关成本与收益等方面的信息,以此推断供应商能否承担风险,但收集信息过程必然会产生额外的甚至高昂的费用,很有可能导致最终供应链支出与收益不成正比。

综上所述,收益共享契约可以弥补批发价格契约价格固定不可协商、无法拉动销售商订购激情、无法实现供应链协作等缺点,而批发价格契约成本较低、实施管理较为方便等则是收益共享契约缺乏的优势,因此两种契约的结合应用将会更容易且高效实现供应链协调。

2. 回购契约与收益共享契约比较

虽然当 $v_1 - v = \theta(r - v)$ 时,收益共享契约与回购契约可以实现等同,但收益供应契约在实际应用中往往具有局限性,如收益共享契约的实施

---

[1] Saha S. and Goyal S. K. , "Supply Chain Coordination Contracts with Inventory Level and Retail Price Dependent Demand", *International Journal of Production Economics*, Vol. 161, 2015.

[2] 崔春岳等:《碳配额交易政策下基于收益共享契约的两阶段供应链协调》,《中国管理科学》2021 年第 7 期。

[3] 代建生:《促销和定价影响需求下供应链的收益共享契约》,《管理学报》2018 年第 5 期。

成本较高，收益共享契约有可能降低销售商的营销努力程度。另外，关于回购契约的研究中，大多忽视了销售商的努力程度因素，或是把零售价格视为定值来考虑，因此研究结果也很有可能会偏离实际情况，导致在实际应用中供应链企业无法根据自身情况选择最优的回购策略。也有学者为增加订购量，进而提升供应链整体效益，通过调整契约参数将收益共享契约与回购契约融合[1][2]，应用于三级供应链中解决供应链收益或风险分配问题。

二 供应链契约在信息共享领域的研究现状

供应链契约设计作为能够实现供应链协调的有效途径，越来越受到研究学者们的关注和重视。供应链契约基本契约模型有四种类型：批发价格契约、回购契约、收益共享契约和数量柔性契约，根据不同的信息结构，供应链契约分为对称信息和不对称信息两种情况下的契约设计。信息结构代表供应链企业之间的信息共享程度，若供应链企业之间各自的信息能够充分共享，这种情况称为完全信息结构；反之，若仅有部分信息共享，称为不对称信息结构。

信息不对称因素普遍存在于供应链中[3]，这使得供应链的有效管理更加具有挑战性。较早考虑到供应链中不对称信息的学者 Corbett 等[4]研究了在由供应商和购买方构成的二级供应链系统中，供应商很少能够完全获取购买方的成本结构，而买方的购买量恰恰是基于成本结构的考虑，因此 Corbett 等认为供应商在选择供应链契约时必须将信息不对称因素考

---

[1] 刘桂东、唐小丽：《基于收益共享契约和回购契约的三级供应链联合协调机制》，《商场现代化》2010 年第 1 期。

[2] 刘桂东：《基于收益共享契约和回购契约的协调三级供应链风险分析》，《价值工程》2013 年第 35 期。

[3] Mittendorf B., et al., "Manufacturer Marketing Initiatives and Retailer Information Sharing", *Quantitative Marketing and Economics*, Vol. 11, No. 1, 2013.

[4] Corbett C. J. and Tang C. S., "Designing Supply Contracts: Contract Type and Information Asymmetry", *Management Science*, Vol. 50, No. 4, 1999.

虑在内。Wang 等[1]分析了供应链中零售商可以通过筹集信息获取有关销售成本的信息，但需要付出代价，而供应商通过设计批发价格契约促使零售商获取信息从而收获更多的采购订单。考虑到环境可持续发展的重要性，逆向供应链的研究在目前受到大量的关注[2]。关于哪种供应链契约有利于实现不对称信息下逆向供应链协调的研究层出不穷，Gu 和 Tagaras[3] 研究了在回收商没有及时将回收量等信息传递给再制造商时，如何通过回购契约得出回收商最优回收量和再制造商最优订购量。收益共享契约可以规避不对称信息造成的回收商道德风险和逆向选择问题，能够更好地实现逆向供应链完美协调，Zeng[4] 研究了制造商通过与零售商分享部分收益来鼓励零售商，Zou 和 Ye[5] 也探讨了制造商分享部分收益给予零售商，以此补偿零售商回收成本的支出。

目前国内外部分研究聚焦于运用供应链契约模型应对信息不对称因素带来的供应链协作效率低下的问题，如 Kong 等[6]发现收益共享契约能够缓解供应链中信息泄露带来的负面影响，Metin 等[7]分析了供应商拥有生产成本私有信息的情况下，零售商设计了包含订购量和供应商收益的菜单契约协调了供应链。Yue 和 Raghunathan[8] 研究了信息不对称情况下

---

[1] Wang X., et al., "Wholesale – Price Contract of Supply Chain with Information Gathering", *Applied Mathematical Modelling*, Vol. 37, No. 6, 2013.

[2] Guo S., et al., "A Review on Supply Chain Contracts in Reverse Logistics: Supply Chain Structures and Channel Leaderships", *Journal of Cleaner Production*, Vol. 144, 2017.

[3] Gu Q. and Tagaras G., "Optimal Collection and Remanufacturing Decisions in Reverse Supply Chains with Collector's Imperfect Sorting", *International Journal of Production Research*, Vol. 52, No. 17, 2014.

[4] Zeng A. Z., "Coordination Mechanisms for a Three – Stage Reverse Supply Chain to Increase Profitable Returns", *Naval Research Logistics*, Vol. 60, No. 1, 2013.

[5] Zou Q. and Ye G., "Pricing – Decision and Coordination Contract Considering Product Design and Quality of Recovery Product in a Closed – Loop Supply Chain", *Mathematical Problems in Engineering*, Vol. 2015, 2015.

[6] Kong G., et al., "Revenue Sharing and Information Leakage in a Supply Chain", *Management Science*, Vol. 59, No. 3, 2013.

[7] Metin C., et al., "Contracting and Coordination under Asymmetric Production Cost Information", *Production & Operations Management*, Vol. 21, No. 2, 2010.

[8] Yue X. and Raghunathan S., "The Impacts of the Full Returns Policy on a Supply Chain with Information Asymmetry", *European Journal of Operational Research*, Vol. 180, No. 2, 2007.

回购策略对整个供应链运行效率的影响，Babichabbc[1]采用回购契约解决了零售商具有需求分布私有信息前提下利益分配问题。Zissis等[2]在对由理性的制造商和零售商组成的两节点供应链的研究中，采用数量折扣契约解决了零售商的私人信息影响到节点预定水平问题。Huang等[3]分析了由一个购买方和两个潜在供应商组成的供应链，针对供应商之间存在成本不对称信息的情况设计了最优采购契约。Lei等[4]面对供应商的成本私有信息和零售商库存不确定性问题，设置合理的契约参数，使得双方都有权利刺激整体供应链利润最大化。针对闭环供应链中不对称信息因素，Zhang等[5]探讨了由制造商和零售商构成的闭环供应链中，制造商无法观测零售商回收努力程度时，设计回收努力强制契约实现了闭环供应链协调。Wei等[6]则采用博弈论分析闭环供应链中制造商和零售商在不对称信息存在的情况下，如何针对批发价格、零售价格和回收速率制定决策。Zhao等[7]研究了价格依赖需求的闭环供应链，基于零售商回收等级参数分别构建了对称信息和不对称信息下供应链协调契约模型。Giovanni[8]设计收益共享契约激发制造商和零售商在闭环供应链中的积极性，协调了不对称信息因素存在的闭环供应链。

---

[1] Babichabbc V., "Contracting with Asymmetric Demand Information in Supply Chains", *European Journal of Operational Research*, Vol. 217, No. 2, 2012.

[2] Zissis D., et al., "Supply Chain Coordination under Discrete Information Asymmetries and Quantity Discounts", *Omega*, Vol. 53, 2015.

[3] Huang H., et al., "Procurement Mechanism for Dual Sourcing and Emergency Production under Capacity Constraint", *Computers & Industrial Engineering*, Vol. 119, No. 5, 2018.

[4] Lei Q., et al., "Supply Chain Coordination under Asymmetric Production Cost Information and Inventory Inaccuracy", *International Journal of Production Economics*, Vol. 170, 2015.

[5] Zhang P., et al., "Designing Contracts for a Closed-Loop Supply Chain under Information Asymmetry", *Operations Research Letters*, Vol. 42, No. 2, 2014.

[6] Wei J., Govindan K., Li Y., et al., "Pricing and Collecting Decisions in a Closed-Loop Supply Chain with Symmetric and Asymmetric Information", *Computers & Operations Research*, Vol. 54, 2015.

[7] Zhao J., et al., "Coordination of Fuzzy Closed-Loop Supply Chain with Price Dependent Demand under Symmetric and Asymmetric Information Conditions", *Annals of Operations Research*, Vol. 257, No. 1-2, 2017.

[8] Giovanni P. D., "Closed-Loop Supply Chain Coordination Through Incentives with Asymmetric Information", *Annals of Operations Research*, Vol. 253, No. 1, 2017.

信息不共享是影响供应链运行效率的关键因素[1]，因此在供应链协调中如何实现信息共享同样成为研究焦点，比如胡晓青等[2]梳理需求信息不对称领域的研究现状和趋势，对信息共享方法、价值研究、契约设计等进行综述，提出可以结合供应链运作实际，设计有效的契约方案来促进成员之间的信息共享。官子力等[3]通过构建不完全信息下的动态博弈模型，分析零售商、制造商与消费者影响服务价值与信息共享的因素，并提出了基于两个补偿契约的信息共享激励策略。此外，考虑到委托代理模型是信息不对称因素的可行方法，部分学者基于此展开进一步的研究，Kerkkamp 等[4]针对零售商拥有的私人信息，设计了委托代理契约模型并改善了零售商撒谎行为。金亮等[5]针对由线上零售和线下体验构成的 O2O 供应链，考虑线下体验服务成本信息不对称因素，基于委托代理模型设计佣金契约来分析不对称信息对供应链绩效的影响。李轲等[6]考虑了由一个风险规避的承包方（CM）和一个风险中性的发包方（OEM）组成的供应链，基于委托代理模型设计了菜单式契约机制去激励承包方自愿揭示自己的努力成本信息，从而最大化双方的利润。Lei 等[7]在需求和成本都为私有信息的前提下，借鉴委托代理模型设计最优供应链契约分析不对称信息对供应商、零售商以及整个供应链绩效的影响。Wang 等[8]研究了

---

[1] Inderfurth K., et al., "The Impact of Information Sharing on Supply Chain Performance under Asymmetric Information", *Production Operations Management*, Vol. 22, No. 2, 2013.

[2] 胡晓青等：《需求信息不对称环境下供应链契约设计研究进展》，《管理学报》2022 年第 5 期。

[3] 官子力、张旭梅：《需求不确定下制造商服务投入影响销售的供应链信息共享与激励》，《中国管理科学》2019 年第 10 期。

[4] Kerkkamp R. B. O., et al., "Two–Echelon Supply Chain Coordination under Information Asymmetry with Multiple Types", *Omega*, Vol. 76, 2018.

[5] 金亮等：《不对称信息下线下到线上 O2O 供应链佣金契约设计》，《管理学报》2017 年第 6 期。

[6] 李轲等：《考虑风险偏好的外包质量风险控制与激励机制研究》，《中国管理科学》2013 年第 S1 期。

[7] Lei D., et al., "Supply Chain Contracts under Demand and Cost Disruptions with Asymmetric Information", *International Journal of Production Economics*, Vol. 139, No. 1, 2012.

[8] Wang X., et al., "Supply Chain Contract Mechanism under Bilateral Information Asymmetry", *Computers & Industrial Engineering*, Vol. 113, 2017.

由一个风险中性的供应商和一个风险厌恶的零售商组成的供应链,在双边不对称信息的情况下,设计一种创新协调契约机制使得供应商和零售商都会上报真实的私有信息,在该契约条件下,双方的期望利润以及供应链整体利润都实现了最大化。Ma 等[1]认为由于信息不对称因素的存在,供应商可能会夸大需求来吸引零售商订购量增加,为此设计了二部定价契约提高信息共享程度。也有学者比较了对称信息和不对称信息两种策略,发现不对称信息下的逆向供应链无法高效协作,并提出了二部定价供应链契约促使再造商鼓励收集方共享私有信息[2][3]。

三 供应链契约在应急管理中的应用研究

目前在应急管理与决策领域,Chakravarty[4]和王雷等[5]都提出因灾害类型、强度以及灾害发生时间不确定性等因素,应急救援供应链协调成为一道难题,国内外学者大多基于完全信息的前提,分析如何实现供应链协调并达到市场机制下的可持续发展,进而实现双赢的问题。Inderfurth 和 Clemens[6] 提出了在随机需求的报童模型供应链中,风险共享契约能够实现随机需求条件下的供应链协调,同时进行了有效性分析;Xu[7] 分析了供应商—制造商二级分散式供应链中产品采购管理问题,提

---

[1] Ma W. M., Zhao Z., Ke H., "Dual – Channel Closed – Loop Supply Chain with Government Consumption – Subsidy", *European Journal of Operational Research*, No. 2, 2013.

[2] Zheng B., et al., "Pricing, Collecting and Contract Design in a Reverse Supply Chain with Incomplete Information", *Computers & Industrial Engineering*, Vol. 111, 2017.

[3] 许民利等:《竞争回收平台双向公平关切下逆向供应链的决策分析》,《管理学报》2020年第9期。

[4] Chakravarty A. K., "Humanitarian Relief Chain: Rapid Response under Uncertainty", *International Journal of Production Economics*, Vol. 151, 2014.

[5] 王雷等:《多地点协同恐怖袭击下的多目标警务应急物流调度》,《系统工程理论与实践》2017年第10期。

[6] Inderfurth K. and Clemens J., "Supply Chain Coordination by Risk Sharing Contracts under Random Production Yield and Deterministic Demand", *OR Spectrum*, Vol. 36, No. 2, 2014.

[7] Xu H., "Managing Production and Procurement Through Option Contracts in Supply Chains with Random Yield", *International Journal of Production Economics*, Vol. 126, No. 2, 2010.

出了基于双赢目标的最优期权采购策略和供应商供应战略;Barnesschuster 等[1]分析了期权契约在采购方—供应商二级系统中能够更大程度地提升供应链整体收益,并减少供应链失调的可能性;王熹徽和梁樑[2]将期权契约引入救灾物资管理体系中,分析得出期权契约机制能够更大范围地提高供应链整体利润,且在一定条件下能够协调救灾物资供应链并达到 Pareto 均衡;Johansen 和 Thorstenson[3]通过分析采购方与供应方的成本收益,建立了针对随机需求的应急供应模型;Tagaras 和 Vlachos[4]设计了一种紧急订单条件下的定期检查库存系统,运用启发式算法分析得出了紧急供给订单带来的收益,该策略有效降低了采购与库存成本;Chi[5]研究了带有紧急订单的定期检查存货系统,并提炼出最优的应急采购策略。

另有学者基于上述研究方向及内容,将期权、契约工具引入应急物资采购与储备领域,同样从实现供应链协调的角度分析了采购方与供应方如何进行决策,实现双赢结局。应用较为广泛的契约包括期权契约、数量柔性契约等,建立了应急物资储备(采购)模型以及协调应急物资供应链系统,因此下面对此方面的研究进行简要梳理。

在期权契约机制方面:Liang 等[6]将期权契约引入应急物资采购,利用二叉树方法给出了应急物资初始定价方案,研究证明存在一对契约参数区间使得政企能从应急物资契约合作储备中获益。Wang 等[7]分析了应急物资采购供应链中,预先采购可以有效降低采购成本,采用期权契约

---

[1] Barnesschuster D., et al., "Coordination and Flexibility in Supply Contracts with Options", *Manufacturing & Service Operations Management*, Vol. 4, No. 4, 2002.

[2] 王熹徽、梁樑:《救灾供应链采购策略及契约协调机制研究》,《中国管理科学》2013 年第 4 期。

[3] Johansen S. G. and Thorstenson A., "An Inventory Model with Passion Demands and Emergency Orders", *International Journal of Production Economics*, Vol. 56, 1998.

[4] Tagaras G. and Vlachos D., "A Periodic Review Inventory System with Emergency Replenishments", *Management Science*, Vol. 47, No. 3, 2001.

[5] Chi C., "A Note on Optimal Policies for a Periodic Inventory System with Emergency Orders", *Computer & Operations Research*, Vol. 28, No. 2, 2001.

[6] Liang L., et al., "An Option Contract Pricing Model of Relief Material Supply Chain", *Omega*, Vol. 40, No. 5, 2012.

[7] Wang X. H., et al., "Pre - Purchasing with Option Contract and Coordination in a Relief Supply Chain", *International Journal of Production Economics*, Vol. 167, 2015.

解决了预先采购中需求不确定性和库存成本较高的问题。Cucchiella 等[1]、Kleindorfer 等[2]也通过构建实物期权契约采购方式，分析了政府与供应商的成本及效益，得出了期权合同的采购量和现货市场采购量，使得供应链内的采购风险得以降低。进一步地，李健等[3]设计了基于双向期权契约的应急物资采购储备模型，并通过与批发价格采购模型和看涨期权采购模型对比，发现双向期权采购模型既可以降低政府的缺货风险又可以降低其保质期风险。田军等[4]利用期权契约协调由政府和代储企业组成的应急物资供应链，构建了期权契约机制下应急物资采购模型，表明该模型降低了政府灾前预置物资库存水平，增加了企业收益，有利于政府控制成本。Rabbani 等[5]认为突发灾害发生概率符合一定的分布形式，而不是一个固定参数，并会对采购方定价决策产生影响，据此提出了应急物资二叉树期权定价模型，结合数值算例给出了保证政企都能获益的期权契约参数可行域。Hu 等[6]构建了应急物资期权契约储备模型，证明该模型相较于回购契约模型和批发价格契约模型更具优势，不仅实现了应急供应链协调并给出了政企双赢的柔性期权价格区间。李健等[7]基于双向期权契约构建了应急物资储备模型，给出了政府应急物资最优储备决策以及实现供应链协调的参数条件，研究发现双向期权契约机制下的应急物资储备模型极大降低了政府的缺货风险和保质期风险。上述研究都是假设围绕由政府和应急物资供应商组成的一对一的二级供应链系统展开，一

---

[1] Cucchiella F. and Gastaldi M., "Risk Management in Supply Chain: A Real Option Approach", *Journal of Manufacturing Technology Management*, Vol. 17, No. 6, 2006.

[2] Kleindorfer P. R. and Wu D. J., "Integrating Long and Short Term Contracting via Business – to – Business Exchange for Capital – Intensive Industries", *Management Science*, Vol. 49, No. 11, 2003.

[3] 李健等：《基于双向期权契约的应急物资采购储备模型》，《系统管理学报》2023 年第 3 期。

[4] 田军、葛永玲：《政府主导的基于实物期权契约的应急物资采购模型》，《系统工程理论与实践》2014 年第 10 期。

[5] Rabbani M., et al., "Option Contract Application in Emergency Supply Chains", *International Journal of Services & Operations*, Vol. 20, No. 4, 2015.

[6] Hu Z. Q., et al., "A Relief Supplies Purchasing Model Based on a Put Option Contract", *Computers & Industrial Engineering*, Vol. 127, 2019.

[7] 李健等：《基于双向期权契约的应急物资采购储备模型》，《系统管理学报》2023 年第 3 期。

方面是因为二级供应链系统可及时响应突发需求，减少物流环节，提高救援效率；另一方面，政府管理一个供应商和协调供应链的难度相对较小。但是这种假设忽略了市场机制下存在多个供应商愿意为政府代储应急物资的情况，因此一些学者对一对一型政企供应链系统进行了扩展研究。例如，刘阳等[①②]假设政府与两个供应商通过期权契约构建了联合储备应急物资模型，得到了实现供应链协调和任一供应商都有动机参与期权契约机制的条件，合理分配了供应商的利润。李晟等[③]也对一对二型政企供应链系统进行了研究，利用微分博弈推导出了政企最优决策策略。在此基础上，Liu 等[④]扩展研究一对多政企供应链系统，构建了多个异质型企业参与的应急物资期权契约储备模型，调整契约参数使得供应链达到协调以及实现了企业之间利润的合理分配。另外，也有一些研究考虑了代储企业风险规避特性，如刘阳等在由政府和风险规避型代储企业组成的供应链系统中引入期权契约，构建基于期权契约的政企联合储备应急物资模型，分析了代储企业风险规避特性对实现供应链协调与政企双赢的影响。

在数量柔性契约机制方面：张琳等[⑤⑥]在政府常规采购和柔性采购应急物资情景中引入数量柔性契约，分析了政府与代储企业之间的 Stackelberg 博弈关系，推导得出突发条件下政府最优定价策略。Qi 等[⑦]采用数量柔性契约实现了同时适用集中采购和分散采购的需求中断下的供应链协

---

① 刘阳、田军：《基于数量柔性契约与 Markov 链的应急物资采购模型》，《系统工程理论与实践》2020 年第 1 期。

② 刘阳等：《考虑突发事件状态转移的政府应急物资采购定价模型》，《运筹与管理》2020 年第 4 期。

③ 李晟等：《政企联合储备应急物资的合作策略研究》，《中国管理科学》2024 年第 11 期。

④ Liu Y., et al., "A Relief Supplies Purchasing Model via Option Contracts", *Computers & Industrial Engineering*, Vol. 137, 2019.

⑤ 张琳等：《数量柔性契约中的应急物资采购定价策略研究》，《系统工程理论与实践》2016 年第 10 期。

⑥ 张琳等：《考虑灾后现货市场采购的应急物资供应协议企业实物与原材料储备策略研究》，《系统工程理论与实践》2022 年第 4 期。

⑦ Qi X. T., Bard J. F. and Yu G., "Supply Chain Coordination with Demand Disruptions", *Omega*, Vol. 32, No. 4, 2004.

调。以上研究以应急物资价格和数量作为决策变量进行建模，考虑在完全信息条件下的政企利益分配时协调问题。扈衷权等[①]假设除了采购代储企业柔性储备的物资，政府还可以从现货市场采购所需物资，进而利用数量柔性契约构建了双源应急物资采购定价模型，确定了政府最优定价机制。Torabi 等[②]假定突发灾害发生前人道主义救援组织与多个应急物资供应商签订关于应急物资供应的数量柔性契约，突发灾害发生时为灾区供应所需物资，提高了人道救援供应链的响应效率的同时降低了系统的整体成本。柴亚光和李芃萱[③]利用数量柔性契约构建了政府与代储企业联合储备应急物资的协议框架，分析了应急物资储备周期占保质期的比例对政府采购定价的影响，为不同类型的易逝类物资选择储备周期提供了决策依据。Nikkhoo 等[④]假设救灾供应链由救援组织与两个主从供应商组成，利用数量柔性契约协调供应链，研究表明数量柔性契约机制可以显著减少救援损失，提高受灾人群对救灾效率的满意度。John 与 Gurumurthy[⑤]对数量柔性契约进行改进并引入满意度，建立了救援组织与应急物资供应方之间基于带数量折扣策略的柔性契约关系，分析了现货市场对救援组织契约订货量和折扣订货量的影响，表明带数量折扣策略的政企契约合作关系提高了灾后应急物资供应柔性与双方合作效率。上述研究都假设突发灾害状态不会转移，但实际情况下突发灾害状态总是不断发生转移，为此刘阳等考虑突发灾害状态转移对政府最优定价策略的影响，构建了突发灾害状态转移情形下基于数量柔性契约的应急物资采购模型，

[①] 扈衷权等：《基于数量柔性契约的双源应急物资采购定价模型》，《中国管理科学》2019年第12期。

[②] Torabi S. A., et al., "Integrated Relief Pre-Positioning and Procurement Planning in Humanitarian Supply Chains", *Transportation Research Part E: Logistics & Transportation Review*, Vol. 113, 2018.

[③] 柴亚光、李芃萱：《考虑储备周期的应急物资柔性采购模型》，《管理学报》2021年第7期。

[④] Nikkhoo F., et al., "Coordination of Relief Items Procurement in Humanitarian Logistic Based on Quantity Flexibility Contract", *International Journal of Disaster Risk Reduction*, Vol. 31, 2018.

[⑤] John L. and Gurumurthy A., "Are Quantity Flexibility Contracts with Discounts in the Presence of Spot Market Procurement Relevant for the Humanitarian Supply Chain? An Exploration", *Annals of Operations Research*, Vol. 315, No. 2, 2022.

分析了政企达成契约合作的条件与最优决策方案。

以上国内外学者从不同角度研究了应急管理中供应链契约的设计，对供应链契约的选择、契约模型的建立都有很大的帮助。已有的应急物资采购与储备领域的供应链契约主要集中于期权契约、数量柔性契约等，以应急物资价格和数量作为决策变量进行建模。

四 供应链契约研究评述

从国内外研究热点和发展动态来看，应急物资供应链协调问题一直是应急管理领域的重要问题，上述两个层面的研究也是围绕此问题展开了广泛探讨，为维护应急渠道协调以及保障应急物资有序供应提供了重要参考。此方面的研究成果丰富，但是大多遵循完全理性假设，只有少数学者分析了有限理性行为对应急物资供应链协调机制的影响，而且存在以下不足之处：第一，只考虑了代储企业存在有限理性行为的情形，没有考虑政府作为应急物资供应链成员所具有的有限理性行为，如公平关切、互惠性等；第二，只关注了一种有限理性行为的情形，没有进一步考虑多种有限理性行为以及多种有限理性行为的交互和叠加效应对应急物资供应链协调机制的影响。

从信息经济学角度分析，随着信息不对称因素在供应链中影响力的增大，目前国内外学者展开信息不对称情况下的供应链协调研究，研究主要体现在基于四种基本供应链契约模型（批发价格契约、回购契约、收益共享契约和数量柔性契约），通过调整契约参数或增加协调机制来避免供应链成员私有信息的存在，协调不对称信息造成的供应链无法高效协作现象。也有少部分研究借助委托代理理论思想，考虑激励策略应对供应链中不对称信息的情况。但供应链契约在信息不对称方面的研究较少考虑"努力程度"对供应链协调的影响，如销售商在营销过程中可以通过降低价格、员工培训、增加广告投入等一系列努力行为，来刺激产品需求，进而增加销售量。由此可见，销售商的努力行为也是供应链协调研究中必不可少的因素。因此，如何通过设计合理的供应链契约提升供应链下游企业努力程度值得深入研究。

从供应链契约在应急管理中的研究分析，首先没有考虑信息共享因素在应急供应链中的影响,其次也没有涉及代储企业的努力程度的研究。大多数研究聚焦于从完全信息的角度,分析应急供应链中物资采购定价模型,以应急物资价格或数量作为决策变量,运用期权契约、数量柔性契约等设计采购定价模型,以此分析供应链协调过程中最优采购量和最优定价的问题。

第四节 激励契约理论模型与研究综述

一 委托代理问题基本模型分析

委托代理问题可以描述为:委托人希望代理人按照自己的意愿选择行动,但委托人无法直接观测代理人的行动,仅能观测另外一些变量,而这些变量由代理人的行动和其他随机因素共同决定,因而这些可以称为代理人行动的不完全信息。委托人的目标是如何根据这些观测的信息来对代理人进行奖惩,以激励代理人朝委托人最有利的一面行动。

假定 e 代表代理人的努力程度,E 为代理人所有努力程度的集合,$e \in E$,很多文献研究中为便于分析,都将 e 设定为努力程度的一维变量,理论上讲,e 可以是任何维度的决策变量。比如,$e = (e_1, e_2)$,e_1, e_2 可以解释为代理人在"数量"和"质量"上花费的时间。在本书研究中,假定 e 代表代储企业努力程度的一维变量,ε 是不受代理人和委托人控制的随机因素,其分布函数和密度函数分别为 $G(\varepsilon)$ 和 $g(\varepsilon)$,一般假设 ε 是连续分布,本节假定 ε 服从正态分布。此时,代理人的努力程度 e 和随机变量 ε 共同决定一个可观测的结果 $x(e, \varepsilon)$ 和一个收益("产出")$\pi(e, \varepsilon)$,$\pi(e, \varepsilon)$ 所有权属于委托人,并假定 π 是努力程度 e 的严格递增凹函数,即代理人越努力,委托人收益越高,但努力的边际收益率递减。委托人的任务是如何设计一个激励契约 $s(x)$,对观测变量 x 进行奖惩。

假定委托人和代理人的期望效用函数分别为 $v[\pi - s(x)]$ 和 $u[s(\pi)] - c(e)$,其中 $v' > 0, v'' \leq 0; u' > 0, u'' \leq 0; c' > 0, c'' > 0$。委托人和代理人都是风险规避者或风险中性者,努力的边际负效应是递增的。委托人和代理人存在必然的利益博弈关系,$\frac{\partial \pi}{\partial e} > 0$ 意味着委托人希望代理人越努力越好,但 $c' > 0$ 意味着代理人希望少努力,因此双方存在利益冲突。此时,若委托人对代理人提供足够的激励,代理人则会按照委托人的意愿行事。

委托代理模型主要分三种形式,第一种形式是由 Wilson[①]、Spence 和 Zeckhauser[②] 及 Ross[③] 最初使用的"状态空间模型化方法",第二种等价但更为方便的模型化方法是由 Mirrlees[④] 和 Hölmstrom[⑤] 开始应用的"分布函数的参数化方法",第三种模型化方法为"一般化分布方法"。

(一)状态空间模型化方法

委托人的目标是选择 e 和 $s(x)$ 最大化其期望效用函数,委托人期望效用函数可以表示为:

$$\max_{e,s(x)} \int v\{\pi(e,\varepsilon) - s[x(e,\varepsilon)]\} g(\varepsilon) d\varepsilon \qquad (2-18)$$

此时,委托人面临代理人的两个约束,第一个为参与约束,即代理人从激励契约中得到的期望效用不小于不接受契约时能得到的最大期望效用。代理人不接受契约时能得到的最大期望效用称为保留效用 $\bar{u}$,保留效用可以理解为与市场工资对应的效用水平,则代理人参与约束(IR)可以表示为:

$$\int u\{s[x(e,\varepsilon)]\} g(\varepsilon) d\varepsilon - c(e) \geq \bar{u} \qquad (2-19)$$

代理人第二个约束为激励相容约束,在任何激励契约下,代理人都会选择使自己期望效用最大的努力程度,那么,只有当代理人选择 e 得到的期望效用大于其选择其他任何努力程度 e' 中得到的期望效用时,代理

---

① Wilson R., "The Structure of Incentives for Decentralization under Uncertainty", *La Decision*, Editions Du Centre National De Le Recherche Scientifique, Vol. 171, 1969.

② Spence M. and Zeckhauser R., "Insurance, Information and Individual Action", *The American Economic Review*, Vol. 61, No. 2, 1971.

③ Ross S. A., "The Economic Theory of Agency: The Principal's Problem", *The American Economic Review*, Vol. 63, No. 2, 1973.

④ Mirrlees J. A., "The Optimal Structure of Incentives and Authority within an Organization", *The Bell Journal of Economics*, Vol. 105, 1976.

⑤ Hölmstrom B., "Moral Hazard and Observability", *The Bell Journal of Economics*, Vol. 10, No. 1, 1979.

人才会选择努力程度 e，则激励相容约束（IC）的表达式为：

$$\int u\{s[x(e,\varepsilon)]\}g(\varepsilon)d\varepsilon - c(e)$$
$$\geq \int u\{s[x(e',\varepsilon)]\}g(\varepsilon)d\varepsilon - c(e') \,\forall e' \in E \quad (2-20)$$

综上所述，在状态空间模型化方法情况下，委托人问题是选择 e 和 $s(x)$ 最大化其期望效用函数，模型如下：

$$\max_{e,s(x)} \int v\{\pi(e,\varepsilon) - s[x(e,\varepsilon)]\}g(\varepsilon)d\varepsilon$$

s.t. (IR) $\int u\{s[x(e,\varepsilon)]\}g(\varepsilon)d\varepsilon - c(e) \geq \bar{u}$

(IC) $\int u\{s[x(e,\varepsilon)]\}g(\varepsilon)d\varepsilon - c(e)$
$\geq \int u\{s[x(e',\varepsilon)]\}g(\varepsilon)d\varepsilon - c(e') \quad \forall e' \in E$

（二）分布函数的参数化方法

三种模型化方法中参数化方法最为标准也最为常用，简单地说，分布函数的参数化方法是将 ε 的分布函数转换为 x 和 π 的分布函数，给定 ε 和分布函数 $G(\varepsilon)$，对于每个 e，存在一个 x 和 π 的分布函数，新的分布函数用 $F(x,\pi,e)$ 表示，$f(x,\pi,e)$ 为其对应的密度函数。与状态空间模型化方法不同，在参数化方法中，效用函数对观测变量 x 取期望值，则此时委托人问题可以表述如下：

$$\max_{e,s(x)} \int v[\pi - s(x)]f(x,\pi,e)dx$$

s.t. (IR) $\int u[s(x)]f(x,\pi,e)dx - c(e) \geq \bar{u}$

(IC) $\int u[s(x)]f(x,\pi,e)dx - c(e)$
$\geq \int u[s(x)]f(x,\pi,e')dx - c(e') \quad \forall e' \in E$

参数化方法在应用中已成为标准方法，为便于进一步分析，将假定产出是可观测的变量，且只有 π 是可观测的，因此有 $x = \pi$。那么此时委托代理问题将变成：

$$\max_{e,s(\pi)} \int v[\pi - s(\pi)]f(\pi,e)d\pi$$

$$\text{s. t.} \quad (\text{IR}) \int u[s(\pi)]f(\pi,e)d\pi - c(e) \geq \bar{u}$$

$$(\text{IC}) \int u[s(\pi)]f(\pi,e)d\pi - c(e)$$

$$\geq \int u[s(\pi)]f(\pi,e')d\pi - c(e') \quad \forall e' \in E$$

（三）一般化分布方法

一般化模型较为简练，从以上两种模型中分析，代理人行为选择可以理解为对分布函数的选择，因此，在一般化模型中将分布函数作为选择变量，将努力程度 e 从模型中消除掉。此时假定 p 为 x 和 π 的密度函数，P 为密度函数的集合，$c(p)$ 为 p 的成本函数，此时委托人问题将简化为如下形式：

$$\max_{p \in P, s(x)} \int v[\pi - s(x)]p(x,\pi)dx$$

$$\text{s. t.} \quad (\text{IR}) \int u[s(x)]p(x,\pi)dx - c(p) \geq \bar{u}$$

$$(\text{IC}) \int u[s(x)]p(x,\pi)dx - c(p)$$

$$\geq \int u[s(x)]p'(x,\pi)dx - c(p') \quad \forall p' \in P$$

二　激励契约基本模型设计

（一）对称信息情况下的最优支付策略

委托代理模型主要为分析非对称信息情况下的最优契约而建立的，本节首先讨论对称信息下的最优契约。委托代理的核心问题可以理解为"保险"和"激励"的交替问题，在对称信息情况下，即代理人努力程度 e 可以被观测，此时委托人可以根据观测的努力程度对代理人进行奖惩，若代理人选择最优努力程度 e^*，则可以获得委托人奖励 $s(e^*) = s^*$，否则代理人将收取 $s < s^*$ 的奖励，即有：

$$\int u[s(e^*)]f(x,\pi,e^*)dx - c(e^*)$$

$$\geq \int u[s(e)]f(x,\pi,e)dx - c(e) \qquad (2-21)$$

只要 s 足够小,代理人就必定会选择最优的努力程度 e^*。

1. 最优风险分担契约

在给定的努力程度情况下,产出 π 是一个简单的随机变量,因此讨论产出 π 最优的分配方式,采用参数化模型方法,问题转为如下形式:

$$\max_{s(\pi)} \int v[\pi - s(\pi)] f(\pi, e) d\pi$$

$$s.t. \quad (IR) \int u[s(\pi)] f(\pi, e) d\pi - c(e) \geq \bar{u}$$

以下通过构建拉格朗日函数求解该模型:

$$L[s(\pi)] = \int v[\pi - s(\pi)] f(\pi, e) d\pi$$
$$+ \lambda \left\{ \int u[s(\pi)] f(\pi, e) d\pi - c(e) - \bar{u} \right\} \quad (2-22)$$

最优化一阶条件为 $-v'[\pi - s^*(\pi)] + \lambda u'[s'(\pi)] = 0$ 得出:

$$\lambda = \frac{v'[\pi - s^*(\pi)]}{u'[s^*(\pi)]} \quad (2-23)$$

从最优化条件可以看出,委托人与代理人的边际效用之比等于一常数,假定 π_1 和 π_2 为任意的两个收入,则满足的条件如下:

$$\frac{v'[\pi_1 - s(\pi_1)]}{u'[s(\pi_1)]} = \frac{v'[\pi_2 - s(\pi_2)]}{u'[s(\pi_2)]}$$

$$\Rightarrow \frac{v'[\pi_1 - s(\pi_1)]}{v'[\pi_2 - s(\pi_2)]} = \frac{u'[s(\pi_1)]}{u'[s(\pi_2)]} \quad (2-24)$$

即在最优条件下,不同收入状态下的边际替代率对委托人和代理人是相同的,这是对称信息下典型的帕累托最优条件。假定 ε 仅有两个值:ε_1 和 ε_2,那么收入 π 也只有 π_1 和 π_2 两个值,以下用埃奇维斯方框图(Edgeworth box)来说明此时最优化条件,图 2-1 中横坐标代表收入 $\pi_2(e, \varepsilon_2)$,纵坐标表示收入 $\pi_1(e, \varepsilon_1)$,委托人的无差异曲线以 V 为原点,代理人的无差异曲线以 U 为原点,45°线是确定性收入曲线,最优点为委托人无差异曲线 v 和代理人无差异曲线 u 的切点 E。

在对称信息情况下,对委托人与代理人对风险的态度进一步分析:

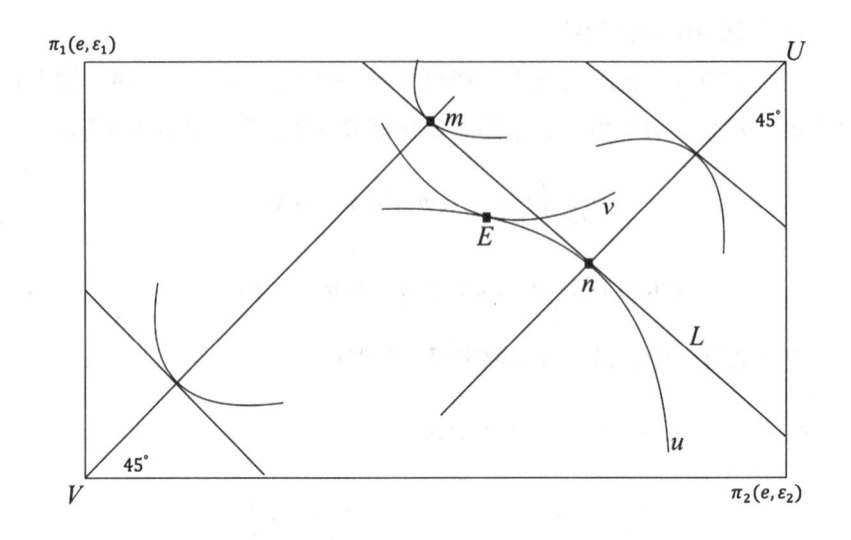

图 2-1 对称信息下帕累托最优风险分担契约

首先，委托人和代理人都是风险规避型，既有 $v'' < 0$，$u'' < 0$，此时双方都需承担一定的风险（最优点 E 不在任何一条确定性等值收入线上）。其次，当委托人为风险中性、代理人为风险规避型时，有 $v'' = 0$，$u'' < 0$，此时委托人的无差异曲线为一直线 L，与代理人无差异曲线相交之处即为最优点 n，n 位于代理人确定性收入曲线上，因此代理人不承担任何风险，此时委托人将承担全部风险。从数学上讲，此时委托人的边际效用 v' 是恒定的（不失一般性，假定 $v' \equiv 1$），则最优化条件变成：$\lambda = \dfrac{1}{u'[s(\pi)]}$，此时因为 λ 是一常数，u' 随 s 递减，只有当 $s(\pi)$ 为一定值时才能满足最优条件，则此时代理人的收入与产出 π 无关。再次，当委托人为风险规避型，而代理人为风险中性时，有 $v'' < 0$，$u'' = 0$，此时代理人的无差异曲线变为一直线 L，与委托人无差异曲线相交之处即为最优点 m，m 位于委托人确定性收入曲线上，因此委托人有一固定收入，不承担任何风险，而代理人承担全部风险。最后，若委托人和代理人对风险的态度均为中性，即 $v'' = u'' = 0$，则直线 L 上任何一点都是最优的。

一般情况下，最优化条件中隐含定义了最优支付概念，将最优化条

件 $\lambda = \dfrac{1}{u'[s(\pi)]}$ 对于 π 求导，得出：

$$-v''\left(1 - \dfrac{ds^*}{d\pi}\right) + \lambda u'' \dfrac{ds^*}{d\pi} = 0 \qquad (2-25)$$

将 $\lambda = \dfrac{v'}{u'}$ 代入得：

$$\dfrac{ds^*}{d\pi} = \dfrac{r_v}{r_v + r_u} \qquad (2-26)$$

其中 $r_v = \dfrac{v''}{v'}$，$r_u = \dfrac{u''}{u'}$ 分别为委托人和代理人的阿罗—帕拉特绝对风险规避度量（Arrow-Pratt measure of absolute risk aversion），这就意味着，委托人给予代理人的最优支付 s^* 与产出 π 完全由双方绝对风险规避度的比率决定。当双方都为风险规避型时，$r_v > 0$，$r_u > 0$，给予代理人的支付 s^* 随产出 π 的增加而增加，但增加幅度小于 π 上升的幅度；当委托人为风险中性时，$r_v = 0$，$\dfrac{ds^*}{d\pi} = 0$，此时 s^* 独立于 π；当代理人为风险中性时，$\dfrac{ds^*}{d\pi} = 1$，此时 s^* 的增幅与产出 π 相同。

2. 最优努力程度

对称信息下，代理人努力程度是可观测的，本节主要讨论在努力程度可观测情况下如何选择最优努力程度。为简化推导，采用最基本的状态空间模型化方法，因努力程度可观测，委托人可强制让代理人选择任意的 e，因此激励相容约束此时不起作用，委托人问题是选择 e 和 $s(\pi)$ 解决以下问题：

$$\max_{e,s(\pi)} \int v\{\pi(e,\varepsilon) - s[\pi(e,\varepsilon)]\} g(\varepsilon) d\varepsilon$$

$$\text{s. t. (IR)} \int u\{s[\pi(e,\varepsilon)]\} g(\varepsilon) d\varepsilon - c(e) \geqslant \bar{u}$$

同样通过构建拉格朗日函数求得最优化一阶条件分别为：

$$-v' + \lambda u' = 0$$

$$\int v'\left(\dfrac{\partial \pi}{\partial e} - \dfrac{\partial s}{\partial \pi}\dfrac{\partial \pi}{\partial e}\right) g(\varepsilon) d\varepsilon$$

$$+ \lambda\left[\int u'\frac{\partial s}{\partial \pi}\frac{\partial \pi}{\partial e}g(\varepsilon)d\varepsilon - \frac{\partial c}{\partial e}\right] = 0 \quad (2-27)$$

第一个等式是 $s(\pi)$ 的一阶条件,第二个等式是努力程度 e 的一阶条件,将 $\lambda = \dfrac{v'}{u'}$ 代入第二个一阶条件中:

$$\int v'\frac{\partial \pi}{\partial e}g(\varepsilon)d\varepsilon - \lambda\frac{\partial c}{\partial e} = 0 \quad (2-28)$$

用期望值表示为: $E\left(v'\dfrac{\partial \pi}{\partial e} - \lambda\dfrac{\partial c}{\partial e}\right) = 0 \Rightarrow Ev'\left(\dfrac{\partial \pi}{\partial e} - \dfrac{1}{u'}\dfrac{\partial c}{\partial e}\right) = 0$

其中,$v'\dfrac{\partial \pi}{\partial e}$ 可以看作用委托人的效用单位度量的努力程度 e 的边际收益,而 $\lambda\dfrac{\partial c}{\partial e}$ 为用委托人效用单位度量的努力程度 e 的边际成本,则该条件为典型的帕累托最优条件:努力程度的期望边际收益等于期望边际成本,并由此代理人可以选择最优的努力程度。

特别地,如果委托人为风险中性,即 $v'' = 0$,$v' = 1$,以上最优条件变为:

$$E\left(\frac{\partial \pi}{\partial e} - \frac{1}{u'}\frac{\partial c}{\partial e}\right) = 0 \quad (2-29)$$

根据最优风险分担契约,此处 u' 为一常数,因此有 $E\dfrac{\partial \pi}{\partial e} = \dfrac{1}{u'}\dfrac{\partial c}{\partial e}$,$E\dfrac{\partial \pi}{\partial e} = \dfrac{\partial}{\partial e}\int \pi(e,\varepsilon)g(\varepsilon)d\varepsilon$ 为边际期望产出,$\dfrac{1}{u'}\dfrac{\partial c}{\partial e}$ 为代理人在收入和努力之间的边际替代率。根据图 2-2,$E\pi$ 是期望产出,$\bar{u}$ 是代理人效用等于 $\bar{u}$ 的无差异曲线,在 e^* 点,边际期望产出等于边际替代率,因此 e^* 为最优努力程度。在给定 e^* 情况下,委托人根据 $\int u(s^*)g(\varepsilon)d\varepsilon - c(e^*) = \bar{u}$ 决定给予代理人的支付水平 s^*,因委托人为风险中性,根据最优风险分担条件,s^* 为一定值,因此 $\int u(s^*)g(\varepsilon)d\varepsilon - c(e^*) = u(s^*)$,最优支付为 $u(s^*) = \bar{u} + c(e^*)$。

同理,若代理人为风险中性,$u'' = 0$,$u' = 1$,最优风险分担契约意味着委托人保留一固定收入 π^0,代理人承担全部风险,最优化条件

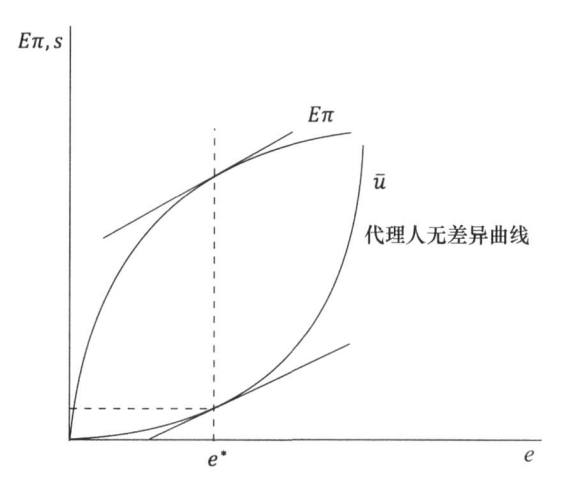

图 2-2 对称信息下最优努力程度

变为：

$$v'E\frac{\partial \pi}{\partial e} = \frac{\partial c}{\partial e} \quad (2-30)$$

即努力的边际收益等于边际成本，此时，代理人的收入为 $\pi(e^*, \varepsilon) - \pi^0$。

综上分析，在代理人的努力程度可以被观测的情况下，最优风险分担契约和最优努力程度可以同时实现，最优契约表述如下：

$$s = \begin{cases} s^*(\pi) = s^*[\pi(e^*, \varepsilon)], e \geq e^* \\ \underline{s}, e < e^* \end{cases} \quad (2-31)$$

（二）信息不对称情况下的激励契约设计

在信息不对称情况下，即委托人无法观测代理人努力程度时，上述分析的帕累托最优是无法实现的，主要因为给定 $s^*[\pi(e, \varepsilon)]$，代理人将选择努力程度 e 满足以下问题：

$$\max_e \int u\{s[\pi(e, \varepsilon)]\} g(\varepsilon) d\varepsilon - c(e) \quad (2-32)$$

最优化一阶条件为：$E\left(u' \frac{\partial s^*}{\partial \pi} \frac{\partial \pi}{\partial e} - \frac{\partial c}{\partial e}\right) = 0 \Rightarrow Eu'\left(\frac{\partial s^*}{\partial \pi} \frac{\partial \pi}{\partial e} - \frac{1}{u'} \frac{\partial c}{\partial e}\right) =$

0，假定 e^+ 为该最优条件的解，与帕累托最优努力程度一阶条件 $Ev'\left(\frac{\partial \pi}{\partial e} - \frac{1}{u'}\frac{\partial c}{\partial e}\right) = 0$ 相比，$\frac{\partial s^*}{\partial \pi} < 1$ 且 $\frac{\partial^2 c}{\partial^2 e} > 0$，很显然，此时 $e^+ < e^*$，即不对称信息下代理人选择的最优努力程度小于帕累托最优努力程度。

因此，在不对称信息因素存在的情况下，帕累托最优无法实现，委托人只有通过激励契约诱使代理人按照自己的意愿行事，此时委托人的主要问题是选择满足代理人参与约束和激励相容约束的激励契约 $s(\pi)$ 以最大化自己的期望效用函数。

1. 简单模型

假设 e 仅有两个可能的取值，即 L 和 H，L 代表懒惰，H 代表勤奋，产出 π 最小可能值为 $\underline{\pi}$，最大可能值为 $\bar{\pi}$。若代理人勤奋工作，即 $e = H$，π 的分布函数和密度函数分别为 $f_H(\pi)$ 和 $f_H(\pi)$；若代理人偷懒，即 $e = L$，π 的分布函数和密度函数分别为 $F_L(\pi)$ 和 $f_L(\pi)$。根据之前假设 $\pi(e,\varepsilon)$ 是 e 的增函数，此时对于所有 $\pi \in [\underline{\pi},\bar{\pi}]$，有 $f_H(\pi) \leq F_L(\pi)$，即勤奋工作时高利润的概率大于偷懒时高利润的概率。同时假定 $c(H) > c(L)$，勤奋努力时的成本比偷懒情况下的成本高，委托人希望代理人选择 $e = H$，为使代理人有足够的积极性选择勤奋努力工作，委托人必须放弃最优风险分担契约，而采用激励契约 $s(\pi)$ 最优化如下问题：

$$\max_{s(\pi)} \int v[\pi - s(\pi)] f_H(\pi) d\pi$$

s.t. (IR) $\int u[s(\pi)] f_H(\pi) d\pi - c(H) \geq \bar{u}$

(IC) $\int u[s(\pi)] f_H(\pi) d\pi - c(H)$

$\geq \int u[s(\pi)] f_L(\pi) d\pi - c(L)$

令 λ 和 μ 分别为参与约束和激励约束的拉格朗日乘子，则满足上述最优化问题的一阶条件为：

$-v' f_H(\pi) + \lambda u' f_H(\pi) + \mu u' f_H(\pi) - \mu u' f_L(\pi) = 0$ 整理得：

$$\frac{v'[\pi - s(\pi)]}{u'[s(\pi)]} = \lambda + \mu\left(1 - \frac{f_L}{f_H}\right) \qquad (2-33)$$

其中 $\mu = 0$ 破坏了激励相容约束，因此 $\mu > 0$，由以上最优化条件可以看出，代理人的收入 $s(\pi)$ 随 $\dfrac{f_L}{f_H}$ 变化而变化，且代理人的收入比对称信息下有更大的波动。如在对称信息情况下，若委托人为风险中性，代理人得到固定收入，不需要承担任何风险，但在非对称信息下则必须承担一定的风险。在非对称信息情况下，最优激励契约在最优风险分担契约的基础上有所调整，假设 $s_1(\pi)$ 为最优风险分担契约，$s(\pi)$ 为激励契约，则有如下规则：

$$\begin{cases} s(\pi) \leqslant s_1(\pi) \ if \ f_L(\pi) \geqslant f_H(\pi) \\ s(\pi) > s_1(\pi) \ if \ f_L(\pi) < f_H(\pi) \end{cases} \quad (2-34)$$

也就是说，对于给定的一个产出 π，若 π 在代理人偷懒时出现的概率大于勤奋工作时出现的概率，代理人的收入相比于对称信息情况将会下降；反之，若 π 在代理人勤奋工作时的概率大于偷懒时出现的概率，代理人的收入将会向上调整。

2. 一般化模型

以上假定努力程度只有两个值，而当 e 是一维连续变量时，$F_e(\pi,e) = \dfrac{\partial F}{\partial e} < 0$，即对于所有 π，如果 $e > e'$，$F(\pi,e) < F(\pi,e')$，即代理人越努力工作，那么得到高利润的概率就越大。在激励契约情形下，代理人总是会选择最优的 e 使得自身期望效用函数最大化：

$$\int u[s(\pi)]f(\pi,e)d\pi - c(e) \quad (2-35)$$

此时代理人的激励相容约束可以用以下一阶条件代替：

$$\int u[s(\pi)]f_e(\pi,e)d\pi = c'(e) \quad (2-36)$$

那么委托人问题可以表述如下：

$$\max_{s(\pi)} \int v[\pi - s(\pi)]f(\pi,e)d\pi$$

$$(IR) \int u[s(\pi)]f(\pi,e)d\pi - c(e) \geqslant \bar{u}$$

$$(IC) \int u[s(\pi)]f_e(\pi,e)d\pi = c'(e)$$

同样，构建拉格朗日函数对上述模型求解，令 λ 和 μ 分别为参与约束和激励约束的拉格朗日乘子，则最优化一阶条件为：

$$\frac{v'[\pi - s(\pi)]}{u'[s(\pi)]} = \lambda + \mu \frac{f_e(\pi,e)}{f(\pi,e)} \quad (2-37)$$

与最优风险分担契约的最优化条件 $\lambda = \dfrac{v'[\pi - s^*(\pi)]}{u'[s^*(\pi)]}$ 相比，该最优化一阶条件意味着，当委托人无法观测代理人的努力程度时，帕累托最优风险分担是不可能实现的。另外，因为 $\mu > 0$，为了使代理人更有努力工作的积极性，代理人必须承担更大的风险。比如说：

$$\begin{cases} s(\pi) < s_1(\pi) \dfrac{f_e(\pi,e)}{f(\pi,e)} < 0 \\ s(\pi) > s_1(\pi) \dfrac{f_e(\pi,e)}{f(\pi,e)} > 0 \end{cases} \quad (2-38)$$

一般情况下，若单调似然率特征成立，$\dfrac{f_e(\pi,e)}{f(\pi,e)}$ 对于产出 π 为增函数，则最优激励契约 $s(\pi)$ 一定是 π 的增函数，即产出越高，代理人的收入越高：$\dfrac{\partial s(\pi)}{\partial \pi} > 0$。

三 激励契约应用综述

在供应链中各成员利润不受损害的前提下，实现供应链成员各自的最优决策与供应链整体最优决策一致是供应链协调的最终目标，从该角度分析，供应链契约正是能够实现该目标的一种激励机制。激励契约的研究源于委托代理理论，Stiglitz[1] 指出不对称信息的出现使得委托代理问题成为热点研究问题，并揭示了委托代理问题的实质在于委托人如何设计一个补偿制度激发代理人的积极性，使得代理人的行为有利于委托人的利益。Sappington[2] 探讨了生活中委托代储现象的普遍性，综述了委托

---

[1] Joseph E. Stiglitz, eds., 1989, *Principal and Agent. Allocation*, Information and Markets.

[2] Sappington D. E. M., "Incentives in Principal-Agent Relationships", *The Journal of Economic Perspectives*, Vol. 5, No. 2, 1991.

代储关系中激励设置、代理人选择、监管与竞争等问题的重要应用研究。Holmstrom 和 Basu[①] 是较早将委托代理理论应用到供应链企业的学者，Holmstrom 考虑了代理方代表委托方从事单一的无法被观测的行为时，委托方如何设计机制来降低代理风险问题，Basu 运用委托代理理论对销售人员薪酬进行合理分配，之后 Lal 和 Staelin 加入不对称信息因素，进一步研究供应链中销售人员薪酬分配问题。Porteus 和 Whang[②] 等分别基于委托代理理论研究了供应链中生产营销激励问题，Srinivasan 和 Lal[③] 运用 Holmstrom – Milgrom 经典模型研究了单一产品和多产品销售计划，Fayezi 等[④]综述了代理理论的应用领域、应用目的及应用方法，并基于大量文献基础详细分析了代理理论如何应用于供应链中，如何分析供应链中各角色之间的关系以及各自行为。

（一）单边不对称信息下激励契约研究现状

供应链管理中单边不对称信息普遍存在，如供应链中生产商无法得知销售商拥有的市场需求等信息[⑤][⑥]，或者销售商无法获取生产商的成本信息[⑦]。针对单边不对称信息带来的供应链无法高效协作现象，大多数研究或是通过委托代理模型或是设计单边不对称信息条件下激励契约模型解决供应链协调问题，如 Chu 等[⑧]运用不对称信息下的委托代理模型，考

[①] Basu A. K., et al., "Salesforce Compensation Plans: An Agency Theoretic Perspective", *Marketing Science*, Vol. 4, No. 4, 1985.

[②] Porteus E. L. and Whang S., "On Manufacturing Marketing Incentives", *Management Science*, Vol. 37, No. 9, 1991.

[③] Srinivasan V. and Lal R., "Compensation Plans for Single – and Multi – Product Salesforces: An Application of the Holmstrom – Milgrom Model", *Management Science*, Vol. 39, No. 7, 1993.

[④] Fayezi S., et al., "Agency Theory and Supply Chain Management: A Structured Literature Review", *Supply Chain Management: An International Journal*, Vol. 17, No. 5, 2012.

[⑤] Inderfurth K. and Clemens J., "Supply Chain Coordination by Risk Sharing Contracts under Random Production Yield and Deterministic Demand", *OR Spectrum*, Vol. 36, No. 2, 2014.

[⑥] Xu H., "Managing Production and Procurement Through Option Contracts in Supply Chains with Random Yield", *International Journal of Production Economics*, Vol. 126, No. 2, 2010.

[⑦] Cao E., et al., "Contracting with Asymmetric Cost Information in a Dual – Channel Supply Chain", *Operations Research Letters*, Vol. 41, No. 4, 2013.

[⑧] Chu L. Y. and Sappington D. E. M., "Procurement Contracts: Theory vs. Practice", *International Journal of Industrial Organization*, Vol. 27, No. 1, 2009.

虑了供应商研发努力程度不可观测条件下的最优采购契约。徐庆等[1]将供应商和零售商之间的委托代理关系归结为随机二层规划问题,给出了激励契约的最优解。Yan[2]分析了转运供应链中存在转运成本信息不对称因素,设计最优激励契约促进信息共享,提升转运供应链整体绩效。之后学者运用不对称信息下委托代理模型对供应链中风险、收益及成本分配等问题进一步展开应用研究,徐玖平等[3]探讨了如何在信息不对称的条件下运用激励协调机制克服代理风险问题;李善良等[4]又分析了供应商和零售商之间的利益博弈,比较了信息对称与不对称情况下的激励契约模型;Chao等[5]发现采用成本分担契约能够降低由于信息不对称带来的制造商的成本;Weitzman[6]运用激励契约研究了如何通过制定激励合同督促供应商尽量降低总研制成本的问题;Kunter[7]分析了由零售商和制造商构成的二级供应链中,零售商支付提成费、双方共同分担制造商营销努力成本的激励契约。

信息不对称因素对逆向供应链管理的影响尤为重要,信息共享能够有效提升回收效率[8],回收商努力程度信息不对称导致逆向供应链无法高效协作的现象,吸引了国内外学者的研究兴趣。李芳等[9]分析了由制造商

---

[1] 徐庆等:《不对称信息下供应链最优激励契约的设计》,《系统工程理论与实践》2007年第4期。

[2] Yan D., "Transshipment Incentive Contracts in a Multi - Level Supply Chain", *European Journal of Operational Research*, Vol. 223, No. 2, 2012.

[3] 徐玖平、陈书剑:《不对称信息下风险投资的委托代理模型研究》,《系统工程理论与实践》2004年第1期。

[4] 李善良、朱道立:《不对称信息下供应链线性激励契约委托代理分析》,《计算机集成制造系统》2005年第12期。

[5] Chao G. H., et al., "Quality Improvement Incentives and Product Recall Cost Sharing Contracts", *Management Science*, Vol. 55, No. 7, 2009.

[6] Weitzman M. L., "Efficient Incentive Contracts", *The Quarterly Journal of Economics*, Vol. 94, No. 4, 1980.

[7] Kunter M., "Coordination via Cost and Revenue Sharing in Manufacturer - Retailer Channels", *European Journal of Operational Research*, Vol. 216, No. 2, 2012.

[8] Li Y., et al., "Governance Mechanisms of Dual - Channel Reverse Supply Chains with Informal Collection Channel", *Journal of Cleaner Production*, Vol. 155, No. 2, 2016.

[9] 李芳等:《不对称信息为连续类型的逆向供应链激励契约设计》,《计算机集成制造系统》2016年第7期。

和回收商组成的逆向供应链中，制造商无法观察回收商努力程度，不对称信息的存在容易引起道德风险和逆向选择问题，为此制造商设计了最优激励契约鼓励回收商付出最优努力程度协调供应链。项目管理中企业对项目经理人的研发想法以及努力程度存在单边不对称信息，激发了大量学者研究的积极性[1]。Chen 等[2]认为不对称信息对项目绩效带来的损失不容忽视，消除信息不对称因素的影响能够提升项目管理的效力。新产品研发供应链中，项目经理人的研究想法和努力程度等信息无法被完全观测，对此探讨如何设计激励契约、不对称信息下激励效力与项目经理人风险偏好程度，以及激励契约如何影响项目经理人的努力程度。[3][4]Yang 等[5]研究了在双重不对称信息前提下，设计激励契约模型分析项目经理人风险态度对激励契约效力的影响，发现项目经理人越是风险偏好，就越容易获取其研究想法的信息。基于此，Chen[6] 等分析了存在两个具有竞争关系的公司和一个项目经理人的情况，试图研究不对称信息下如何设计最优的激励契约模型。

（二）双边不对称信息下激励契约研究现状

供应链中双边不对称信息也普遍存在，Esmaeili 和 Zeephongsekul[7] 在研究中指出供应链中买卖双方各自都具有私人信息，买者拥有需求方面的信息，而卖方则具有成本价格方面的信息。相对于单边不对称信息，

---

[1] Xiang P., et al., "Research on the Phenomenon of Asymmetric Information in Construction Projects – The Case of China", *International Journal of Project Management*, Vol. 33, No. 3, 2015.

[2] Chen Z., et al., "Impacts of Risk Attitude and Outside Option on Compensation Contracts under Different Information Structures", *Fuzzy Optimization & Decision Making*, Vol. 17, No. 9, 2018.

[3] Rabbani M., et al., "Option Contract Application in Emergency Supply Chains", *International Journal of Services & Operations*, Vol. 20, No. 4, 2015.

[4] Hu Z. Q., et al., "A Relief Supplies Purchasing Model Based on a Put Option Contract", *Computers & Industrial Engineering*, Vol. 127, 2019.

[5] Yang K., et al., "The Impact of Risk Attitude in New Product Development under Dual Information Asymmetry", *Computers & Industrial Engineering*, Vol. 76, 2014.

[6] Chen Z., et al., "Career Incentive Contract Design in Project Management under Companies' Competition and Asymmetric Information", *Computers & Industrial Engineering*, Vol. 118, 2018.

[7] Esmaeili M. and Zeephongsekul P., "Seller – Buyer Models of Supply Chain Management with an Asymmetric Information Structure", *International Journal of Production Economics*, Vol. 123, No. 1, 2010.

双边不对称信息情形下，信息不对称程度加剧，自然更易导致整体供应链失调，更深层次降低供应链运行效率。近年来有关供应链管理研究中，供应链企业不仅关注自身利润大小，渐渐将更多的关注点聚焦于供应链运行过程中潜在的风险以及系统中随机因子的影响。因此，在存在潜在风险因子及双边不对称信息因素的情况下，如何协调供应链提高供应链运行效率成为值得关注并研究的主要问题。

Dukes 等[1]提出激励机制是解决双边不对称信息的可行途径，双边不对称信息存在的前提下，供应链中任何一方作为主导设置机制协调供应链，对另一方都存在不利情况。因此，双边不对称信息的存在让研究学者对谈判机制、信用机制、双边激励机制等利他第三方展开了研究，Chatterjee 和 Samuelson[2]探讨了买卖双方各自具有私人信息时，双方如何通过谈判机制实现交易协调。Babaioff 和 Walsh[3] 采用双边拍卖机制设计了一种转移支付契约，实现了谈判机制下高效率的供应链商品买卖问题；王新辉等[4]设计了双边成本信息不对称条件下基于 AGV 机制的转移支付契约，实现了私人成本信息的披露；之后王新辉等[5]将模型扩展到考虑供应商风险规避的情况下，通过设计激励机制，实现双边不对称信息下的供应链协调。姚琦旬等[6]在供应商与零售商对产品估价都具有各自私有信息时，同样通过双边拍卖机制确定了商品价格并实现协调；而张钦红和骆建文[7]则通过设计信息用激励机制实现了在零售商和制造商之间存在双

---

[1] Dukes A., Gal‑Or E., Geylani T., eds., *Bilateral Information Sharing and Pricing Incentives in a Retail Channel*, Handbook of Information Exchange in Supply Chain Management, 2017.

[2] Chatterjee K. and Samuelson L., "Bargaining with Two‑Sided Incomplete Information: An Infinite Horizon Model with Alternating Offers", *The Review of Economic Studies*, Vol. 54, No. 2, 1987.

[3] Babaioff M. and Walsh W. E., "Incentive‑Compatible, Budget‑Balanced, Yet Highly Efficient Auctions for Supply Chain Formation", *Decision Support Systems*, Vol. 39, No. 1, 2005.

[4] 王新辉等：《双边成本信息不对称的供应链协调机制》，《管理工程学报》2013 年第 4 期。

[5] 王新辉、汪贤裕：《考虑销售商风险规避的双边信息不对称的供应链协调》，《中国管理科学》2015 年第 3 期。

[6] 姚琦旬等：《基于双向拍卖机制的供应链回购契约研究》，《管理学报》2009 年第 11 期。

[7] 张钦红、骆建文：《双边不完全信息下的供应链信用期激励机制》，《系统工程理论与实践》2009 年第 9 期。

边不对称信息情形下的供应链协调；黄梅萍等[①②]针对由供应商和零售商组成的两阶段供应链中的双边不对称信息因素，通过引入虚拟第三方，构建了基于收益共享和成本共担的双边激励协调契约，并实现了供销双方利润分配问题。Wang 等[③]在探讨双边信息不对称条件下 VMI 供应链的协调，并建立在信息对称和信息不对称条件下的协调模型，利用承诺—惩罚契约来最小化数据收集，通过避免潜在的物联网隐私和安全问题来协调双方利益。从以上文献得知，双边不对称信息情况下单纯的激励契约无法实现供应链协调，或是通过引入利他第三方或信息中介来减弱双边不对称信息的强度，或是运用博弈论中斯坦科尔伯格模型调整供应链中双方的利润，进而实现协调。张欢和刘洋[④]为协调双边不对称信息下由一个具有私人成本信息的生产商和一个具有私人成本信息的销售商组成的供应链，考虑引入利他第三方设计了双边不对称信息激励契约模型。

（三）激励契约研究现状评述

通过激励契约研究现状综述发现，现有研究主要针对因单边或双边不对称信息因素诱发的供应链不协调现象，设计供应链激励契约模型，协调供应链双方利润分配，缓解不对称信息对供应链造成的影响，实现供应链高效协作运转。总之，激励契约为本书所要研究的关键科学问题提供了方法支撑，能够较好地解决应急物资委托代储中因不对称信息诱发的各种问题。另外，供应链中信息不对称有单边不对称和双边不对称两种情况之分，两种情况下设计激励契约的目的具有一定的差异性。在单边不对称信息情形下，设计激励契约主要用于提升供应链企业努力水平、改善信息共享程度以及增强供应链企业双方信任等方面；而双边不

---

① 黄梅萍等：《基于收益共享和成本共担的供应链双向激励协调》，《经济经纬》2012 年第 4 期。

② 黄梅萍、汪贤裕：《虚拟第三方下供应链双向激励及利润分配》，《计算机集成制造系统》2011 年第 11 期。

③ Wang D., et al., "Vendor‑Managed Inventory Supply Chain Coordination Based on Commitment‑Penalty Contracts with Bilateral Asymmetric Information", *Enterprise Information Systems*, Vol. 16, No. 3, 2022.

④ 张欢、刘洋：《双边信息不对称下供应链契约研究》，《计算机集成制造系统》2016 年第 6 期。

对称信息情形下，激励契约的设计主要用于协调供应链企业双方的利益分配，实现供应链协调的目的。

第五节　本章小结

本章重点介绍了研究对象、研究方法以及模型构建方面的理论知识和研究综述，为后续章节提供了理论基础和决策依据。首先界定了应急物资委托代储的相关概念，明确了本书对象的内涵和基本流程，综述了应急物资实物储备和生产能力储备的相关研究，并分析了目前应急物资储备存在的问题。其次，梳理了供应链契约的起源和发展，分析比较了四种基本契约模型在实现供应链协调方面的异同点，并综述了供应链企业在信息共享和应急管理中的相关研究，且对目前供应链契约的相关研究进行了评述。最后，研究了激励契约模型构建框架，介绍了三种委托代理理论模型化方法，基于此，分别提出了对称信息和不对称信息两种情况下的最优契约模型基本框架，得出了信息不对称情况下无法实现对称信息下的帕累托最优，必须通过激励协调机制加以平衡。同时综述了激励契约在单边和双边信息不对称下的应用研究。

不难看出，四种基本契约模型与本书在研究如何实现供应链协调方面具有相似性，对本书具有方法上的指导和借鉴意义，但在信息共享和组织结构方面存在差异，这也正是本书后续协调机制构建的难点所在，同时也正是本书研究的价值所在。而后通过分析激励契约模型构建框架，以及对激励契约在不同程度的信息不对称结构下研究综述，发现激励协调机制在提升单边不对称信息企业努力程度、改善政企信息共享方面具有一定的应用价值，也为后续章节研究内容提供了模型构建依据。另外，激励协调机制也是解决双边不对称信息下供应链协调的有效途径，这为第六章双向激励契约模型构建提供了支撑平台和有效决策指导。

通过对国内外研究的分析发现，已有研究对于政企合作下的应急物资储备策略及协调机制进行了广泛的探讨，为制定科学的应急物资储备策略和维护应急渠道协调提供了有益帮助。随着应急物资储备日趋精细化和多元化，暴露出了研究工作的短板与不足：①绝大多数研究忽略了政企有限理性行为特点，少量研究虽然考虑了有限理性行为，但是缺少数据支撑，难以客观反映政府或企业的行为特征；②应急物资分类标准不规范，造成应急物资分类储备策略不够精细，甚至可能引发误导性决策，影响应急物资管理的科学性和有效性；③为考虑多种有限理性行为的交互和叠加效应，对于实际工作中发生的应急物资"过度储备""储备不足"等现象的解释不够充分，也没有提出相应的纠偏机制以协调应急物资供应链。而这也恰好为本项目开展进一步研究指明了方向。首先，对政企在不同决策情景下的有限理性行为特征进行研究，结合文献调研、问卷访谈等方法确定政企有限理性行为关键特征因素。其次，按照应急物资的自然属性、社会属性与应急需求等方面的特点，将政企有限理性行为关键因素纳入政企博弈的效用函数以及收益矩阵中，为不同类型应急物资建立储备模型并求解，揭示政企决策偏差的形成机理。最后，针对不同类型应急物资供应链探索相应的协调机制，比较不同协调机制的异同点，从而解决应急物资供需失衡的难题。

第三章

应急物资实物代储供应链激励契约与协调研究

政企合作的应急物资实物代储是能够快速实现应急物资筹集的储备策略，本章主要分析政府无法观测企业努力行为的前提下，政企合作进行应急物资实物代储中如何提升企业努力程度，提高应急物资实物代储的快速筹集和及时供应能力。追求经济利益最大化的代储企业很容易出现倦怠情绪、消极储备等行为，甚至会出现投机取巧行为来一味地追求自身利益。因此，政府需要设计相应的激励机制约束企业行为，协调整个供应链系统，鼓励企业在委托代储过程中提高努力程度，提升应急条件下实物代储中应急物资的供应保障能力。

应急物资实物代储供应链中，企业的努力程度对于保障应急物资的高质量供应具有关键性的作用。政府对代储企业努力程度存在单边不对称信息，代储企业与政府之间又存在追求目标的差异，代储企业可能会产生倦怠情绪，或者为追求经济效益而减少对应急物资储备的管理工作，致使无法高效协调实物代储供应链，代储企业的努力程度下降，给应急条件下的物资供应带来隐患。鉴于此，本章结合第二章激励契约模型构建基本理论知识，首先根据对称信息下最优努力程度确定的基本模型，分析了对称信息情况下实物代储供应链中如何确定代储企业最优努力程度和政府最优支付策略；其次在对称信息下最优风险分担契约基本模型的基础上，分析不对称信息情况下供应链契约激励的理论，建立政企之间的利益博弈模型，分析政府的激励方式和激励数额对应急物资代储企业努力程度的影响，通过数值仿真寻找最优的参数设置。在此基础上，设计符合实际需要的应急物资实物代储供应链激励契约，制定相应的奖惩规则，从而为政府有效管理应急物资代储企业、提高企业努力程度、提升应急条件下应急物资供应保障能力提供决策支撑。

第一节　问题描述

考虑到实物代储过程中更新轮换问题，本章针对的应急物资为峰值需求量大、保质期较短（大约一年期限）的瓶装水、牛奶等物资。政府根据应急物资需求预测确定与代储企业签订契约的应急物资代储量 Q，代储企业则会根据自身情况决定应急物资储备量 q（相当于产出）。设计 q 与代储企业努力程度的函数关系，因此在单边不对称信息存在的前提下，即便政府观测不到企业努力的行为，也可以通过对代储企业产出 q 实施激励来鼓励企业增强努力。对政府而言，一方面需要给予企业一定的预付款即固定补贴 ω_0，以弥补其扩大生产规模所投入的固定成本与可变成本；另一方面设计奖惩系数 ω 激励企业增加应急物资代储量，以提升企业应急条件下物资供应充足能力，最终确保政府期望社会效用函数最大化。

首先分析代储企业努力程度可观测情况下，如何确定最优的努力程度和最优支付策略；其次重点探讨单边不对称信息情况，政府无法观测企业努力程度，仅能观测企业的产出 q，政府面临的主要问题是基于观测到的产出，如何设置补贴函数 $s(q)$（激励）最大化自身期望效用函数。若一个契约周期内没有发生灾害，政府则根据实收应急物资量进行考核，若没有达到政府要求的储备目标，政府则可以节省可变补贴部分，其目的同样在于鼓励企业在日常管理中提高努力程度；若契约周期内发生灾害，政府则根据企业提供的实际储备物资数量来进行考核，对企业实施奖惩措施，提升企业参与合作的积极性。

第二节　模型参变量说明和建模分析

政府首先预测应急物资需求量，并向代储企业采购 Q 数量的应急物资，代储企业在该契约下决定自己的努力程度，其储备量用 q 表示，储备量表达式假定为线性形式：

$$q = \alpha e + \varepsilon \qquad (3-1)$$

该表达式相当于代储企业的生产函数。其中，α 反映代储企业的储备能力，企业储备能力高，则在委托代储过程中所投入成本就低，反之成本则高；e 为代储企业的努力程度，契约一旦成立，代储企业就要承担应急物资更新轮换、保障应急物资质量等责任，代储企业努力行为就体现在代储过程中所花费的时间和精力；ε 为随机因子，主要指储备过程中影响应急物资储备量的温度、湿度等环境因素，这些因素的影响是相互独立的，本章假设这些因素综合起来服从 $\varepsilon \sim N(0, \sigma^2)$，即 $E(\varepsilon) = 0$，$Var(\varepsilon) = \sigma^2$。随机因子 ε 服从正态分布，对于代储企业来说，ε 越小，说明在其可控范围内的影响因素越多，不可控因素越少，也就说明 ε 的方差 σ^2 的水平越低，根据代储企业储备量 $q = \alpha e + \varepsilon$，此时企业储备量水平就越取决于代储企业的努力程度，那么激励契约就越易产生效力。反之，若随机因子对代储企业储备量的影响较大，则激励契约很有可能失去效力。

代储企业投入成本为其付出努力的成本，应急物资实物代储供应链中企业成本可分为固定投入和可变投入两部分成本。固定投入主要是储备库、设备以及原材料和劳动力等单位成本不变的投入，设其固定投入边际成本为 $m(m>0)$，固定成本投入的多少与企业努力程度密切相关，则固定成本投入为 me；设可变投入边际成本为 $n(n>0)$，可变投入主要是代储企业投入的技术创新及工艺改革等单位成本变化的投入，随着企业努力程度的增加，该项投入会随之增加，且其边际成本也会增加，因此可变投入成本设为 $\frac{1}{2}ne^2$，则实物代储供应链中代储企业的成本函数如下：

$$C(e) = me + \frac{1}{2}ne^2 \qquad (3-2)$$

由代储企业成本函数可知，$C(0) = 0$，即代储企业不付出努力情况下，不产生任何成本，而此时 $E(q) = E(\alpha e + \varepsilon) = E(\varepsilon) = 0$，即企业不付出任何行动下，其应急物资储备量期望值（生产函数期望值）也为零。

设置奖惩规则主要目的是提高代储企业积极性，促使其增加努力程度。设政府给予企业固定补贴和可变补贴两部分。政府对代储企业的一次性补贴为 ω_0，合作过程中对代储企业的奖惩系数为 ω。政府对代储企业的奖惩规则可表示为 $\omega(q-Q)$，若 $q<Q$，政府以 ω 的比例对企业进行惩罚，若 $q>Q$，则政府对企业的奖励为 $\omega(q-Q)^+$，那么政府给予企业的补贴函数为：

$$s(q) = \omega_0 + \omega(q-Q) \qquad (3-3)$$

代储企业收益函数可表示为：

$$f_H = s(q) - C(e) = \omega_0 + \omega(\alpha e + \varepsilon - Q) - \left(me + \frac{1}{2}ne^2\right) \qquad (3-4)$$

由于随机因子 $\varepsilon \sim N(0,\sigma^2)$，因此代储企业期望效用函数为：

$$E(f_H) = \omega_0 + \omega\alpha e - \omega Q - me - \frac{1}{2}ne^2 \qquad (3-5)$$

其中，根据随机因子分布，$Var(f_H) = \omega^2\sigma^2$，采用负指数效用函数（负指数效用函数具有常数绝对风险厌恶效用函数的性质）表示方法 $u(f_H) = -exp(-rf_H)$，其中，r 为代储企业的阿罗—帕拉特绝对风险规避度量，因假设代储企业为风险规避型，因此 $r>0$，效用函数的期望值求解过程如下：

$$Eu(f_H) = E[-exp(-rf_H)]$$

$$= \int_{-\infty}^{+\infty} -exp(-rf_H) \frac{1}{\sqrt{2\pi V(f_H)}} e^{\frac{[f_H - E(f_H)]^2}{2V(f_H)}} df_H$$

$$= -exp\left[-r\left(\omega_0 + \omega\alpha e - \omega Q - me - \frac{1}{2}ne^2 - \frac{1}{2}r\omega^2\sigma^2\right)\right] \qquad (3-6)$$

根据确定性等价收入的含义①，那么代储企业效用函数期望值 Π_H 为：

$$\Pi_H = \omega_0 + \omega\alpha e - \omega Q - me - \frac{1}{2}ne^2 - \frac{1}{2}r\omega^2\sigma^2 \qquad (3-7)$$

政府的收益是由于其委托代储企业储备了充足的应急物资，做好了

---

① 确定性等价收入的含义：若 $u[x(\alpha)] = Eu(W)$，则称 $x(\alpha)$ 为 W 的确定性等价收入。

充分的灾前预防工作,突发灾害发生时将灾害损失最小化所带来的社会收益。在此,本书设定政府的收益函数为 $g_Z = he - s(q)$,其中 $h(h>0)$ 表示关于代储企业努力程度的边际社会收益,称为社会效益转换系数,社会效益转换系数越大,意味着代储过程中企业努力的最终效果越佳,即社会效益转化系数越大,对政府越有益。则政府的收益函数期望值可表示为:

$$E(g_Z) = E[he - (\omega_0 + \omega\alpha e - \omega Q)]$$
$$= he - \omega_0 - \omega(\alpha e - Q) \quad (3-8)$$

因政府为风险中性,政府效用函数的期望值 Π_Z 等价于收益函数的期望值 $E(g_Z)$,因此有:

$$\Pi_Z = he - \omega_0 - \omega(\alpha e - Q) \quad (3-9)$$

不难看出,其他参变量一定的情况下,社会效益转换系数 h 越大,政府效用函数期望值就越大。因此,社会效益转换系数越大,政府越倾向于加大奖惩系数,随之带来的即是代储企业越容易增强其努力程度,为社会带来的效益就会增大,进而更有可能最大化政府期望效用。

第三节 应急物资实物代储供应链激励契约

一 对称信息下最优支付策略

参照第二章关于对称信息下最优努力程度的分析,对称信息情况下,政府可以观测代储企业努力程度,因此讨论在代储企业努力程度一定的情况下如何选择最优的努力程度的问题。因代储企业努力程度可观测,政府可强制让代理人选择任意的 e,因此激励相容约束此时不起作用,政府面临的问题是选择 e 和 $s(q)$ 最大化自身期望效用函数,即 $\max\limits_{e,s(q)} he - \omega_0 - \omega(\alpha e - Q)$,此时政府面临代储企业的参与约束,即代储企业从激励契约中得到的期望效用不小于不接受契约时能得到的最大期望效用。代储企业不接受契约时能得到的最大期望效用称为保留效用 $\overline{\Pi}_H$,保留效用可以理解为与市场工资对应的效用水平,则代储企业参与约束(IR)可以表示为:

$$\omega_0 + \omega\alpha e - \omega Q - me - \frac{1}{2}ne^2 - \frac{1}{2}r\omega^2\sigma^2 \geqslant \overline{\Pi_H} \quad (3-10)$$

政府目标为选择 e 和 $s(q)$ 解决以下问题：

$$\max_{e,s(q)} he - \omega_0 - \omega(\alpha e - Q)$$

s.t. （IR） $\omega_0 + \omega\alpha e - \omega Q - me - \frac{1}{2}ne^2 - \frac{1}{2}r\omega^2\sigma^2 \geqslant \overline{\Pi_H}$

针对以上问题，引入拉格朗日乘子 λ，构建拉格朗日函数：

$$L[s(q)] = he - \omega_0 - \omega(\alpha e - Q) \\
+ \lambda\left(\omega_0 + \omega\alpha e - \omega Q - me - \frac{1}{2}ne^2 - \frac{1}{2}r\omega^2\sigma^2 - \overline{\Pi_H}\right) \quad (3-11)$$

KKT 条件有：

$$\begin{cases} \dfrac{\partial L}{\omega_0} = -1 + \lambda = 0 \\ \dfrac{\partial L}{\omega} = -\alpha e + Q + \lambda\alpha e - \lambda Q - r\omega\sigma^2\lambda = 0 \end{cases} \Rightarrow \begin{cases} \lambda = 1 \\ \omega^* = 0 \end{cases}$$

可变补贴系数（激励系数）$\omega = 0$，即对称信息下无须给予代储企业激励，此时 $s(q) \equiv \omega_0$，即在委托人（政府）为风险中性、代理人（代储企业）、风险规避型时，委托人（政府）承担全部风险，$s(q)$ 为一定值时才能满足最优条件，此时代理人（代储企业）收入与产出 q 无关。

由 $\lambda = 1$ 得参与约束为紧约束，即 $\omega_0 + \omega\alpha e - \omega Q - me - \frac{1}{2}ne^2 - \frac{1}{2}r\omega^2\sigma^2 = \overline{\Pi_H}$，将参与约束 $\lambda = 1, \omega^* = 0$ 代入政府期望效用函数，针对努力程度 e 求导，得出在对称信息下最优努力程度 e^* 如下：

$$e^* = \frac{h-m}{n} \quad (3-12)$$

将最优努力程度 $e^* = \frac{h-m}{n}$ 与 $\omega = 0$ 代入参与约束中，可以求解得出固定补贴 ω_0：

$$\omega_0^* = \overline{\Pi_H} + \frac{2m(h-m) + (h-m)^2}{2n} \quad (3-13)$$

因政府为风险中性、代储企业为风险规避型，此时帕累托最优风险分担要求代储企业不承担任何风险（$\omega^* = 0$），政府支付给代储企业的固定补贴等于代储企业的保留效用加上代储企业努力的成本，即政府在观测到代储企业努力程度 $e < \dfrac{h-m}{n}$ 时，支付给代储企业的 $s(q) < \overline{\Pi_H} + \dfrac{2m(h-m)+(h-m)^2}{2n}$，那么代储企业就一定会选择 $e = \dfrac{h-m}{n}$，假定对称信息下政府给予企业的最低支付为 $\underline{s}$，那么此时最优支付策略可以表述如下：

$$s^*(q) = \begin{cases} \omega_0^* & e \geq e^* \\ \underline{s} & e < e^* \end{cases} \quad (3-14)$$

若政府无法观测代储企业努力程度，以上帕累托最优是无法实现的，主要是因为给定 $\omega = 0$ 的情况下，代储企业肯定会选择最优的努力程度最大化自身期望效用函数，此时一阶条件为：

$$e = \dfrac{\omega\alpha - m}{n} < 0 \quad (3-15)$$

显然，代储企业将不会付出任何努力，因此无法实现以上所述的帕累托最优情况。

二 单边不对称信息下激励契约

根据第二章激励契约模型构建内容，结合以上对称信息下最优支付策略分析，在单边不对称信息因素存在的情况下，即政府无法观测企业努力程度，此时无法实现帕累托最优风险分担和最优努力程度，政府需通过激励契约诱使代理人按照自己的意愿行事，政府问题变为如何设置激励契约 $s(q)$，同时满足代储企业参与约束和激励相容约束，来最大化自身期望效用函数 $\max\limits_{s(q)} he - \omega_0 - \omega(\alpha e - Q)$。

代储企业面临的第一个约束是参与约束（IR）：

$$\omega_0 + \omega\alpha e - \omega Q - me - \dfrac{1}{2}ne^2 - \dfrac{1}{2}r\omega^2\sigma^2 \geq \overline{\Pi_H} \quad (3-16)$$

代储企业面临的第二个约束为激励相容约束，在任何激励契约下，代储企业都会选择使自己期望效用最大化的努力程度，那么，只有当代储企业从选择 e 得到的期望效用大于其选择其他任何努力程度 e' 中得到的期望效用时，才会选择努力程度 e，则激励相容约束的表达式为：

$$\omega_0 + \omega\alpha e - \omega Q - me - \frac{1}{2}ne^2 - \frac{1}{2}r\omega^2\sigma^2$$

$$\geqslant \omega_0 + \omega\alpha e' - \omega Q - me' - \frac{1}{2}ne'^2 - \frac{1}{2}r\omega^2\sigma^2 \quad (3-17)$$

为便于计算，激励相容约束（IC）目的是选择最优 e^* 最大化自身期望效用函数，则可用以下表述代替：

$$\max_{e}\omega_0 + \omega\alpha e - \omega Q - me - \frac{1}{2}ne^2 - \frac{1}{2}r\omega^2\sigma^2 \quad (3-18)$$

不对称信息情况下，政府和企业之间属于主从博弈关系，政府首先决定委托企业代储应急物资的数量，然后企业根据自身情况决定代储应急物资量，政府根据观测的应急物资代储量信息，设置补贴函数，确保最终社会效益最大化，不对称信息情况下激励契约模型为：

$$\max_{s(q)} he - \omega_0 - \omega(\alpha e - Q)$$

$$\text{s.t.} \quad (\text{IR}) \; \omega_0 + \omega\alpha e - \omega Q - me$$

$$- \frac{1}{2}ne^2 - \frac{1}{2}r\omega^2\sigma^2 \geqslant \overline{\Pi_H}$$

$$(\text{IC}) \; \max_{e} \omega_0 + \omega\alpha e - \omega Q - me - \frac{1}{2}ne^2 - \frac{1}{2}r\omega^2\sigma^2$$

采用逆向求解方法，首先在委托代储过程中企业会选择最优的努力程度使自身利益最大化，针对 IC 约束，对努力程度 e 求导得：$\frac{\partial \max_e}{e} = \omega\alpha - m - ne = 0$

得出最优化一阶条件为：

$$e^* = \frac{\omega\alpha - m}{n} \quad (3-19)$$

用该最优化一阶条件 $e^* = \frac{\omega\alpha - m}{n}$ 代替模型中激励相容约束，然后构建拉格朗日函数进行求解分析，令 λ 和 μ 分别为 IR 和 IC 约束的乘子，则有：

$$F = he - \omega_0 - \omega(\alpha e - Q)$$

$$+ \lambda(\omega_0 + \omega\alpha e - \omega Q - me - \frac{1}{2}ne^2 - \frac{1}{2}r\omega^2\sigma^2 - \overline{\Pi_H})$$

$$+ \mu(\frac{\omega\alpha - m}{n} - e)$$

根据 Kuhn – Tucker 条件：

$$\begin{pmatrix} \frac{\partial F}{\partial \omega} \\ \frac{\partial F}{\partial \omega_0} \end{pmatrix} = \begin{pmatrix} -1 \\ -\alpha e + Q \end{pmatrix} + \begin{pmatrix} 1 \\ \alpha e - Q - r\omega\sigma^2 \end{pmatrix} \lambda + \begin{pmatrix} 0 \\ \frac{\alpha}{n} \end{pmatrix} \mu$$

由上得出参与约束乘子 $\lambda = 1 > 0$，因此参与约束为紧约束，即 $\omega_0 + \omega\alpha e - \omega Q - me - \frac{1}{2}ne^2 - \frac{1}{2}r\omega^2\sigma^2 = \overline{\Pi_H}$

将 $e^* = \frac{\omega\alpha - m}{n}$ 和 $\omega_0 + \omega\alpha e - \omega Q - me - \frac{1}{2}ne^2 - \frac{1}{2}r\omega^2\sigma^2 = \overline{\Pi_H}$ 代入政府目标函数：$\max\limits_{s(q)} \frac{(h-m)(\omega\alpha - m)}{n} - \frac{(\omega\alpha - m)^2}{2n} - \frac{1}{2}r\omega^2\sigma^2 - \overline{\Pi_H}$

针对 ω 求导得出政府效用函数最大化的最优化一阶条件为：

$$\omega = \frac{h\alpha}{\alpha^2 + nr\sigma^2} \quad (3-20)$$

很显然，ω 与 n、r 和 σ^2 是反比例关系，也就是说，代储企业越是风险规避型，产出函数中随机因子方差越大，代储企业就越害怕付出努力，则政府给予的奖惩系数就越小，意味着代储企业得到的可变补贴部分将会越小。而其中 $\frac{\partial \omega}{\partial r} < 0$ 和 $\frac{\partial \omega}{\partial \sigma^2} < 0$，说明最优激励契约需在激励和保险之间实现协调。而 $\frac{\partial \omega}{\partial n} < 0$ 则有"鞭打快牛"的意思，代储企业越是害怕努力，即 n 越大，政府给予的激励就越小。

同时，为便于算例分析模拟过程，求证政府期望效用函数（$h - \omega\alpha)e - \omega_0 + \omega Q$ 中社会效益转换系数 h 与 $\omega\alpha$ 的关系。假设原命题 $h \leq \omega\alpha$ 为真，采用反证法：

由 $h \leq \omega\alpha$ 得出 $\omega = \frac{h\alpha}{\alpha^2 + nr\sigma^2} \leq \frac{\omega\alpha^2}{\alpha^2 + nr\sigma^2}$，则有 $\frac{1}{\omega} \geq \frac{\alpha^2 + nr\sigma^2}{\omega\alpha^2} =$

$\frac{1}{\omega} + \frac{nr\sigma^2}{\omega\alpha^2}$ 存在矛盾，因此得出 $h > \omega\alpha$ 为真命题。

在激励契约条件下，代储企业总是会选择 e^* 最大化自身期望效用，政府最优支付为 $s^*(q)$，根据以上结果可以得出最优支付的期望值 $E[s^*(q)]$。

$$E[s^*(q)] = \overline{\Pi_H} + \frac{\omega^{*2}\alpha^2 - m^2}{2n} + \frac{1}{2}r\omega^{*2}\sigma^2 \quad (3-21)$$

第四节 模型结果分析

一 政府激励与最优补贴函数的关系

根据公式（3-21），分析补贴函数与政府激励的关系，求解 $s^*(q)$ 关于奖惩系数的二阶导数得：

$$\frac{\partial^2 s^*(q)}{\partial \omega^2} = r\sigma^2 + \frac{\alpha^2}{n} > 0 \quad (3-22)$$

显然可以得出，激励契约下补贴函数是关于奖惩系数的凸函数。在奖惩系数较小的范围内时，即 $\omega \in [0, \omega^*]$ 时，代储企业获得的补贴收益随政府激励力度的增加而减少。也就是说，奖惩系数处于 $[0, \omega^*]$ 范围值时，政府在调高奖惩系数的同时，需要支付给代储企业的补贴反而降低，且此时代储企业的努力程度不断提升，当奖惩系数达到最优值 ω^* 时，补贴函数达到最低值，这种情况正迎合了政府设计最优激励契约的目标——以最低的补贴获取最大的收益。进一步，当奖惩系数超过最优值，即 $\omega \in [\omega^*, +\infty]$ 时，政府若继续采用调高奖惩系数的方式来提升企业努力程度，反而会适得其反，因为此时补贴函数随奖惩系数的增加而增加，很显然这种情况有违政府最终目的。

另外，从政府社会效用函数中分析政府最优奖惩系数。将最优支付期望值 $E[s^*(q)]$ 带入目标函数政府收益中，计算政府社会效用函数期望值见公式（3-23）。

$$\Pi_Z = he - \omega_0 - \omega(\alpha e - Q) = \frac{h(\omega^*\alpha - m)}{n}$$

$$-\overline{\Pi}_H - \frac{\omega^{*2}\alpha^2 - m^2}{2n} - \frac{1}{2}r\omega^{*2}\sigma^2 \qquad (3-23)$$

政府越倾向于较高的奖惩系数，代储企业更容易增加其努力程度，即在 $\omega \in [0, \omega^*]$ 时，奖惩系数越高，设计的激励契约更加有效。但由 $\frac{\partial^2 \Pi_z}{\partial \omega^2} < 0$ 可知，政府社会效益期望值 Π_z（公式 3-23）是关于 ω 的凹函数，当 ω 增加到最优值 ω^* 时，若政府仍采取增加奖惩系数来提高代储企业努力程度的策略，反而会事倍功半。因此存在一个最优的 ω^* 值，使得政府社会效用函数期望值最大化的同时，代储企业的努力程度也较高。

综上所述，在应急物资委托代储供应链激励契约设计过程中，政府肯定会选择最优的奖惩系数，代储企业会付出最优的努力程度，政府也实现了在最低的补贴函数下使目标函数最大化。

二 政府激励与代储企业风险厌恶程度的关系

以下主要分析委托代理关系中风险规避程度 r 与奖惩系数 ω 之间的"得失权衡"问题。从政府奖惩系数表达式（公式 3-20）可以看出，代储企业具备承担一定风险的能力，得到政府更多奖励的可能性越高。政府奖惩系数 ω 与企业风险态度 r 成反比关系，r 越大，ω 越小，则说明代储企业越是害怕承担风险，政府就会适当调低奖惩系数 ω。特别地，当 $r \to +\infty$，意味着代储企业没有任何承担风险的能力，此时政府承担一切风险，那么政府的策略即不考虑代储企业实际储备量，都只支付给企业一定的预付款 ω_0；相反，$r \to 0$，反映了代储企业越倾向于风险喜好型，相对而言，政府提供的奖惩系数就越大，那么企业的努力程度直接决定了最终支付函数的高低。

以上分析得出代储企业倾向于风险喜好型是有利的，但若选择风险喜好型的企业作为代储企业对于政府而言却是不利的。当 $r < -\frac{\alpha^2}{n\sigma^2}$ 时，$\omega < 0$。此时显然代储企业为风险喜好型，根据代储企业收益函数 $f_H = s(q) - C(e) = \omega_0 + \omega(\alpha e + \varepsilon - Q) - C(e)$，一般情况下企业会选择让自身储备量 $q(e) = \alpha e + \varepsilon < Q$，这样才能尽量保证自身收益不受损害，那

么委托人政府则蒙受损失，不但得不到最终所需应急物资量，且社会效用期望值也明显降低。由此可见，政府奖惩系数 ω 的值域在 $(0, +\infty)$ 之间，如此设计激励协调契约才会起作用，且对于代储企业而言，风险喜好型的企业不易被政府选为合作对象。

代储企业风险厌恶程度 r 越大，激励效力就越不显著。根据以上分析，为了让激励契约更具效力，政企在签订契约时可以将固定补贴 ω_0 调低，不失一般性，可以让 $\omega_0 = 0$，此时代储企业在合作中肯定会选择最大的努力来获取政府更高的补贴。综合以上分析，在委托代储过程中，政府在签订契约之初应考虑减少固定补贴比例，并鼓励企业提升自身承担风险的能力。

三 关键参数对激励契约的影响

首先，分析随机因子对最优激励契约的影响。针对单边不对称信息情况，应急物资实物代储供应链中不可控因素越少，设计的激励契约就越容易产生效力。对于代储企业而言，市场不确定性因素越少，储备量对其的敏感度就越高，代储企业就越容易增加努力程度。同时，根据奖惩系数表达式（公式3-24），政府此时也越倾向于提高奖惩系数，给予企业更大的激励，且从政府收益（公式3-23）可以看出，该系统受外界环境影响越小的情况下，政府最优收益期望值就越大。因此，对于政府而言，应尽量为代储企业排除市场不确定风险，营造一个可控范围的稳态环境系统，这样设计的激励契约才更具效力。

其次，考察代储企业努力程度边际成本对最优激励契约模型的影响。代储企业固定投入和可变投入的边际成本与代储企业努力程度的关系成反比例，即两项边际成本越大，具有营利性质的代储企业就越容易产生倦怠情绪，降低努力程度。而两项边际成本对政府奖惩系数的影响却不同，根据奖惩系数表达式（公式3-24）可知，固定投入边际成本不对政府激励产生影响，但政府会随可变投入边际成本的升高而降低奖惩系数。因此可以得出同样的结论，即政府在构建激励契约时，应适当调低固定补贴的比例，这样激励才会更充分发挥作用。

最后，讨论代储企业储备能力对激励契约设计的影响。根据最优努

力程度 e^*（公式 3-19），代储企业储备能力 α 越大，e^* 越大，即政府所需的应急物资数量对代储企业努力程度的敏感度 α（代储企业储备能力）越大，代储企业就越容易增加其努力程度，力求创造更高的社会效益，刺激政府为其制定更高的奖惩系数，进而设计的激励契约就更有效；反之，代储企业储备能力越弱，政府对代储企业的激励契约也就越无效。

第五节 算例分析

本节数值模拟主要分析代储企业可变投入的边际成本 n、随机因子 ε 及企业储备能力 α 在不同的社会效益转换系数 h 下对代储企业最优努力程度 e、政府最优奖惩系数 ω、政府期望社会效用函数 Π_Z 和代储企业期望效用函数 Π_H 4 个关键变量的影响。对以上各因子取以下参考值：$\alpha = 1$，$r = 0.8$，$\sigma = 1$，$m = 1$，$n = 1$，$Q = 10$，$\omega_0 = 50$，给定其他参数不变的情况下，为便于观察，挑选一组 $h = (20, 30, 40)$，在给定 h 为不同值的情况下，依次变化 n、σ、α 的值，考察各参数如何影响模型中最优关键变量。

图 3-1 到图 3-12 分别考察了不同社会效益转换系数下的企业可变投入边际成本、随机因子和企业储备能力等因子对企业最优努力程度、政府最优奖惩系数、政府期望社会效用函数和企业期望效用函数的影响趋势。

一 关键变量与代储企业可变投入边际成本

首先，图 3-1 到图 3-4 模拟了不同社会效益转换系数下企业可变投入边际成本对 4 个关键变量的影响趋势。图 3-1 和图 3-2 显示，随代储企业可变投入边际成本的增加，代储企业最优努力程度降低，说明同样的努力给企业带来的负效应就越大，以盈利为目的的企业就越不情愿付出更多努力，因此从图 3-1 所示最优努力程度是下降的。

那么政府监管过程中观测企业努力行为的同时，会在一定程度上调低给予企业的奖惩力度，直到企业努力程度趋于平稳状态时，政府才不

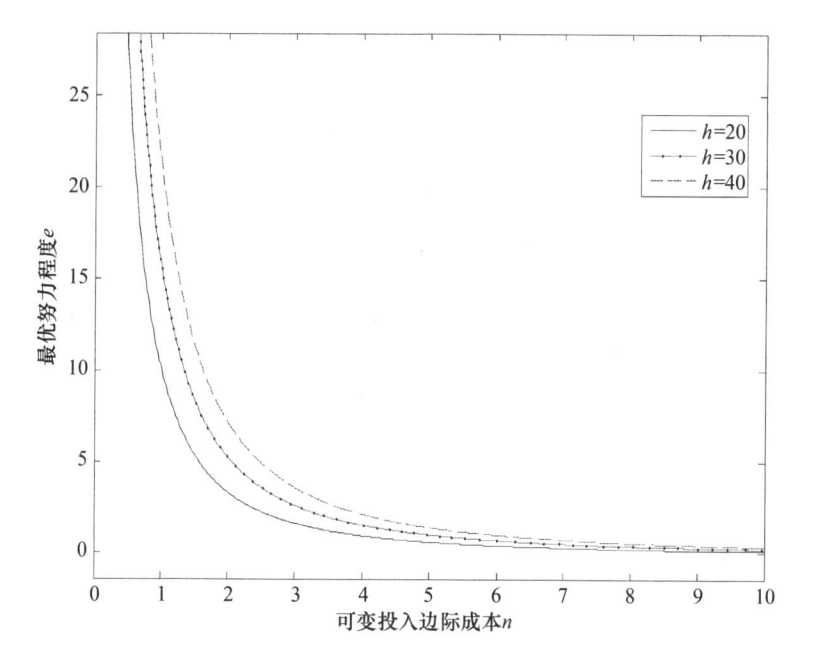

图 3-1　最优努力程度随 n 的变化趋势

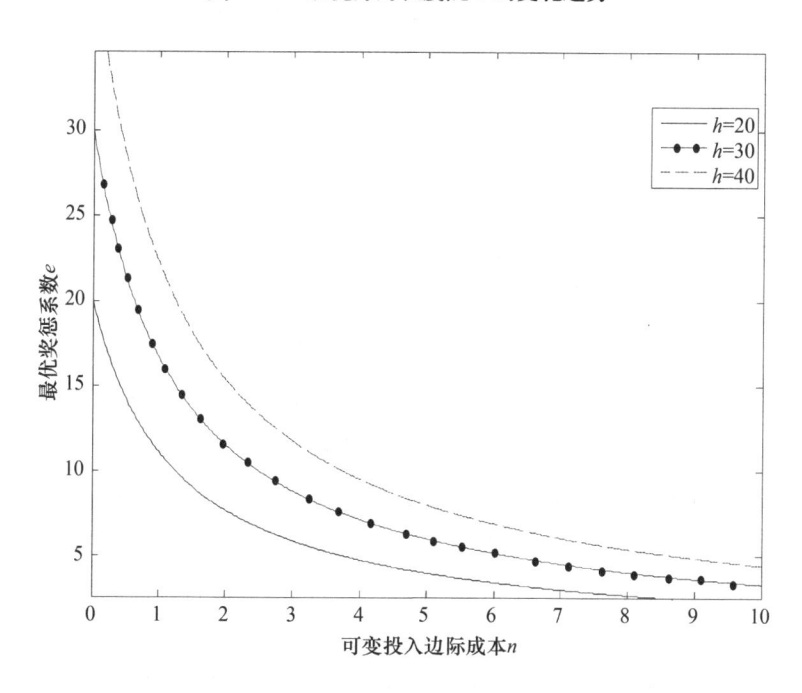

图 3-2　最优奖惩系数随 n 的变化趋势

再继续降低奖惩系数,最终企业努力程度与政府奖惩系数都会趋向稳定状态。且在企业可变投入边际成本一定的情况下,社会效益转换系数越大,意味着企业付出努力之后最终回馈社会的部分更多,政府给予的奖惩系数变大,企业在代储过程中也越情愿付出更多的努力。正如图 3-2 所示,模拟过程中社会效益转换系数越大,代储企业努力程度和政府奖惩力度就越高。

图 3-3 模拟了企业期望效用随企业可变投入边际成本的变化趋势,图 3-3 显示随着边际成本的增加,企业期望效用是增大的,主要因此时随可变投入边际成本的提高,代储企业努力程度下降幅度较大,意味着此时企业努力程度较低,说明企业投入成本降低。根据代储企业收益函数,投入成本降低的情况下,企业期望效用一定情况下是升高的,当代储企业努力程度趋于平稳状态时,其收益也将处于稳步增长状态.图 3-4 显示了政府期望社会效用随企业可变投入边际成本的升高而降低,因可变投入边际成本增加,企业努力程度下降,造成政府奖惩力度减小,结合模型中求证得出 $h > \omega\alpha$,从政府期望社会效用函数表达式"$(h - \omega\alpha)e - \omega_0 + \omega Q$"可以看出,政府期望社会效用也随之降低。同样,在企业努力程度以及政府奖惩力度稳定的情况下,政府期望社会效用也趋于稳定。

二 关键变量与随机因子

图 3-5 到图 3-8 分别考察了委托代储过程中随机因子对代储企业最优努力程度、政府最优奖惩系数、代储企业期望效用函数和政府期望社会效用函数的影响。从图 3-5 和图 3-6 可以看出,随着政企合作的应急物资实物代储供应链中随机因子标准差的增加,代储企业最优努力程度增加,说明政企合作进行实物代储过程中受随机因子的影响较大,代储企业会更加关注自身的经济效益,长周期无需求或需求量减少等更容易让企业产生倦怠情绪,导致道德风险问题,代储企业最优努力程度下降。同时,政府考虑到应急物资实物代储供应链的不稳定性,当政府观测到企业努力程度降低的同时,为防范代储企业道德风险问题,给予代储企业的奖惩力度也会有所下降,直至代储企业努力程度趋于稳定值,政府

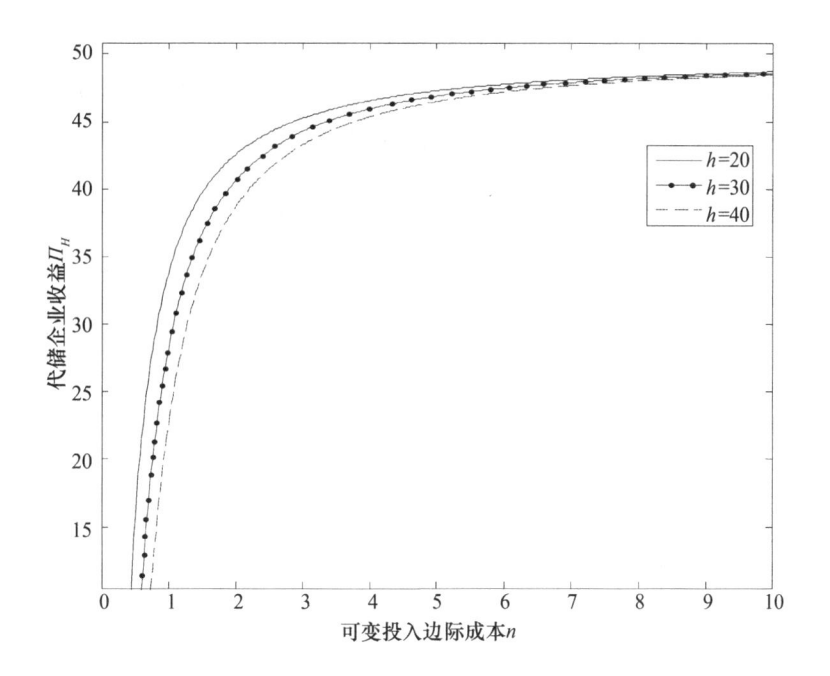

图3-3 企业期望效用随 n 的变化趋势

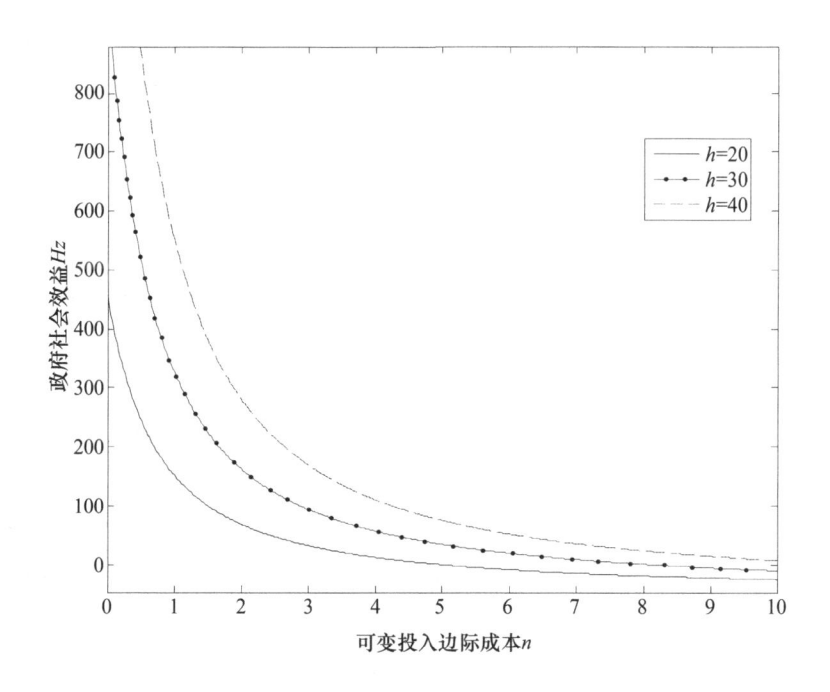

图3-4 政府期望社会效用随 n 的变化趋势

的奖惩才会保持稳定。单次博弈过程中，政府是跟随者，也就是说，政府的奖惩力度决策滞后于代储企业的努力行为。而在随机因子的影响保持一致的情况下，代储企业的努力程度和政府奖惩力度都会随社会效益转换系数的增加而增加。

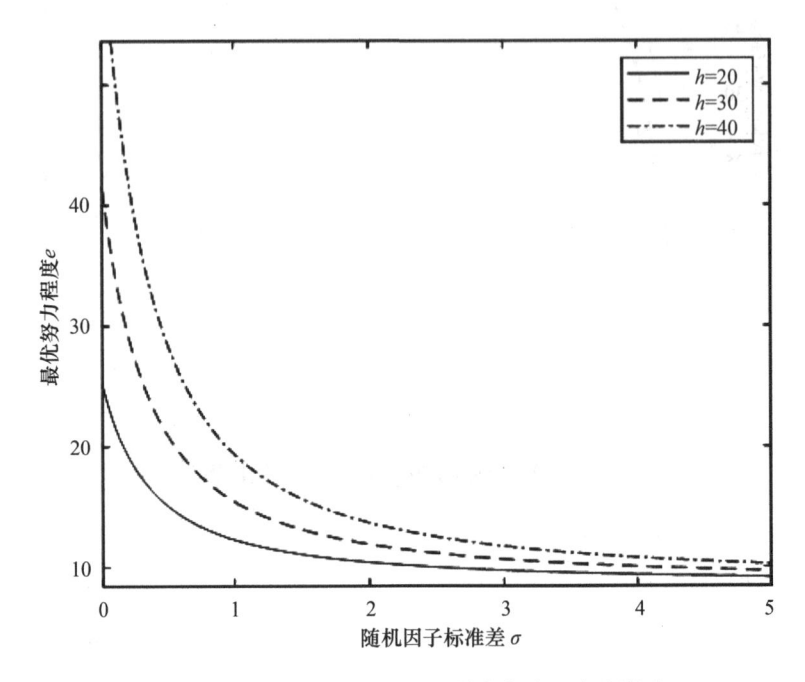

图 3-5 随机因子对代储企业最优努力程度的影响

图 3-7 显示，企业期望效用是增加的，一方面因企业努力程度下降，其投入成本减小，另一方面因系统中随着不可控因子的增大，系统就越不稳定，信息共享程度进一步降低，风险增大，此时以盈利为目的的企业就更容易投机取巧，以牺牲政府期望效用为代价最大化自身利益。图 3-8 显示随机因子在一定范围内时，政府期望效用是增加的，说明此阶段的随机因子是在政府可控范围之内的，且此时风险也属于政府完全掌控范围，也进一步意味着代储系统中随机因子在一定范围内时，实物代储系统会更充分地发挥作用。但随供应链系统受随机因子的影响进一步增大，超出政府所控范围，此时政府收益将会降低。很明显，此时政企合作的供应链并非理想状态，同时也意味着政企合作期间，对政府而

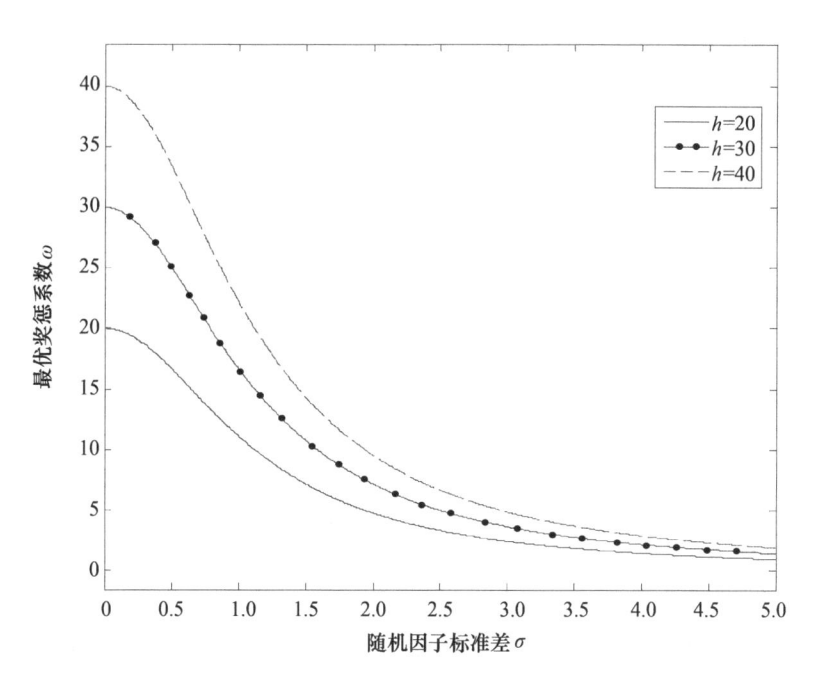

图 3-6 随机因子对政府最优奖惩系数的影响

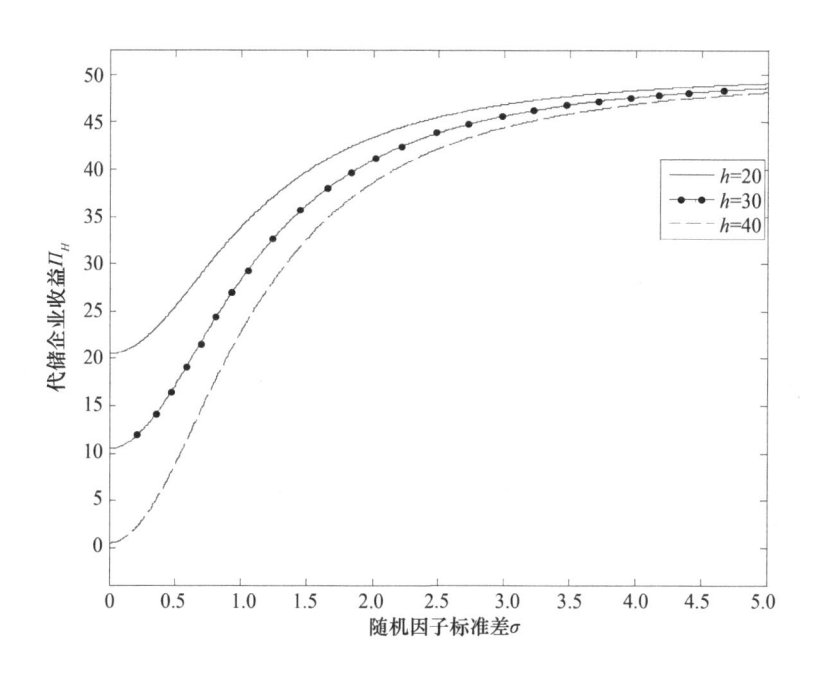

图 3-7 随机因子对代储企业期望效用函数的影响

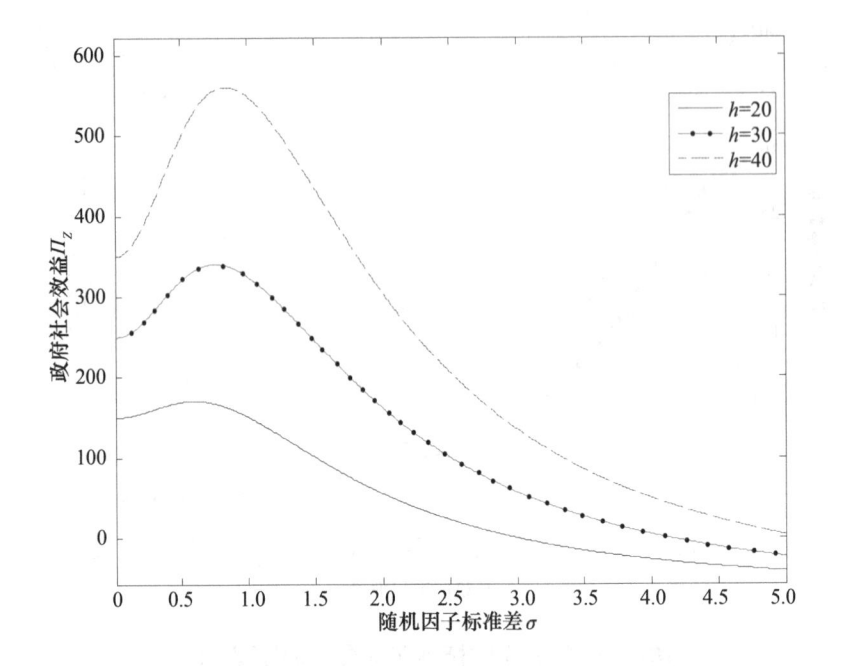

图 3-8　随机因子对政府期望社会效用函数的影响

言，要营造一个稳态的环境，才能更充分地发挥实物代储中激励机制的作用。

三　关键变量与代储企业储备能力

图 3-9 到图 3-12 分别模拟了企业最优努力程度、政府最优奖惩系数、企业收益和政府社会效益随企业储备能力的变化趋势。其中从图 3-9 可以看出，随着企业自身储备能力的增加，企业内部越来越趋向标准化流程，其自觉性提高，努力程度增大，且随社会效益转换系数增大，代储企业付出的努力会进一步提升，达到一定值并保持相对稳定趋势；图 3-10 显示，在企业储备能力处于起步上升阶段时，政府奖惩力度在此阶段是增大的，主要目的在于激励企业，而当企业储备能力达到一定值后，政府无须继续采取激励的方式鼓励企业，因此政府奖惩力度开始有所降低，最终也趋于平稳状态，代储企业努力程度和政府激励力度都处于稳

定状态时，也反映了此时政企合作关系达到了实物代储过程中的理想状态。

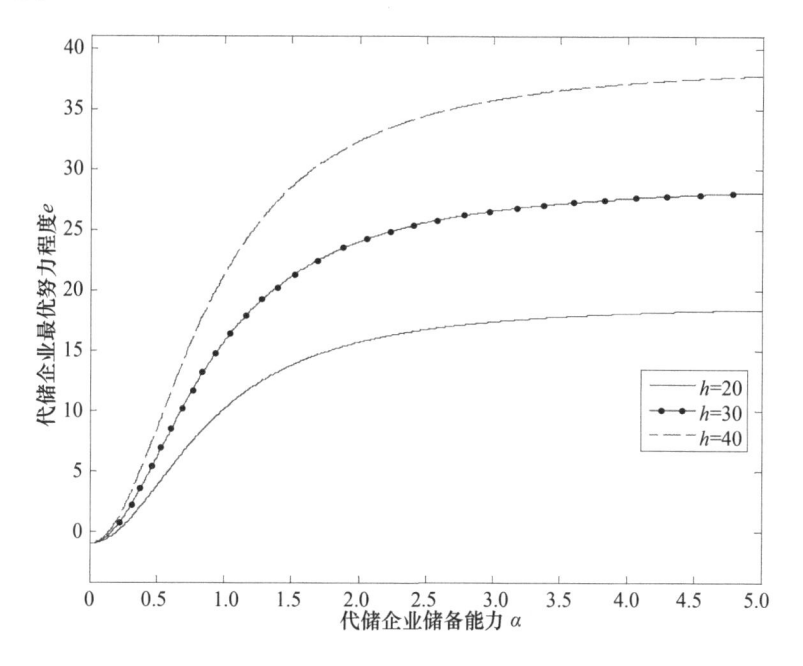

图 3-9 最优努力程度随企业储备能力的变化

从图 3-11 可以看出，代储企业的社会效用期望值随自身储备能力增大而有所降低。导致这种情况的主要原因可能在于代储企业付出努力增大的情况下，其投入努力成本增多，且根据实物代储供应链的激励契约模型中关于政企双方收益分析，随着代储企业努力程度的提高，其最终收益部分会有更大的份额转换为政府期望社会效用值，从而在一定程度上导致代储企业自身收益有所下降。而政府收益如图 3-12 所示，随代储企业储备能力增大，政府社会效益得到提升，而当代储企业储备能力达到一定值时，政府奖惩力度减小，因此造成政府社会效益有所下降。

从图 3-3、图 3-7、图 3-11 得出，在企业可变投入边际成本、随机因子和企业储备能力不变的情况下，随着社会效益转换系数的增大，企业收益是有所下降的，主要因为社会效益转换系数越大，企业努力结果对于社会效益的贡献越大，企业收益反而有所下降，相对而言会增大

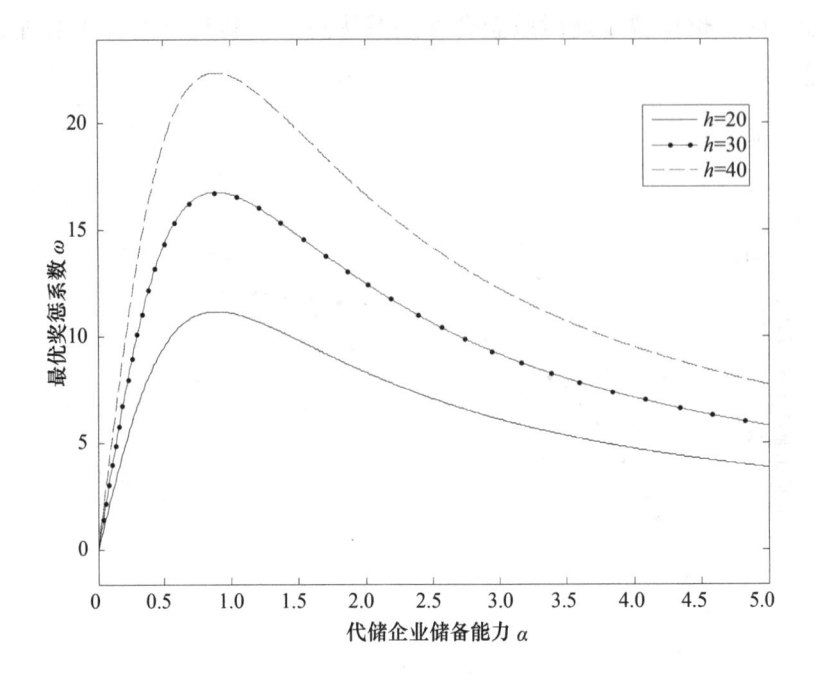

图 3-10　最优奖惩系数随企业储备能力的变化

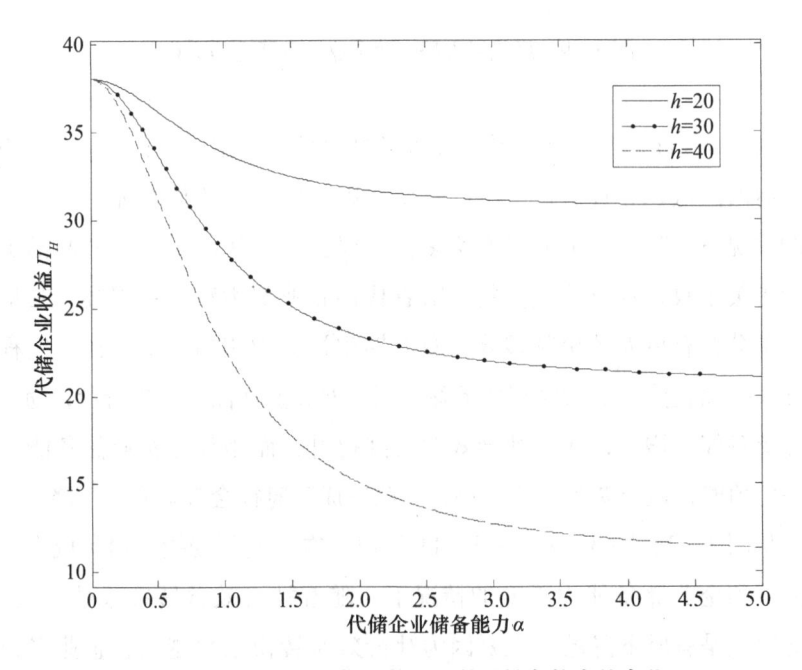

图 3-11　代储企业期望效用函数随储备能力的变化

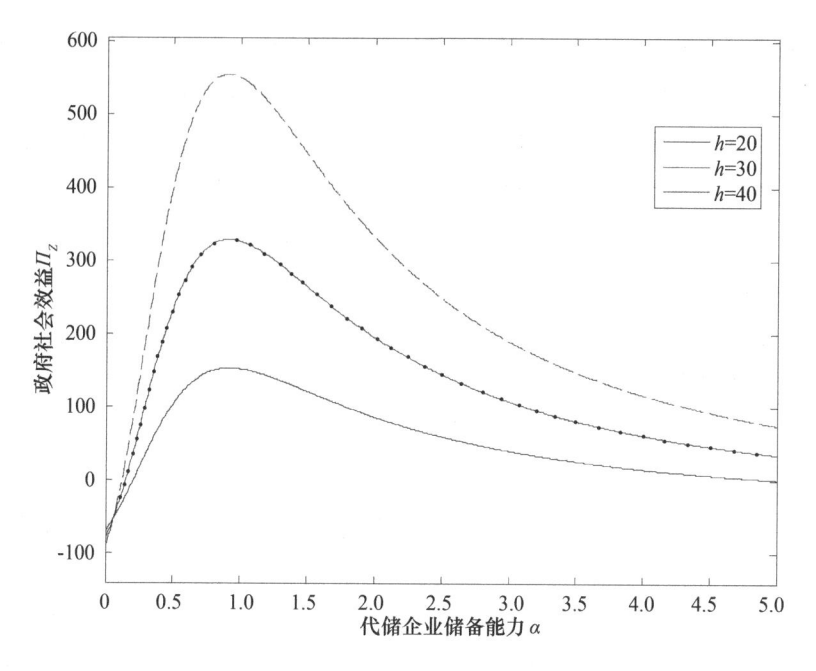

图 3-12　政府期望社会效用函数随储备能力的变化

政府社会效益（如图 3-4、图 3-8、图 3-12 所示）。更进一步，以上 3 组模拟结果显示，企业最优努力程度的变化趋势与企业收益变化趋势是相反的，说明在企业最优努力程度下降的同时，也意味着企业存在投机取巧行为，以牺牲社会效益为代价最大化自身经济利益。

第六节　本章小结

本章研究了应急物资实物代储供应链运作过程，首先在代储企业努力程度可观测的情况下，设计了最优契约并确定了代储企业最优努力程度和政府最优支付策略。在对称信息前提下，政府可强制要求代储企业选择任一努力程度，此时政府为实现自身期望效用最大化目标，通过设计对称信息情况下最优支付策略，确定了代储企业最优努力程度和最优支付策略，模型分析结果对应了第二章最优风险分担契约理论模型。其次，在双方目标存在差异和单边不对称信息的前提下，政府无法观测企业努力程度，考虑到以盈利为目的的企业在应急物资代储过程中可能会出现懒惰、投机取巧等不努力的行为，政府设计 $q = f(e)$ 函数建立代储企业努力程度和产出的关系，并设置奖惩系数激励企业提高产出量，进而实现约束企业努力行为的目的。政府作为主导者设计了最优激励契约促使代储企业增加其努力程度，根据代储企业实际产出对其进行奖惩，约束代储企业行为并协调了实物代储供应链，确定了单边不对称信息下最优支付函数，实现了政府期望效用最大化。针对模型结果及数值模拟结果的分析，为选择实物代储的地方政府提供了重要参考和借鉴价值。

对于政府而言，为使激励协调契约的设计更加有效，一方面应尽量排除外界因素对实物代储供应链的影响，营造稳定的合作环境；另一方面在设计激励契约时应考虑适当减少固定补贴所占份额，调高可变补贴系数，但考虑到政府社会效用函数期望值是关于可变补贴系数的凹函数，可变补贴系数在一定范围内适当调高是有效的，若超过最优值，仍采取此方式增加企业努力程度，反而事倍功半。在选择代储企业时，应考虑企业承担风险的能力，且不建议选择风险喜好型企业作为合作伙伴。本章研究对现实的管理启示如下。

（1）代储系统中不可控因素越少，设计的激励契约就越容易产生效力。对于代储企业而言，市场不确定性因素越少，储备量对其的敏感度就越高，代储企业就越容易增加努力程度，同时政府也就越倾向于增加奖惩系数，激励契约就更有效。因此，对于政府而言，应尽量为代储企业排除市场不确定风险，营造一个可控范围的稳态环境系统，这对于代储企业代储模式的进一步研究具有重要意义。

（2）由模型结果最优奖惩系数表达式可知，政府奖惩系数 ω 与企业风险态度 r 成反比关系。这说明随着企业承担风险能力的增加，政府应该适当调低奖惩系数 ω，这也是委托代理关系中风险规避程度 r 与奖惩系数 ω 之间的"得失权衡"问题，如果企业风险厌恶程度 r 越大，激励效力就越不显著。因此，在委托代储过程中，政府应鼓励企业提升自身承担风险的能力。

（3）代储企业固定投入和可变投入的边际成本与代储企业努力程度的关系成反比例，即两项边际成本越大，具有营利性质的代储企业就越容易产生倦怠情绪,降低努力程度。而两项边际成本对政府奖惩系数的影响却不同,从奖惩系数表达式可知,固定投入边际成本不对政府激励产生影响,但政府会随可变投入边际成本的升高而降低奖惩系数。因此,政府在构建激励契约时,应适当调低固定补贴的比例,这样激励才会更充分发挥作用。

第四章

应急物资生产能力代储供应链激励契约与协调研究

为进一步加强针对各类突发灾害的应急物资供应保障，仅仅采用应急物资实物代储系统远远不够，如在交通堵塞、运输条件差，或者短时间内需要大量应急物资时，实物储备很难满足灾区对应急物资的大量需求，此时当地应急物资生产能力储备能够迅速投产，有效弥补应急物资供应不足，缓解灾区物资紧张的压力。

应急物资生产能力代储作为一种能够减少资金占用、降低物资损耗造成的资源浪费的重要策略，已被很多地方政府采用。应急物资生产能力代储供应链中同样存在政府和企业两个主体，代储过程中政府和代储企业之间同样存在目标不一致现象，双方存在必然的利益博弈关系。由于代储企业追求经济利益的最大化，在实际运作过程中，可能会对政府委托的生产能力储备不能够尽心尽力，长时期的太平盛世，也会滋长倦怠情绪，努力程度将会下降，有时甚至会产生各种投机行为，这就会对应急条件下的物资及时转换能力和供应带来隐患。而作为委托方的政府，由于无法及时完整地观测代储企业实际行为，也不能全面掌握企业市场运作的所有信息，存在单边信息不对称因素的影响，给政府的日常监管带来不便。因此，如何在应急物资生产能力代储供应链中，更好地约束和鼓励代储企业遵照政企双方约定的目标行事，成为生产能力代储有效发挥作用的关键，而研究设计相适应的激励机制，是解决这一问题的可行路径。

第一节　问题描述

相较于实物代储物资的保质期，政企合作进行生产能力代储中针对的应急物资保质期限更短，本章涉及的应急物资主要为峰值需求量大、保质期短（1—2个月的保质期）的面包等食品类物资。这类物资继续采用实物代储的方式，会给代储企业带来较大的更新轮换成本，因此本章考虑采用生产能力代储的方式。双方签订契约：政府作为委托人向企业采购 Q 量的应急物资，首先政府对企业提供一次性补贴 ω_0，以弥补代储企业因储备额外的生产能力而付出的成本。代储企业作为代理人决定自身努力程度，根据得到的一次性补贴 ω_0 储备一定量的生产能力 π，若契约周期内灾害发生，企业及时转换生产能力，提供政府需求的应急物资量。生成能力代储系统中，双方目标存在差异，风险规避型的代储企业最终目的是追求经济利益最大化，而政府收益是在突发灾害发生时，因储备了充足应急物资供应量，降低了人员伤亡及财产损失所带来的社会效益。对于企业而言，在得到政府给予的一次性补贴 ω_0 之后很容易产生消极、倦怠情绪，以牺牲最终社会效益为代价最大化自身经济利益，因此政府作为委托人，在对称信息和不对称信息两种情况下，设计相应的激励契约约束企业行为，最大化期望社会效用函数值成为本章研究的关键点。

显然，不同于实物代储供应链，生成能力代储供应链要求代储企业具备较强的及时转换能力，因此，政府为进一步保障物资供应能力，一方面设置储备量奖惩系数 ω 控制代储企业生成能力储备水平，另一方面设计收益奖惩系数 γ，根据实际效果对企业进行奖惩，即激励代储企业快速转换生成能力，诱使企业待灾害发生时能够及时转换生产能力，提供满足需求的应急物资。若政府可以观测代储企业行为，则政府根据实际观测对其进行奖惩；如果企业努力行为无法被观测，政府则设置激励契约促使代储企业增加努力，提升其应急条件下物资供应能力。若契约期间灾害不发生，一方面政府给予一次性补贴 ω_0 分担了不发生灾害时企业的部分损失，另一方面代储企业则可以根据市场需要适当转换一定的生产能力作为商用，因此代储企业承担的风险并没有很高，同时也提升了企业参与合作的积极性。

第二节 变量定义和建模分析

为便于建模，设定以下参数符号，对其进行如下说明：

r——代储企业的阿罗—帕拉特绝对风险规避度量，本章同样假设代储企业为风险规避型，因此 $r > 0$。

Q——政府要求代储企业储备的应急物资数量。

ρ——代储企业及时转换能力系数。该系数与企业努力程度紧密相关，付出 1 单位的努力，就能够及时转换 ρe 单位的应急物资。该系数反映在突发灾害发生时，企业快速转换生产能力，提供满足应急需求物资的能力。该参数与代储企业的流程标准化水平紧密相关，企业内部储备设备的先进程度、储备过程中的管理水平等也对该参数有一定的影响。

π——代储企业生产能力储备水平。在激励契约条件下，企业根据自身综合实力决定自己的努力程度，在灾害发生时，及时转换生产能力进而储备的应急物资量。

e——代储企业的努力程度，主要反映代储企业对应急物资管理是否能够尽职尽责，比如对储备库日常的维护与管理、各类应急物资储备温度与湿度的控制以及应急物资保质期限检测等，企业努力程度能间接反映企业在与政府合作过程中是否存在投机行为。

ω_0——合作之初政府给予代储企业的一次性补贴，弥补企业因储备额外的生产能力所支付的成本。

ω——储备量奖惩系数，政府对代储企业设定的关于储备量的奖惩系数，$\omega \geq 0$。

γ——收益奖惩系数，政府对代储企业设定的关于收益的激励系数，$0 \leq \gamma \leq 1$。

h——社会收益转换系数，即代储企业关于其努力程度 e 的边际社会效益。

η——努力成本系数（$\eta > 0$），η 越大，同样的努力带来的负效应也越大。

$C(e,\rho)$ ——代储企业成本函数。

$f(H)$ ——代储企业的收益函数。

$f(H,Z)$ ——政企共同努力下的收益函数。

$\Pi(H)$ ——代储企业期望效用函数，即确定性等价收入。

$\Pi(Z)$ ——政府期望效用函数。

政府基于经验预测应急物资需求量，要求代储企业为其储备 Q 量的应急物资，代储企业在该契约下决定自己的努力程度并储备一定的生产能力 π（产出函数），灾害发生时及时转换生产能力，其生产能力储备量仍采用线性表述方式：$\pi = \rho e + \theta$，其中，θ 为随机因子，主要指气候、温度、湿度等因子对生产能力储备量 π 的影响。这些因子相互独立，本章假定这些因子综合起来服从正态分布 $\theta \sim N(0, \frac{\sigma^2}{\rho})$，方差 $\frac{\sigma^2}{\rho}$ 反映了企业储备能力对其储备量的影响，企业及时转换能力系数越强（ρ 越大），故其受随机因子的影响就越小（方差 $\frac{\sigma^2}{\rho}$ 越小），代储企业储备流程标准化水平越高，更有利于代储企业应急物资储备。

政府与企业共同努力带来的收益可表示为 $f(H,Z) = he + \xi$，该收益与代储企业的努力程度和社会效益转换系数紧密相关，是双方共同努力的结果，即该收益一部分属于代储企业努力的结果，一部分是政府努力带来的社会效益。其中 ξ 为影响政府收益的随机因子，主要指代储企业储备设备先进程度、企业管理规范程度以及其经济状况。政府对企业应急物资监管力度等能间接影响企业努力程度，进而对政府收益造成影响的因素，假定 ξ 服从正态分布 $\xi \sim N(0, \frac{\delta^2}{\rho})$。方差 $\frac{\delta^2}{\rho}$ 反映了企业及时转换能力越强（ρ 越大），随机因子 ξ 的方差就越小，说明整个代储系统就越稳定，受随机因子的影响越小。

政府一方面通过设置储备量奖惩系数 ω 控制代储企业生产能力储备水平，另一方面设计收益奖惩系数 γ 对代储企业收益进行激励。首先，政府对代储企业关于生产能力储备水平的奖惩可表示为 $\omega(\pi - Q)$，即当灾害发生时，如果政府实收储备量小于政府所要求的 Q 量，政府则以 ω

的比例惩罚代储企业，如果政府实收储备量大于等于合同规定量 Q，则以 ω 的比例奖励代储企业；其次，政府对代储企业关于收益的激励可表示为 $\gamma(he + \xi)$，也就是说，该总收益中 γ 比例的所有权属于代储企业，而 $(1 - \gamma)f(H, Z)$ 属于政府收益。

本章研究对象为生产能力代储系统，此时代储企业投入的成本用努力成本代替，代储企业投入成本与其努力程度和及时转换能力有关。我们采用货币成本表示方法，则努力成本函数可以表示为：

$$C(e, \rho) = \frac{\eta}{2\rho} e^2 \quad (4-1)$$

其中努力成本系数 η 越大，那么代储企业付出同样的努力带来的负效应也就越大；且在储备过程中，企业付出的努力程度越高，努力成本就越大，其边际成本也随之增大，因此努力成本关于努力程度的一阶导和二阶导都是大于零的，即 $C'(e, \rho) > 0$，$C''(e, \rho) > 0$。

综上分析，代储企业的收益分为三部分，其一为政府给予的固定补贴 ω_0，其二是政府给予代储企业储备能力水平的奖惩 $\omega(\pi - Q)$，其三是政府给予代储企业关于收益的激励。则代储企业收益函数表述如下：

$$\begin{aligned} f(H) &= \omega_0 + \omega(\pi - Q) + \gamma(he + \xi) - C(e, \rho) \\ &= \omega_0 + \omega(\rho e + \theta - Q) + \gamma(he + \xi) - \frac{\eta}{2\rho} e^2 \end{aligned} \quad (4-2)$$

因前面设定随机因子 θ 和 ξ 服从正态分布，即 $\theta \sim N(0, \frac{\sigma^2}{\rho})$，$\xi \sim N(0, \frac{\delta^2}{\rho})$，以此推导代储企业收益函数服从 $f(H) \sim N(\omega_0 + \omega\rho e - \omega Q + \gamma he - \frac{\eta}{2\rho} e^2, \frac{\omega^2 \sigma^2 + \gamma^2 \delta^2}{\rho})$，同样采取第三章模型分析过程，采用负指数效用函数表示方法 $u[f(H)] = -exp[-rf(H)]$，效用函数的期望值表述如下：

$$\begin{aligned} Eu[f(H)] &= E - exp[-rf(H)] \\ &= \int_{-\infty}^{+\infty} -exp[-rf(H)] \frac{1}{\sqrt{2\pi \frac{\omega^2 \sigma^2 + \gamma^2 \delta^2}{\rho}}} exp\left\{ \frac{-[f(H) - Ef(H)]^2}{2 \frac{\omega^2 \sigma^2 + \gamma^2 \delta^2}{\rho}} \right\} df(H) \end{aligned}$$

$$= -exp\Big[-r\Big(\omega_0 + \omega\rho e - \omega Q + \gamma he - \frac{\eta}{2\rho}e^2 - \frac{1}{2}r\frac{\omega^2\sigma^2 + \gamma^2\delta^2}{\rho}\Big)\Big]$$

Eu 根据确定性等价收入含义,代储企业期望效用函数为:

$$\Pi(H) = \omega_0 + \omega\rho e - \omega Q + \gamma he$$
$$-\frac{\eta}{2\rho}e^2 - \frac{1}{2}r\frac{\omega^2\sigma^2 + \gamma^2\delta^2}{\rho} \quad (4-3)$$

政府收益函数为 $(1-\gamma)(he+\xi) - \omega(\pi-Q) - \omega_0$,因政府为风险中性,则政府效用函数期望值等于收益期望值,即:

$$\Pi(Z) = (1-\gamma)he - \omega(\rho e - Q) - \omega_0 \quad (4-4)$$

第三节 应急物资生产能力代储激励契约模型

一 对称信息下最优支付策略

在完全信息情况下,企业努力程度一定,此时政府可以强制代储企业选择努力程度最大化自身期望效用,因此激励约束在对称信息下不起作用。因政府可以观测企业努力程度,那么政府面临的问题即是如何设置最优契约和选择最优的努力程度来实现自身期望效用函数最大化的目标,即 $\max\limits_{e,\omega,\gamma}(1-\gamma)he - \omega(\rho e - Q) - \omega_0$,此时政府面临代储企业的参与约束,即代储企业从契约合同中得到的期望效用不小于不接受契约时能得到的最大期望效用。令代储企业不接受契约时能得到的最大期望效用称为保留效用 $\overline{\Pi(H)}$,保留效用可以理解为与市场工资对应的效用水平,则代储企业参与约束(IR)可以表示为:

$$\omega_0 + \omega\rho e - \omega Q + \gamma he - \frac{\eta}{2\rho}e^2 - \frac{1}{2}r\frac{\omega^2\sigma^2 + \gamma^2\delta^2}{\rho} \geq \overline{\Pi(H)} \quad (4-5)$$

对称信息下政府的目标是解决以下问题:

$$\max\limits_{e,\omega,\gamma}(1-\gamma)he - \omega(\rho e - Q) - \omega_0$$

(IR) $\omega_0 + \omega\rho e - \omega Q + \gamma he - \frac{\eta}{2\rho}e^2 - \frac{1}{2}r\frac{\omega^2\sigma^2 + \gamma^2\delta^2}{\rho} \geq \overline{\Pi(H)}$

针对以上问题,引入拉格朗日乘子 λ,构建拉格朗日函数 $L(e,\omega,\gamma)$

$$L(e,\omega,\gamma) = (1-\gamma)he - \omega(\rho e - Q) - \omega_0$$

$$+ \lambda \left(\omega_0 + \omega\rho e - \omega Q + \gamma h e - \frac{\eta}{2\rho}e^2 - \frac{1}{2}r\frac{\omega^2\sigma^2 + \gamma^2\delta^2}{\rho} - \overline{\Pi(H)} \right)$$

(4 - 6)

KKT 条件有:
$$\begin{cases} \frac{\partial L}{\omega_0} = -1 + \lambda = 0 \\ \frac{\partial L}{\omega} = \frac{\omega r \sigma^2}{\rho} = 0 \\ \frac{\partial L}{\gamma} = \frac{\gamma r \delta^2}{\rho} = 0 \end{cases} \Rightarrow \begin{cases} \lambda = 1 \\ \omega = 0 \\ \gamma = 0 \end{cases}$$

由上得出，政府设置的储备量奖惩系数和收益奖惩系数都为零 $\omega = \gamma = 0$，验证了对称信息下无须给予代储企业激励，此时代储企业获得的支付仅为固定补贴 ω_0，正如第二章对称信息下最优风险分担契约中所述，即在委托人（政府）为风险中性、代理人（代储企业）为风险规避型时，委托人（政府）承担全部风险，最优支付为一定值时才能满足最优条件，此时代理人（代储企业）收入与产出 π 无关。

由 $\lambda = 1$ 得参与约束为紧约束，即 $\omega_0 + \omega\rho e - \omega Q + \gamma h e - \frac{\eta}{2\rho}e^2 - \frac{1}{2}r$ $\frac{\omega^2\sigma^2 + \gamma^2\delta^2}{\rho} = \overline{\Pi(H)}$，将参与约束 $\lambda = 1, \omega^* = 0, \gamma^* = 0$ 代入政府期望效用函数，针对努力程度 e 求导，得出在对称信息下最优努力程度 e^* 如下：

$$e^* = \frac{\rho h}{\eta} \qquad (4-7)$$

将最优努力程度 $e^* = \frac{\rho h}{\eta}$ 与 $\omega^* = 0$ 代入参与约束中，可以求解得出固定补贴 ω_0：

$$\omega_0^* = \overline{\Pi(H)} + \frac{\rho h^2}{2\eta} \qquad (4-8)$$

因政府为风险中性、代储企业为风险规避型，此时帕累托最优风险分担要求代储企业不承担任何风险（$\omega^* = 0, \gamma^* = 0$），政府支付给代储企业的固定补贴等于代储企业的保留效用加上代储企业努力的成本，即政府如果观测到代储企业努力程度 $e < \frac{\rho h}{\eta}$ 时，支付给代储企业的 $s(\pi) <$

$\overline{\Pi(H)} + \frac{\rho h^2}{2\eta}$，那么代储企业就一定会选择 $e = \frac{\rho h}{\eta}$，假定对称信息下政府给予代储企业的最低支付为 $\underline{s}$，那么此时最优支付策略可以表述如下：

$$s^*(\pi) = \begin{cases} {\omega_0}^* e \geqslant \frac{\rho h}{\eta} \\ \underline{s} e < \frac{\rho h}{\eta} \end{cases} \quad (4-9)$$

给定 $\omega^* = 0$，$\gamma^* = 0$ 的情况下，代储企业肯定会选择最优的努力程度最大化自身期望效用函数，此时一阶条件为：

$$e = \frac{(\omega\rho + \gamma h)\rho}{\eta} = 0 \quad (4-10)$$

也就是说，如果代储企业的收益与产出没有关系，代储企业将不会付出任何努力，选择 $e = 0$，而不是 $e = \frac{\rho h}{\eta}$，因此无法实现以上所述的帕累托最优情况。

二 单边不对称信息下激励契约

单边不对称信息下，政府无法观测企业努力程度，根据第二章对信息不对称情况的分析，此时无法实现帕累托最优，政府只有通过设计激励契约实现政企双方利益合理分配，实现供应链协调。单边不对称信息下，政府的问题为设计合理的储备量奖惩系数和收益奖惩系数最大化自身期望效用函数 $\max\limits_{e,\omega,\gamma}(1-\gamma)he - \omega(\rho e - Q) - \omega_0$。

因存在不对称信息，政府首先面临代储企业的参与约束（IR）：

$$\omega_0 + \omega\rho e - \omega Q + \gamma he - \frac{\eta}{2\rho}e^2 - \frac{1}{2}r\frac{\omega^2\sigma^2 + \gamma^2\delta^2}{\rho} \geqslant \overline{\Pi(H)} \quad (4-11)$$

其次，代储企业第二个约束为激励相容约束，在任何激励契约下，代储企业都会选择使自己期望效用最大化的努力程度，那么，只有当代储企业从选择 e 得到的期望效用大于其选择其他任何努力程度 e' 中得到的期望效用时，才会选择努力程度 e，则激励相容约束的表达式为：

$$\omega_0 + \omega\rho e - \omega Q + \gamma he - \frac{\eta}{2\rho}e^2 - \frac{1}{2}r\frac{\omega^2\sigma^2 + \gamma^2\delta^2}{\rho}$$

$$\geq \omega_0 + \omega\rho e' - \omega Q + \gamma h e' - \frac{\eta}{2\rho}e'^2 - \frac{1}{2}r\frac{\omega^2\sigma^2 + \gamma^2\delta^2}{\rho} \quad (4-12)$$

为便于计算，激励相容约束（IC）目的为选择最优 e^* 最大化代储企业期望效用函数，则可用以下表述代替：

$$\max_e \omega_0 + \omega\rho e - \omega Q + \gamma h e - \frac{\eta}{2\rho}e^2 - \frac{1}{2}r\frac{\omega^2\sigma^2 + \gamma^2\delta^2}{\rho} \quad (4-13)$$

单边不对称信息下应急物资生产能力代储系统激励契约模型为：

$$\max_{e,\omega,\gamma}(1-\gamma)he - \omega(\rho e - Q) - \omega_0$$

$$(\text{IR}) \ \omega_0 + \omega\rho e - \omega Q + \gamma h e - \frac{\eta}{2\rho}e^2 - \frac{1}{2}r\frac{\omega^2\sigma^2 + \gamma^2\delta^2}{\rho} \geq \overline{\Pi(H)}$$

$$(\text{IC}) \ \max_e \omega_0 + \omega\rho e - \omega Q + \gamma h e - \frac{\eta}{2\rho}e^2 - \frac{1}{2}r\frac{\omega^2\sigma^2 + \gamma^2\delta^2}{\rho}$$

针对以上问题，同样采用逆向求解方法，首先代储企业会选择最优的努力程度最大化自身期望效用，针对其激励相容约束关于努力程度求导得：

$$\frac{\partial \max_e}{\partial e} = \omega\rho + \gamma h - \frac{\eta}{\rho}e = 0 \quad (4-14)$$

代储企业 IC 约束的最优化一阶条件为：

$$e^* = \frac{\rho(\omega\rho + \gamma h)}{\eta} \quad (4-15)$$

此时激励相容约束可由上式代替，则政府面临的问题变为：

$$\max_{e,\omega,\gamma}(1-\gamma)he - \omega(\rho e - Q) - \omega_0$$

$$(\text{IR}) \ \omega_0 + \omega\rho e - \omega Q + \gamma h e - \frac{\eta}{2\rho}e^2 - \frac{1}{2}r\frac{\omega^2\sigma^2 + \gamma^2\delta^2}{\rho} \geq \overline{\Pi(H)}$$

$$(\text{IC}) \ e = \frac{\rho(\omega\rho + \gamma h)}{\eta}$$

引入拉格朗日乘子 λ 和 μ 构建拉格朗日函数 L：

$$L = 1 - \gamma h e - \omega\rho e - Q - \omega_0 + \lambda\omega_0 + \omega\rho e$$
$$- \omega Q + \gamma h e - \eta^2\rho e^2 - \frac{1}{2}r\omega^2\sigma^2 + \gamma^2\delta^2\rho - \Pi_H$$
$$+ \mu\rho\omega\rho + \gamma h\eta - e \quad (4-16)$$

由 KKT 条件得 $\frac{\partial L}{\partial \omega_0} = -1 + \lambda = 0 \Rightarrow \lambda = 1$，则以上参与约束为紧约

束，即有 $\omega_0 + \omega \rho e - \omega Q + \gamma h e - \frac{\eta}{2\rho}e^2 - \frac{1}{2}r\frac{\omega^2\sigma^2 + \gamma^2\delta^2}{\rho} = \overline{\Pi(H)}$，将参与约束 $e = \frac{\rho(\omega\rho + \gamma h)}{\eta}$ 代入目标函数，然后关于 ω 和 γ 求导得出目标函数最优化一阶条件分别为：

$$\omega^* = \frac{h\rho^3(1-\gamma)}{\rho^4 + r\eta\sigma^2} \quad \gamma^* = \frac{h\rho^2(h-\omega\rho)}{h^2\rho^2 + r\eta\delta^2} \tag{4-17}$$

进一步简化求得储备量奖惩系数和收益奖惩系数分别为：

$$\omega^* = \frac{h\rho^3\delta^2}{h^2\rho^2\sigma^2 + \rho^4\delta^2 + r\eta\sigma^2\delta^2} \quad \gamma^* = \frac{h^2\rho^2\sigma^2}{h^2\rho^2\sigma^2 + \rho^4\delta^2 + r\eta\sigma^2\delta^2}$$
$$\tag{4-18}$$

将上述两系数代入 $e = \frac{\rho(\omega\rho + \gamma h)}{\eta}$，得出单边不对称信息下代储企业最优努力程度为：

$$e^* = \frac{h\rho^5\delta^2 + h^3\rho^3\sigma^2}{h^2\rho^2\sigma^2 + \rho^4\delta^2 + r\eta\sigma^2\delta^2} \tag{4-19}$$

单边不对称信息下，应急物资生产能力代储供应链中政府最优支付函数 $s^*(\pi)$ 期望值见公式（4-18）。

$$E[s^*(\pi)] = \overline{\Pi(H)} + \frac{\rho(\omega^*\rho + \gamma^* h)^2}{2\eta} + \frac{r(\omega^{*2}\sigma^2 + \gamma^{*2}\delta^2)}{2\rho}$$
$$\tag{4-20}$$

第四节　模型性质分析

一　最优奖惩系数

进一步针对单边不对称信息最优激励契约分析，将最优解带入目标函数，并对储备量奖惩系数和收益奖惩系数两个系数求二阶导数发现：

$$\frac{\partial^2 \max\limits_{e,\omega,\gamma}}{\partial \omega^2} = -\frac{\rho^3}{\eta} - \frac{r\sigma^2}{\rho} < 0$$

$$\frac{\partial^2 \max\limits_{e,\omega,\gamma}}{\partial \gamma^2} = -\frac{h^2\rho}{\eta} - \frac{r\delta^2}{\rho} < 0 \tag{4-21}$$

因此，政府期望效用函数为关于 ω 和 γ 的凹函数，也就是当 $\omega \in [0,$

ω^*] 和 $\gamma \in [0, \gamma^*]$ 时,政府期望收益随两系数的增加而增加,在此范围内的激励契约是有效的。而当 $\omega \in [\omega^*, +\infty]$ 和 $\gamma \in [\gamma^*, 1]$ 时,政府期望收益与激励成反比,政府设置的激励越大,政府期望收益反而降低,也意味着此范围内设计的激励契约不起作用。综上,总结出应急物资生产能力代储供应链激励契约设计中的第一个结论。

结论 1:政府期望效用函数对于储备量奖惩系数 ω 和收益奖惩系数 γ 都呈现凹性,因此在该契约条件下,存在最优的储备量奖惩系数和收益奖惩系数使得政府期望效用函数最大化。

将 $e = \dfrac{\rho(\omega\rho + \gamma h)}{\eta}$ 代入政府与代储企业的期望效用函数,分别有:

$$\Pi(H) = \omega_0 + \frac{(\omega\rho + \gamma h)^2 \rho}{2\eta} - \omega Q - \frac{1}{2} r \frac{\omega^2 \sigma^2 + \gamma^2 \delta^2}{\rho} \quad (4-22)$$

$$\Pi(Z) = \frac{[(1-\gamma)h - \omega\rho](\omega\rho + \gamma h)\rho}{\eta} + \omega Q - \omega_0 \quad (4-23)$$

由上可以看出政府期望效用函数值与代储企业确定性等价收入都是关于 ω 和 γ 的函数,因此可得出推论 1。

推论 1:在收益奖惩系数 γ 作为 X 坐标在 [0, 1] 的范围内变化时,储备量奖惩系数 ω 作为 Y 坐标随之变化,此时政府与代储企业的收益是处在三维空间的曲面,若两曲面有相交之处,则必定存在最优的激励契约,代储企业付出最优的努力程度,且此时政府期望效用最大化。

推论 1 同时也延续了结论 1 的内容,即该契约在一定条件下存在最优的企业努力程度、最优的储备量奖惩系数和收益奖惩系数,能够为委托人(政府)提供决策支持。

二 模型参数对政府激励的影响

根据储备量奖惩系数和收益奖惩系数表达式(公式 4-18),储备量奖惩系数 ω 与代储企业努力成本系数 η、代储企业风险规避度量 r 和随机因素方差 σ^2 成反比例关系,收益奖惩系数 γ 与 η、r 和 δ^2 也成反比例关系。也就是说,代储企业越是风险规避,产出函数中随机因子方差越大,代储企业就越害怕付出努力,则其承担的风险就越小。而其中 $\dfrac{\partial \gamma}{\partial r} < 0$ 和

$\frac{\partial \omega}{\partial r} < 0$ 说明最优激励契约需在激励和保险之间实现协调，r 越大，意味着企业承担风险的能力越弱，那么政府就不倾向于设置较高的奖励；反之，r 越小，企业就越偏向于风险喜好型，政府承担的风险相对而言较小，因此政府更愿意针对设置较高的奖励。而 $\frac{\partial \omega}{\partial \eta} < 0$ 以及 $\frac{\partial \gamma}{\partial \eta} < 0$ 则有"鞭打快牛"的意思，代储企业付出努力带来的负效应越大，即 η 越大，政府给予的激励就越小。

综上，随机因子、努力成本系数、社会效益转换系数等参数对其有一定的影响，具体见结论 2-1 至结论 2-4。

结论 2-1：储备量奖惩系数 ω 表达式反映了其与随机因子 θ 的关系，对于代储企业而言，储备过程中随机因子越少，企业储备流程标准化水平就越高，政府就越倾向于设置较高的奖惩系数，因此，储备量奖惩系数与影响储备量的随机因子呈负相关；

结论 2-2：收益奖惩系数 γ 表达式反映了其与随机因子 ξ 的关系，对于政府而言，外界受控随机因子越多，在政府收益上的把握就越大，政府就越容易提高激励系数，来刺激企业付出更多的努力；

结论 2-3：政府设定的储备量奖惩系数 ω 和收益奖惩系数 γ 与代储企业努力成本系数 η 呈负相关关系，也就是说，企业努力边际成本越大，政府就越不倾向于给予企业奖励；

结论 2-4：社会效益转换系数越大，政府就越愿意给予企业较高的奖励来提升物资储备量，进而提升政府期望社会效用。

第五节 算例分析

本节采用数值模拟方法求证最优解，更深入地分析模型中各变量之间的复杂关系，分别令 $h = 10$，$\rho = 2$，$r = 0.8$，$\eta = 2$，$\delta = \sigma = 1$，$Q = 10$，对以上结论进行分析，考察各参数之间的关系。

首先，结论 1 提出政府期望效用函数对于储备量奖惩系数 ω 和收益奖惩系数 γ 都呈现凹性，以下即在给定其他参数不变的情况下，绘制政府期望效用函数随储备量奖惩系数 ω 和收益奖惩系数 γ 变化的曲线，如图 4-1 和图 4-2 所示。

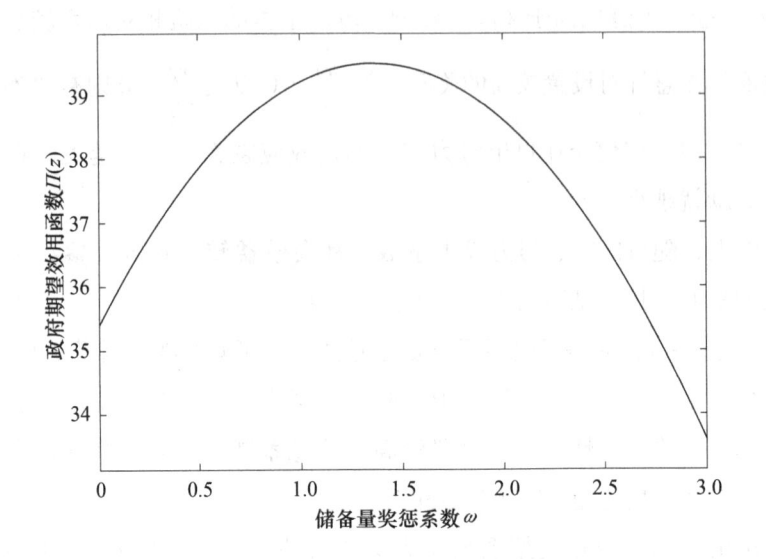

图 4-1 政府期望效用函数随 ω 的变化趋势

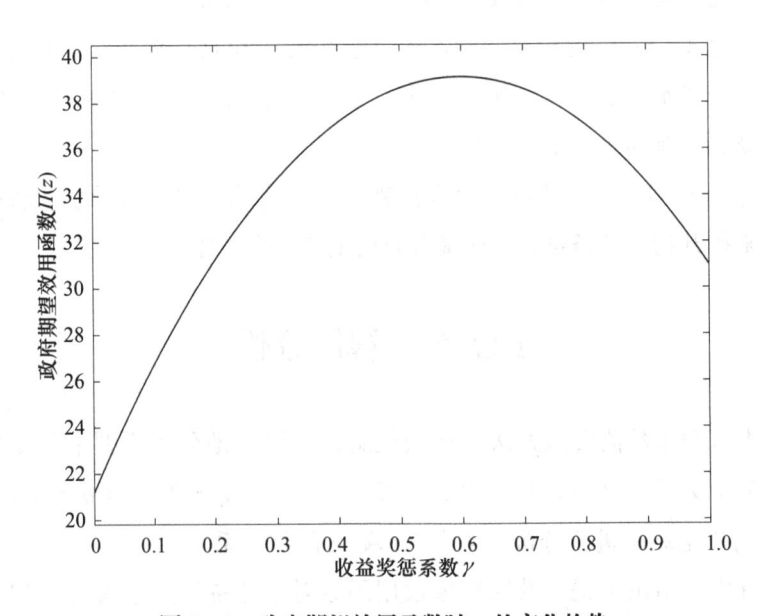

图 4-2 政府期望效用函数随 γ 的变化趋势

由图 4-1 和图 4-2 可以看出，政府期望效用函数是关于储备量奖惩系数 ω 和收益奖惩系数 γ 的凹函数，验证了结论 1。因此，在政府合作的应急物资生产能力代储供应链中设计激励契约模型，存在最优的储备量奖惩系数和收益奖惩系数能够实现政府期望效用最大化。

其次，采用数值分析方法对结论 2 的具体内容进行验证说明，图 4-3 至图 4-8 分别是针对结论 2 所绘制的。其中，图 4-3 和图 4-4 分别是储备量奖惩系数 ω 和收益奖惩系数 γ 随随机因子变化的曲线图；图 4-5 和图 4-6 分别是在不同的社会效益转换系数 h 的条件下，储备量奖惩系数和收益奖惩系数随代储企业努力成本 η 变化的曲线图；图 4-7 和图 4-8 分别是两系数随代储企业及时转换能力 ρ 变化的曲线图。

图 4-3 表明，储备量奖惩系数 ω 随随机因子标准差 σ 的增大而减小，也就是说，σ 越小，说明代储企业储备量受外界随机因子的影响就越小，则政府对其设定的储备量奖惩系数 ω 就越大。

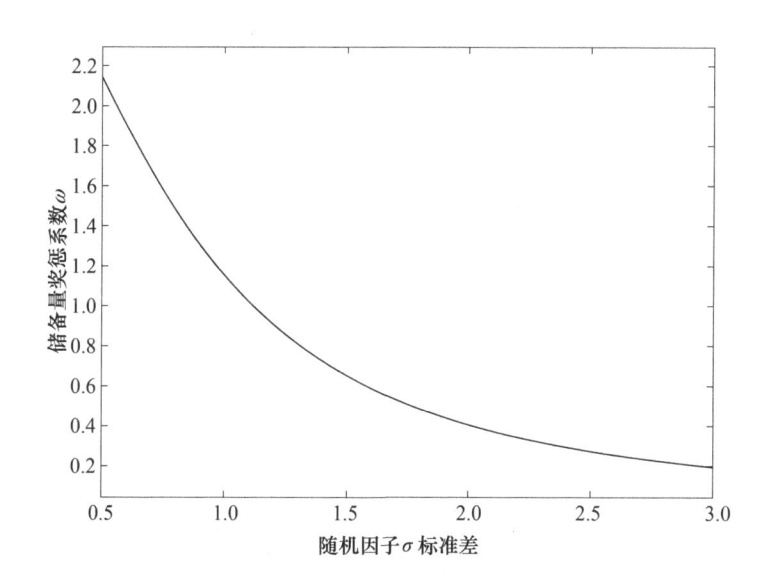

图 4-3 储备量奖惩系数与随机因子 θ 的关系

图 4-4 表明，收益奖惩系数随机因子标准差的增大而减小，也就是说，δ 越小，说明政府期望效用受系统外随机因子的影响越小，政府就越

容易倾向于设定更高的激励系数。

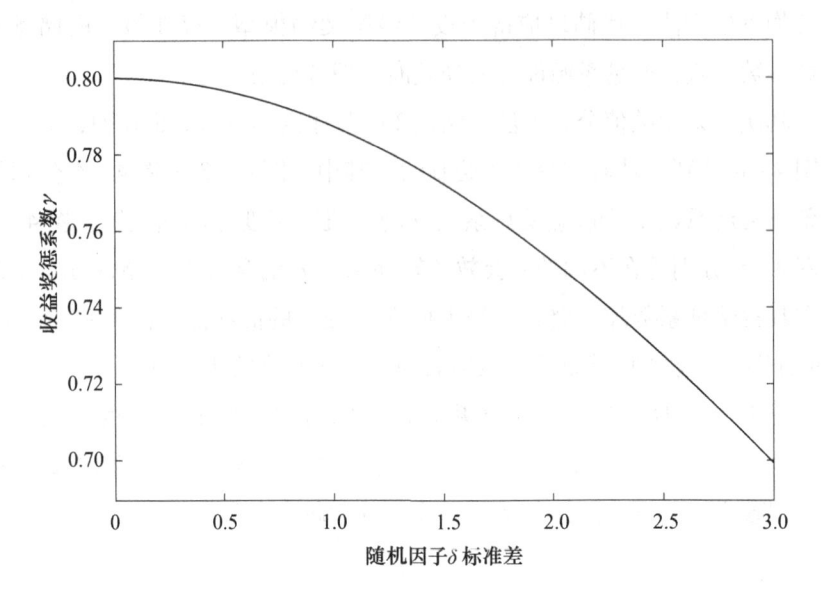

图4-4 收益奖惩系数与随机因子 ξ 的关系

图4-5和图4-6表明不同社会效益转化系数条件下储备量奖惩系数 ω 和收益奖惩系数 γ 与代储企业努力成本系数之间的关系。从以上两幅图可以看出，两系数都是随努力成本系数的增加而减小的，也就是说，代储企业付出努力的成本越大，政府的奖励系数就越小；而且在相同的努力成本系数情况下，随着社会效益转化系数的增大，政府就更倾向于设置较高的奖励系数。

储备量奖惩系数 ω 和收益奖惩系数 γ 随代储企业及时转换能力系数 ρ 的变化趋势如图4-7和图4-8所示，即当代储企业及时转换能力系数 ρ 处在较弱的范围内时，储备量奖惩系数 ω 和收益奖惩系数 γ 都是随着代储企业及时转换能力系数的增加而增加的，也就是说，此时政府对代储企业的激励是最有效的，能够最大限度地刺激企业增加努力；而当代储企业及时转换能力系数达到一定程度时，储备量奖惩系数 ω 和收益奖惩系数 γ 随着代储企业及时转换能力系数 ρ 的增强而减小。也就是说，这时的代储企业及时转换能力已经达到标准化水平，企业有一定的储备规模，

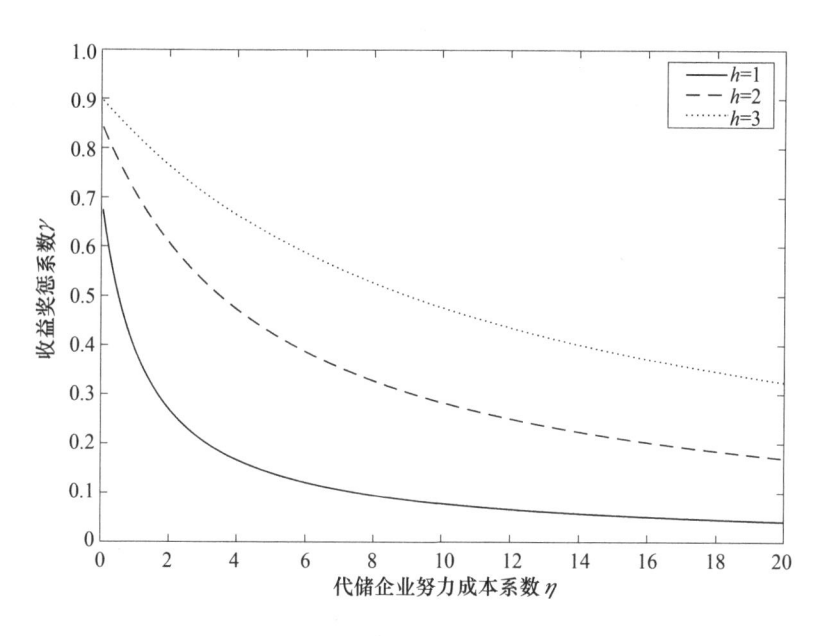

图 4-5　不同社会效益转化系数下 γ 与 η 的关系

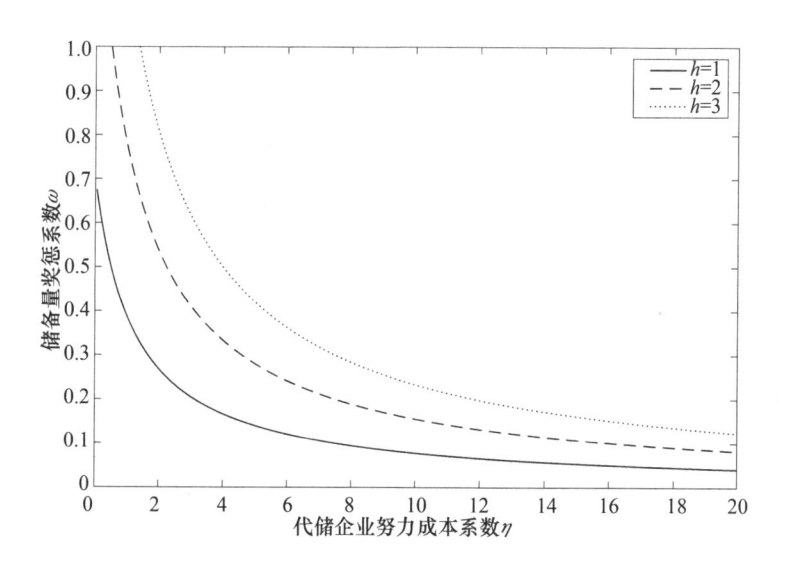

图 4-6　不同社会效益转化系数下 ω 与 η 的关系

因此政府没有必要采用更高的激励来增加企业努力程度，若继续采取奖惩系数的方式增加企业努力程度，反而会适得其反，因为政府期望效用函数是关于储备量奖惩系数 ω 和收益奖惩系数 γ 的凹函数，当储备量奖惩系数 ω 和收益奖惩系数 γ 增加到一定程度时，政府期望效用反而会降低。

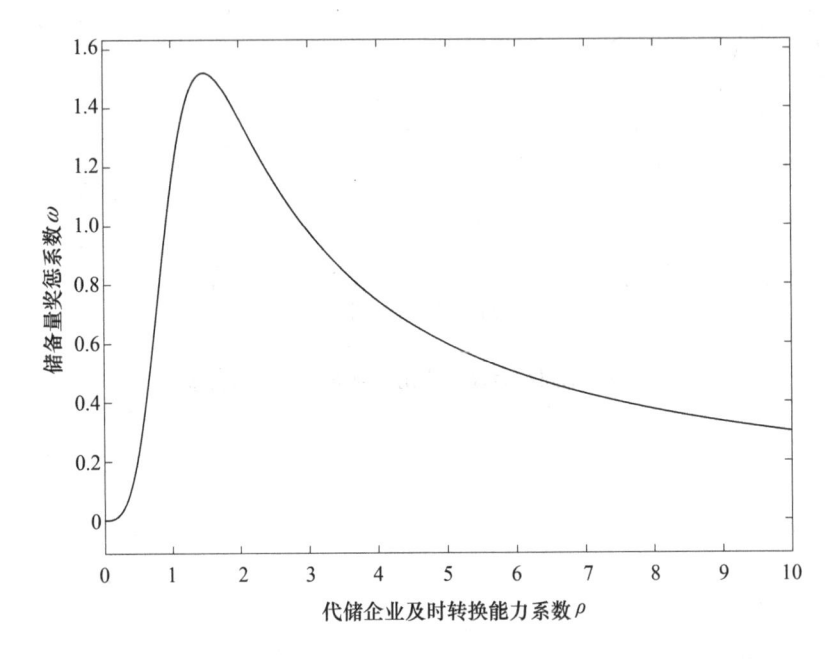

图 4-7　储备量奖惩系数随 ρ 的变化趋势

接下来，考虑基于给定以上参数值，分析在实施激励契约的情况下，政府如何决策，如何设定储备量奖惩系数 ω 和收益奖惩系数 γ 的值，使得代储企业和政府收益最大化。

根据模型求解结果，以储备量奖惩系数 ω 和收益奖惩系数 γ 为自变量，努力程度 e 为因变量制图，如图 4-9 所示，即代储企业的努力程度是随着 ω 和 γ 递增的。

基于以上分析可以得出，本书设计的激励契约是有效且合理的，在政府与代储企业合作的过程中，以上再次验证了存在最优的储备量奖惩

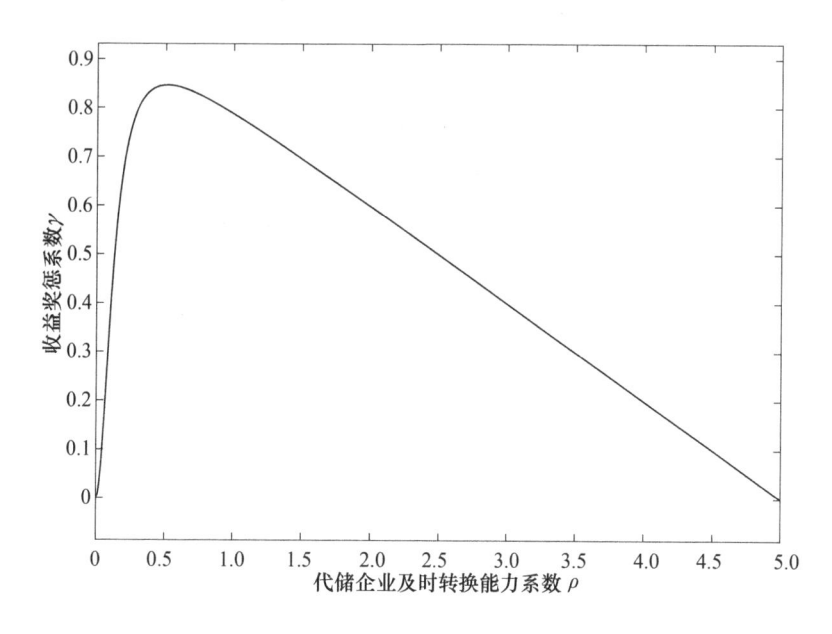

图 4-8 收益奖惩系数随 ρ 的变化趋势

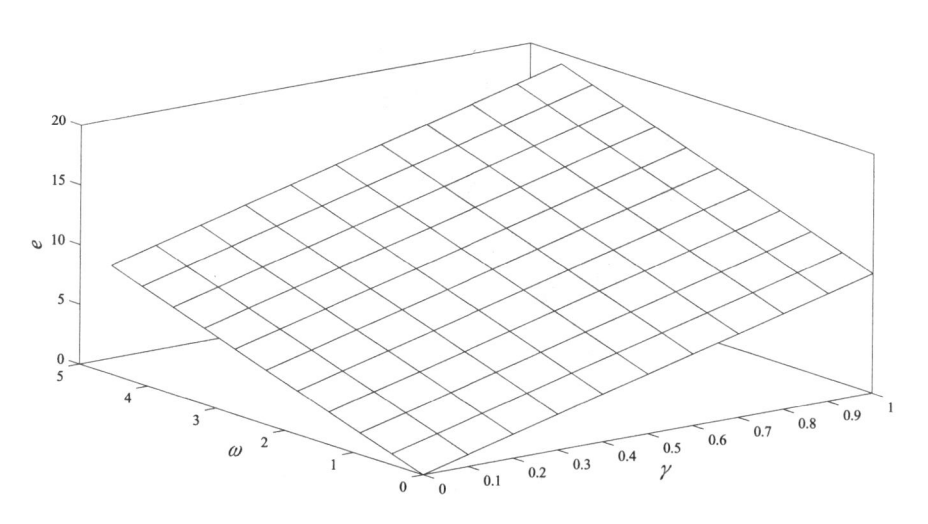

图 4-9 代储企业努力程度与 ω 和 γ 的关系

系数 ω 和收益奖惩系数 γ，在给定其他参数值的情况下，将 γ 作为第一个自变量，$\omega = \dfrac{h\rho^3(1-\gamma)}{\rho^4 + r\eta\sigma^2}$ 是随 γ 变化的第二个自变量，然后 $\Pi(Z)$ 和 $\Pi(H)$ 是因变量，用 MATLAB 编程绘制图 4-10，从图中可以看出，对于政府而言，随着最优储备量奖惩系数 ω 和收益奖惩系数 γ 的变大，政府期望效用是减少的，而代储企业的期望效用是增加的，很明显两曲面存在相交之处，模拟结果进一步验证了结论 1 和推论 1，即存在最优的激励协调契约。本章继续采用 MATLAB 中 fsolve 函数求解，在默认精度的条件下求解得出最优的收益奖惩系数 $\gamma = 0.5458$，储备量奖惩系数 $\omega = 2.0646$，在该契约条件下，企业的最优努力程度为 $e = 9.5872$，政府的最大化期望效用为 14.6036。

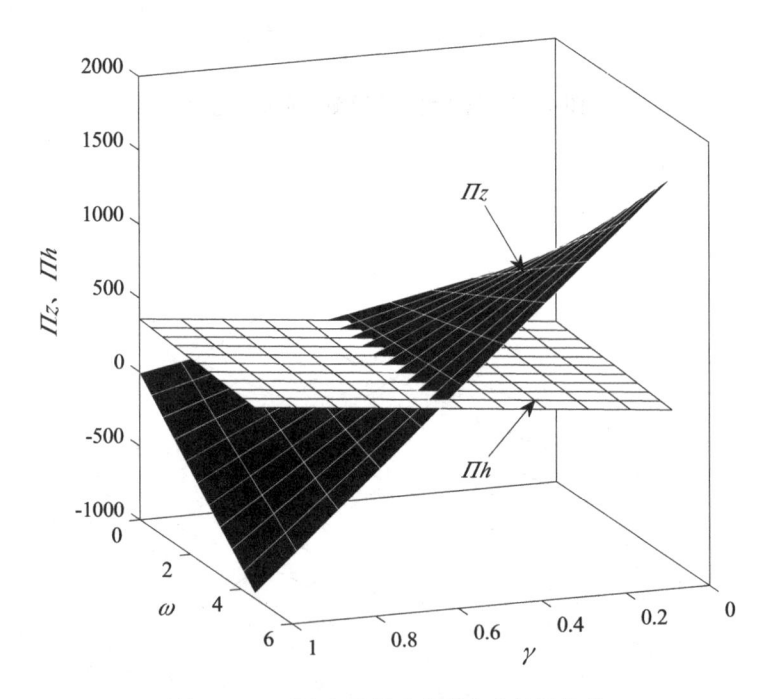

图 4-10　政府与代储企业联合收益最优值

第六节 本章小结

本章主要分析了在信息对称和信息不对称的条件下政府与代储企业之间的利益博弈，对称信息情况下确定了代储企业最优努力程度和政府最优支付契约。本章重点围绕不对称信息情况，从储备量和收益两方面对代储企业实施激励措施，双重刺激代储企业增加努力程度，设计了应急物资生产能力代储供应链最优激励契约模型，采用数值模拟求解出最优的储备量奖惩系数和收益奖惩系数，实现最大化政府期望效用目标。通过对模型结果分析，得出以下有意义的启示。

（1）代储企业物资储备量和收益受随机因子的影响较大，因此对于政府而言，应尽量为企业排除外界干扰，营造一个稳态合作环境，在此条件下设计的激励契约才会更有效；

（2）对于政府而言，在此过程中给予的补贴额度越大，那么企业的风险规避程度就越低，也就是说，企业的风险厌恶程度 r 越小，那么最终社会收益部分 $(1-\gamma)(he+\xi)$ 就越大；

（3）政府设计的激励契约在代储企业及时转化能力处于一定范围内时是有效的，因此政府在信息不对称的条件下，应考虑多个代储企业，通过已知信息推测分析，设计出最大化社会收益的储备量奖惩系数和收益奖惩系数；

（4）模型具有扩展性，可在模型中考虑政府与代储企业签订长期委托代储合同情况下，如何设计激励契约约束企业行为，协调委托代储供应链，基于此，双方重新进行博弈可以作为进一步的研究方向。

第 五 章

多期应急物资委托代储供应链的激励契约与协调研究

上述章节提到不同应急物资委托代储方式下政府与企业存在利益博弈关系，加之双方信息共享程度较差，企业不会自觉地按照政府意愿行事。而本章从政企合作的不同周期层面，考虑在政府与企业签订多期应急物资委托代储合同时，企业不努力或投机取巧行为更为常见，长期未经历突发事件的代储企业犹如温水中的青蛙，更容易产生倦怠情绪，对应急物资管理不够尽心尽力，无法长期保障应急物资及时供应能力。范如国等[①]基于多任务代理模型构建了多周期动态激励契约，通过与单周期传统激励模型对比分析，发现多周期动态激励契约模型具有明显的帕累托改进，有助于企业避免短期效应，实现长期的低碳减排。为实现委托代储供应链长期效应，本章基于第二章基本模型构建理论，结合第三、第四章关于实物代储和生产能力代储激励契约模型构建过程，设计应急物资委托代储供应链多期激励契约模型，拓展了单周期的实物代储和生产能力代储供应链在政企多期合作下的研究。为使得研究更具一般性，本章整合实物代储和生产能力代储的特点，分析政企长期合作下更加关注应急物资市场价值，并据此拟定应急物资市场价值作为政府收益的衡量指标，求证并运用 MATLAB 实验平台模拟了多期激励契约模型下激励系数、应急物资市场价值、政企双方的利益、企业努力程度随契

---

① 范如国等：《基于批发价格契约的低碳供应链协调研究——考虑互惠和利他偏好的分析视角》，《商业研究》2020 年第 6 期。

约周期的变化趋势,依据模拟数值比较分析了关键参变量在单期与多期激励契约模型下的优劣,并进一步分析求解出政企双方最优合作周期,协调了政企合作的多期应急物资委托代储供应链。

第一节 问题描述

本章针对的应急物资种类涵盖了第三、第四章中所涉及的类型,特点为保质期短、峰值需求量大的面包、瓶装水、牛奶等食品类物资。政府长期委托企业进行物资实物或生产能力代储过程中,企业努力行为对应急物资价值和及时供应能力的影响更为重要,现实中企业不努力导致应急条件下物资变质、物资供应不足的现象时有发生。类似现象出现的主要原因有:一是在多期委托代储供应链中应急物资的管理权属于企业,政府则具有应急物资使用权,政府与企业存在必然的利益博弈关系,双方追求的目标不一致,政府期望以最少的补贴确保应急物资价值最大化,而企业则谋求以最低的投入成本实现经济利益最大化,长期的太平盛世更容易令企业谋取私利,很难做到对应急物资高质量、严要求的实时检测,进而也无法保障最终应急物资市场价值;二是从委托代理理论及信息经济学角度分析,政府和企业具有共同的信息,也有各自私人信息,但处于信息劣势方的政府无法完整获取企业所拥有的有利信息,处于信息优势方的企业在仅获得固定补贴的条件下,不会自觉地按照政府的意愿行事,长期合作情况下很可能在储备过程中减少人力、物力等资源的投入,以牺牲政府利益为代价最大化自身利益。因此应急物资多期委托代储供应链中,如何在双方长期合作中确定最优合作期限,更好地约束和鼓励企业遵照政企双方约定的目标行事,成为确保应急物资价值、保证应急条件下物资供应的关键,研究并设计多期激励契约机制是解决该问题的有效途径。

第二节 模型变量定义与建模分析

一 模型变量说明

为便于模型构建，设置以下参变量并加以说明：

r——代储企业的阿罗—帕拉特绝对风险规避度量，本章同样假设代储企业为风险规避型，因此 $r > 0$。

Q——政府要求代储企业储备的应急物资数量。

y_t——第 t 个契约周期时应急物资市场价值，该变量能够体现应急物资质量的优劣、数量的多少，反映两者综合的价值。

e_t——代储企业在契约周期 t 的努力程度，主要指企业对储备库管理的水平，如日常的维护及对温度、湿度的控制等等，企业努力程度反映企业在与政府合作过程中是否存在投机行为。

φ_t——代储企业在契约周期 t 的储备能力，反映企业在契约周期 t 能够储备的高质量的应急物资数量，储备能力与企业内部的硬件设备是否先进、状态是否良好也紧密相关。企业储备能力 φ_t 与企业努力程度 e_t 紧密相关，两者之间的关系可以表示为 $\varphi_t = \varphi_t(e_{t-1})$，其中 $t = 1,2,\cdots,n$，而当 $t = 0$ 时，φ 反映的是合作之前企业内在的运营状况，与其努力程度无关。

ω_0——政府给予代储企业的固定补贴。

γ——政府对代储企业设定可变补贴的系数，即激励系数，$0 \leq \gamma \leq 1$。

η——努力成本系数（$\eta > 0$），η 越大，同样的努力带来的负效应也就越大。

f_H——代储企业收益函数。

g_z——政府收益函数。

Π_H——代储企业期望效用函数。

Π_z——政府期望效用函数。

ε——随机因子，储备过程中影响应急物资价值的因子，如气候、储备环境、应急物资性质等，这些因素都是相互独立的，且对 y 的影响较小，这些因素综合起来服从正态分布，即 $\varepsilon \sim N(0,\sigma^2)$，其中 σ^2 越大，说明随机因子对应急物资价值 y 的影响越大。

二 建模分析

本章拟定应急物资市场价值作为衡量政府收益的主要指标，假设企业努力程度和储备能力对应急物资价值的影响是线性的，企业的努力程度 e 和企业储备能力 φ 直接影响代储应急物资的质量、数量，进而关系应急物资最终价值 y，因此应急物资价值表达式见公式 (5-1)。

$$y = \beta_1 e + \beta_2 \varphi + \varepsilon \qquad (5-1)$$

其中 β_1 和 β_2 分别为努力程度和储备能力对应急物资价值的影响系数，因 $\varepsilon \sim N(0, \sigma^2)$，则 y 也服从正态分布，$E(y) = \beta_1 e + \beta_2 \varphi$，$V(y) = \sigma^2$。

假设政府给予企业的补贴函数为线性的，分为固定补贴和可变补贴两部分，补贴函数表示为 $s(y) = \omega_0 + \gamma y$，固定补贴 ω_0 不会引起企业努力程度的变化，而激励系数 γ 的改变则会造成最终补贴额度的变化，因此企业选择的努力程度会有所不同。在其他因子不变的情况下，增加激励系数 γ 会提高政府补贴额度，进而企业会付出更大的努力，因此 $e = e(\gamma)$，且 $e'(\gamma) > 0$，也就是说，在合作过程中，政府可以选择适当的固定补贴以及激励系数对企业实施激励措施，促使其选择最优的努力程度。

首先，分析政府期望效用函数表达式。政府追求最终应急物资市场价值最大化，并期望给予企业的补贴越少越好，政府收益分为两部分，一是政府委托企业代储的应急物资的价值，二是政府为代储企业支付的补贴，则政府收益函数可以表示为：

$$g_z = y - s(y) = -\omega_0 + (1-\gamma)(\beta_1 e + \beta_2 \varphi + \varepsilon) \qquad (5-2)$$

因政府为风险中性，那么政府期望效用函数等价于收益函数的期望，即：

$$\Pi_z = E(g_z) = -\omega_0 + (1-\gamma)(\beta_1 e + \beta_2 \varphi) \qquad (5-3)$$

其次，分析企业收益公式。代储企业投入的成本用努力成本 $C(e)$ 代替，企业努力成本随努力程度 e 的增加而增加，随着企业努力程度的增加,企业边际成本也会增加,因此有 $C'(e) > 0$,$C''(e) > 0$,本书采用货币成本表示方法,则努力成本函数可以表示为 $C(e) = \frac{1}{2}\eta e^2$。其中 η 为努力成本系数($\eta > 0$),η 越大,同样的努力带来的负效应也就越大。企业谋求以最低的投入成本实现经济利益最大化,由于企业选择不同的努力程度会带来不同的成本及收益,因此在激励契约条件下,企业总是会选择最优的努力程度 e^* 使得自身经济利益最大化。企业收益由政府补贴和努力成本两部分构成:

$$f_H = s(y) - C(e) = \omega_0 + \gamma(\beta_1 e + \beta_2 \varphi + \varepsilon) - \frac{1}{2}\eta e^2 \quad (5-4)$$

由 $\varepsilon \sim N(0, \sigma^2)$,得知 $f_H \sim N[\omega_0 + \gamma(\beta_1 e + \beta_2 \varphi) - \frac{1}{2}\eta e^2, \gamma^2 \sigma^2]$ 的正态分布。企业为风险厌恶,代储企业的期望效用函数同样可采用负指数效用函数表示方法 $u(f_H) = -exp(-rf_H)$,那么代储企业期望效用函数的表达式如下:

$$Eu(f_H) = E[-exp(-rf_H)]$$

$$= \int_{-\infty}^{+\infty} -exp(-rf_H) \frac{1}{\sqrt{2\pi V(f_H)}} e^{\frac{[f_H - E(f_H)]^2}{2V(f_H)}} df_H$$

$$= -exp\left\{-r\left[\omega_0 + \gamma(\beta_1 e + \beta_2 \varphi) - \frac{1}{2}\eta e^2 - \frac{1}{2}r\gamma^2 \sigma^2\right]\right\}$$

根据确定性等价收入定义,代储企业期望效用函数为:

$$\Pi_H = \omega_0 + \gamma(\beta_1 e + \beta_2 \varphi) - \frac{1}{2}\eta e^2 - \frac{1}{2}r\gamma^2 \sigma^2 \quad (5-5)$$

第三节 多周期应急物资委托代储供应链激励契约模型

首先从单期应急物资委托代储供应链激励契约模型着手,在此基础上考虑政府长期社会效益,分析多期情况下如何设计激励机制更进一步约束企业行为,构建应急委托代储供应链多期激励契约模型,研究多期情况下政府与企业期望效用函数、激励系数、应急物资市场价值等随契约周期的变化趋势。

一 单期激励契约模型

(一) 对称信息下最优支付策略

对称信息情况下，政府可以观测代储企业努力程度，此时政府可强制让代储企业选择任意的 e，因此激励相容约束在这种情况下不起作用，政府面临的问题是选择 e 和 $s(y)$ 最大化自身期望效用函数，即 $\max_{e,s(y)} -\omega_0 + (1-\gamma)(\beta_1 e + \beta_2 \varphi)$，此时政府面临代储企业的参与约束，即代储企业从激励契约中得到的期望效用不小于不接受契约时能得到的最大期望效用。代储企业不接受契约时能得到的最大期望效用称为保留效用 $\overline{\Pi}_H$，保留效用可以理解为与市场工资对应的效用水平，则代储企业参与约束 (IR) 可以表示为：

$$\omega_0 + \omega\varphi e - \omega Q - me - \frac{1}{2}ne^2 - \frac{1}{2}r\omega^2\sigma^2 \geqslant \overline{\Pi}_H \quad (5-6)$$

政府目标为选择 e 和 $s(y)$ 解决以下问题：

$$\max_{e,s(y)} -\omega_0 + (1-\gamma)(\beta_1 e + \beta_2 \varphi)$$

s.t. (IR) $\omega_0 + \gamma(\beta_1 e + \beta_2 \varphi) - \frac{1}{2}\eta e^2 - \frac{1}{2}r\gamma^2\sigma^2 \geqslant \overline{\Pi}_H$

针对以上问题，引入拉格朗日乘子 λ，构建拉格朗日函数：

$$L[s(y)] = -\omega_0 + (1-\gamma)(\beta_1 e + \beta_2 \varphi)$$
$$+ \lambda[\omega_0 + \gamma(\beta_1 e + \beta_2 \varphi) - \frac{1}{2}\eta e^2 - \frac{1}{2}r\gamma^2\sigma^2 - \overline{\Pi}_H] \quad (5-7)$$

KKT 条件有：

$$\begin{cases} \dfrac{\partial L}{\omega_0} = -1 + \lambda = 0 \\ \dfrac{\partial L}{\gamma} = -(\beta_1 e + \beta_2 \varphi) + \lambda\gamma(\beta_1 e + \beta_2 \varphi) - r\gamma\sigma^2 = 0 \end{cases} \Rightarrow \begin{cases} \lambda = 1 \\ \gamma^* = 0 \end{cases}$$

激励系数 $\gamma = 0$，即对称信息下无须给予代储企业激励，此时 $s(y) \equiv \omega_0$，对应了上述最优风险分担契约的分析，即在委托人（政府）为风险中性、代理人（代储企业）为风险规避型时，委托人（政府）承担全部风险，$s(y)$ 为一定值时才能满足最优条件，此时代理人（代储企业）

收入与产出 y 无关。

由 $\lambda = 1$ 得参与约束为紧约束，$\omega_0 + \gamma(\beta_1 e + \beta_2 \varphi) - \frac{1}{2}\eta e^2 - \frac{1}{2}r\gamma^2\sigma^2 = \overline{\Pi_H}$，将参与约束 $\lambda = 1, \gamma^* = 0$ 代入政府期望效用函数，针对努力程度 e 求导，得出在对称信息下最优努力程度 e^* 如下：

$$e^* = \frac{\beta_1}{\eta} \qquad (5-8)$$

将最优努力程度 $e^* = \frac{\beta_1}{\eta}$ 与 $\gamma = 0$ 代入参与约束中，可以求解得出固定补贴 ω_0：

$$\omega_0^* = \overline{\Pi_H} + \frac{\beta_1^2}{2\eta} \qquad (5-9)$$

因政府为风险中性、代储企业为风险规避型，此时帕累托最优风险分担要求代储企业不承担任何风险（$\gamma^* = 0$），政府支付给代储企业的固定补贴等于代储企业的保留效用加上代储企业努力的成本，即政府在可以观测到代储企业努力程度 $e < \frac{\beta_1}{\eta}$ 时，支付给代储企业的 $s(y) < \overline{\Pi_H} + \frac{\beta_1^2}{2\eta}$，那么代储企业就一定会选择 $e = \frac{\beta_1}{\eta}$，假定对称信息下政府给予企业的最低支付为 $\underline{s}$，那么此时最优支付策略可以表述如下：

$$s^*(y) = \begin{cases} \omega_0^* & e \geq e^* \\ \underline{s} & e < e^* \end{cases} \qquad (5-10)$$

若政府无法观测代储企业努力程度，以上帕累托最优是无法实现的，主要是因为给定 $\gamma = 0$ 的情况下，代储企业肯定会选择最优的努力程度最大化自身期望效用函数，此时一阶条件为：

$$e = \frac{\beta_1 \gamma}{\eta} \equiv 0 \qquad (5-11)$$

显然，代储企业将不会付出任何努力，因此无法实现以上所述的帕累托最优情况。

（二）单边不对称信息下最优激励契约

通过以上对政府和企业利益博弈关系的分析，该问题目标函数为政府期望效用函数最大化，面临的第一个约束条件为代储企业的期望效用不低于放弃合作的机会收益（不接受契约时能得到的最大期望效用），令代储企业不接受契约时能得到的最大期望效用称为保留效用 $\overline{\Pi}_H$，保留效用可以理解为与市场工资对应的效用水平，则代储企业参与约束（IR）可以表示为：

$$\omega_0 + \gamma(\beta_1 e + \beta_2 \varphi) - \frac{1}{2}\eta e^2 - \frac{1}{2}r\gamma^2\sigma^2 \geqslant \overline{\Pi}_H \quad (5-12)$$

代储企业第二个约束为激励约束，激励契约条件下，代储企业总是会选择最优的努力程度最大化自身期望效用函数，则激励相容约束（IC）可以表示为：

$$\max_e \omega_0 + \gamma(\beta_1 e + \beta_2 \varphi) - \frac{1}{2}\eta e^2 - \frac{1}{2}r\gamma^2\sigma^2 \quad (5-13)$$

由上，单周期激励契约数学模型即为：政府在面临代储企业两种约束基础上，选择最优的 $s(y)$ 最大化自身期望效用函数：

$$\max_{s(y)} -\omega_0 + (1-\gamma)(\beta_1 e + \beta_2 \varphi)$$

$$(\text{IR})\ \omega_0 + \gamma(\beta_1 e + \beta_2 \varphi) - \frac{1}{2}\eta e^2 - \frac{1}{2}r\gamma^2\sigma^2 \geqslant \overline{\Pi}_H$$

$$(\text{IC})\ \max_e \omega_0 + \gamma(\beta_1 e + \beta_2 \varphi) - \frac{1}{2}\eta e^2 - \frac{1}{2}r\gamma^2\sigma^2$$

采用逆向求解法对模型求解，代储企业根据政府给予的补贴，选择最优的努力程度最大化自身期望效用函数，对于约束 $\max_e \omega_0 + \gamma(\beta_1 e + \beta_2 \varphi) - \frac{1}{2}\eta e^2 - \frac{1}{2}r\gamma^2\sigma^2$，由 $\frac{\partial \max_e}{\partial e} = 0$，得出代储企业期望效用函数最优一阶条件为：

$$e^* = \frac{\beta_1 \gamma}{\eta} \quad (5-14)$$

模型中激励相容约束可由上述一阶条件代替，则模型变为：

$$\max_{s(y)} -\omega_0 + (1-\gamma)(\beta_1 e + \beta_2 \varphi)$$

$$(\text{IR})\ \omega_0 + \gamma(\beta_1 e + \beta_2 \varphi) - \frac{1}{2}\eta e^2 - \frac{1}{2}r\gamma^2\sigma^2 \geqslant \overline{\Pi}_H$$

$$(IC)\ e = \frac{\beta_1 \gamma}{\eta}$$

构建拉格朗日函数对以上问题求解，令 λ 和 μ 分别为 IR 和 IC 约束的拉格朗日乘子：

$$L = -\omega_0 + (1-\gamma)(\beta_1 e + \beta_2 \varphi)$$
$$+ \lambda\left[\omega_0 + \gamma(\beta_1 e + \beta_2 \varphi) - \frac{1}{2}\eta e^2 - \frac{1}{2}r\gamma^2\sigma^2 - \overline{\Pi_H}\right] + \mu\left(\frac{\beta_1 \gamma}{\eta} - e\right) \tag{5-15}$$

根据 KKT 条件得：$\frac{\partial L}{\partial \omega_0} = -1 + \lambda = 0 \Rightarrow \lambda = 1$

因此不难分析出该问题的参与约束为紧约束，即：

$$\omega_0 + \gamma(\beta_1 e + \beta_2 \varphi) - \frac{1}{2}\eta e^2 - \frac{1}{2}r\gamma^2\sigma^2 = \overline{\Pi_H} \tag{5-16}$$

将 $\omega_0 + \gamma(\beta_1 e + \beta_2 \varphi) - \frac{1}{2}\eta e^2 - \frac{1}{2}r\gamma^2\sigma^2 = \overline{\Pi_H}$ 和 $e = \frac{\beta_1\gamma}{\eta}$ 代入目标函数中，针对激励系数 γ 求导，求出令政府期望效用函数最大化的一阶条件为：

$$\gamma^* = \frac{\beta_1^2}{\beta_1^2 + \eta r \sigma^2} \tag{5-17}$$

单周期激励契约下代储企业最优努力程度为：

$$e^* = \frac{\beta_1 \gamma}{\eta} = \frac{\beta_1^3}{\eta(\beta_1^2 + \eta r \sigma^2)} \tag{5-18}$$

单周期激励契约下应急物资市场价值 y 为：

$$y = \frac{\beta_1^2 \gamma^*}{\eta} + \beta_2 \varphi + \varepsilon \tag{5-19}$$

二　多期激励契约供应链决策模型

在单周期激励契约模型基础上，引入契约周期 t 的折现因子 θ^t，其中 $0 \leq t \leq n, 0 < \theta < 1$，在 t 个契约周期过程中，政府与企业签订的契约是不变的，随着 t 增大，该契约模型反映的是一个长期的效应，那么政府期望效用函数等价于 n 期单周期情况下政府期望效用折现后的总和：

$$\sum_{t=0}^{n} \theta^t \{-\omega_0 + (1-\gamma)[\beta_1 e_t + \beta_2 \varphi_t(e_{t-1})]\} \qquad (5-20)$$

同理，代储企业期望效用函数等价于 n 期单周期情况下确定性等价收入折现之和：

$$\sum_{t=0}^{n} \theta^t \{\omega_0 + \gamma[\beta_1 e_t + \beta_2 \varphi_t(e_{t-1})] - \frac{1}{2}\eta e_t^2 - \frac{1}{2}r\gamma^2\sigma^2\} \quad (5-21)$$

（一）对称信息下最优支付策略

同时，首先分析对称信息情况下政府如何设置最优支付函数。对称信息下政府面临的问题是选择 e 和 $s(y)$ 最大化自身期望效用函数，即 $\max_{e,s(y)} \sum_{t=0}^{n} \theta^t \{-\omega_0 + (1-\gamma)[\beta_1 e_t + \beta_2 \varphi_t(e_{t-1})]\}$，此时政府面临代储企业的参与约束，即代储企业从激励契约中得到的期望效用不小于不接受契约时能得到的最大期望效用。代储企业参与约束（IR）可以表示为：

$$\sum_{t=0}^{n} \theta^t \{\omega_0 + \gamma[\beta_1 e_t + \beta_2 \varphi_t(e_{t-1})] - \frac{1}{2}\eta e_t^2 - \frac{1}{2}r\gamma^2\sigma^2\} \geqslant \sum_{t=0}^{n} \theta^t \overline{\Pi_H}$$

$$(5-22)$$

政府目标为选择 e 和 $s(y)$ 解决以下问题：

$$\max_{e,s(y)} \sum_{t=0}^{n} \theta^t \{-\omega_0 + (1-\gamma)[\beta_1 e_t + \beta_2 \varphi_t(e_{t-1})]\}$$

$$s.t. \ (IR) \sum_{t=0}^{n} \theta^t \{\omega_0 + \gamma[\beta_1 e_t + \beta_2 \varphi_t(e_{t-1})]$$
$$- \frac{1}{2}\eta e_t^2 - \frac{1}{2}r\gamma^2\sigma^2\} \geqslant \sum_{t=0}^{n} \theta^t \overline{\Pi_H}$$

针对以上问题，引入拉格朗日乘子 λ，构建拉格朗日函数：

$$L[s(y)] = \sum_{t=0}^{n} \theta^t \{-\omega_0 + (1-\gamma)[\beta_{1t} e_t + \beta_{2t}\varphi_t(e_{t-1})]\}$$
$$+ \lambda \sum_{t=0}^{n} \theta^t \{\omega_0 + \gamma[\beta_{1t} e_t + \beta_{2t}\varphi_t(e_{t-1})]$$
$$- \frac{1}{2}\eta e_t^2 - \frac{1}{2}r\gamma^2\sigma^2\} - \sum_{t=0}^{n} \theta^t \overline{\Pi_H} \qquad (5-23)$$

KKT 条件有：

$$\begin{cases} \dfrac{\partial L}{\omega_0} = \sum_{t=0}^{n} \theta^t(-1+\lambda) = 0 \\ \dfrac{\partial L}{\gamma} = \sum_{t=0}^{n} \theta^t[-(\beta_1 e + \beta_2 \varphi) + \lambda\gamma(\beta_1 e + \beta_2\varphi) - r\gamma\sigma^2] = 0 \end{cases} \Rightarrow \begin{cases} \lambda = 1 \\ \gamma^* = 0 \end{cases}$$

激励系数 $\gamma = 0$，即对称信息下无须给予代储企业激励，此时 $s(y) \equiv \omega_0$，同对称信息下的单期情况，此时代储企业收入与产出 y 无关。

接下来，求解代储企业最优努力程度，首先确定 φ_t 与 e_t 的关系，根据假设知 $t = 1, 2, \cdots, n$ 时，$\varphi_t = \varphi_t(e_{t-1})$，因 $t = 0$ 时，代储企业储备能力为双方合作之前企业本身固有的能力，此时的储备能力与其努力程度无关，因此我们令：

$$\frac{\partial \varphi_{t+1}}{\partial e_t} = k_{t+1} (t = 0, 1, \cdots, n-1) \quad (5-24)$$

由 $\lambda = 1$ 得参与约束为紧约束，$\sum_{t=0}^{n} \theta^t \{\omega_0 + \gamma[\beta_1 e_t + \beta_2 \varphi_t(e_{t-1})] - \dfrac{1}{2} \eta e_t^2 - \dfrac{1}{2} r\gamma^2 \sigma^2\} \geq \sum_{t=0}^{n} \theta^t \overline{\Pi_H}$，将参与约束 $\lambda = 1, \gamma^* = 0$ 代入政府期望效用函数，针对努力程度 e_t 求导，得出在对称信息下最优努力程度 e_t^* 如下：

$$\begin{cases} e_t^* = \dfrac{(\beta_1 + \theta\beta_2 k_{t+1})}{\eta} & t = 0, 1, \cdots n-1 \\ e_n^* = \dfrac{\beta_1}{\eta} & t = n \end{cases} \quad (5-25)$$

将以上最优努力程度与 $\gamma = 0$ 代入参与约束中，可以求解得出固定补贴 ω_0：

$$\omega_0^* = \begin{cases} \sum_{t=0}^{n} \theta^t \overline{\Pi_H} + \sum_{t=0}^{n} \theta^t \dfrac{(\beta_1 + \theta\beta_2 k_{t+1})^2}{2\eta} & t = 0, 1, \cdots n-1 \\ \sum_{t=0}^{n} \theta^t \overline{\Pi_H} + \sum_{t=0}^{n} \theta^t \dfrac{\beta_1^2}{2\eta} & t = n \end{cases}$$

$$(5-26)$$

因政府为风险中性、代储企业为风险规避型，此时帕累托最优风险分担要求代储企业不承担任何风险（$\gamma^* = 0$），政府支付给代储企业的固定补贴等于代储企业的保留效用加上代储企业努力的成本，即政府在可以观测代储企业努力程度 $e < e_t^*$ 时,支付给代储企业的 $s(y) < \omega_0^*$,那么代储企业就一定会选择 $e = e_t^*$,假定对称信息下政府给予企业的最低支付为 $\underline{s}$,那么此时最优支付策略可以表述如下:

$$s^*(y) = \begin{cases} \omega_0^* & e \geq e_t^* \\ \underline{s} & e < e_t^* \end{cases} \quad (5-27)$$

若政府无法观测代储企业努力程度,以上帕累托最优是无法实现的,主要是因为给定 $\gamma = 0$ 的情况下,代储企业肯定会选择最优的努力程度最大化自身期望效用函数,此时一阶条件为:

$$\begin{cases} e_t^* = \dfrac{\gamma(\beta_1 + \theta\beta_2 k_{t+1})}{\eta} \equiv 0 & t = 0,1,\cdots n-1 \\ e_n^* = \dfrac{\gamma\beta_1}{\eta} \equiv 0 & t = n \end{cases} \quad (5-28)$$

显然,代储企业将不会付出任何努力,因此无法实现以上所述的帕累托最优情况。

(二) 单边不对称信息下最优激励契约

存在单边不对称信息情况下,多周期情形下政府面临的问题是选择 $s(y)$ 最大化多周期下的期望效用函数:

$$\max_{s(y)} \sum_{t=0}^{n} \theta^t \{ -\omega_0 + (1-\gamma)[\beta_1 e_t + \beta_2 \varphi_t(e_{t-1})] \} \quad (5-29)$$

政府面临的第一个约束同样为代储企业的参与约束,令 n 期情况下代储企业不接受契约时能得到的最大期望效用称为保留效用,即 $\sum_{t=0}^{n} \theta^t \overline{\Pi_H}$,则参与约束为:

$$\sum_{t=0}^{n} \theta^t \left\{ \omega_0 + \gamma[\beta_1 e_t + \beta_2 \varphi_t(e_{t-1})] - \frac{1}{2}\eta e_t^2 - \frac{1}{2}r\gamma^2\sigma^2 \right\} \geq \sum_{t=0}^{n} \theta^t \overline{\Pi_H}$$

$$(5-30)$$

多周期下代储企业的激励相容约束为:

$$\max_{e_t} \sum_{t=0}^{n} \theta^t \left\{ \omega_0 + \gamma[\beta_1 e_t + \beta_2 \varphi_t(e_{t-1})] - \frac{1}{2}\eta e_t^2 - \frac{1}{2}r\gamma^2\sigma^2 \right\}$$

$$(5-31)$$

那么,多周期激励契约模型可以表达为:

$$\max_{s(y)} \sum_{t=0}^{n} \theta^t \{-\omega_0 + (1-\gamma)[\beta_1 e_t + \beta_2 \varphi_t(e_{t-1})]\}$$

$$(IR) \sum_{t=0}^{n} \theta^t \{\omega_0 + \gamma[\beta_1 e_t + \beta_2 \varphi_t(e_{t-1})]$$

$$-\frac{1}{2}\eta e_t^2 - \frac{1}{2}r\gamma^2\sigma^2\} \geqslant \sum_{t=0}^{n} \theta^t \overline{\Pi_H}$$

$$(IC) \max_{e_t} \sum_{t=0}^{n} \theta^t \{\omega_0 + \gamma[\beta_1 e_t + \beta_2 \varphi_t(e_{t-1})] - \frac{1}{2}\eta e_t^2 - \frac{1}{2}r\gamma^2\sigma^2\}$$

同样采取逆向求解法求解以上问题,首先确定 φ_t 与 e_t 的关系,根据假设知 $t=1,2,\cdots,n$ 时, $\varphi_t = \varphi_t(e_{t-1})$,因 $t=0$ 时,代储企业储备能力为双方合作之前企业本身固有的能力,此时的储备能力与其努力程度无关,因此我们令:

$$\frac{\partial \varphi_{t+1}}{\partial e_t} = k_{t+1} (t = 0,1,\cdots,n-1) \quad (5-32)$$

接下来,对于代储企业而言,在激励契约条件下,总会选择最优的努力程度最大化自身期望效用函数,根据 $\frac{\partial \max_{e_t}}{\partial e_t} = 0$,得出多周期情形下代储企业期望效用最大化的条件为:

$$\begin{cases} e_t^* = \frac{\gamma(\beta_1 + \theta\beta_2 k_{t+1})}{\eta} & t = 0,1,\cdots n-1 \\ e_n^* = \frac{\gamma\beta_{1n}}{\eta} & t = n \end{cases} \quad (5-33)$$

令 λ 和 μ 分别为 IR 和 IC 约束的拉格朗日乘子,构建拉格朗日函数 $L_1(t=1,2,\cdots,n)$, $L_2(t=n)$。

$$L_1 = \sum_{t=0}^{n} \theta^t \{-\omega_0 + (1-\gamma)[\beta_1 e_t + \beta_2 \varphi_t(e_{t-1})]\}$$

$$+ \lambda \sum_{t=0}^{n} \theta^t \{\omega_0 + \gamma[\beta_1 e_t + \beta_2 \varphi_t(e_{t-1})] - \frac{1}{2}\eta e_t^2 - \frac{1}{2}r\gamma^2\sigma^2\} \geqslant \sum_{t=0}^{n} \theta^t \overline{\Pi_H}$$

$$+ \mu\left[\frac{\gamma(\beta_1 + \theta\beta_2 k_{t+1})}{\eta} - e\right] \quad (5-34)$$

$$L_2 = \sum_{t=0}^{n} \theta^t \{-\omega_0 + (1-\gamma)[\beta_1 e_t + \beta_2 \varphi_t(e_{t-1})]\} +$$

$$\lambda\Big(\sum_{t=0}^{n}\theta^{t}\{\omega_{0}+\gamma[\beta_{1}e_{t}+\beta_{2}\varphi_{t}(e_{t-1})]-\frac{1}{2}\eta e_{t}^{2}-\frac{1}{2}r\gamma^{2}\sigma^{2}\}$$
$$\geqslant\sum_{t=0}^{n}\theta^{t}\overline{\Pi_{H}}+\mu\Big(\frac{\gamma\beta_{1}}{\eta}-e\Big) \tag{5-35}$$

由 $\frac{\partial L_1}{\partial \omega_0}=0$ 或 $\frac{\partial L_2}{\partial \omega_0}=0$ 都可得出 $\lambda=1$，因此参与约束在多周期情况下仍为紧约束：

$$\sum_{t=0}^{n}\theta^{t}\{\omega_{0}+\gamma[\beta_{1}e_{t}+\beta_{2}\varphi_{t}(e_{t-1})]-\frac{1}{2}\eta e_{t}^{2}-\frac{1}{2}r\gamma^{2}\sigma^{2}\}=\sum_{t=0}^{n}\theta^{t}\overline{\Pi_{H}} \tag{5-36}$$

将参与约束和最优努力程度公式（5-34）代入目标函数，求政府期望效用函数关于激励系数的一阶导，得最优化一阶条件为：

$$\gamma_{t}^{*}=\frac{\theta^{n}\beta_{1}^{2}+\sum_{0}^{n-1}\theta^{t}(\beta_{1}+\theta\beta_{2}k_{t+1})^{2}}{\theta^{n}\beta_{1}^{2}+\sum_{0}^{n-1}\theta^{t}(\beta_{1}+\theta\beta_{2}k_{t+1})^{2}+\eta r\sigma^{2}\sum_{0}^{n}\theta^{t}} \tag{5-37}$$

一方面，企业储备能力 φ_t 与企业努力程度 e_t 紧密相关，两者之间的关系可以表示为 $\varphi_t=\varphi_t(e_{t-1})$，其中 $t=1,2,\cdots,n$，而当 $t=0$ 时，φ 反映的是合作之前企业内在的运营状况，此时代储企业储备能力与其努力程度无关；

另一方面，因为公式（5-34）企业最优努力程度在 $t=0,1,\cdots,n-1$ 时与第 $t=n$ 期是不同的，所以多周期情况下应急物资的市场价值求解需分阶段处理：

$$y_{t}=\frac{\beta_{1}(\beta_{1}+\theta\beta_{2}k_{t+1})\gamma_{t}^{*}}{\eta}+\beta_{2}\varphi_{t}+\varepsilon,t=0 \tag{5-38}$$

$$y_{t}=\frac{\beta_{1}(\beta_{1}+\theta\beta_{2}k_{t+1})\gamma_{t}^{*}}{\eta}+\beta_{2}\varphi_{t}\Big[\Big(\frac{\beta_{1}+\theta\beta_{2}k_{t}}{\eta}\Big)\gamma_{t}^{*}\Big]$$
$$+\varepsilon,t=1,2,\cdots,n-1 \tag{5-39}$$

$$y_{t}=\frac{\beta_{1}^{2}\gamma_{t}^{*}}{\eta}+\beta_{2}\varphi_{t}\Big[\Big(\frac{\beta_{1}+\theta\beta_{2}k_{t}}{\eta}\Big)\gamma_{t}^{*}\Big]+\varepsilon,t=n \tag{5-40}$$

第四节 模型结果分析

结合以上激励契约模型求解过程，推导分析不对称信息下多期激励契约模型中激励系数、企业努力程度、应急物资市场价值、政企双方收益关于契约周期的变化关系,对比分析两种契约模型下激励系数、企业努力程度、应急物资市场价值、政企双方收益的优劣。

一 激励系数

单期契约最优激励:

$$\gamma^* = \frac{\beta_1^2}{\beta_1^2 + mr\sigma^2}$$

多期契约最优激励:

$$\gamma_t^* = \frac{\theta^n \beta_1^2 + \sum_0^{n-1} \theta^t (\beta_1 + \theta\beta_2 k_{t+1})^2}{\theta^n \beta_1^2 + \sum_0^{n-1} \theta^t (\beta_1 + \theta\beta_2 k_{t+1})^2 + mr\sigma^2 \sum_0^n \theta^t}$$

考察以上两种激励契约模型中最优激励系数表达式,首先分析两系数的共有特性:①激励力度与企业努力成本系数负相关。即若 m 增大,说明企业付出努力带来的负效益越大,显而易见,相较于未知的政府激励力度而言,仅取得固定补贴的企业就越不愿为之付出努力,而政府基于此时企业的努力行为,给予激励力度肯定会减弱,才能弥补因企业不努力带来的风险;相反,m 越小,企业付诸努力的积极性增高,而政府的激励可谓釜底加薪,刺激企业提高努力程度,保障应急物资的充足供应。②激励力度与企业风险厌恶度负相关。代储企业越是勇于承担风险,政府给予的激励就越大。若 r 趋向于 0,意味着代储企业偏向于风险喜好型,此时 γ^* 和 γ_t^* 都趋向于 1,即政府激励接近最大值;反之,若 r 趋向于 ∞,企业承担的风险指标 $\frac{1}{2}r\gamma^2\sigma^2$ 也趋向于无穷大,此时的企业更易存在投机行为,政府几乎不会采用激励措施来刺激企业。

其次,对比分析单期与多期激励契约下的最优激励系数,在其他参变量一定的情况下,对比两系数表达式得出:

$$\gamma_t^* = \frac{\beta_1^2 + \sum_0^{n-1} \theta^t (\beta_1 + \theta\beta_2 k_{t+1})^2}{\beta_1^2 + \sum_0^{n-1} \theta^t (\beta_1 + \theta\beta_2 k_{t+1})^2 + mr\sigma^2} > \gamma^* = \frac{\beta_1^2}{\beta_1^2 + mr\sigma^2} t = 0$$

(5-41)

$$\gamma_t^* = \frac{(\beta_1 + \beta_2 k_{t+1})^2}{(\beta_1 + \beta_2 k_{t+1})^2 + mr\sigma^2} > \gamma^* = \frac{\beta_1^2}{\beta_1^2 + mr\sigma^2} t = \infty \quad (5-42)$$

推导分析多期激励系数 γ_t^* 关于契约周期的变化关系，求导得：

$$\begin{aligned}\frac{\partial \gamma_t^*}{\partial t} =\ & [(2t+1)\theta^{2t+1} - (2t+2)\theta^{2t}]\beta_1^2 \\ & + [(2t+2)\theta^{t+1} - (2t+2)\theta^t]\beta_1\beta_2 k_{t+1} \\ & + [\theta^{2t+2} + (t+1)\theta^{t+2} - (t+2)\theta^{t+1}]\beta_2^2 k_{t+1}^2 \end{aligned} \quad (5-43)$$

其中 $0 < \theta < 1$

$$(2t+1)\theta^{2t+1} - (2t+2)\theta^{2t} < (2t+2)(\theta^{2t+1} - \theta^{2t}) < 0 \quad (5-44)$$

$$(2t+2)\theta^{t+1} - (2t+2)\theta^t = (2t+2)(\theta^{t+1} - \theta^t) < 0 \quad (5-45)$$

$$\theta^{2t+2} + (t+1)\theta^{t+2} - (t+2)\theta^{t+1} < \theta^{(t+1)2} - \theta^{t+1} < 0 \quad (5-46)$$

经以上推导得出 $\frac{\partial \gamma_t^*}{\partial t} < 0$，即多期契约模型下的最优激励系数是关于契约周期的递减凸函数，且激励系数在多期契约的每一个周期都大于单期契约最优激励。政企双方签订契约的周期越长，政府给予的激励就越小。刚开始签订契约，政府给予较大的刺激主要是为了吸引企业与之合作，待确定代储企业之后，政府与之签订长期合作契约，逐渐建立对彼此的信任和依赖，此时政府在每个契约周期根据实际情况适当调低激励力度，最终趋向于固定激励 $\gamma_t^* = \frac{(\beta_1 + \beta_2 k_{t+1})^2}{(\beta_1 + \beta_2 k_{t+1})^2 + mr\sigma^2}(t \to \infty)$。

二 企业努力程度

单期契约最优努力程度：

$$e^* = \frac{\beta_1 \gamma^*}{m}$$

多期契约最优努力程度：

$$\begin{cases} e_t^* = \dfrac{\gamma_t^*(\beta_1 + \theta\beta_2 k_{t+1})}{m} & t = 0,1,\cdots n-1 \\ e_n^* = \dfrac{\gamma_t^* \beta_1}{m} & t = n \end{cases}$$

从单期与多期契约下最优努力程度表达式可以看出，代储企业努力程度与可变补贴系数（激励系数）γ 紧密相关，却与固定补贴 ω_0 无关。政府在实施委托代储过程中应适当降低固定补贴的份额，增加可变补贴比例，进而增强激励效力，这对企业努力程度的增强也更具影响力，从而保障高质量的应急物资市场价值。但努力程度与努力成本系数负相关，当努力成本系数 m 大到一定程度时，政府的激励对于企业而言效力不大，企业会更倾向于按部就班地工作。因此，政府在选择合作企业时要做好充分的工作，挑选合适的企业作为合作伙伴，这样在实施激励措施中才会更具效力。

结合以上激励系数的对比分析，多期契约最优努力程度的单调性同最优激励系数，是关于契约周期的递减凹函数，且每期的努力都优于单期契约的努力程度。政企签订多期激励契约时，代储企业更愿意付出较多的努力，储备应急物资的积极性更高。

三 应急物资市场价值

单期激励契约：

$$y = \frac{\beta_1^2 \gamma^*}{m} + \beta_2 \varphi + \varepsilon$$

多期激励契约：

$$y_t = \frac{\beta_1(\beta_1 + \theta\beta_2 k_{t+1})\gamma_t^*}{m} + \beta_2 \varphi_t + \varepsilon, t = 0$$

$$y_t = \frac{\beta_1(\beta_1 + \theta\beta_2 k_{t+1})\gamma_t^*}{m} + \beta_2 \varphi_t \left[\left(\frac{\beta_1 + \theta\beta_2 k_t}{m}\right)\gamma_t^*\right] + \varepsilon, t = 1,2,\cdots,n-10$$

$$y_t = \frac{\beta_1^2 \gamma_t^*}{m} + \beta_2 \varphi_t \left[\left(\frac{\beta_1 + \theta\beta_2 k_t}{m}\right)\gamma_t^*\right] + \varepsilon, t = n$$

单期与多期激励契约的应急物资市场价值与政府激励正相关，多期情况下应急物资市场价值随契约周期的增大逐渐减小，并趋向于一定值。

其他参变量一定，当契约周期 $t = 0$ 时，企业的储备能力与努力程度无关，且 $\gamma_t^* > \gamma^*$，显然有：

第五章 多期应急物资委托代储供应链的激励契约与协调研究 157

$$y_t = \frac{\beta_1(\beta_1 + \theta\beta_2 k_{t+1})\gamma_t^*}{m} + \beta_2\varphi_t + \varepsilon > y = \frac{\beta_1^2\gamma^*}{m} + \beta_2\varphi + \varepsilon(\gamma_t^* > \gamma^*)$$

$$(5-47)$$

当 $t = 1, 2, \cdots, n-1$ 时，企业的储备能力与前一期努力程度的关系为 $\frac{\partial\varphi_{t+1}}{\partial e_t} = k_{t+1} > 0$，企业努力程度的增加，会让企业储备能力逐渐形成一定的规模，储备能力随之增大。结合 $\gamma_t^* > \gamma^*$，显然多期契约下应急物资市场价值高于单期情况。

$$y_t = \frac{\beta_1(\beta_1 + \theta\beta_2 k_{t+1})\gamma_t^*}{m} + \beta_2\varphi_t\left[\left(\frac{\beta_1 + \theta\beta_2 k_t}{m}\right)\gamma_t^*\right] + \varepsilon > y$$

$$= \frac{\beta_1^2\gamma^*}{m} + \beta_2\varphi + \varepsilon \quad (5-48)$$

当 $t = n$ 时，企业储备能力与 $n-1$ 期的努力程度线性相关，同样有：

$$y_t = \frac{\beta_1^2\gamma_t^*}{m} + \beta_2\varphi_t\left[\left(\frac{\beta_1 + \theta\beta_2 k_t}{m}\right)\gamma_t^*\right] + \varepsilon > y = \frac{\beta_1^2\gamma^*}{m} + \beta_2\varphi + \varepsilon$$

$$(5-49)$$

因此，签订多期激励契约更有利于应急物资市场价值的提升。从长远来看，多期激励契约下更能确保应急物资的价值，政府应该构建多期激励契约，并鼓励企业追求长期的收益。

四 政企双方收益

单期激励契约下政企收益期望值：

$$\Pi_Z = -\omega_0 + (1-\gamma^*)\left(\frac{\beta_1^2\gamma^*}{m} + \beta_2\varphi\right) \quad (5-50)$$

$$\Pi_H = \omega_0 + \gamma^*\left(\frac{\beta_1^2\gamma^*}{m} + \beta_2\varphi\right) - \frac{1}{2}me^2 - \frac{1}{2}r\gamma^{*2}\sigma^2 \quad (5-51)$$

多期激励契约下政企收益期望值：

$$\Pi_Z =
\begin{cases}
\sum_{t=0}^{n} \theta^t \left\{ -\omega_0 + (1-\gamma_t^*)\left[\beta_1 \dfrac{\gamma_t^*(\beta_1+\theta\beta_2 k_{t+1})}{m} + \beta_2 \varphi_t\right]\right\}, & t=(0,n-1) \\
\theta^t \left[-\omega_0 + (1-\gamma_t^*)\left(\dfrac{\gamma_t^* \beta_1^2}{m} + \varphi_t \beta_2\right)\right], & t=n
\end{cases}$$
$$(5-52)$$

$$\Pi_H =
\begin{cases}
\sum_{t=0}^{n-1} \theta^t \left\{\omega_0 + \gamma_t^*\left[\beta_1 \dfrac{\gamma_t^*(\beta_1+\theta\beta_2 k_{t+1})}{m} + \beta_2 \varphi_t\right] \right. \\
\quad \left. - \dfrac{1}{2}m\left[\dfrac{\gamma_t^*(\beta_1+\theta\beta_2 k_{t+1})}{m}\right]^2 - \dfrac{1}{2}r\gamma_t^*\sigma^2\right\} \\
\theta^n\left[\omega_0 + \dfrac{\gamma_t^* \beta_1^2}{2m} + \varphi_t \beta_2 - \dfrac{1}{2}m\left(\dfrac{\gamma_t^* \beta_1}{m}\right)^2 - \dfrac{1}{2}r\gamma_t^*\sigma^2\right],
\end{cases} \quad (5-53)$$

式中分别是多期激励契约下代储企业在 $t=(0,n-1)$ 和 $t=n$ 时的收益期望值。

为使结果更贴合实际，在单期激励契约模型下，同样设定储备能力与前一期努力程度相关，而基于单期契约情况下努力程度一定，则除 $t=0$ 时的企业储备能力之外，其他契约周期的企业储备能力不变。因此，单期契约下政府和企业收益的关系为：

$$\Pi_Z(t=1) = \Pi_Z(t=2) = \cdots = \Pi_Z(t=n) > \Pi_Z(t=0)$$
$$(5-54)$$

$$\Pi_H(t=1) = \Pi_H(t=2) = \cdots = \Pi_H(t=n) > \Pi_H(t=0)$$
$$(5-55)$$

当 $t=0$ 时，$\varphi_t = \varphi$，多期与单期下政府收益差值为：

$$\Delta\Pi_Z = (1-\gamma_t^*)\left[\beta_1 \dfrac{\gamma_t^*(\beta_1+\theta\beta_2 k_{t+1})}{m} + \beta_2\varphi_t\right]$$
$$- (1-\gamma^*)\left(\dfrac{\beta_1^2 \gamma^*}{m} + \beta_2\varphi\right)$$
$$> (1-\gamma^*)\left[\dfrac{\gamma_t^*\beta_1(\beta_1+\theta\beta_2 k_{t+1}) - \beta_1^2\gamma^*}{m}\right] > 0 \quad (5-56)$$

单期契约下政府收益为前期收益之和，其增长率较大；分析

第五章 多期应急物资委托代储供应链的激励契约与协调研究

多期契约模型中政府收益，其中循环部分为 $\theta^t \left\{ -\omega_0 + (1-\gamma_t^*) \left[\beta_1 \dfrac{\gamma_t^*(\beta_1+\theta\beta_2 k_{t+1})}{m} + \beta_2 \varphi_t \right] \right\}$。显然，该部分关于契约周期的单调性与激励系数相反，即多期契约下政府收益变化趋势在前期增长率较大，而当契约周期增大到某一期时，政府收益的变化趋势趋于平缓。因此，在前期 $\Delta\Pi_Z > 0$，随契约周期增大到一定程度时，单期契约下政府收益增长率较大，一定存在某一点使得 $\Delta\Pi_Z < 0$。

同理，当 $t=0$ 时，$\alpha_t = \alpha$，多期与单期下企业收益差值为：

$$\Delta\Pi_H = \gamma_t^* \left[\beta_1 \frac{\gamma_t^*(\beta_1+\theta\beta_2 k_{t+1})}{m} + \beta_2 \varphi_t \right]$$

$$- \frac{1}{2}m \left[\frac{\gamma_t^*(\beta_1+\theta\beta_2 k_{t+1})}{m} \right]^2$$

$$- \frac{1}{2}r\gamma_t^* \sigma^2 - \gamma^* \left(\frac{\beta_1^2 \gamma^*}{m} + \beta_2 \varphi \right)$$

$$+ \frac{1}{2}m \left(\frac{\beta_1 \gamma^*}{m} \right)^2 + \frac{1}{2}r\gamma^{*2}\sigma^2$$

$$> \frac{\beta_1^2 \gamma^2 + 2m(\gamma_t^* - \gamma^*)\left(\beta_2\varphi - \frac{1}{2}r\sigma^2\right)}{2m} \quad (5-57)$$

从上式可以看出，企业收益差值的正负主要取决于外界随机因子的影响，若受外界影响较大，即 σ 大到一定程度时，导致 $\left(\beta_2\varphi - \dfrac{1}{2}r\sigma^2\right)$ 远小于 0，最终很有可能导致 $\Delta\Pi_H < 0$。此时，分析多期激励契约下循环部分的单调性：

$$\theta^t \left\{ \omega_0 + \gamma_t^* \left[\beta_1 \frac{\gamma_t^*(\beta_1+\theta\beta_2 k_{t+1})}{m} + \beta_2 \varphi_t \right] \right.$$

$$\left. - \frac{1}{2}m \left[\frac{\gamma_t^*(\beta_1+\theta\beta_2 k_{t+1})}{m} \right]^2 - \frac{1}{2}r\gamma_t^{*}\sigma^2 \right\}$$

$$= \theta^t \left\{ \omega_0 + \frac{\gamma_t^{*2}[\beta_1^2 - (\theta\beta_2 k_{t+1})^2]}{2m} + \gamma_t^*\left(\beta_2\varphi_t - \frac{1}{2}r\sigma^2\right) \right\}$$

$$(5-58)$$

由于受外界影响足够大，会有 $\gamma_t^* \left(\beta_2 \varphi_t - \frac{1}{2} r\sigma^2 \right) < 0$，显然会导致企业收益变化趋势同激励系数，是关于契约周期的递减凹函数。这种情况下，单期与多期激励契约模型下企业收益无交点，仅针对企业而言，签订多期激励契约并无益处，而对政府而言，仍然倾向于多期激励契约。

反之，若受随机因子的影响较小，足以保证 $\beta_2\varphi - \frac{1}{2}r\sigma^2 > 0$，则当 $t = 0$ 时，$\Delta\Pi_H > 0$，多期激励契约下企业收益高于单期激励契约。当政企双方长期合作时，单期激励契约下企业收益为前期收益之和，增长率自然偏大。且多期激励契约下企业收益变化与激励系数相反，是关于契约周期的递增凸函数。显然，此时单期与多期激励契约模型下企业收益存在相交点，因此，企业起初肯定是倾向于签订多期激励契约。

总之，若要保证企业更积极地参与多期合作，政府应首先创造良好的合作环境，尽量排除随机因子的影响，方能确保多期激励契约的优势。

第五节 算例分析

为更形象地对比分析多期激励契约优势，以下设定其他参变量值保持不变，模拟多期激励契约在激励系数、应急物资市场价值、企业努力程度及政企双方收益方面的对比分析。设定试验条件为：$\beta_1 = \beta_2 = 1$，$\theta = 0.5$，$r = 0.8$，$\omega_0 = 0$，$m = 1$，$\sigma = 1$，为保证模拟分析更有意义，此处设定在 $t = 0$ 时，$\beta_2\varphi - \frac{1}{2}r\sigma^2 > 0$。基于以上条件运用 MATLAB 实验平台进行数值模拟，首先比较分析多期契约模型的优势；其次模拟求解契约下政企最优合作周期。

一 多期激励契约优势模拟分析

在以上试验条件下，模拟单期与多期激励契约的对比分析，发现在激励力度、企业努力程度、应急物资市场价值、政企双方收益方面，政府签订多期激励契约明显优于单期情况。

(一) 政府激励力度

运用 MATLAB 实验平台模拟 10 个契约周期情况下政府的激励力度，数值模拟结果进一步验证了以上关于激励系数的推导分析，如图 5-1 所示，多期激励契约模型下激励力度高于单期契约模型下的最优激励系数。

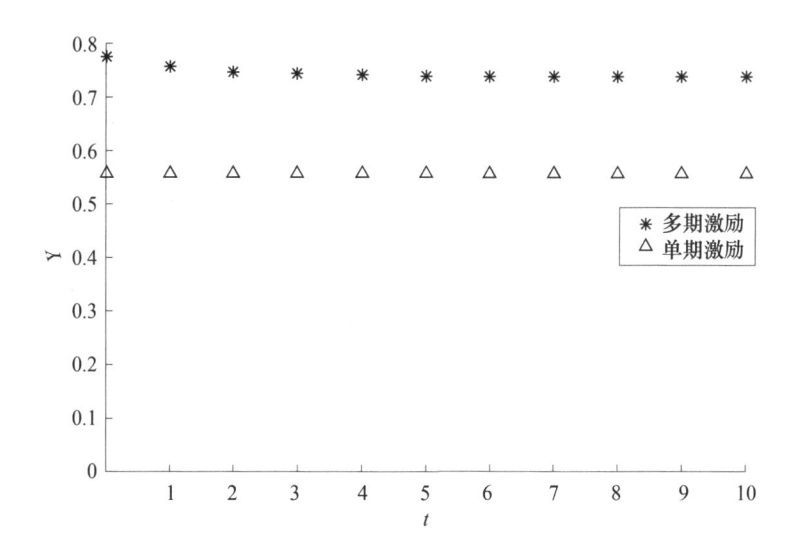

图 5-1　单期与多期激励契约下激励系数对比

图 5-1 中多期激励下政府激励力度随着双方契约时长的增加而降低，主要因考虑到长期合作情况下难以准确预测风险，政府对企业的奖励幅度有所下降，但下降幅度较小。根据以上 10 周期的模拟结果，经计算，从第 1 期到第 10 期的下降率仅为 0.0476，从第 6 期时政府激励力度基本保持稳定，意味着政企合作趋于稳定状态。激励力度增大，企业会更加努力悉心照料，确保高质量的应急物资，因此从激励力度来看，政企双方签订多期激励契约优于单周期合作。

(二) 企业努力程度

企业努力程度直接影响最终应急物资市场价值，运用数值模拟分析单期与多期激励契约下企业努力程度的变化。从图 5-2 可以看出，多期激励契约下企业努力程度与政府激励保持一致，随契约周期变长，政府激励力度变小，企业付出的努力也有所下降，但减少幅度很小。从开始到第 10 个契约周期，企业努力程度下降率仅为 0.0473，且从第 6 期开始企业努力程度基本保持在稳定的水平。主要因长期的合作增强了政企双方的信任，信息共享程度有所提升，进而企业无须付出更多的努力，同样可以满足政府要求，按照双方约定行事。

多期激励契约模型下企业会付出更多的努力，因此从企业努力程度分析，多期激励契约模型优于单期激励契约模型。

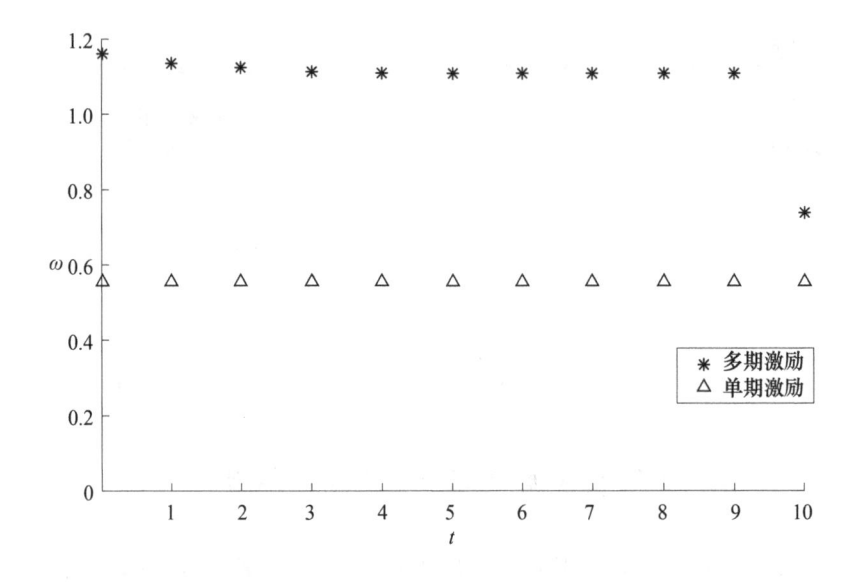

图 5-2　单期与多期激励契约下企业努力程度对比

（三）应急物资市场价值

从单期与多期激励下的应急物资市场价值表达式可以看出（式 5-20 和式 5-39、式 5-40、式 5-41），应急物资市场价值与政府最优激励系数相关，同样采用 MATLAB 软件模拟应急物资市场价值随契约周期的变化趋势如图 5-3 所示，与政府最优激励力度变化趋势相同，应急物资市场价值随契约周期的增长是递减的，但降低幅度同样较小。

契约周期 $t=0$ 时，企业储备能力与努力程度无关，此时储备能力为其固有水平，计算得 y_0（多期）$= 3.162 > y_0$（单期）$= 2.5556$；随契

第五章 多期应急物资委托代储供应链的激励契约与协调研究

约周期变长,企业储备能力与上周期努力程度线性相关,根据 $\frac{\partial \varphi_{t+1}}{\partial e_t} = k_{t+1}$,在 $t = 1, \cdots, 9$ 时,应急物资市场价值会增大。从图 5-3 看,y_{1-10}(多期)$> y_{1-10}$(单期)$= 12.1112$,即多期激励契约下的应急物资市场价值在每个契约周期都优于单期情况。因此,从应急物资市场价值分析,多期激励契约仍优于政企单周期合作。

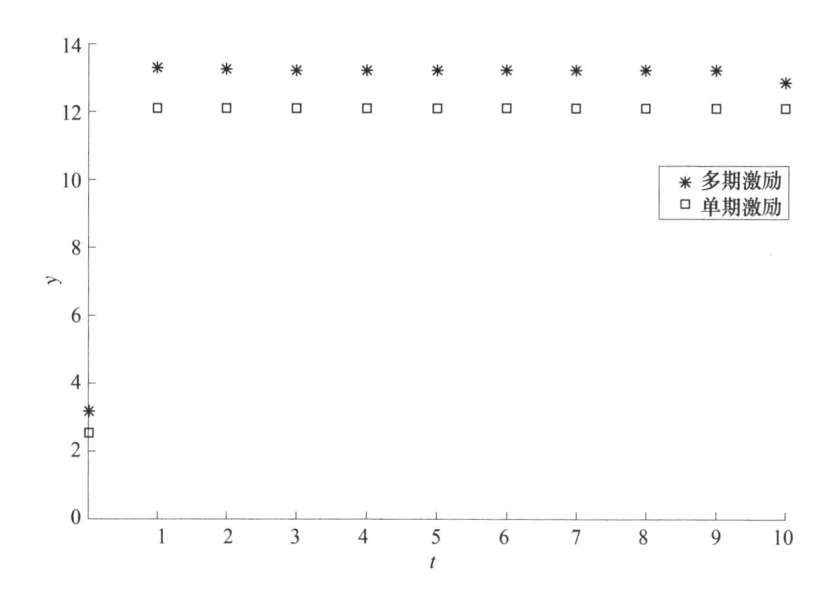

图 5-3 单期与多期激励契约下应急物资市场价值对比

(四)政企双方收益

首先,分析单期与多期激励契约下的政府收益。多期激励契约模型下政府收益期望值 $\Pi_Z = \sum_{t=0}^{n} \theta^t \{ -\omega_0 + (1 - \gamma_t^*)[\beta_1 e_t^* + \beta_2 (k_t e_{t-1}^* + c)] \}$,储备能力和努力程度之间关系为 $\varphi_{t+1} = k_{t+1} e_t + c$,其中 c 为常量。进行数值模拟时,其他参数不变的情况下,多期契约情况下政府收益期望值可以表示为:

$$\Pi_Z = \begin{cases} \sum_{t=0}^{n} \theta^t \left\{ -\omega_0 + (1-\gamma) \left[\dfrac{\gamma(\beta_1 + \theta k \beta_2)(\beta_1 + k \beta_2)}{m} + c\beta_2 \right] \right\}, \\ \qquad\qquad t = 0,1,\cdots,n-1 \\ \theta^t \left\{ -\omega_0 + (1-\gamma) \left[\dfrac{\gamma \beta_1 (\beta_1 + k \beta_2)}{m} + c\beta_2 \right] \right\}, t = n \end{cases}$$

(5 - 59)

运用 MATLAB 软件模拟政府收益随契约周期的变化趋势如图 5 - 4 所示，从图中可以看出，在其他参数不变的情况下，随着双方契约周期的增加，政府社会效益是逐渐增加的，而到一定值时保持稳定（验证推导结果）。根据以上对政府激励力度的分析，从第 6 个契约周期开始政府给予企业的激励基本趋于固定，图 5 - 4 显示从第 6 期开始政府收益值保持相对稳定状态，且在其他参变量不变的情况下，政府社会效益也趋于稳步上升阶段。而多周期情况下 $t=10$ 时，政府社会效益为 0.0015，虽然收益在此处突然下降很多，且从第 6 个契约周期开始，政府收益在单期契约下高于多期契约，但根据对政企最优合作周期的分析，双方只需签订 6 个周期的契约，就能实现收益协调，且在前 6 期，多期激励契约下的政府收益在每个周期都高于单期激励契约情况。

其次，考察单期与多期契约下企业收益情况。多期激励契约条件下企业收益在第 0 - $(n-1)$ 期与第 n 期时的表达式如下式所示，其中 γ^* 是多期激励契约下最优激励系数。

$$\Pi_H = \begin{cases} \sum_{t=0}^{n-1} \theta^t \left[\omega_0 + \dfrac{\gamma_t^* (\beta_1 + \theta k \beta_2)(\beta_1 + 2k\beta_2 - \theta k \beta_2)}{2m} \right. \\ \left. + \gamma_t^* \beta_2 c - \dfrac{1}{2} r \gamma_t^{*} \sigma^2 \right], \qquad t = 0, n-1 \\ \theta^n \left[\omega_0 + \dfrac{\gamma_t^* \beta_1 (\beta_1 + 2k\beta_2)}{2m} + \gamma_t^* \beta_2 c - \dfrac{1}{2} r \gamma_t^{*} \sigma^2 \right], \quad t = n \end{cases}$$

(5 - 60)

运用 MATLAB 软件进行 10 周期的数值模拟如图 5 - 5 所示，企业收益随契约周期的增大而增加。而根据单期激励契约模型求得企业最优收益值 $\omega_0 + \dfrac{\gamma^{*2} \beta_1}{2m} + \gamma^* \beta_2 \varphi(e) - \dfrac{1}{2} r \gamma^{*2} \sigma^2$（$\gamma^*$ 为单周期契约模型下的最优激励系数），由于刚开始企业储备能力与努力程度无关，因此有 Π_{H0}

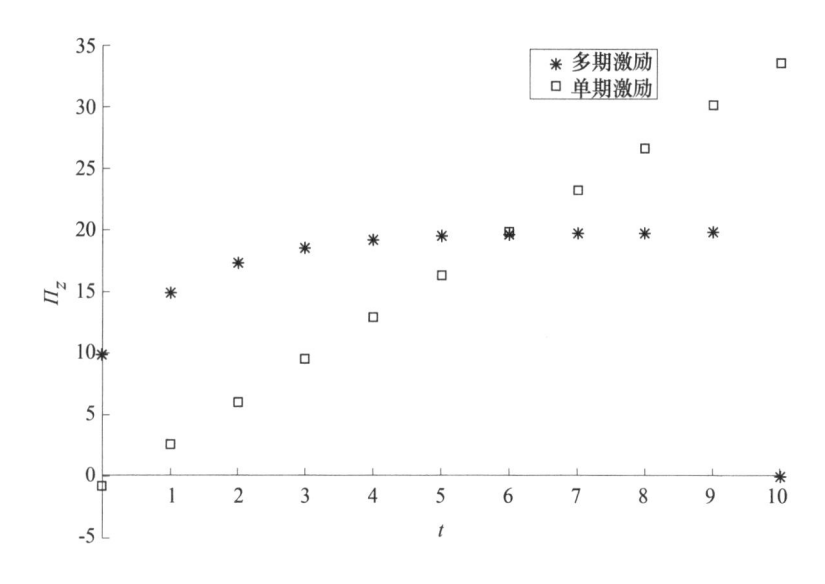

图 5-4 单期与多期激励契约下政府收益对比

（单期）=2.0864，而之后每期数值为 Π_{n-9}（单期）=7.3951，则企业在第 n 个契约周期的收益为前 n-1 期收益之和，从图 5-5 可以看出，单期契约下的企业收益在第 3 个周期前小于多期契约情况下的企业收益，从第 3 个契约周期开始，政企签订单期激励契约优于多期激励契约。

二 多期激励契约下政企最优合作周期

政企收益函数随契约周期的变化趋势相同。二者都是关于契约周期的递增凸函数，随契约周期的增加，政企收益都趋向稳定值，则政企合作周期必然存在一个最优的契约周期点，即在该契约周期双方收益趋于平稳增加。MATLAB 模拟出 10 个契约周期的双方收益曲线走势（如图 5-6 所示），从图中可以看出，当政企双方合作 6 个周期时，双方最优的收益值基本保持一定，都达到最优值，实现委托代储系统的协调。

结合对单多期情况下政企双方收益的模拟分析，在前 6 个契约周期，多期契约模型下的政府收益优于单期契约。由此可见，在政府看来，以 6 个周期为基准签订契约是合理的；再者，根据单多期契约下企业收益的

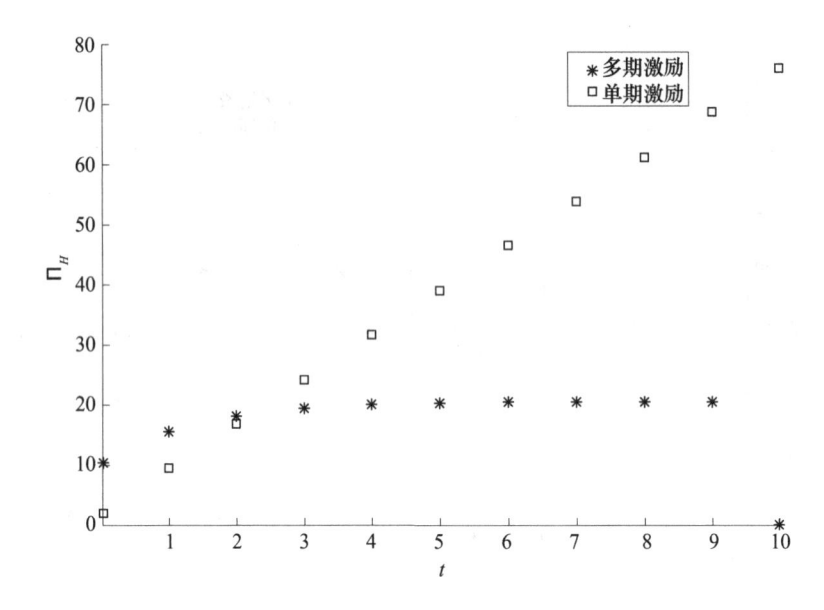

图 5-5 单期与多期激励契约下企业收益对比

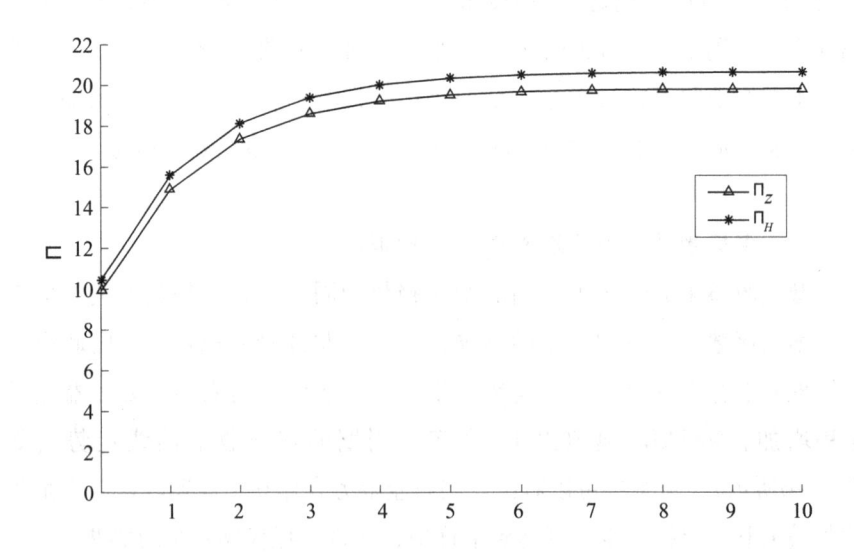

图 5-6 多期激励下政府和企业收益趋势

对比图,虽然从第 3 个契约周期开始,单期激励契约优于多期激励契约,但多期激励契约下企业的收益在第 6 个周期开始基本趋于平稳状态,且此时企业努力程度相对于前期来说也有所下降。也就是说,企业不需要付出更大的努力也能保证较高的收益,因此为追求长期平稳的收益,企业也愿意与政府签订多期激励契约。

综上,政府与企业签订契约时,契约周期应以 6 个周期为基准,才能保证每次合作双方都能达到最优联合收益值,实现在激励契约下双方收益方面的协调。

第六节　本章小结

本章针对在应急物资多周期委托代储供应链中,政府与企业合作时企业易出现的不自觉、不努力或是懒惰等行为,设计激励契约模型,激励企业努力按政企双方约定行事,保障应急条件下应急物资市场价值,最大化政企双方最优联合收益值。书中对模型结果分析及数值模拟部分的结论都为政府与企业提供了重要的参考建议。

(1) 政府的关键任务是确保最终应急物资的价值,保证应急条件下物资供应能力。根据单周期与多周期激励契约模拟结果,政府激励力度随契约时长的增加是递减的,导致应急物资价值随之减少。为进一步提升应急物资市场价值,在增强政府激励力度之外,还应该考虑企业努力程度与储备能力对应急物资市场价值的影响系数。因此,在双方合作之初,政府应通过多方面考察分析,选择信誉度高、储备设备先进、流程标准化的企业进行长期合作,这样的合作对象因其努力程度和储备能力较大,对应急物资市场价值的影响力度也大,即影响系数 β_1 和 β_2 相对较大,以此会提升应急物资市场价值。

(2) 委托代储过程中,企业应勇于承担风险。一方面,根据书中模型结果分析,企业越是厌恶风险,其得到的补贴越少;另一方面,企业承担的风险是 $\frac{1}{2}r\gamma^2\sigma^2$,根据多期激励契约模型数值模拟结果,激励系数随契约周期的增加是减少的,也就是说,随双方合作时间变长,企业承担的风险是递减的。因此，对于代储企业而言，合作期间应勇于承担风险，政府才会给予更高的激励，政企双方的最优联合收益值会达到更高一层的均衡。

（3）多周期激励契约模型具有一定的局限性。本章构建的多期激励契约模型并未考虑两期之间变量的关系，而是从总体分析多期契约情况下政企收益、政府激励力度、企业努力程度及应急物资市场价值等随契约周期的变化趋势，并验证了政企长期合作要优于单周期合作，多期情况下更能保障应急条件下物资供应能力。而从动态规划的角度模拟两期之间联系的研究可作为进一步的工作方向。

第 六 章

应急物资委托代储供应链双向激励契约与协调研究

上述第三至第五章在设计不对称信息情况下的契约模型时，主要从政府委托企业代储方式的不同以及政企合作周期的不同进行分析，其间因存在单边不对称信息因素（政府对企业行为具有非对称信息）导致代储企业存在道德风险问题，政府作为主导者设计激励契约刺激企业增强努力程度，防范代储企业道德风险的发生，改善政企双方信息共享程度。而本章考虑应急物资委托代储中存在双重信息不对称因素，即在政府无法观测企业努力行为的同时，企业同样对政府的监管具有不对称信息，此时政府的监管努力水平会在一定程度上影响代储企业的努力行为，政企双方努力程度交互影响下，若政府选择将监管职责外包，在没有政府亲自监管的情况下，代储企业会存在道德风险问题，这对应急物资的及时供应能力具有不利影响。那么如何设计激励契约促进政府行使监管职责，同时做好代储企业道德风险的防范策略，以协调双重信息不对称下政企合作的应急物资委托代储整体系统，使得政企双方的努力程度同时达到最优水平是至关重要的。

第一节 问题描述

本章研究对象同样涉及需求量大、保质期短的应急物资，且对该类物资中极易变质的应急物资更为有效，易变质类应急物资主要指储备期限较短的食品类物资（如面包、牛奶等）或是对储备环境要求较高的血液等类型的物资，突发灾害救援中对这类物资的需求是必然的，且需求量较大，因此，有效控制易变质类应急物资变质量是提升物资供应能力、降低灾害伤亡的关键。目前对于该类物资的储备同样普遍采用政企合作的应急物资委托代储方式，政府委托企业代储应急物资是减少应急物资变质、提高应急物资供应能力的重要储备策略。储备过程中政府对应急物资储备具有实时监管的职责，企业则根据应急物资保质期限对其进行定时更新，且控制储备库的温度、湿度等储备环境。因此，政府监管努力程度以及企业储备努力程度对应急物资质量都具有重要影响，但因存在双方信息无法实时共享、企业储备管理机制不健全等外界因素，易造成灾害救援过程中应急物资供应不足，或是因供过于求导致大量应急物资的积压，大量的积压导致易变质类应急物资最终被销毁，这给应急条件下灾害救援带来极大的隐患，政企双方非但无法获益，还需承担一定的损失，且对社会民心产生极大的消极作用。如绪论中所提到的美国"9·11恐怖袭击事件"和伊朗巴姆大地震期间，因供需不平衡及信息无法及时共享等因素导致大量血液变质，其中"9·11"事件中销毁了近30万单位的变质血液，应急物资变质不但无法继续救死扶伤，还对政企双方造成重大损失，政企合作供应链无法实现协调。

在政企合作的应急物资委托代储管理中，如若政企双方各自具有私人信息，双方努力程度互不可见，这种情况下政府的监管努力程度对企业努力行为有正向激励的作用，双方努力程度交互影响，如何设计激励契约促使政企合作中双方努力程度同时达到最优值，防范企业道德风险的同时促使政府行使监管职责，规避政府监管不到位造成企业道德风险问题，是保障双边不对称信息下应急物资及时供应能力的关键。为此，本章首先分析并构建了政企无契约合作下的应急物资委托代储供应链决策模型，发现在双边不对称信息下，政企最优努力程度与应急物资单位变质损失、最大变质损失量、应急物资变质损失比例以及对方努力成本系数正相关，与其自身努力成本系数负相关，但两者无法同时实现最优水平，应急物资变质量高于完全信息下的最优值，政企合作供应链处于失调状态；其次设计双向激励契约调整政企双方利润分配，激励政企双方努力程度的同时实现最优,以协调政企合作供应链。运用 MATLAB 实验平台进行数值模拟,深层分析了政企利润与各自补偿收益以及惩罚因子之间的关系。研究结论表明,设计双向激励契约能够调动政企双方提高努力程度的积极性,保障储备过程中应急物资质量,实现双边不对称信息条件下应急物资委托代储供应链协调。

第二节 政企无契约合作下供应链决策模型

通过对比对称信息与双边不对称信息情况下政企双方成本收益,分别构建了两种策略下应急物资委托代储供应链决策模型,并对比分析了两种策略下政企双方努力程度、应急物资变质量及供应链利润的差异。

一 模型假设与参变量

(一) 变量定义和说明

为便于模型构建,文章设置以下重要参数:

R ——应急物资单位变质损失;

θ ——应急物资变质损失比例,$0 < \theta < 1$,其中企业承担的应急物资单位变质损失为 θR,政府承担的应急物资单位变质损失为 $(1-\theta)R$;

e_1 ——政府监管努力程度,$e_1 \geq 1$;

e_2 ——企业储备努力程度,$e_2 \geq 1$;

K ——应急物资变质量;

p ——政企双方努力程度最低时应急物资变质量,即当双方努力程度 $e_1 = e_2 = 1$ 时的应急物资变质量。

(二) 模型假设

假设1:政企双方的决策变量分别是各自努力程度,应急物资变质量 K 是关于政企双方努力程度的递减凸函数。

假设2:政企双方的努力行为具有互补性。政府关于产品存储方式以及保质期等的实时监管可以弥补企业在储备过程中的疏忽和遗漏,企业人员对储备库的尽职尽责也能够弥补政府的疏漏,所以任何一方的努力程度趋向于无穷大的时候,应急物资变质量都应该趋向于 0,即 $\lim_{e_1 0 \text{ or } e_2 \to \infty} K(e_1, e_2) = 0$。

基于假设 1 和假设 2,采用下式表示应急物资变质量与双方努力程度的关系:

$$K(e_1, e_2) = \frac{p}{e_1 e_2} \qquad (6-1)$$

当政企双方努力程度 $e_1 = e_2 = 1$ 时,应急物资变质量达到最大值,即 p 是双方努力程度最低时应急物资最大变质量。

假设 3:政府和企业努力成本采用货币成本表示方法,则政府和代储企业的努力成本分别为:

$$C(e_1) = \frac{1}{2}\eta_1 e_1^2, \quad C(e_2) = \frac{1}{2}\eta_2 e_2^2 \qquad (6-2)$$

其中 η_1 和 η_2 分别是政府和企业的努力成本系数($\eta_1 > 0$,$\eta_2 > 0$),双方努力成本函数是关于各自努力程度的增函数,[1] 即 $C'(e_1) > 0$,$C'(e_2) > 0$,且随着各自努力程度的增加,双方的边际努力成本也随之增加,即 $C''(e_1) = \eta_1 > 0$,$C''(e_2) = \eta_2 > 0$。

二 对称信息下供应链决策模型

对称信息条件下追求政企合作供应链整体利润最大化,此时可以用政企共同努力下避免的应急物资变质损失作为供应链整体利润。供应链系统减少的应急物资变质量为:

$$\Delta K(e_1, e_2) = p - \frac{p}{e_1 e_2} \qquad (6-3)$$

那么可以避免的应急物资变质损失就可以表示为:

$$\Delta R = R^* \Delta K(e_1, e_2) = R\left(p - \frac{p}{e_1 e_2}\right) \qquad (6-4)$$

则对称信息情况下应急物资委托代储供应链整体利润可以表示如下:

$$\Pi^c = R\left(p - \frac{p}{e_1 e_2}\right) - \frac{1}{2}\eta_1 e_1^2 - \frac{1}{2}\eta_2 e_2^2 \qquad (6-5)$$

---

[1] Hölmstrom B., "Moral Hazard and Observability", *The Bell Journal of Economics*, Vol. 10, No. 1, 1979.

分别对 e_1 和 e_2 求一阶导数，联合求解得出对称信息条件下政府和企业最优的努力程度分别为：

$$e_1^c = \left(\frac{\eta_2}{\eta_1^3}\right)^{\frac{1}{8}} (Rp)^{\frac{1}{4}},$$

$$e_2^c = \left(\frac{\eta_1}{\eta_2^3}\right)^{\frac{1}{8}} (Rp)^{\frac{1}{4}} \qquad (6-6)$$

分别将对称信息下最优努力程度代入得出最优应急物资变质量和对称信息下供应链系统整体利润为：

$$K(e_1^c, e_2^c) = \frac{p}{e_1^c e_2^c} = (\eta_1 \eta_2)^{\frac{1}{4}} \left(\frac{p}{R}\right)^{\frac{1}{2}} \qquad (6-7)$$

$$\Pi^c = Rp - 2(\eta_1 \eta_2)^{\frac{1}{4}} (Rp)^{\frac{1}{2}} \qquad (6-8)$$

根据以上对称信息下应急物资委托代储供应链分析过程，总结得出命题1：

命题1：对称信息条件下政企双方努力程度达到最优值，分别为 e_1^c 和 e_2^c，此时政企合作供应链实现完美协调，政企双方最优努力程度与应急物资单位变质损失、应急物资最大变质量及对方努力成本系数正相关，而与自身努力成本系数负相关。

三 双边不对称信息下供应链决策模型

在双边不对称信息情况下，政企各自追求自身利润最大化，根据双方承担的应急物资变质损失比例的不同，可求出政府和代储企业利润函数。政府承担应急物资变质损失比例为 $(1-\theta)$，则双边不对称信息下政府利润函数为：

$$\Pi_z^d = (1-\theta)R\left(p - \frac{p}{e_1 e_2}\right) - \frac{1}{2}\eta_1 e_1^2 \qquad (6-9)$$

代储企业承担的应急物资变质损失比例为 θ，则代储企业利润函数为：

$$\Pi_h^d = \theta R\left(p - \frac{p}{e_1 e_2}\right) - \frac{1}{2}\eta_2 e_2^2 \qquad (6-10)$$

双边不对称信息下，企业首先会选择一个最优的努力程度最大化自身利润函数，之后政府根据企业的行为决定自己的努力程度，因此采用逆向求解法，对企业利润关于其努力程度 e_2 求一阶导数得：

$$\frac{\partial \Pi_h^d}{\partial e_2} = \frac{\theta R p}{e_1 e_2^2} - \eta_2 e_2 = 0 \Rightarrow e_2 = \left(\frac{\theta R p}{\eta_2 e_1}\right)^{\frac{1}{3}} \quad (6-11)$$

将其带入政府利润函数中，求解政府利润关于其努力程度 e_1 的导数，最终得出政府与代储企业在双边不对称信息下的最优努力程度：

$$e_1^d = \left(\frac{2}{3}\right)^{\frac{3}{8}} \left[\frac{(1-\theta)^3}{\theta}\right]^{\frac{1}{8}} (Rp)^{\frac{1}{4}} \left(\frac{\eta_2}{\eta_1^3}\right)^{\frac{1}{8}},$$

$$e_2^d = \left(\frac{2}{3}\right)^{-\frac{1}{8}} \left[\frac{\theta^3}{(1-\theta)}\right]^{\frac{1}{8}} (Rp)^{\frac{1}{4}} \left(\frac{\eta_1}{\eta_2^3}\right)^{\frac{1}{8}} \quad (6-12)$$

分析以上最优努力程度关于应急物资变质损失比例的单调性得：

$$\frac{\partial e_1^d}{\partial \theta} = \left(\frac{2}{3}\right)^{\frac{3}{8}} (Rp)^{\frac{1}{4}} \left(\frac{\eta_2}{\eta_1^3}\right)^{\frac{1}{8}}$$

$$\frac{\left[-\frac{3}{8}(1-\theta)^{-\frac{5}{8}} \theta^{\frac{1}{8}} - \frac{1}{8}(1-\theta)^{\frac{3}{8}} \theta^{-\frac{7}{8}}\right]}{\theta^{\frac{1}{4}}} < 0 \quad (6-13)$$

$$\frac{\partial e_2^d}{\partial \theta} = \left(\frac{2}{3}\right)^{-\frac{1}{8}} (Rp)^{\frac{1}{4}} \left(\frac{\eta_1}{\eta_2^3}\right)^{\frac{1}{8}}$$

$$\frac{\left[\frac{3}{8} \theta^{-\frac{5}{8}} (1-\theta)^{\frac{1}{8}} + \frac{1}{8} \theta^{\frac{3}{8}} (1-\theta)^{-\frac{7}{8}}\right]}{(1-\theta)^{\frac{1}{4}}} > 0 \quad (6-14)$$

由上得知，双边不对称信息下政府努力程度是关于 θ 的减函数，而政府承担的应急物资变质损失比例为 $(1-\theta)$，因此政企双方努力程度与自身承担的变质损失比例正相关。

命题 2：双边不对称信息下政府和企业的努力程度与应急物资单位变质损失、应急物资最大变质量、对方努力成本系数及应急物资变质损失比例呈正相关，而与其自身努力成本系数负相关。

将政企努力程度代入应急物资变质量及双方利润函数中，得出双边不对称信息下应急物资变质量表达式以及双方利润函数表达式分别为：

$$K(e_1^d, e_2^d) = \frac{p}{e_1^d e_2^d} = \left[\frac{3\eta_1 \eta_2}{2\theta(1-\theta)}\right]^{\frac{1}{4}} \left(\frac{p}{R}\right)^{\frac{1}{2}} \quad (6-15)$$

$$\Pi_z^d = (1-\theta)Rp - \frac{4}{3}\left[\frac{3\eta_1\eta_2(1-\theta)^3}{2\theta}\right]^{\frac{1}{4}}(Rp)^{\frac{1}{2}} \quad (6-16)$$

$$\Pi_h^d = \theta Rp - \frac{3}{2}\left[\frac{3\eta_1\eta_2\theta^3}{2(1-\theta)}\right]^{\frac{1}{4}}(Rp)^{\frac{1}{2}} \quad (6-17)$$

四 两种策略下决策模型比较分析

通过构建对称信息与双边不对称信息下的供应链决策模型，以下分别对两种策略下政企努力程度、应急物资变质量以及供应链整体利润进行对比分析。

(一) 两种策略下政企努力程度比较

将对称信息条件下政企最优努力程度作为基数，与双边不对称信息下的努力程度作对比得出：

$$\frac{e_1^d}{e_1^c} = \left[\frac{2}{3}\right]^{\frac{3}{8}}\left[\frac{(1-\theta)^3}{\theta}\right]^{\frac{1}{8}} \quad \frac{e_2^d}{e_2^c} = \left[\frac{2}{3}\right]^{-\frac{1}{8}}\left[\frac{\theta^3}{(1-\theta)}\right]^{\frac{1}{8}} \quad (6-18)$$

通过以上式子，当 $\theta_1 = 0.1696$ 时，两种策略下的政府监管努力程度相等，即有 $\frac{e_1^d}{e_1^c} = 1$，此时政府监管努力程度与对称信息下政府最优努力相一致；而当 $\theta_2 = 0.6282$ 时，两种策略下的代储企业储备努力程度相等，即有 $\frac{e_2^d}{e_2^c} = 1$，此时企业储备努力程度与对称信息下企业最优努力相一致，但由于 $\theta_1 \neq \theta_2$，所以双边不对称信息下政企努力程度不可能同时实现最优值。

命题3：当应急物资变质损失比例达到一定值时，双边不对称信息下政府或者企业的努力程度能够与对称信息下最优努力程度保持一致，但双方努力程度不可能同时实现最优。即无论如何调整变质损失分配比例，都无法实现双边不对称信息决策与对称信息下供应链决策模型的统一。

(二) 两种策略下应急物资变质量的比较

同样，将对称信息下应急物资变质量作为基数，与双边不对称信息下应急物资变质量作对比得出：

$$\frac{K(e_1^d, e_2^d)}{K(e_1^c, e_2^c)} = \left[\frac{3}{2\theta(1-\theta)}\right]^{\frac{1}{4}}$$

$$\geq \left[\frac{3}{2 \times \frac{1}{2}\left(1 - \frac{1}{2}\right)}\right]^{\frac{1}{4}} \approx 1.56 (0 < \theta < 1) \quad (6-19)$$

命题 4: 双边不对称信息下的应急物资变质量高于对称信息策略, 且当 $\theta = 0.5$ 时, 两种策略下的应急物资变质量差距最小, 此时双边不对称信息下的应急物资变质量达到最低水平, 约为集中策略下的 1.56 倍, 而随着应急物资变质损失比例的不均匀分配, 双边不对称信息下的应急物资变质量将会越来越大。

(三) 两种策略下供应链利润的比较

比较对称信息与双边不对称信息下的供应链利润, 对称信息下与双边不对称信息下供应链利润的差值为:

$$\Delta \Pi = \Pi^c - (\Pi_Z^d + \Pi_H^d) = R\left(p - \frac{p}{e_1^c e_2^c}\right)$$

$$- \frac{1}{2}\eta_1 e_1^{c2} - \frac{1}{2}\eta_2 e_2^{c2} - R\left(p - \frac{p}{e_1^d e_2^d}\right)$$

$$- \frac{1}{2}\eta_1 e_1^{d2} - \frac{1}{2}\eta_2 e_2^{d2} = (\eta_1 \eta_2)^{\frac{1}{4}} (Rp)^{\frac{1}{2}}$$

$$\left[\left(\frac{3}{2\theta(1-\theta)}\right)^{\frac{1}{4}} \left(\frac{8+\theta}{6}\right) - 2\right] \quad (6-20)$$

其中 $(\eta_1 \eta_2)^{\frac{1}{4}} (Rp)^{\frac{1}{2}} > 0$, 另有

$$\left[\frac{3}{2\theta(1-\theta)}\right]^{\frac{1}{4}} \left(\frac{8+\theta}{6}\right) - 2 > \left[\frac{3}{2\theta(1-\theta)}\right]^{\frac{1}{4}} \times \frac{4}{3}$$

$$- 2 \geq \left[\frac{3}{2 \times \frac{1}{2} \times \left(1 - \frac{1}{2}\right)}\right]^{\frac{1}{4}} \times \frac{4}{3} - 2 = 0.087 > 0 \quad (6-21)$$

说明对称信息下的供应链利润大于双边不对称信息下的供应链利润。

命题 5: 双边不对称信息下供应链处于不协调状态, 当 $\theta = 0.5$ 时, 差值最小, 供应链不协调程度最低, 随着 θ 增大, 差值越大, 即供应链协调带来的利润就越大。

综上, 通过以上两种策略的对比分析, 对称信息下能够实现供应链协调, 而双边不对称信息下的应急物资委托代储供应链无法高效协作, 政企双方努力程度无法同时达到最优水平, 应急物资变质量高于对称信

息下的变质量，供应链整体利润低于协调状态下的利润；而基于现实情况，政企合作中应急物资委托代储过程中有可能存在双边不对称信息，针对此情况经研究发现，设计双向激励契约协调机制是实现双边不对称信息下的应急物资委托代储供应链协调的可行路径。

第三节 基于双向激励契约的供应链决策模型

为实现双边不对称信息下的应急物资委托代储供应链协调，本章设计奖惩并用的双向激励契约协调机制，针对政企双方努力程度进行双向激励，确保政企双方努力程度能够同时达到最优水平，并实现双边不对称信息下应急物资委托代储供应链协调。

针对政府和代储企业设置惩罚系数与补偿收益，令 u_z 和 u_h 分别是对政府和企业的补偿收益，而 γ_z 和 γ_h 分别是针对政府和企业应急物资变质量的惩罚系数，根据以上双边不对称信息下政企双方利润函数分析，加入应急物资变质的惩罚系数和补偿收益后，政府利润函数为：

$$\Pi_z^q = (1-\theta)R\left(p - \frac{p}{e_1 e_2}\right) - \frac{1}{2}\eta_1 e_1^2 + u_z - \gamma_z \frac{p}{e_1 e_2} \quad (6-22)$$

代储企业利润函数为：

$$\Pi_h^q = \theta R\left(p - \frac{p}{e_1 e_2}\right) - \frac{1}{2}\eta_2 e_2^2 + u_h - \gamma_h \frac{p}{e_1 e_2} \quad (6-23)$$

同样采用逆向求解法，代储企业总是要选择一个最优的储备努力程度最大化自身利润，求解企业利润关于其储备努力程度的一阶导数：

$$\frac{\partial \Pi_h^q}{\partial e_2} = \frac{\theta R p + \gamma_h p}{e_1 e_2^2} - \eta_2 e_2 = 0 \Rightarrow e_2 = \left(\frac{\theta R p + \gamma_h p}{\eta_2 e_2}\right)^{\frac{1}{3}} \quad (6-24)$$

将上式代入政府利润函数中，关于努力程度 e_1 求解出激励契约协调机制下政府努力程度为：

$$e_1^q = \left(\frac{2}{3}\right)^{\frac{3}{8}} p^{\frac{1}{4}} \left(\frac{\eta_2}{\eta_1^3}\right)^{\frac{1}{8}} \left\{\frac{[(1-\theta)R + \gamma_z]^3}{\theta R + \gamma_h}\right\}^{\frac{1}{8}} \quad (6-25)$$

同样，可以求解出代储企业努力程度为：

$$e_2^q = \left(\frac{2}{3}\right)^{-\frac{1}{8}} p^{\frac{1}{4}} \left(\frac{\eta_1}{\eta_2^3}\right)^{\frac{1}{8}} \left[\frac{(\theta R + \gamma_h)^3}{(1-\theta)R + \gamma_z}\right]^{\frac{1}{8}} \quad (6-26)$$

为实现双边不对称信息下供应链协调,首先分析政府与代储企业惩罚系数满足的条件,令双向激励契约协调机制下的政企努力程度等于对称信息下的政企最优努力程度:

$$\begin{cases} e_1^q = e_1^c \\ e_2^q = e_2^c \end{cases} \tag{6-27}$$

要满足以上方程式,政府与代储企业的惩罚系数必须满足以下条件:

$$\gamma_z = (0.5 + \theta)R \quad \gamma_h = (1 - \theta)R \tag{6-28}$$

接下来分析政企双方补偿收益需满足的条件,通过以上分析得知:(1)双向激励契约协调机制下的政企双方利润应不小于双边不对称信息下的双方利润;(2)双向激励契约协调机制下供应链整体利润等于对称信息下供应链最优利润,即满足以下三个条件:

$$\Pi_z^q \geqslant \Pi_z^d, \quad \Pi_h^q \geqslant \Pi_h^d, \quad \Pi_z^q + \Pi_h^q = \Pi^c \tag{6-29}$$

基于以上利润函数满足的条件,代入惩罚系数公式,得出政企双方补偿收益满足的三个条件:

$$u_z \geqslant 2(\eta_1 \eta_2)^{\frac{1}{4}} (Rp)^{\frac{1}{2}} \left\{ 1 - \frac{2}{3} \left[\frac{3(1-\theta)^3}{2\theta} \right]^{\frac{1}{4}} \right\} \tag{6-30}$$

$$u_h \geqslant \frac{3}{2}(\eta_1 \eta_2)^{\frac{1}{4}} (Rp)^{\frac{1}{2}} \left\{ 1 - \left[\frac{3\theta^3}{2(1-\theta)} \right]^{\frac{1}{4}} \right\} \tag{6-31}$$

$$u_z + u_h = \frac{3}{2}(\eta_1 \eta_2)^{\frac{1}{4}} (Rp)^{\frac{1}{2}} \tag{6-32}$$

综上,政企补偿收益满足以上三个条件时,双向激励契约协调机制下供应链整体利润才能达到对称信息下系统最优利润。

第四节 算例分析

一 政府与企业补偿收益曲线

根据以上求解过程,为进一步分析双向激励契约协调机制如何实现双边不对称信息下应急物资委托代储供应链协调,以下设政企努力成本系数 $\eta_1 = \eta_2 = 5$,应急物资单位变质损失 $R = 10$,应急物资最大变质量 $p = 5$,基于此,运用 MATLAB 实验平台进行数值模拟。

首先，根据上述模型结果分析得知政府最低补偿收益为：

$$u_z(\min) = 2(\eta_1\eta_2)^{\frac{1}{4}}(Rp)^{\frac{1}{2}}\left\{1-\frac{2}{3}\left[\frac{3(1-\theta)^3}{2\theta}\right]^{\frac{1}{4}}\right\} \quad (6-33)$$

因政府与企业补偿收益之和一定，因此政府最高补偿收益可以表示为总补偿收益减去企业最低补偿收益，即：

$$u_z(\max) = \frac{3}{2}(\eta_1\eta_2)^{\frac{1}{4}}(Rp)^{\frac{1}{2}} - \frac{3}{2}(\eta_1\eta_2)^{\frac{1}{4}}(Rp)^{\frac{1}{2}}\left\{1-\left[\frac{3\theta^3}{2(1-\theta)}\right]^{\frac{1}{4}}\right\}$$
$$(6-34)$$

在给定以上参数值时，运用 MATLAB 软件画出政府最高和最低补偿收益曲线如图 6-1 所示，当 θ 取某一个值时，政府补偿收益可以在 $[u_z(\min), u_z(\max)]$ 区间范围内任意选取，且两个补偿收益曲线都随应急物资变质损失比例的增大而增加。

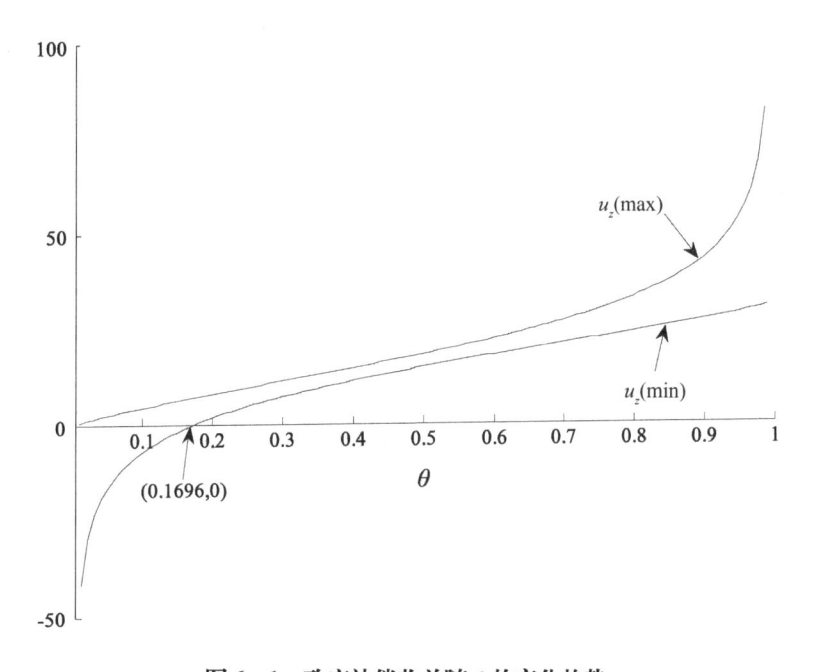

图 6-1 政府补偿收益随 θ 的变化趋势

从最低补偿收益函数可知，当 $\theta = 0.1696$ 时，政府最低补偿收益为 0，而当 $\theta < 0.1696$ 时，应急物资变质损失基本由政府承担，设计双向激

对政府的惩罚系数 $\gamma_z = (0.5 + \theta)R$ 远小于对代储企业的惩罚系数 $\gamma_h = (1 - \theta)R$，此时政府利润大大增加，但企业支付了大量的努力成本，应急物资变质量减少获得的收益不足以弥补企业付出的成本，因此又通过设计补偿收益将政府部分收益转移给企业作为努力补偿。也就是说，当 $\theta < 0.1696$ 时，此时为实现双边不对称信息下应急物资委托代储供应链协调，无须给政府进行补偿收益，补偿收益大部分都转移给了企业，因此图 6-1 中显示此时政府最低补偿收益小于零。

其次，同样由代储企业补偿收益满足的条件，其最低补偿收益为：

$$u_h(\min) = \frac{3}{2}(\eta_1 \eta_2)^{\frac{1}{4}}(Rp)^{\frac{1}{2}}\left\{1 - \left[\frac{3\theta^3}{2(1-\theta)}\right]^{\frac{1}{4}}\right\} \quad (6-35)$$

因政府与企业补偿收益之和一定，因此代储企业最高补偿收益可以表示为总补偿收益减去政府最低补偿收益，即：

$$u_h(\max) = \frac{3}{2}(\eta_1 \eta_2)^{\frac{1}{4}}(Rp)^{\frac{1}{2}} - 2(\eta_1 \eta_2)^{\frac{1}{4}}(Rp)^{\frac{1}{2}}$$
$$\left\{1 - \frac{2}{3}\left[\frac{3(1-\theta)^3}{2\theta}\right]^{\frac{1}{4}}\right\} \quad (6-36)$$

同样，在给定以上参数值时，运用 MATLAB 软件描绘企业补偿收益函数随 θ 的变化趋势，如图 6-2 所示。随着应急物资变质损失比例的增大，企业补偿收益函数呈下降趋势，当 θ 取某一个值时，企业补偿收益可以在 $[u_h(\min), u_h(\max)]$ 区间范围内任意选取。

从图 6-2 可以看出，当最低补偿收益曲线中 $\theta = 0.6282$ 以及最高补偿收益曲线 $\theta = 0.7823$ 时，企业补偿收益为 0，而当最低补偿收益曲线中 $\theta > 0.6282$ 或者最高补偿收益曲线 $\theta > 0.7823$ 时，此时应急物资变质损失大部分由企业承担。设计激励契约协调机制惩罚系数之后，由于此时应急物资变质损失比例较高，对企业的惩罚系数 $\gamma_h = (1 - \theta)R$ 远小于对政府的惩罚系数 $\gamma_z = (0.5 + \theta)R$，此时企业利润将大大增加，但政府支付了大量的努力成本，因此为实现双边不对称信息下应急物资委托代储供应链协调，又通过补偿收益将企业收益转移给政府，此时图 6-2 也显示，当 $\theta > 0.6282$ 时，企业最低补偿收益小于 0，即此时无须给予企业补偿就能实现供应链协调。

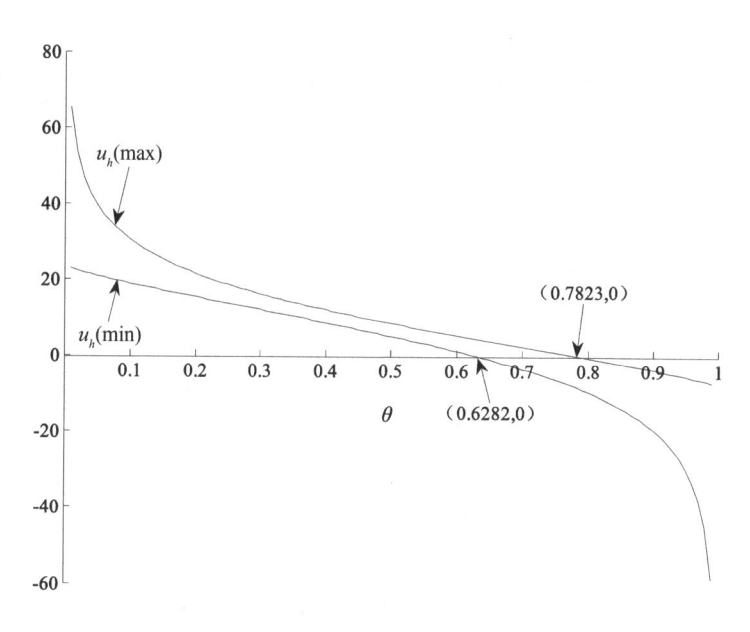

图 6-2 代储企业补偿收益随 θ 的变化趋势

二 不同策略下政企双方利润对比分析

根据以上模拟,从中得到部分模拟数据,见表 6-1,分别给出了政企补偿收益、双向激励契约协调机制下的政企双方利润函数、双边不对称信息下的政企双方利润及两种策略下供应链整体利润随应急物资变质损失分配比例的变化情况。

表 6-1 政企补偿收益及不同策略下供应链利润随 θ 的变化情况

θ	u_z	u_h	Π_z^q	Π_h^q	Π_z^d	Π_h^d	$\Pi_z^q + \Pi_h^q = \Pi^c$	$\Pi_z^d + \Pi_h^d < \Pi^c$
0.1	-6.7138	30.4309	6.6634	11.7138	6.6634	0.2079	18.3772	6.8713
	4.7921	18.9250	18.1693	0.2079	6.6634	0.2079	18.3772	6.8713
0.1696	-0.0030	23.7201	9.8942	8.4830	9.8943	1.2134	18.3772	11.1077
	7.2666	16.4505	17.1638	1.2134	9.8943	1.2134	18.3772	11.1077

续表

θ	u_z	u_h	Π_z^q	Π_h^q	Π_z^d	Π_h^d	$\Pi_z^q + \Pi_h^q = \Pi^c$	$\Pi_z^d + \Pi_h^d < \Pi^c$
0.2	2.1113	21.6058	10.4885	7.8887	10.4885	1.6999	18.3772	12.1884
	8.3001	15.4170	16.6773	1.6999	10.4885	1.6999	18.3772	12.1884
0.3	7.4974	16.2197	10.8746	7.5026	10.8746	3.3681	18.3772	14.2427
	11.6319	12.0852	15.0091	3.3681	10.8746	3.3681	18.3772	14.2427
0.4	11.6228	12.0943	10.0000	8.3772	10.000	5.0000	18.3772	15.0000
	15.0000	8.71710	13.3772	5.0000	10.000	5.0000	18.3772	15.0000
0.5	15.1253	8.5918	8.5025	9.8747	8.5026	6.4404	18.3772	14.9430
	18.5596	5.1575	11.9368	6.4404	8.5026	6.4404	18.3772	14.9430
0.6	18.2894	5.4277	6.6666	11.7106	6.6667	7.5000	18.3772	14.1667
	22.5000	1.2171	10.8772	7.5000	6.6667	7.5000	18.3772	14.1667
0.6282	19.1449	4.5722	6.1121	12.2651	6.1122	7.6919	18.3772	13.8041
	23.7181	-0.001	10.6853	7.6919	6.1122	7.6919	18.3772	13.8041
0.7	21.2833	2.4338	4.6605	13.7167	4.6605	7.8589	18.3772	12.5194
	27.1411	-3.424	10.5183	7.8589	4.6605	7.8589	18.3772	12.5194
0.8	24.2449	-0.5278	2.6221	15.7551	2.6221	6.7995	18.3772	9.4216
	33.2005	-9.4834	11.5777	6.7995	2.6221	6.7995	18.3772	9.4216
0.9	27.3632	-3.6461	0.7404	17.6368	0.7404	1.8713	18.3772	2.6117
	43.1287	-19.4116	16.5059	1.8713	0.7404	1.8713	18.3772	2.6117

从表6-1中可以得出以下几点结论：

（1）当应急物资变质损失比例较小时，政府是主要承担变质损失的一方，获利较小，但设计双向激励契约协调机制之后，给予政府更多的补偿收益，如在 $\theta = 0.1$ 时，政府获取补偿收益后利润明显增加，且在政府转移支付因子最小为 -6.7138，也保证双向激励契约下的利润不小于双边不对称信息下的利润，当补偿收益慢慢增大到 4.7921 时，其利润已由原来的 6.6634 增大到 18.1693，同时保证此时企业的利润高于双边不对称信息下的利润。

（2）随着变质损失比例的增大，政府最低补偿收益增大，但根据 $\gamma_z = (0.5 + \theta)R$，其惩罚系数也随之增大，而企业最低补偿收益减小，

但其惩罚系数 $\gamma_h = (1-\theta)R$ 减小，也就是惩罚的一部分收益将转移给企业，因为随着 θ 增大，企业承担的变质损失增大，需要给予一定补偿收益减小供应链的不协调。

（3）当 $\theta = 0.1696$ 时，可以看出不需要给予政府补偿收益就可以达到协调，只需给予企业一定的补偿收益；当 $\theta = 0.6282$ 时，不需给企业补偿收益就可以达到系统协调。且在 $\theta = 0.5$ 之前，企业的补偿收益占比例较大，0.5 之后，政府补偿收益所占比例较大，补偿收益的分配可根据具体情况适当调整。

（4）双向激励契约协调机制下的供应链整体利润等于对称信息下供应链协调时的系统整体利润最优值，且不随应急物资变质损失比例的变化而变化；而从表 6-1 最后一列以及图 6-3 可以看出，无论应急物资变质损失比例如何分配，双边不对称信息下的供应链利润都小于激励契约协调机制下的供应链利润，且当 $\theta = 0.5$ 时，双边不对称信息下的供应链整体利润达到最大值，随着 θ 分配越不均衡，双边不对称信息下供应链利润就越小。

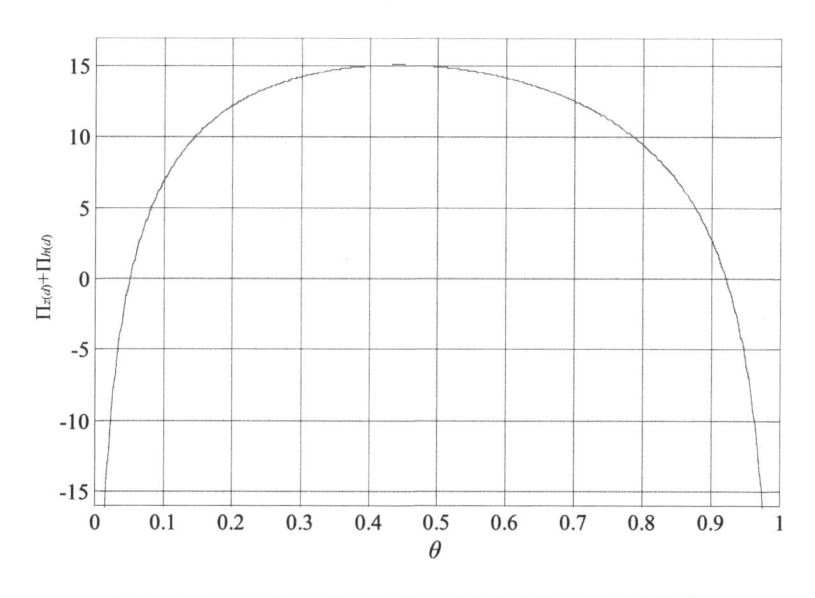

图 6-3 双边不对称信息下供应链整体利润随 θ 变化趋势

以下分析双向激励契约协调机制决策下政企双方利润随应急物资变质损失比例的变化趋势,首先,在政府获得最高和最低补偿收益情况下,政府利润关于应急物资变质损失比例 θ 的单调性,如图 6-4 和图 6-5 所示。

从图 6-4 和图 6-5 可以看出,在最高补偿收益和最低补偿收益两种情况下,政府利润随应急物资变质损失分配比例的变化趋势不同。政府获得最低补偿收益情况下,当应急物资变质损失比例较低时,政府支付较少的努力成本,结合图 6-1,最低补偿收益的增长率大于政府惩罚系数的增长率,因此在一定范围内政府利润是增大的,而当 θ 达到一定值时,政府支付的努力成本逐渐变大,此时最低补偿收益增长的速度较慢,增加的收益已不足以弥补政府所支付的努力成本,因此利润有所下降;另外,政府获得最高补偿收益情况下,从政府最高补偿收益曲线得知,当 θ 处于较低水平时,补偿收益随 θ 变化较为平缓,不足以弥补政府所支付的努力成本,因此政府利润在一定范围内有所下降,当 θ 达到一定值时,最高补偿收益增长率变大,此时政府利润开始急剧增加,如图 6-5 所示。

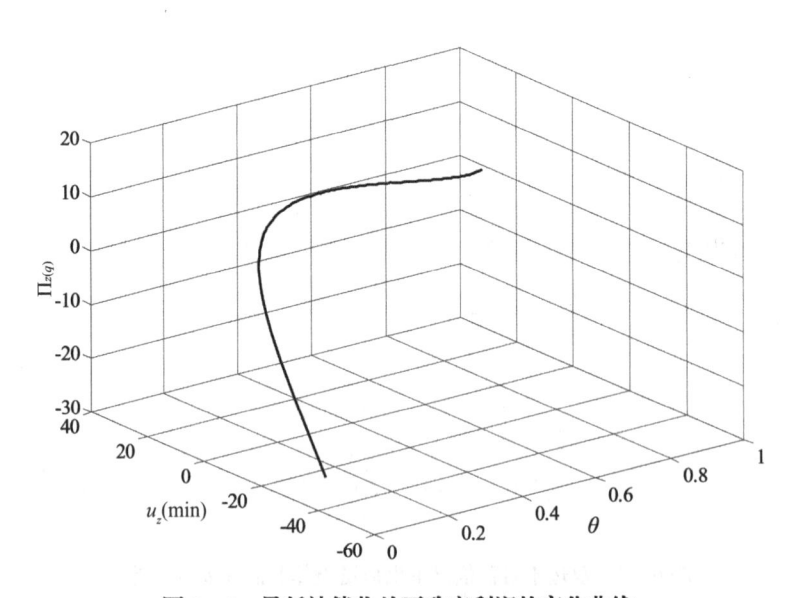

图 6-4　最低补偿收益下政府利润的变化曲线

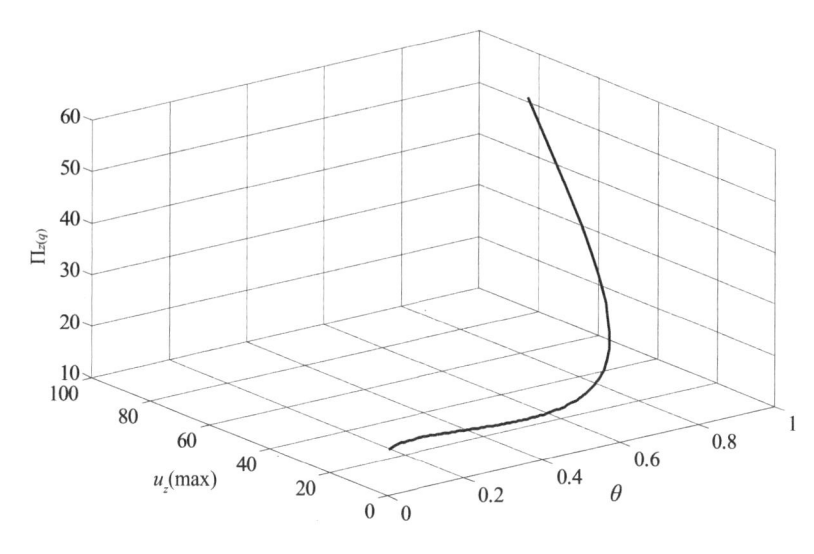

图 6-5　最高补偿收益下政府利润的变化曲线

其次，分析企业在收到最低和最高补偿收益情况下，企业利润随应急物资变质损失比例 θ 的变化趋势，如图 6-6 和图 6-7 所示。

从图 6-6 和图 6-7 可以看出，在最高补偿收益和最低补偿收益两种情况下，企业利润随应急物资变质损失分配比例的变化趋势不同。企业获得最低补偿收益情况下，当应急物资变质损失比例较低时，结合图 6-2，企业最低补偿收益下降的速率小于其惩罚系数的下降速率，因此在当 θ 处于一定范围内时，企业利润是增加的，而当 θ 达到一定值时，企业最低补偿收益曲线急剧下降，速率远大于惩罚系数的下降速率，因此企业利润也随之下降。另外，企业获得最高补偿收益情况下，从企业最高补偿收益曲线得知，当 θ 处于较低水平时，补偿收益随 θ 变化较为急促，不足以弥补企业所支付的努力成本，因此企业利润在一定范围内急速下降，当 θ 达到一定值时，最高补偿收益下降速率变小，此时企业利润开始缓慢上升，如图 6-7 所示。

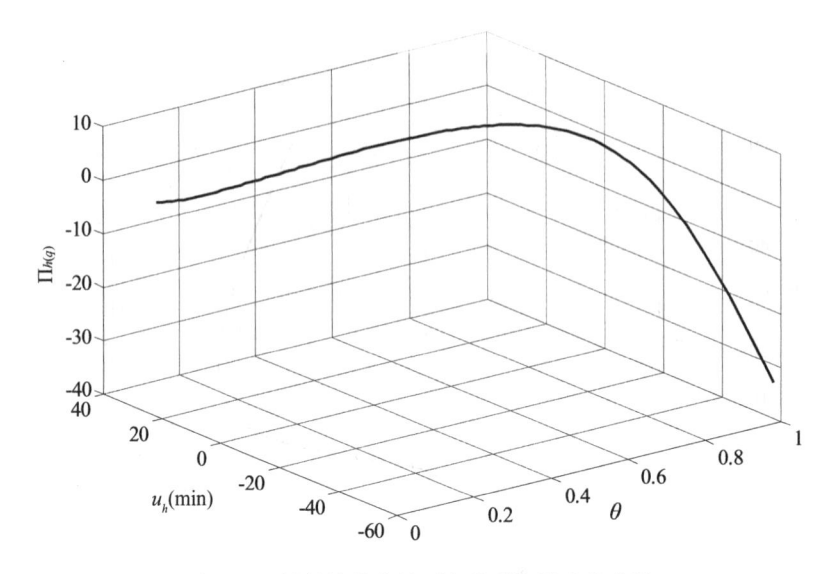

图6-6　最低补偿收益下企业利润的变化曲线

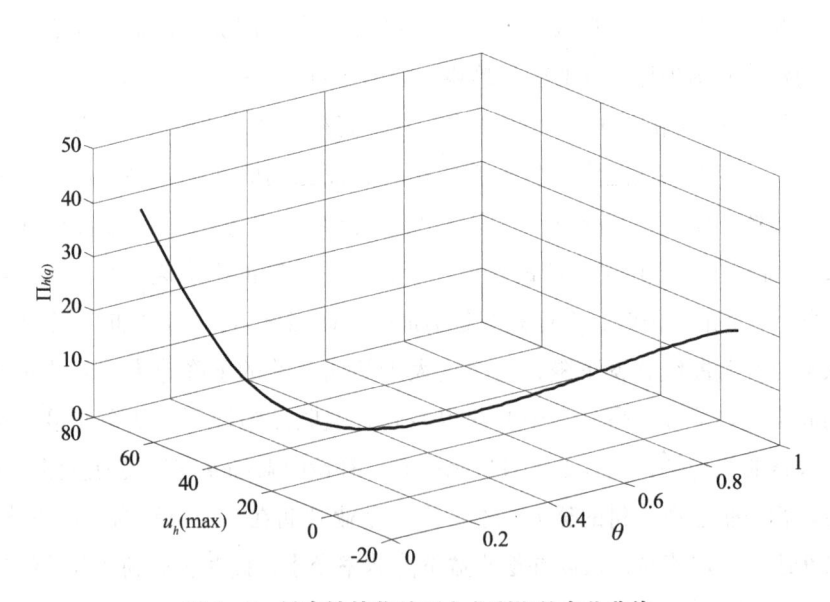

图6-7　最高补偿收益下企业利润的变化曲线

第五节 本章小结

本章为规避双边不对称信息下政府监管不到位导致企业道德风险问题，通过对比分析对称信息与双边不对称信息下应急物资委托代储供应链决策模型，发现双边不对称信息下政企双方努力程度交互影响下，政企合作供应链无法实现协调，对此本章考虑构建了应急物资委托代储供应链双向激励契约协调机制，通过设置补偿收益与惩罚因子共同调控政企利润，鼓励政企双方增强各自努力程度，最终实现了双边不对称信息下应急物资供应链协调，并得出以下主要结论。

（1）对称信息条件下，政府和企业努力程度最优值与应急物资单位变质损失、应急物资最大变质量正相关，应急物资单位变质损失和最大变质量越大，政企双方愈易增加努力避免物资变质。双方努力程度与自身努力成本系数负相关，而与对方努力成本系数正相关。双边不对称信息下，政企双方努力程度与各自变质损失比例正相关，即承担的变质损失比例越高的一方，就越容易增加努力来避免物资变质。

（2）双边不对称信息下应急物资变质损失量高于对称信息情况，政企双方努力程度无法同时实现系统最优值。双边不对称信息下政企双方最优努力程度、应急物资单位变质损失取决于变质损失比例，双方承担的变质损失比例分配越均匀，应急物资单位变质量越小，双边不对称信息下供应链不协调程度越小。当应急物资变质损失比例在政企双方之间平均分配时，系统不协调程度达到最低值，但仍处于不协调状态，因此，调整应急物资变质损失比例能够降低系统不协调性，但无法实现双边不对称信息下供应链协调。

（3）本章设计双向激励契约协调机制解决双边不对称信息下应急物资委托代储供应链失调现象。首先设计惩罚系数实现政企双方努力程度的同时达到系统最优值，其次加入补偿收益因子实现政企双方个体利益与对称信息下系统整体利益的统一，解决双边不对称信息下政企利益冲突，进一步利用数值模拟深层分析如何运用激励契约协调机制实现供应链协调，运用 MATLAB 实验平台模拟了在收到最高或最低补偿收益情况下，政企双方利润变化曲线。

第七章

政企合作应急物资委托代储利润分配与协调策略研究

上述内容是基于政府与单个企业联合储备的前提下展开的一系列研究，而突发灾害下应急物资爆发式的需求使多个企业共同参与筹集的优势越发凸显。有鉴于此，目前部分学者尝试从多主体协同治理的视角展开研究，如Wang和Chen[1]提出多主体参与协同治理模式已然是我国应急管理系统的必然趋势，从信息共享、物资储备量、多主体利润分配、奖惩机制等方面探讨了利用区块链促进应急管理协同治理机制创新的可能性，提出了基于区块链的多主体协同应急管理的方法。李晟等[2]研究了政府与两个供应商联合储备应急物资的供应系统，构建了"一对二"的联合储备激励模型，促进供应商积极参与，有效缓解政府储备压力。与李晟等的研究类似，刘阳等[3]也分析了由政府与两个企业组成的应急物资储备系统，构建了考虑声誉效应的应急物资储备动态激励模型，促进政企合作效率。之后刘阳等[4]引入期权契约构建了政府与多个企业参与的应急

---

[1] Wang Y. Q. and Chen H., "Blockchain: A Potential Technology to Improve the Performance of Collaborative Emergency Management with Multi-agent Participation", *International Journal of Disaster Risk Reduction*, Vol. 72, 2022.

[2] 李晟等：《政企联合储备应急物资的激励决策》，《系统管理学报》2022年第31卷第5期。

[3] 刘阳等：《考虑声誉效应的应急物资储备系统动态激励模型》，《系统管理学报》2022年第1期。

[4] 刘阳等：《基于期权契约的应急物资储备采购模型及策略研究》，《山东科技大学学报（社会科学版）》2024年第6期。

物资储备模型,并通过比较分析得出,在应急物资储备数量、政府成本与企业利润方面,多企业参与应急物资储备模型优于政府单独储备。基于上述研究基础,本章考虑到多企业参与应急管理中多方存在利益博弈冲突,各方利益目标不一致、信息不对称、竞争性的博弈关系等都对应急管理协同治理的合作效率有很大影响,如 Wolf - Fordham[1] 提到 COVID - 19 大流行期间,企业、社会组织等的加入被美国政府认为是应急管理最佳做法,但实际上因信息不对称、各方利益冲突等问题,协同治理的效果并未充分发挥。对此,本章探讨政府与多个企业联合储备应急物资时利润分配与供应链协调问题,通过设置并调整政府奖惩额度与收益分配系数协调政企多方利益博弈关系,提升代储企业应急物资总代储量,实现政企多方的高效协作。这在一定程度上丰富了应急物资企业代储层面的研究,为我国应急储备提供了理论支撑。

第一节 问题提出

近年来,我国灾害形势复杂严峻,极端天气引发的自然灾害(洪涝、风雹、干旱、地震等)频发,造成大规模民众受灾。根据应急管理部公开数据统计,2020—2022 年,全国各种自然灾害共造成 3.57 亿人次受灾,2012 人因灾死亡失踪,紧急转移安置 1405.7 万人次,房屋倒塌与损坏数量达 484.6 万间,直接经济损失 9428.2 亿元[2]。大规模的突发灾害下,受灾民众亟须生活救助,对各类应急物资的需求爆发式增加,短时间内政府储备往往很难满足实际物资需求。应急物资企业协议代储、产能储备等多种储备方式是政府提高应急物资筹集水平、保障物资供应能力的有效途径之一。尤其针对市场保有量充足、时效性强,且养护成本

---

[1] Wolf - Fordham S., "Integrating Government Silos: Local Emergency Management and Public Health Department Collaboration for Emergency Planning and Response", *American Review of Public Administration*, Vol. 50, No. 6 - 7, 2020.

[2] 中华人民共和国中央人民政府:《应急管理部国家发展改革委财政部国家粮食和储备局关于印发〈"十四五"应急物资保障规划〉的通知》,2023 年 2 月 3 日,https://www.gov.cn/zhengce/zhengceku/2023 - 02/03/content_5739875.htm,2023 年 4 月 27 日。

较高的应急物资，提高企业协议代储的比例，能够在一定程度上节约政府资源，缓解突发灾害下政府储备压力。基于此，也涌现出一系列相关的研究成果，一部分研究聚焦于通过引入供应链契约模型解决政企合作储备中因应急物资采储定价、采储量引发的供应链协调问题，另一部分研究则通过构建应急物资储备激励模型激励企业参与应急物资储备，提升应急物资储备水平。

在供应链契约应用方面，分析相关文献发现运用较多的供应链契约主要有期权契约、数量柔性契约等。针对期权契约的应用研究中，Wang 等[1]考虑到预先储备应急物资时需考虑库存成本与需求不确定等风险，构建了基于期权契约的预先储备模型。与 Wang 等类似，Hu 等[2]运用看跌期权解决了政府预先储备面临的库存风险，并证明了同等条件下看跌期权契约优于批发价格契约和回购契约。Rabbani 等[3]在考虑灾害强度的前提下构建了基于二叉树的期权契约供应储备模型，协调了救灾物资供应链并控制了储备成本。Aghajani 等[4]提出了一种考虑供应商选择和应急物资预先储备的两阶段期权契约模型，也验证了该模型下应急物资救援供应链的总成本得以有效控制。庞海云和叶永[5]构建了基于实物期权契约的应急物资储备模型，探究了政企单位库存成本比值和突发灾害概率对政企储备决策的影响。王晶和刘昊天[6]为满足应急条件下物资爆发式的需求，设计了基于期权契约的多种供应方式并存的应急物资供应模型。也有学

---

[1] Wang X. H., et al., "Pre – Purchasing with Option Contract and Coordination in a Relief Supply Chain", *International Journal of Production Economics*, Vol. 167, 2015.

[2] Hu Z. Q., et al., "A Relief Supplies Purchasing Model Based on a Put Option Contract", *Computers & Industrial Engineering*, Vol. 127, 2019.

[3] Rabbani M., et al., "Option Contract Application in Emergency Supply Chains", *International Journal of Services and Operations Management*, Vol. 20, No. 4, 2015.

[4] Aghajani M., et al., "A Novel Option Contract Integrated With Supplier Selection and Inventory Prepositioning for Humanitarian Relief Supply Chains", *Socio – Economic Planning Sciences*, Vol. 71, 2020.

[5] 庞海云、叶永：《基于实物期权契约的应急物资政企联合储备模型》，《系统管理学报》2020 年第 4 期。

[6] 王晶、刘昊天：《考虑期权采购的应急物资多种供应方式协调优化模型》，《中国安全生产科学技术》2019 年第 7 期。

者设计了基于双向期权契约的应急物资采购储备模型，规避了政府预先储备应急物资时面临物资短缺和过剩的风险。与上述有关实物期权或能力期权的应急物资储备模型的文献不同，胡婉婷等[1]将期权契约与代储合同相结合，且同时考虑了期权储备、柔性储备和现货市场采购三种方式获取物资的情形，设计了基于期权代储协议的政企联合储备模型。针对数量柔性契约应用研究中，扈衷权等[2]采用定价博弈与数量柔性契约相结合的方法，分析了政府自身储备量与灾害发生概率对双方储备决策的影响。在文献的基础上，扈衷权等[3]引入现货市场情形，分析了现货市场物资定价对政企双方储备决策的影响。与扈衷权等类似，张琳等[4]同样设计了现货市场存在的情境下应急物资供应协议合作储备模型，但不同之处是张琳等不仅研究了现货市场采购的前提下政府常规储备和柔性储备的最优决策形式，还分析了协议代储企业不同储备方式的最优储备量。Kord 和 Samouei[5]也设计了基于数量柔性契约和现货市场同时作用的应急物资供应与分配模型，并采用两种算法求解不同储备规模的模型。Nikkhoo 等[6]考虑了由救援组织、应急物资供应商和受灾地区组成的三级救援供应链，研究得出数量柔性契约可以协调三级救援供应链的物资订购策略，降低损失，提升受灾地区满意度。Torabid 等[7]提出了一种两阶段场

---

[1] 胡婉婷等：《基于期权代储协议的应急物资政企联合储备模型研究》，《中国管理科学》2023 年第 7 期。

[2] 扈衷权等：《基于协议企业生产能力储备的应急物资采购定价模型》，《管理评论》2021 年第 9 期。

[3] 扈衷权等：《企业储备模式下应急物资储备及采购定价决策研究》，《系统工程理论与实践》2023 年第 2 期。

[4] 张琳等：《考虑灾后现货市场采购的应急物资供应协议企业实物与原材料储备策略研究》，《系统工程理论与实践》2022 年第 4 期。

[5] Kord H., Samouei P., "Coordination of Humanitarian Logistic Based on the Quantity Flexibility Contract and Buying in the Spot Market under Demand Uncertainty using NSGA-II and NRGA Algorithms", *Expert Systems with Applications*, Vol. 214, 2023.

[6] Nikkhoo F., et al., "Coordination of Relief Items Procurement in Humanitarian Logistic Based on Quantity Flexibility Contract", *International Journal of Disaster Risk Reduction*, Vol. 31, 2018.

[7] Torabi S. A., et al., "Integrated Relief Pre-Positioning and Procurement Planning in Humanitarian Supply Chains", *Transportation Research Part E: Logistics and Transportation Review*, Vol. 113, 2018.

景的混合模糊—随机规划模型，发现基于数量柔性合同的应急物资预储备和采购计划可解决混合不确定需求下的应急物资储备问题。

在激励模型构建方面，诸多学者研究通过设计激励模型提升应急物资企业代储量，规避代储企业潜在的懒惰与倦怠情绪，促进双方高效率合作。王海兰和赵道致[1]从合作博弈角度出发构建了战备物资储备的激励模型。高晓宁和田军等[2][3]基于政企委托代理关系设计了应急物资企业代储激励契约模型，分别研究了应急物资企业实物代储与生产能力代储中企业努力程度、政府监管力度、代储量等因素对应急物资企业代储供应链协调的影响。刘阳等[4]同样基于政企委托代理关系构建了应急设备储备系统激励模型。李晟等[5]在分析政企纵向委托代理关系的基础上，引入代储供应商，横向合作设计了政企联合储备激励模型，有效缓解了应急物资储备不足的困境，提升了企业参与应急物资储备的积极性。丁斌和雷秀[6]针对政府委托企业储备应急物资时储备成本高的问题，设计了政府期望效用最大化的激励模型，为鼓励企业在降低储备成本方面做出了贡献。考虑政府与企业的多期合作关系，高晓宁等[7]构建了跨期激励契约模型，并验证了跨期激励下应急物资市场价值、企业努力程度等优于单期策略，且数值模拟得出了政企合作最优的合作周期。刘阳等[8]引入声誉效应机制构建了应急物资储备系统动态激励模型，得出了政企多期合作下政府最优奖惩系数和企业最优努力水平。

---

[1] 王海兰、赵道致：《基于期权合约的战备物资储备激励机制研究》，《工业工程与管理》2015年第1期。

[2] 高晓宁等：《政府委托下应急物资代储系统激励契约设计》，《运筹与管理》2017年。

[3] 高晓宁等：《政府委托下应急物资生产能力代储系统激励契约设计》，《管理工程学报》2019年第1期。

[4] 刘阳等：《基于政企委托代理关系的应急设备储备系统激励模型》，《系统管理学报》2020年第5期。

[5] 李晟等：《政企联合储备应急物资的激励决策》，《系统管理学报》2022年第5期。

[6] 丁斌、雷秀：《基于政府与企业合作的应急物资存储成本控制问题的研究》，《西安电子科技大学学报（社会科学版）》2010年第3期。

[7] 高晓宁等：《应急物资委托代储系统跨期激励的契约设计与管理策略研究》，《管理工程学报》2021年第1期。

[8] 刘阳等：《考虑声誉效应的应急物资储备系统动态激励模型》，《系统管理学报》2022年第1期。

第二节 模型描述与变量说明

综上，本章节探讨政府与多个企业联合储备应急物资时利润分配与供应链协调问题，通过设置并调整政府奖惩额度与收益分配系数协调政企多方利益博弈关系，提升代储企业应急物资总代储量，实现政企多方的高效协作，在一定程度上丰富了应急物资企业代储层面的研究，为我国应急储备提供理论支撑。

应急物资代储是能够实现应急物资快速筹集的重要储备策略，目前已被各级地方政府广泛采用。本节考虑政府和 n 个企业之间的代储供应链，政府与多个企业签订合作契约，委托其储备应急物资。首先，在合作之初，政府结合每个企业储备现状给予其一定的固定补贴，以弥补企业为扩大生产能力或储备能力所做的额外投入。在合作过程中，政府为确保应急物资能够及时更新轮换，保障应急物资的质量和数量，根据代储企业储备量设定单位补贴额度 ω，弥补代储企业单位储备成本。其次，对于以经济利益为目的的企业而言，其固有的目标为追求自身利益最大化，为此模型中设定收益分配比例 γ 以规避企业偷懒行为，激励其提升储备努力程度。再次，每个企业根据自身预测的市场随机需求 X_i，以自身收益最大化为原则，确定自身最优代储量 Q_i。最后，以供应链整体收益最大化为目标，最终确定 ω 和 γ 的取值范围，实现多主体参与的应急物资代储供应链协调。模型中设计的变量符号说明见表 7–1。

表 7–1　　　　　　　　　　变量符号说明

变量符号	含义
v	单位应急物资社会价值（以灾害发生之时应急物资市价为准）
ω	政府给予企业的单位补贴额度
s	单位应急物资残值
c	代储企业单位储备成本
γ	收益分配比例
λ	代储企业损失厌恶程度系数

续表

变量符号	含义
X	突发公共事件中应急物资市场总需求 $F(x)$ 和 $f(x)$ 分别是 X 的分布函数和密度函数
X_i	第 i 个代储企业预测的市场随机需求 $G(x_i)$ 和 $g(x_i)$ 代表 X_i 的分布函数和密度函数
Q_i	分散决策下第 i 个代储企业的储备量
Q_{-i}	分散决策下除第 i 个代储企业外其他代储企业的储备量

表 7-1 中相关参数的假设说明如下：

(1) $\lambda \geq 1$：代储企业属于风险厌恶型；

(2) $Q_{-i} + Q_i = Q$：满足总代储量为 Q 的要求；

(3) $v > c > s$：代储企业将不会同意与政府合作。

第三节 基本假设

为便于建模与计算，先做出以下不失一般性的假设：

(1) 政府和代储企业都为理性的独立个体。政府对风险的态度既不冒进也不保守，属于风险中性型；代储企业属于风险厌恶型，假定每个代储企业的风险厌恶系数 $\lambda_i \geq 1$。

(2) 应急物资代储企业间存在竞争，企业间信息对称且面临的市场总需求相同，但每个代储企业预测的应急物资的市场随机需求不同。假设每个企业预测的市场随机需求与其代储量成正比，即 $X_i = \dfrac{Q_i}{Q} X$，因此有：$G(x_i) = F(\dfrac{Q}{Q_i} x_i)$，$g(x_i) = \dfrac{Q}{Q_i} f(\dfrac{Q}{Q_i} x_i)$。

(3) n 个代储企业都属于风险厌恶型，本节针对代储企业的效用函数的表达，采用信息经济学、运作管理中常用的分段形式，即第 i 个代储企业的效用函数可表示为：

$$EU(W_i) = \begin{cases} W_i - W^0 & W_i \geq W^0 \\ \lambda(W_i - W^0) & W_i < W^0 \end{cases} \quad (7-1)$$

其中，W_i 为企业承担风险后的预期收益，W^0 为企业的初始收益，本节假定每家企业的初始收益相同，且都为 0。

第四节 模型建立

一 集中决策

在集中策略下，政府作为委托人处于应急物资代储供应链的主导地位，属于领导者；代储企业作为代理人从属于供应链整体，属于跟随者。该问题类同于运筹学报童模型，整体决策的最终目标是期望供应链整体收益最大化。根据上述基本假设，当代储企业总代储量大于应急物资总需求量时，供应链利润为 $(v-s)X-(c-s)Q$，当代储企业总代储量小于应急物资总需求量时，供应链利润表达式为 $(v-c)Q$。因此，供应链整体收益函数可表述为以下分段形式：

$$\pi^c = \begin{cases} (v-s)X - (c-s)Q & X \leq Q \\ (v-c)Q & X > Q \end{cases} \quad (7-2)$$

公式 (7-2) 的盈亏平衡点为：

$$Q_1^c = \frac{(c-s)Q}{v-s} \quad (7-3)$$

根据假设 (2)，供应链整体期望收益为：

$$\Pi^c = \int_0^Q [(v-s)X - (c-s)Q] f(x) dx + \int_Q^{+\infty} (v-c) Q f(x) dx \quad (7-4)$$

对公式 (7-4) 关于储备量 Q 求二阶导数发现 $\frac{\partial^2 \Pi^c}{\partial Q^2} = -(v-s)f(Q) < 0$，$\Pi^c$ 是关于 Q 的凹函数，由此得出集中策略下，多主体参与的应急物资代储供应链中，企业最优总代储量为：

$$Q_c^* = F^{-1}\left(\frac{v-c}{v-s}\right) \quad (7-5)$$

此时供应链的最优期望收益为：

$$\Pi^c(Q_c^*) = (v-c)Q_c^* - (v-s)\int_0^{Q_c^*} F(x) dx \quad (7-6)$$

二 分散决策

分散策略下,政府和代储企业独立决策,追求各自的优化策略。基于本节假设,政府和 n 个代储企业之间属于 Stackelberg 主从博弈问题,而代储企业之间为纳什均衡博弈问题。政府首先设定单位奖惩系数 ω 和收益分配比例 $(1-\gamma)$, n 个代储企业同时向政府确定自身的代储量,满足各自期望效用最大化的目的。

(一) 政府决策

分散策略下,政府需确定单位补贴额度 ω 和收益分配比例 $(1-\gamma)$,追求期望利润最大化的目标。分散策略下政府收益函数主要由单位补贴额度和收益分配比例决定,根据代储企业收益函数表达式,政府的收益函数为:

$$\pi_z^d = \begin{cases} (1-\gamma)(v-s)X - [\omega-(1-\gamma)s]Q & X \leq Q \\ [(1-\gamma)v - \omega]Q & X > Q \end{cases} \quad (7-7)$$

根据公式 (7-7),可以得出政府此时的盈亏平衡点为:

$$Q_2^d = \frac{[\omega-(1-\gamma)s]Q}{(1-\gamma)(v-s)}$$

则政府期望利润:

$$\begin{aligned}
\Pi_z^d &= \int_0^Q \{(1-\gamma)(v-s)X - [\omega-(1-\gamma)s]Q\}f(x)dx \\
&\quad + \int_Q^{+\infty} [(1-\gamma)v - \omega]Qf(x)dx \\
&= [(1-\gamma)v - \omega]Q - \int_0^Q (1-\gamma)(v-s)F(x)dx \quad (7-8)
\end{aligned}$$

(二) 代储企业决策

对于代储企业而言,如果代储量太多,就会导致应急物资积压,从而赔钱;如果代储量过少,当无法满足应急条件下物资需求时,一方面会遭受政府惩罚,另一方面也会减少收入。因此,代储企业需找寻最优的代储量,使得其收入最大化。在分散决策下,代储企业面临的问题是:在政府给定的单位补贴额度 ω 和收益分配比例 γ 的前提下,确定最优代

储量 Q_i 满足自身期望效用最大化。第 i 个代储企业收益函数：

$$\pi_e^{d,i} = \begin{cases} \gamma(v-s) X_i - (c - \omega - \gamma s) Q_i & X_i \leq Q_i \\ (\gamma v - c + \omega) Q_i & X_i > Q_i \end{cases} \quad (7-9)$$

此时盈亏平衡点：

$$Q_3^d = \frac{(c - \omega - \gamma s) Q_i}{\gamma(v-s)} \quad (7-10)$$

$$\frac{(c - \omega - \gamma s) Q_i}{\gamma(v-s)}$$

为保证盈亏平衡点的储备量 Q_3^d 大于零，此处规定：$\gamma s \leq c - \omega \leq \gamma v$，那么根据假设（3），代储企业期望收益和期望效用表达式为：

$$\begin{aligned}\pi_e^{d,i}(Q_i, x_i) &= \int_0^{Q_i} [\gamma(v-s) x_i - (c - \omega - \gamma s) Q_i] g(x_i) dx_i \\ &+ \int_{Q_i}^{+\infty} (\gamma v + \omega - c) Q_i g(x_i) dx_i \\ &= \frac{Q_i}{Q_i + Q_{-i}} \Big\{ (\gamma v + \omega - c)(Q_i + Q_{-i}) \\ &- \gamma(v-s) \int_0^{Q_i + Q_{-i}} F(x) dx \Big\} \end{aligned} \quad (7-11)$$

$$\begin{aligned}EU[\pi_e^{d,i}(Q_i, x_i)] &= \lambda \int_0^{\frac{(c-\omega-\gamma s)Q_i}{\gamma(v-s)}} [\gamma(v-s) x_i - (c - \omega - \gamma s) Q_i] g(x_i) dx_i \\ &+ \int_{Q_i}^{+\infty} (\gamma v + \omega - c) Q_i g(x_i) dx_i \\ &= \frac{Q_i}{Q_i + Q_{-i}} \Big\{ (\gamma v + \omega - c)(Q_i + Q_{-i}) - \gamma(v-s) \\ & \int_0^{Q_i+Q_{-i}} F(x) dx + (\lambda)(-1) \int_0^{\frac{(c-\omega-\gamma s)(Q_i+Q_{-i})}{\gamma(v-s)}} \\ & [\gamma(v-s) x - (c - \omega - \gamma s)(Q_i + Q_{-i})] f(x) dx \Big\} \end{aligned}$$

$$(7-12)$$

结合以上对代储企业期望收益与期望效用函数的分析，通过模型推导求证，得出两个重要的性质：

性质1：对于代储企业 i 存在唯一的最优储备量 Q_i^* 使自身期望效用最大化，且 Q_i^* 满足公式（7-13）。

$$(\gamma v + \omega - c) - \gamma(v-s)F(Q_i^* + Q_{-i})$$
$$- (\lambda - 1)(c - \omega - \gamma s)F\left[\frac{(c-\omega-\gamma s)(Q_i^* + Q_{-i})}{\gamma(v-s)}\right]$$
$$+ \frac{\gamma(v-s)Q_{-i}}{(Q_i^* + Q_{-i})^2}\left[\int_0^{Q_i^* + Q_{-i}} xf(x)dx + (\lambda - 1)\int_0^{\frac{(c-\omega-\gamma s)(Q_i^* + Q_{-i})}{\gamma(v-s)}} xf(x)dx\right] = 0$$

(7-13)

证明：

求解公式（7-13）关于代储量 Q_i 的二阶导数得：

$$\frac{\partial^2 EU(\pi_e^{d,i})}{\partial Q_i^2} = -\gamma(v-s)f(Q_i + Q_{-i}) - \frac{2\gamma(v-s)Q_{-i}}{(Q_i + Q_{-i})^2}f(Q_i + Q_{-i})$$
$$- (\lambda - 1)(c - \omega - \gamma s)f\left[\frac{(c-\omega-\gamma s)(Q_i + Q_{-i})}{\gamma(v-s)}\right]$$
$$- \frac{2(\lambda-1)(c-\omega-\gamma s)^2 Q_{-i}}{(Q_i + Q_{-i})^2 \gamma(v-s)}f\left[\frac{(c-\omega-\gamma s)(Q_i + Q_{-i})}{\gamma(v-s)}\right] < 0$$

显然，第 i 个代储企业效用函数 $EU[\pi_e^{d,i}(Q_i,x_i)]$ 是关于代储量 Q_i 的凹函数，即存在最优的代储量 Q_i^* 满足 $\frac{\partial EU(\pi_e^{d,i})}{\partial Q_i^*} = 0$，即：

$$\frac{\partial EU(\pi_e^{d,i})}{\partial Q_i}\bigg/_{Q_i = Q_i^*}$$
$$= (\gamma v + \omega - c) - \gamma(v-s)F(Q_i^* + Q_{-i})$$
$$- (\lambda - 1)(c - \omega - \gamma s)F\left[\frac{(c-\omega-\gamma s)(Q_i^* + Q_{-i})}{\gamma(v-s)}\right]$$
$$+ \frac{\gamma(v-s)Q_{-i}}{(Q_i^* + Q_{-i})^2}\left[\int_0^{Q_i^* + Q_{-i}} xf(x)dx + (\lambda - 1)\int_0^{\frac{(c-\omega-\gamma s)(Q_i^* + Q_{-i})}{\gamma(v-s)}} xf(x)dx\right] = 0$$

证毕。

性质2：若关系式 $\gamma s \leq c - \omega \leq \gamma v$ 成立，n 个代储企业之间存在纳什均衡解，他们的代储量满足 $Q_1^* = Q_2^* = \cdots = Q_i^* = \cdots = Q_n^*$，则有 $Q^* = nQ_i^*$，$Q_{-i}^* = (n-1)Q_i^*$，总的应急物资代储量满足公式（7-14）。

$$(\gamma v + \omega - c) - \gamma(v - s)F(Q^*)$$
$$- (\lambda - 1)(c - \omega - \gamma s)F\left[\frac{(c - \omega - \gamma s)Q^*}{\gamma(v - s)}\right]$$
$$+ \frac{(n-1)\gamma(v-s)}{nQ^*}\left[\int_0^{Q^*} xf(x)dx + (\lambda - 1)\int_0^{\frac{(c-\omega-\gamma s)Q^*}{\gamma(v-s)}} xf(x)dx\right] = 0$$

$$(7-14)$$

证明：

代储企业期望效用函数是关于储备量的凹函数，即存在最优的储备量 Q_i^* 满足式（7-13）。同理，对于其他 $(n-1)$ 个代储企业而言，其最优的储备量同样满足式（7-13），n 个代储企业是相互独立的，根据对称性，存在纳什均衡解 $Q_1^* = Q_2^* = \cdots Q_i^* = \cdots Q_n^*$，则有 $Q^* = nQ_i^*$，$Q_{-i}^* = (n-1)Q_i^*$，带入式（7-13）可以得出：

$$(\gamma v + \omega - c) - \gamma(v - s)F(Q^*) - (\lambda - 1)(c - \omega - \gamma s)F\left[\frac{(c - \omega - \gamma s)Q^*}{\gamma(v - s)}\right]$$
$$+ \frac{(n-1)\gamma(v-s)}{nQ^*}\left[\int_0^{Q^*} xf(x)dx + (\lambda - 1)\int_0^{\frac{(c-\omega-\gamma s)Q^*}{\gamma(v-s)}} xf(x)dx\right] = 0$$

接下来证明代储企业存在唯一的最优总储备量使得上式成立，记公式（7-14）的左侧为 $H(Q)$。

$$H(Q) = (\gamma v + \omega - c) - \gamma(v - s)F(Q)$$
$$- (\lambda - 1)(c - \omega - \gamma s)F\left[\frac{(c - \omega - \gamma s)Q}{\gamma(v - s)}\right] + \frac{(n-1)\gamma(v-s)}{nQ}$$
$$\left[\int_0^Q xf(x)dx + (\lambda - 1)\int_0^{\frac{(c-\omega-\gamma s)Q}{\gamma(v-s)}} xf(x)dx\right] \quad (7-15)$$

$$\frac{\partial H(Q)}{\partial Q} = -\frac{\gamma(v-s)}{n}f(Q) - (\lambda - 1)\frac{(c-\omega-\gamma s)^2}{n\gamma(v-s)}f\left[\frac{(c-\omega-\gamma s)Q}{\gamma(v-s)}\right]$$
$$- \frac{\gamma(v-s)(n-1)}{nQ^2}\left[\int_0^Q xf(x)dx + (\lambda - 1)\int_0^{\frac{(c-\omega-\gamma s)Q}{\gamma(v-s)}} xf(x)dx\right] < 0$$

$$(7-16)$$

显然，$H(Q)$ 是储备量 Q 的严格减函数，其中，$\gamma s \leq c - \omega \leq \gamma v$，显然有：

$$\lim_{Q \to 0} H(Q) = \gamma v + \omega - c \geq 0$$

$$\lim_{Q \to +\infty} H(Q) = -\gamma(c - \omega - \gamma s) \leqslant 0$$

故 n 个代储企业存在唯一的最优总代储量满足公式 (7-14)。

证毕。

根据性质 2 的分析过程,求证得出推论 1:

推论 1:若关系式 $\gamma s \leqslant c - \omega \leqslant \gamma v$ 成立,则代储企业最优总代储量 Q^* 分别是关于代储企业个数 n 的增函数,关于代储企业风险厌恶程度 λ 的减函数,关于 ω 和 γ 的增函数。

证明:

首先,计算式 (7-15) 关于代储企业个数 n 的导数得:

$$\frac{\partial H(n)}{\partial n} = \frac{\gamma(v-s)}{n^2 Q^2} \left[\int_0^Q x f(x) dx + (\lambda - 1) \int_0^{\frac{(c-\omega-\gamma s)Q}{\gamma(v-s)}} x f(x) dx \right] > 0$$

根据隐函数求导定理得:

$$\frac{\partial Q^*}{\partial n} = -\frac{\partial H(n)}{\partial n} \bigg/ \frac{\partial H(Q)}{\partial Q^*} > 0$$

即最优总代储量是关于代储企业个数的增函数;

其次,计算式 (7-15) 关于代储企业风险厌恶系数的导数得:

$$\frac{\partial H(\lambda)}{\partial \lambda} = \frac{(n-1)\gamma(v-s)}{nQ} \int_0^{\frac{(c-\omega-\gamma s)Q}{\gamma(v-s)}} x f(x) dx$$

$$- (c - \omega - \gamma s) F\left[\frac{(c-\omega-\gamma s)Q}{\gamma(v-s)}\right]$$

$$< \frac{n\gamma(v-s)}{nQ} \times \frac{(c-\omega-\gamma s)Q}{\gamma(v-s)} F\left[\frac{(c-\omega-\gamma s)Q}{\gamma(v-s)}\right]$$

$$- (c - \omega - \gamma s) F\left[\frac{(c-\omega-\gamma s)Q}{\gamma(v-s)}\right] = 0$$

同理,求证得出 $\frac{\partial Q^*}{\partial \lambda} < 0$,即最优总代储量是关于代储企业风险厌恶系数的减函数;

最后,令 $u = \frac{c-\omega}{\gamma}$,计算式 (7-15) 关于 u 的导数得:

$$\frac{\partial H(u)}{\partial u} = -1 - (\lambda - 1)\left\{ F\left[\frac{(u-s)Q}{v-s}\right] \right.$$

$$+ (u-s)f\left[\frac{(u-s)Q}{v-s}\right]\frac{Q}{v-s}\Big\}$$

$$+ \frac{(n-1)(v-s)}{nQ}(\lambda-1)\frac{(u-s)Q}{v-s}f\left[\frac{(u-s)Q}{v-s}\right]$$

$$\frac{Q}{v-s} < -1-(\lambda-1)F\left[\frac{(u-s)Q}{v-s}\right] < 0$$

因此有 $\frac{\partial Q^*}{\partial u} = -\frac{\partial H(u)}{\partial u} \Big/ \frac{\partial H(Q)}{\partial Q^*} < 0$，即最优总代储量是关于 $\frac{c-\omega}{\gamma}$ 的减函数，由此可得出应急物资企业总代储量是关于单位补贴额度 ω 和收益分配比例 γ 的增函数。

根据推论 1，可以得出代储企业之间竞争程度的增加将能够提高应急物资储备量，代储企业承担风险的能力提升，应急物资总的代储量将会增加。对此，政府可创造良好的竞争环境，鼓励企业主动承担风险，以此保障应急物资的供应与储备。此外，政府也可以通过提高对代储企业的单位补贴额度，或提高代储企业自身保留收益分配份额的方式来激励其增加代储量。

通过限定分散决策模型收益分配比例 γ 的值，分析当 $\gamma = 1$，即无激励策略下的政企决策情况。首先，对于代储企业而言，将 $\gamma = 1$ 代入式 (7-14)，在代储企业不进行收益共享的前提下，其最优的总储备量 Q' 与单位补贴额度 ω 的关系满足式 (7-17)：

$$(v+\omega-c)-(v-s)F(Q')-(\lambda-1)(c-\omega-s)$$

$$F\left[\frac{(c-\omega-s)Q'}{(v-s)}\right] + \frac{(n-1)(v-s)}{nQ'}$$

$$\left[\int_0^{Q'} xf(x)dx + (\lambda-1)\int_0^{\frac{(c-\omega-s)Q'}{(v-s)}} xf(x)dx\right] = 0 \quad (7-17)$$

式 (7-17) 反映了在不采取激励策略的情形下，代储企业根据政府的单位补贴额度所做的最优决策。然而，对于政府而言，面临的决策为如何设置奖惩额度的值最大化其目标值，此时政府决策问题可表述为：

$$\max \Pi_z^d(\omega) = (-\omega Q) \quad (7-18)$$

$$\text{s.t.} \ (v+\omega-c)-(v-s)F(Q')-(\lambda-1)$$

$$(c-\omega-s)F\left[\frac{(c-\omega-s)Q'}{(v-s)}\right]+\frac{(n-1)(v-s)}{nQ'}$$

$$\left[\int_0^{Q'} xf(x)dx + (\lambda-1)\int_0^{\frac{(c-\omega-s)Q'}{(v-s)}} xf(x)dx\right] = 0 \quad (7-19)$$

由式 (7-18) 可知, 政府设置奖惩额度表现为 $\omega < 0$, 则代表此时为惩罚额度。式 (7-19) 的约束条件描述了应急物资总代储量和政府单位补贴额度的关系, 通常情况下难以得到可行解, 因此需要借助数值, 通过引入拉格朗日函数求解可得出无激励策略下最优 ω', 对应的代储企业最优总代储量为 $Q'(\omega')$, 此时 n 个代储企业总期望利润和期望效用为:

$$\pi_e^d(\omega', Q') = (v+\omega'-c)Q' - (v-s)\int_0^{Q'} F(x)dx \quad (7-20)$$

$$EU[\pi_e^d(\omega', Q')] = (v+\omega'-c)Q' - (v-s)\int_0^{Q'} F(x)dx$$

$$+ (\lambda-1)\int_0^{\frac{(c-\omega'-s)Q'}{(v-s)}} [(v-s)x$$

$$- (c-\omega'-s)Q']f(x)dx \quad (7-21)$$

供应链整体利润为:

$$\Pi^d(Q') = (v-c)Q' - (v-s)\int_0^{Q'} F(x)dx \quad (7-22)$$

第五节 利润分配与协调模型下政企决策分析

无激励策略合作下政府与企业单独决策, 很有可能影响政企合作供应链效率, 无法实现协调, 代储企业最优总代储量 Q' 无法保证等同于集中策略下最优代储量 Q_c^*, 这样政企合作供应链无法达到最优的运作效率。而引入利润分配与协调模型的主要目的是实现政企合作供应链协调。

对于利润分配与协调模型下的政企决策, 面临的主要问题是:(1) 如何调整 ω 和 γ 的值来提升代储企业的总储备量, 进而达到集中策略下最优值 Q_c^*;(2) 在满足代储企业利益最大化以及代储量为 Q_c^* 的约束下, 同时最大化政府效益, 以此协调政企合作供应链。具体决策模型如下:

$$\max[(1-\gamma)v - \omega]Q_c^* - \int_0^{Q_c^*}(1-\gamma)(v-s)F(x)dx \quad (7-23)$$

s.t. $(\gamma v + \omega - c) - \gamma(v-s)F(Q_c^*) - (\lambda - 1)$

$$(c - \omega - \gamma s)F\left[\frac{(c-\omega-\gamma s)Q_c^*}{\gamma(v-s)}\right] + \frac{(n-1)\gamma(v-s)}{nQ_c^*}$$

$$\left[\int_0^{Q_c^*} xf(x)dx + (\lambda - 1)\int_0^{\frac{(c-\omega-\gamma s)Q_c^*}{\gamma(v-s)}} xf(x)dx\right] = 0 \quad (7-24)$$

$$Q_c^* = F^{-1}\left(\frac{v-c}{v-s}\right) \quad (7-25)$$

模型中决策变量为 ω 和 γ，为便于求解，将式 (7-24) 做简易变形，形成关于 $\frac{c-\omega}{\gamma}$ 的表达式，如公式 (7-26) 所示。

$$\frac{c-\omega}{\gamma} + (\lambda - 1)\left(\frac{c-\omega}{\gamma} - s\right)$$

$$F\left[\frac{(c-\omega-\gamma s)Q_c^*}{\gamma(v-s)}\right] - \frac{(n-1)(v-s)}{nQ_c^*}$$

$$\left[\int_0^{Q_c^*} xf(x)dx + (\lambda-1)\int_0^{\frac{(c-\omega-\gamma s)Q_c^*}{\gamma(v-s)}} xf(x)dx\right] = c \quad (7-26)$$

令式 (7-26) 的左侧式子为 $\tilde{H}(u)$，$u = \frac{c-\omega}{\gamma}$。由推论 1 求证过程得知，当 $\frac{c-\omega}{\gamma}$ 在 $[s,v]$ 之间时，$H(u)$ 是关于 $\frac{c-\omega}{\gamma}$ 的严格减函数，则显然 $\tilde{H}(u)$ 为 $\frac{c-\omega}{\gamma}$ 的严格增函数，且当 $\frac{c-\omega}{\gamma} \to s$ 时，$\tilde{H}(u) < s < c$，当 $\frac{c-\omega}{\gamma} \to v$ 时，$\tilde{H}(u) > c$。综上，必定存在唯一的 $\frac{c-\omega}{\gamma}$ 使得式 (7-26) 成立。

另外，根据推论 1，因 $\frac{\partial H(n)}{\partial n} > 0$，$\frac{\partial H(\lambda)}{\partial \lambda} < 0$，则有 $\frac{\partial \tilde{H}(u)}{\partial n} < 0$，$\frac{\partial \tilde{H}(\lambda)}{\partial \lambda} > 0$。根据隐函数定理，可以得知 $\frac{\partial u}{\partial n} > 0$，$\frac{\partial u}{\partial \lambda} < 0$。

通过上述求证分析，得出性质 3。

性质 3：利润分配与协调模型下政企合作的应急物资代储供应链决策模型中，求证发现存在唯一的 $\frac{c-\omega^*}{\gamma^*} \in [s,v]$，使政企合作供应链实现协调；且 $\frac{c-\omega^*}{\gamma^*}$ 是关于代储企业个数 n 的增函数，关于代储企业风险厌恶系数 λ 的减函数。

将模型中 ω^*、γ^*、$Q_i^* = \frac{1}{n}Q_c^*$ 带入式（7-11）和式（7-12）得式（7-27）和式（7-28）：

$$\pi_e^{d,i}(\omega^*,\gamma^*) = \frac{1}{n}\left[(\gamma^* v + \omega^* - c)Q_c^* - \gamma^*(v-s)\int_0^{Q_c^*} F(x)dx\right]$$
(7-27)

$$EU[\pi_e^{d,i}(\omega^*,\gamma^*)] = \Pi_i^d(\omega^*,\gamma^*) + \frac{1}{n}\left\{(\lambda-1)\int_0^{\frac{(c-\omega^*-\gamma^*s)Q_c^*}{\gamma^*(v-s)}}[\gamma^*(v-s)x - (c-\omega^* - \gamma^*s)Q_c^*]f(x)dx\right\}$$
(7-28)

因此，n 个代储企业的总期望利润和期望效益为：

$$\pi_e^d(\omega^*,\gamma^*) = (\gamma^* v + \omega^* - c)Q_c^* - \gamma^*(v-s)\int_0^{Q_c^*} F(x)dx$$
(7-29)

$$EU[\pi_e^d(\omega^*,\gamma^*)] = \pi_e^d(\omega^*,\gamma^*) + (\lambda-1) \times \int_0^{\frac{(c-\omega^*-\gamma^*s)Q_c^*}{\gamma^*(v-s)}}[\gamma^*(v-s)x - (c-\omega^* - \gamma^*s)Q_c^*]f(x)dx$$
(7-30)

此时政府的期望利润为：

$$\Pi_z^d(\omega^*,\gamma^*) = \Pi^c(Q_c^*) - \pi_e^d(\omega^*,\gamma^*)$$
$$= [(1-\gamma^*)v - \omega^*]Q_c^* - (1-\gamma^*)(v-s)\int_0^{Q_c^*} F(x)dx$$
(7-31)

单位补贴额度与收益分配比例的取值由政府决定，但为合理分配政企收益,利润分配与协调模型必须满足政企多方参与者的个体理性。根据假设,由于政府属于风险中性、企业属于风险厌恶型,因此,必须保证模型中政府收益不低于合作前的收益,企业期望利润企业的总期望效用不低于合作前的效用,因此有:

$$\Pi_z^d(\omega^*, \gamma^*) \geqslant \Pi_z^d(\omega', Q')$$

$$\pi_e^d(\omega^*, \gamma^*) \geqslant \pi_e^d(\omega', Q')$$

$$EU[\pi_e^d(\omega^*, \gamma^*)] \geqslant EU[\pi_e^d(\omega', Q')] \qquad (7-32)$$

通过式(7-32)中的三个条件,可以得出使得供应链协调的收益分配比例 γ^* 的合理范围。

第六节 数值模拟

为形象真实地描述应急物资代储供应链中的政企决策,本节将采用数值模拟的方式对以上3个重要的性质进行验证。假设政府与一家代储企业签订应急物资代储合同。模型中参数设置如下:$v=40$,$c=25$,$s=15$,n 可以取1—20的整数,且设定 $\lambda \in [1,5]$。突发公共事件中应急物资市场总需求 X 服从 (0,2 000) 的均匀分布。[1][2][3]

令 $\lambda=2$,$n=6$ 分别代入分散策略与集中策略下政企决策表达式中,比较两种情况下供应链整体利润以及总代储量的区别。首先,无激励策略条件下,根据式(7-18)和式(7-19),采用拉格朗日函数可求解出分散策略下代储企业最优总代储量 Q' 和政府最优奖惩额度 ω'。最终求得两组解:$\omega'=-7.2757$,$Q'=717$;$\omega'=38.9424>c=25$,$Q'=3169$,显然舍弃第二组。这里 $\omega'=-7.2757$ 即反映在无激励策略条件下,政府对

---

[1] Ibrion M., et al., "Earthquake Disaster Risk Reduction in Iran: Lessons and 'Lessons Learned' from Three Large Earthquake Disasters - Tabas 1978, Rudbar 1990 and Bam 2003", *International Journal of Disaster Risk Science*, Vol. 6, No. 4, 2015.

[2] Simon H. A., "A Behavioral Model of Rational Choice", *The Quarterly Journal of Economics*, Vol. 69, No. 1, 1955.

[3] 张汉江等:《再制造补贴下闭环供应链协调的最优价格激励方式》,《系统工程》2016年第8期。

代储企业的单位惩罚额度为 7.2757。将 $\omega' = -7.2757$，$Q' = 717$ 代入供应链及成员期望收益函数，可得出政企各自期望收益值以及供应链整体收益值。其次，将赋值参数代入集中策略下公式（7-4）和公式（7-5）中，可得出集中策略下供应链收益值。两组决策情况下供应链期望利润之区别见表 7-2。

表 7-2　　　　　　　　不同决策情况下供应链期望
利润和总代储量（$\lambda = 2$，$n = 6$）

	分散决策			集中决策	
Q'	$\pi_e^d(\omega', Q')$	$\Pi_g^d(\omega', Q')$	$\Pi^d(Q')$	Q_c^*	$\Pi^c(Q_c^*)$
717	2325.27	5216.68	7541.95	1200	9000

从表 7-2 中可知，分散策略下应急物资总代储量 $Q' = 717 < Q_c^* = 1200$，且供应链系统期望利润小于集中策略下供应链期望利润：$\Pi^d(Q') = 7541.95 < \Pi^c(Q_c^*) = 9000$，因此可验证并得出分散策略供应链系统无法达到集中策略下高效协作状况。

为分析政企利润、供应链整体收益和参与的代储企业数量及其风险厌恶程度的关系，首先限定代储企业数量 $n = 6$ 不变，通过调整代储企业风险厌恶系数 $\lambda \in [1,5]$，考察 λ 对代储企业总期望效用、代储企业总期望收益、政府期望收益以及供应链总期望收益的影响如图 7-1 所示。其次，限定代储企业风险厌恶程度 $\lambda = 2$ 不变，通过调整代储企业数量 $n \in [1,20]$，分析 n 对供应链及其成员期望收益的影响，如图 7-2 所示。

从图 7-1 中可以发现，在分散决策下，随着代储企业风险厌恶程度的不断提高，政府期望收益、代储企业总期望效用以及供应链总期望收益均不断减少，而代储企业总期望收益先增加然后逐渐减小。因此，对于政府而言，应鼓励代储企业提升其承担风险的能力；随着参与合作的代储企业数量的不断增加，由于竞争加剧应急物资企业总代储量得以不断提升，使得代储企业总期望收益、政府期望收益及供应链总期望收益

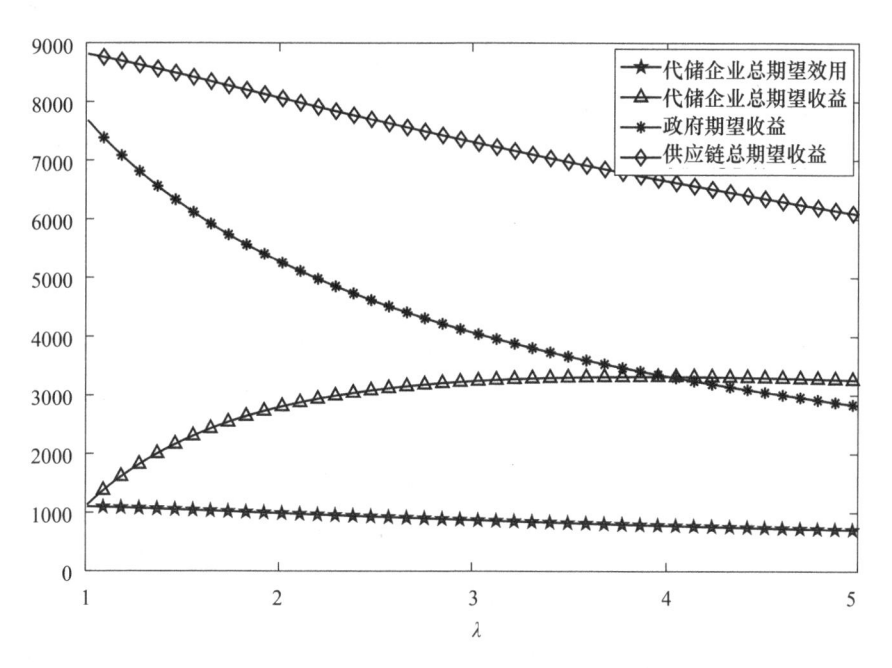

图 7-1 λ 对供应链以及政企期望收益的影响

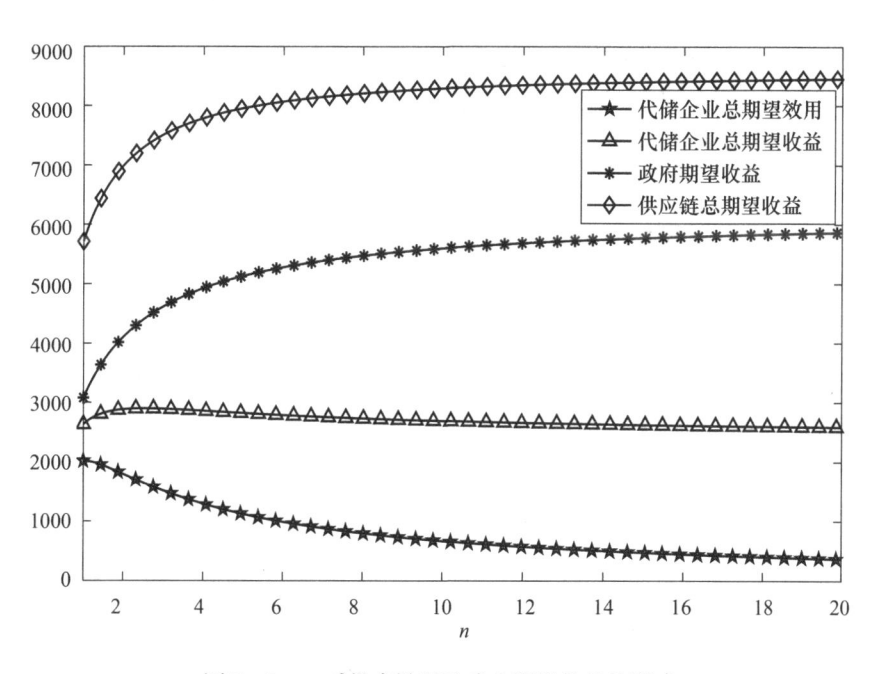

图 7-2 n 对供应链以及政企期望收益的影响

均逐渐增加,而代储企业总期望效用逐渐减小。且从图 7-2 可以看出,当参与合作的代储企业数量较少时,对供应链及政企期望收益的影响较大,随着代储企业数量的增加,n 的影响逐渐变小。同等条件下,集中决策下供应链总期望收益为 9000,从图 7-1 和图 7-2 可以看出,分散决策下供应链总期望收益难以达到集中决策下供应链运作效力,供应链总期望收益均低于 9000,因此有必要协调供应链。

为实现分散决策下政企合作供应链协调,需合理设置利润分配与协调模型中参数 ω 和 γ 的值,并使得相关模型参数满足公式(7-26)。结合性质 3,图 7-3 和图 7-4 描述了 $\frac{c-\omega}{\gamma}$ 与代储企业风险厌恶程度、代储企业数量的关系。图 7-3 描述了当限定代储企业数量 $n=6$ 不变时,代储企业风险厌恶程度对 $\frac{c-\omega}{\gamma}$ 的影响,根据推论 1,由于代储企业风险厌恶程度增加,导致代储企业总代储量减少。而代储企业总储备量是关于 $\frac{c-\omega}{\gamma}$ 的减函数,因此可以通过提高对代储企业的单位补贴额度 ω 或者增加代储企业收益分配份额,进而增加代储企业关于应急物资总储备量。图 7-4 描述了当限定代储企业风险厌恶程度 $\lambda=2$ 不变时,代储企业数量对 $\frac{c-\omega}{\gamma}$ 的影响,随着参与的代储企业数量的增加,代储企业之间竞争的加剧会促使其增加应急物资储备量来获得更多政府给予的补贴或者收益分配份额。

根据性质 3,参数一定的条件下,存在唯一的 $\frac{c-\omega^*}{\gamma^*}$ 使得利润分配与协调模型下的供应链协调。根据公式(7-32)的三个公式,结合公式(7-26)中 ω 和 γ 的关系,可以模拟出收益分配比例 γ 与代储企业风险厌恶程度和代储企业数量的关系。图 7-5 和图 7-6 模拟了 λ 和 n 对收益分配比例的影响。随着代储企业风险厌恶程度的增加,集中决策与分散决策下的供应链整体收益的差距不断拉大(如图 7-1 所示),因此当供应链实现协调以后,用于政企间分配的收益增多,收益分配比例的最优取值范围逐渐增大(如图 7-5 所示)。反之,随着合作的代储企业

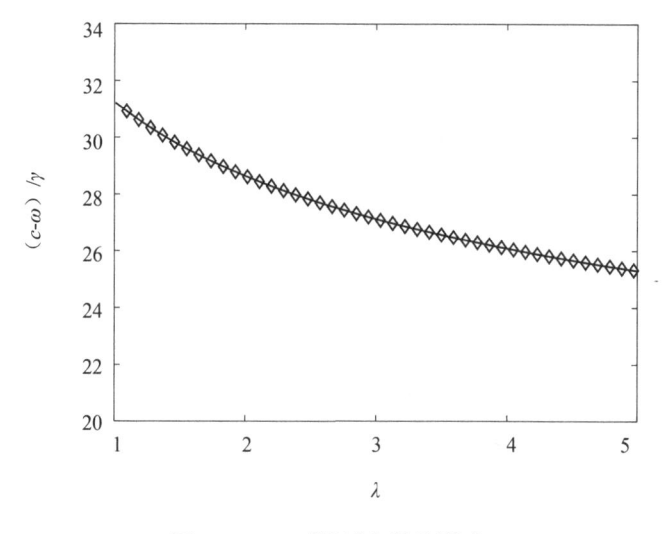

图 7-3 λ 对激励参数的影响

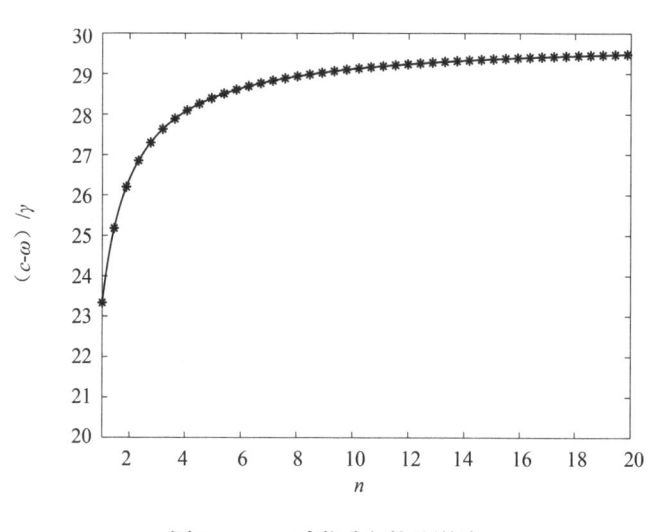

图 7-4 n 对激励参数的影响

数量的增加,分散决策下竞争的加剧使得供应链整体收益随之增加,与集中决策下供应链整体收益的差距逐渐减小,因而供应链运作协调后用于政企分配的收益减少,收益分配比例的最优取值范围逐渐缩小(如图 7-6 所示)。

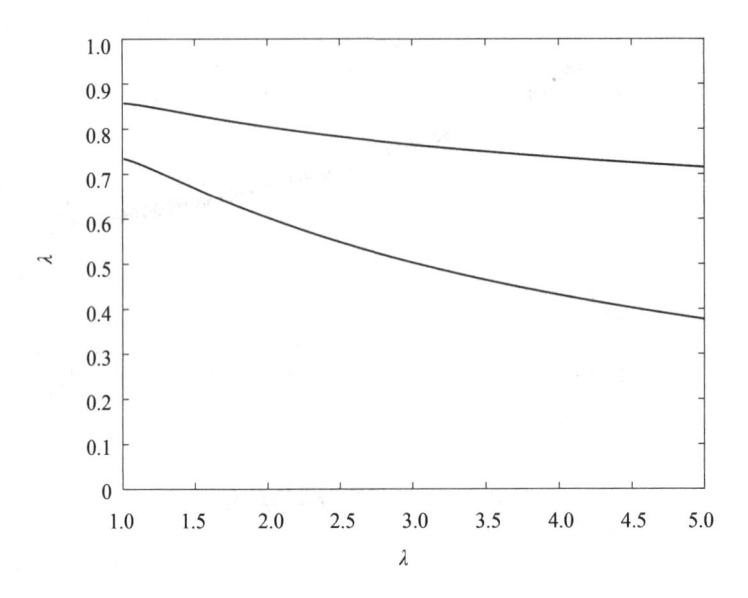

图 7-5　λ 对收益分配比例的影响

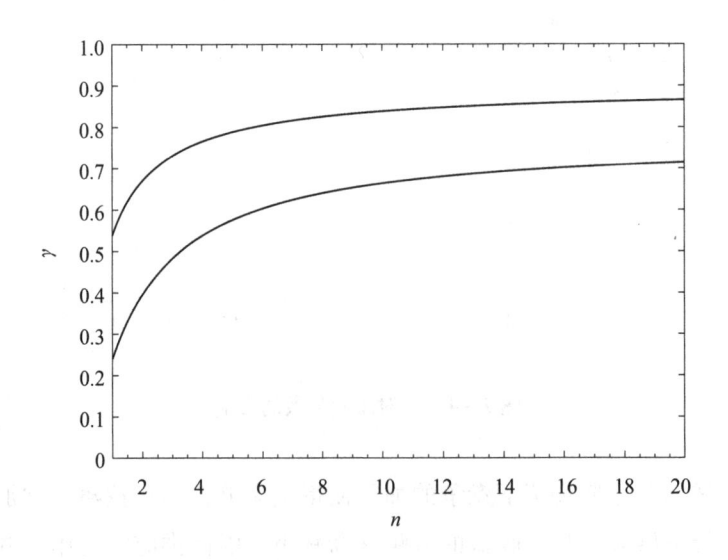

图 7-6　n 对收益分配比例的影响

特别地，当 $\lambda = 2$，$n = 6$ 时，计算出 $\frac{25 - \omega^*}{\gamma^*} = 28.6438$。收益分配比例 γ^* 的最优取值范围为 (0.603, 0.804)，只要保证收益分配比例在上述范围内，利润分配与协调模型下政府期望收益、代储企业总期望收益及其总期望效用总是优于分散决策。图 7-7 模拟了收益分配比例在最优取值范围内供应链各方的收益值，随着最优收益分配比例的增加，政府期望收益稍微有所下降，而代储企业的总期望收益以及总期望效用逐渐增大。且表 7-3 中反映了不同 $\frac{c - \omega}{\gamma}$ 下政府期望收益、代储企业总期望收益及其总期望效用的变动情况，可以得出在引入激励策略后，能够在很大程度上增加供应链总期望收益，改进政企协作效力。

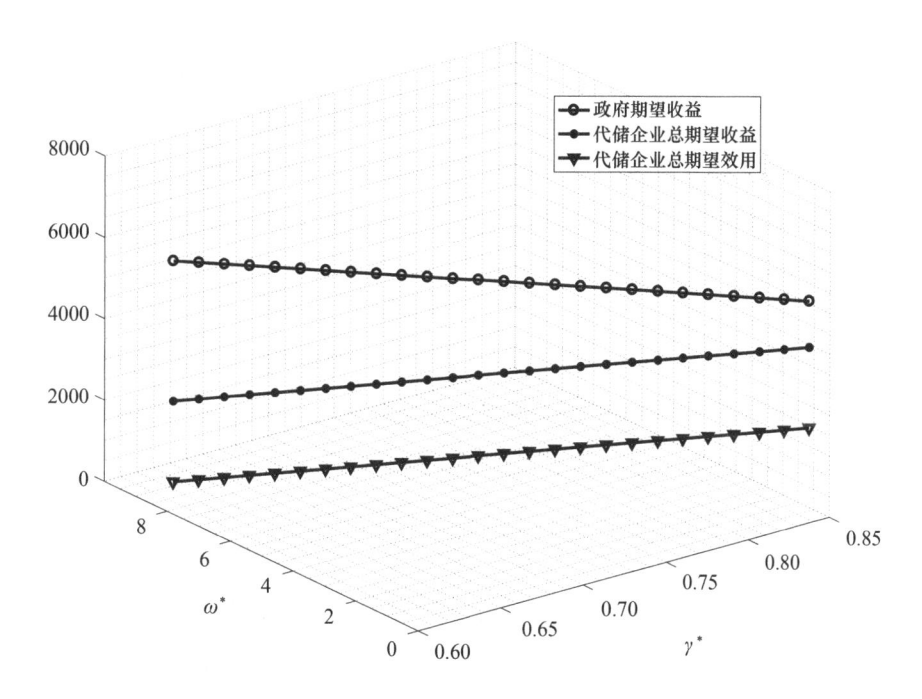

图 7-7 最优 ω 和 γ 下供应链各方收益（$\lambda = 2$, $n = 6$）

表7-3　　　　不同 ω 和 γ 组合下供应链各方期望收益
及期望效用（$\lambda = 2$, $n = 6$）

	$\gamma^* = 0.62$	$\gamma^* = 0.68$	$\gamma^* = 0.72$	$\gamma^* = 0.76$	$\gamma^* = 0.8$
	$\omega^* = 7.24$	$\omega^* = 5.52$	$\omega^* = 4.38$	$\omega^* = 3.23$	$\omega^* = 2.08$
代储企业总期望效用	1205.7	1320.3	1407.4	1478.5	1549.6
代储企业总期望收益	2868	3144	3336	3516	3696
政府期望收益	6132	5856	5664	5484	5304
供应链总期望收益	9000	9000	9000	9000	9000

第七节　本章小结

考虑到应急物资代储供应链中，代储企业风险厌恶的特性对于政企合作效力的影响，为规避合作中代储企业道德风险倾向、促进政企合作的供应链高效率协作，本章就此构建了利润分配与协调模型。首先，分析了集中策略和分散策略下政企的决策模型，求证了分散策略下代储企业最优总代储量所满足的条件，且分析了代储企业总代储量与其风险厌恶程度系数、代储企业数量的关系，并给出了两种策略下政企合作供应链中各方的收益表达式。其次，结合分散策略政企决策的分析，引入单位补贴额度与收益分配比例建立利润分配与协调模型。设置合理的收益分配比例能够使分散策略下代储企业总代储量、供应链及各方期望收益达到集中策略的最优值，且求证发现存在唯一的激励参数满足以上条件。最后，本章运用MATLAB实验平台展开数值模拟，算例分析了分散策略下代储企业风险厌恶程度、代储企业数量对供应链整体收益及政企各方收益的影响，且模拟了利润分配与协调模型下代储企业风险厌恶程度、代储企业数量对模型关键参数的影响趋势，最终求证出收益分配比例的最优取值范围。本章的管理启示如下：

（1）代储企业风险厌恶程度增加，导致代储企业总代储量减少。对于政府而言，选择应急物资代储企业时，应注重企业应急动员的能力，选择承担风险能力较强的企业纳入产能储备企业的范围，并建立动态更新调整机制，形成良性循环。此外，政府可以通过提高对代储企业的单位补贴额度或者增加代储企业收益分配份额的方式,鼓励企业提高应急物资储备量,以此保障应急条件下的物资供应。

(2)应急物资代储企业数量的增加在一定程度上加剧了企业间的竞争,且本章验证得出竞争加剧能够提升应急物资总储备量。加之目前国内的应急物资储备结构布局仍需进一步优化,也并未充分发挥应急物资保障市场和社会的作用,社会中应急物资企业参与保障水平较低。因此,政府应积极响应并制定相关激励政策,鼓励企业参与应急物资协议代储,改善地方储备能力不足、应急物资产能保障不足等现象。

(3)代储企业数量的增大带来竞争的加剧,竞争的加剧会促使其增加应急物资储备量来获得更多政府给予的补贴或者收益分配份额。另外,政府设置的最优收益分配比例取值范围会随着企业数量的增加而逐步缩小,因此政府可建立动态调整机制,在企业参与数量增加的同时及时关注并调整收益分配份额,以保证供应链高效协作。

总体而言,本章从政府与多个企业合作这一新的角度研究了应急物资代储供应链协调问题,丰富并补充了应急物资储备管理与供应链契约理论。本章研究存在一定的局限性,考虑多主体时仅研究了政府与多个企业间的博弈关系,并未考虑其他社会组织、公众等的参与,后续研究中将进一步将社会公众的监督加入模型中,探讨多主体协同共治下应急物资联合储备中多方博弈与系统协调问题。

第 八 章

政企协同共治下应急物资委托代储博弈策略研究

第一节 问题描述

应急物资委托代储管理体系中,目前常见的行为主体主要是政府与企业。行为主体之间进行相互配合与协作,能够确保应急物资管理各过程运作正常,在突发应急事件时发挥应有的作用。在此过程中,政府起到制度建设与政策引领作用,对营业性企业进行必要的制度监管与激励;企业在整个应急物资管理过程中起到重要责任作用,一方面企业会追求实现自身盈利的目标,另一方面企业需要积极承担起社会责任,做好应急物资的管理与保障工作。

基于激励理论对应急物资管理过程可以做出如下描述:政府旨在能够获得公共利益,只要企业能够在应急物资生产、储备及管理、售卖过程中实施努力行为,企业就能够获得相应的奖励;相反,如果被政府监管发现企业存在偷懒现象,则会受到政府惩罚、企业信誉降低等,政府若对偷懒企业未起到监管作用导致大众不满,则政府的社会公信力也会下降,付出一定的政治成本。

第二节 博弈模型构建

本章假设政府与企业两方利益主体参与应急物资代储。为便于研究,做出如下具体假设。

（1）政府有"监管"和"不监管"两种策略，即当政府采取监管策略时，政府会对努力企业给予奖励、对偷懒企业给予相应的惩罚，当政府采取不监管策略时不作激励奖惩；企业在筹集过程中有"努力"和"偷懒"两种策略，即采取"努力"策略时企业按照相关规定约束自身道德风险，采取"偷懒"策略时企业放任道德风险。设政府实施监管策略的概率为 X，则实施不监管策略的概率为 $1-X$；企业实施努力策略的概率为 Y，则实施偷懒策略的概率 $1-Y$。X、Y 均位于区间 [0，1] 内，且均为时间 T 的函数。

（2）当政府采取监管策略时，政府需要支付的监管成本记为 C_1，包括大量的人力、物力和财力，同时为了更好地对企业行为进行管控，通常政府鼓励企业努力最直接的途径就是给予一定的经济奖励、对偷懒企业给予相应的惩罚，因此将政府对努力企业的奖励记为 R_1，对偷懒企业进行惩罚 R_2（可视为政府收益）。此外，由于企业在应急物资社会筹集过程中选择努力，应急物资数量质量与救援效率效果能得到较好保证，可及时应对突发应急事件，社会环境较为稳定和谐，政府可以获得一定的社会效益 C_2。此外，由于信息不对称、企业筹集过程的复杂性、政府监管的频次和技术条件有限等原因，政府监管存在失败的可能性（即无法及时发现和判断企业筹集行为中的风险及做出相应的处理措施），假设政府监管发现企业偷懒的概率为 λ（$0<\lambda<1$），则 λR_2 可看作政府的监管收益，也是应急物资筹集企业选择偷懒时由于政府监管产生的损失，一定程度上可以反映政府监管强度。相反，当政府采取不监管策略、不实施激励奖惩时，若企业偷懒导致应急物资筹集出现问题，政府对企业监管不力、纵容放任偷懒的企业持续营业，不能及时解决出现的突发应急事件，政府会面临很多的投诉，让大众丧失信心，将政府监管不严造成的公信力、声望的损失记为政治成本 C_3。

（3）将企业正常经营得到的收入定为 R_3。当应急物资企业采取努力策略时，需要增加相应的机器设备、人员与技术等成本 C_4，获得政府奖励 R_1；相反，在"全灾种，大应急"和实施健康中国战略的背景下，社会对应急管理的要求日益提高，提高应急物资筹集与管理意识将会具有更大的可持续竞争优势，如果企业采取偷懒策略，在应急物资筹集过程中作假，将会给企业带来更高的经济效益 C_5，但若被政府监管发现偷懒，会受到政府罚款 λR_2。此情况导致企业口碑下降、竞争优势和声誉的损失成本共记为 C_6，企业若继续在筹集应急物资过程中偷懒必将导致 C_6 成本的增加。

参数设定及含义见表 8-1 所示。

表 8-1　　　　　　　　政企博弈参数设定及含义

参数	含义
C_1	政府监管付出的成本
C_2	政府监管获得的社会效益
C_3	政府不监管付出的政治成本
C_4	企业努力付出的成本
C_5	企业偷懒获得的额外利益
C_6	企业偷懒造成的竞争优势和声誉等损失
λ	政府监管发现企业偷懒的概率
R_1	政府给予努力企业的奖励
R_2	政府对偷懒企业的惩罚
R_3	企业的正常收入

博弈双方的收益矩阵见表 8-2 所示。

表 8-2　　　　　　　　政企双方收益矩阵

		政府	
		监管	不监管
企业	努力	$(-C_1+C_2-R_1, -C_4+R_1+R_3)$	$(0, -C_4+R_3)$
	偷懒	$(-C_1+\lambda R_2, C_5-C_6-\lambda R_2+R_3)$	$(-C_3, C_5+R_3)$

第三节　政府与企业博弈分析

一　两方复制动态方程

令政府采取"监管"策略时的收益为 P_{11}，采取"不监管"策略时

的收益为 P_{12}，平均收益为 P_1，结合表 8-2 中的收益矩阵，政府采取"监管"和"不监管"策略的收益以及平均收益分别为：

$$P_{11} = Y^*(-C_1 + C_2 - R_1) + (1-Y)^*(-C_1 + \lambda R_2)$$
$$= (C_2 - R_1 - \lambda R_2)Y - C_1 + \lambda R_2 \quad (8-1)$$

$$P_{12} = Y^*0 + (1-Y)^*(-C_3) = C_3 Y - C_3 \quad (8-2)$$

$$P_1 = X^* P_{11} + (1-X)^* P_{12} \quad (8-3)$$

由演化博弈理论可知，政府策略的复制动态方程为：

$$F_1(X) = \frac{dX}{dt} = X^*(P_{11} - P_1) = X(1-X)(P_{11} - P_{12})$$
$$= X(1-X)[(C_2 - C_3 - R_1 - \lambda R_2)Y - C_1 + C_3 + \lambda R_2]$$
$$(8-4)$$

令企业采取"努力"策略时的收益为 P_{21}，采取"偷懒"策略时的收益为 P_{22}，平均收益为 P_2，结合表 8-2 中的收益矩阵，企业采取"努力"和"偷懒"策略的收益以及平均收益分别为：

$$P_{21} X^*(-C_4 + R_1 + R_3) + (1-X)^*(-C_4 + R_3) = R_1 X - C_4 + R_5$$
$$(8-5)$$

$$P_{22} = X^*(C_5 - C_6 - \lambda R_2 + R_3) + (1-X)^*(C_5 + R_3)$$
$$= (-C_6 - \lambda R_2)X + C_5 + R_5 \quad (8-6)$$

$$P_2 = Y^* P_{21} + (1-Y)^* P_{22} \quad (8-7)$$

由演化博弈理论可知，企业策略的复制动态方程为：

$$F_2(Y) = \frac{dY}{dt} = Y^*(P_{21} - P_2) = Y(1-Y)(P_{21} - P_{22})$$
$$= Y(1-Y)[(R_1 + C_6 + \lambda R_2)X - C_4 - C_5] \quad (8-8)$$

二 演化博弈均衡点稳定性分析

$$\begin{cases} F_1(X) = \dfrac{dX}{dt} = X(1-X)[(C_2 - C_3 - R_1 - \lambda R_2)Y - C_1 + C_3 + \lambda R_2] \\ F_2(Y) = \dfrac{dY}{dt} = Y(1-Y)[(R_2 + C_6 + \lambda R_2)X - C_4 + C_5] \end{cases}$$

$$(8-9)$$

令 $F_1(X) = 0$，$F_2(Y) = 0$，得到该博弈系统的 5 个均衡解：E_1（0，0），E_2（0，1），E_3（1，0），E_4（1，1），$E_5 \left(\dfrac{C_4 + C_5}{C_6 + R_1 + \lambda R_2}, \dfrac{C_1 - C_3 - \lambda R_2}{C_2 - C_3 - R_1 - \lambda R_2} \right)$。用雅可比矩阵来判断各均衡点的稳定性，则该演化博弈系统的雅可比矩阵如下所示：

$$J = \begin{bmatrix} \dfrac{dF_1(X)}{dX} & \dfrac{dF_1(X)}{dY} \\ \dfrac{dF_2(Y)}{dX} & \dfrac{dF_2(Y)}{dY} \end{bmatrix}$$

$$= \begin{bmatrix} (1-2X)\begin{bmatrix}(C_2 - C_3 - R_1 - \lambda R_2)Y \\ -C_1 + C_3 + \lambda R_2\end{bmatrix} & X(1-X)(C_2 - C_3 - R_1 - \lambda R_2) \\ Y(1-Y)(R_1 + C_6 + \lambda R_2) & (1-2Y)\begin{bmatrix}(R_1 + C_6 + \lambda R_2)X \\ -C_4 - C_5\end{bmatrix} \end{bmatrix}$$

根据演化博弈理论的研究结果可知，当雅可比矩阵的特征值都为负数时，此时的局部均衡点即为演化稳定策略（ESS）。[①] 每一个均衡点对应雅可比矩阵的特征值见表 8-3。

表 8-3　政企博弈均衡点对应雅可比矩阵的特征值

均衡点	特征值 1	特征值 2
E_1（0，0）	$-C_4 - C_5$	$C_3 - C_1 + \lambda R_2$
E_2（0，1）	$C_4 + C_5$	$C_2 - C_1 - R_1$
E_3（1，0）	$C_6 - C_5 - C_4 + R_1 + \lambda R_2$	$C_1 - C_3 - \lambda R_2$
E_4（1，1）	$C_4 + C_5 - C_6 - R_1 - \lambda R_2$	$C_1 - C_2 + R_1$

由表 8-3 可知，均衡点 E_2（0，1）中特征值存在非负情况（$C_4 + C_5 > 0$），不满足要求。下面分析其他三个点 E_1、E_3 与 E_4 的稳定性，可以得到：

[①] 杜志平、区钰贤：《基于三方演化博弈的跨境物流联盟信息协同机制研究》，《中国管理科学》2023 年第 4 期。

(1) 当 $C_3 < C_1 - \lambda R_2$ 时，均衡解 $E_1(0,0)$ 为稳定演化策略，此时政府选择不监管，企业选择偷懒。分析 $C_3 < C_1 - \lambda R_2$，即政府不监管时付出的政治成本 C_3 小于政府监管付出的成本 C_1 与政府对偷懒企业的罚款 R_2 之差（即政府监管的损失）时，政府倾向于选择不监管。因此，可以通过增大 C_3、R_2 和减少 C_1 来促使政府对企业进行监管、督促企业进行整改，使企业转变策略为努力。

(2) 当 $\begin{cases} C_1 - \lambda R_2 < C_3 \\ C_6 + \lambda R_2 - C_5 < C_4 - R_1 \end{cases}$ 时，均衡解 $E_3(1,0)$ 为稳定演化策略，此时政府选择监管，应急物资企业选择偷懒。分析 $C_1 - \lambda R_2 < C_3$，与 E_1 相同，可以通过增大 C_3、R_2 和减少 C_1 来促使政府监管、企业努力。分析 $C_6 + \lambda R_2 - C_5 < C_4 - R_1$，即企业偷懒造成的声誉损失 C_6 与政府对偷懒企业的罚款 R_2 的和与其额外收益 C_5 之差（即企业偷懒的损失）小于企业努力付出的成本 C_4 与政府给予努力企业的补贴 R_1 之差（即企业努力的损失）时，企业倾向于选择偷懒。因此，可以通过增大 C_6、R_1、R_2 和减小 C_4、C_5 来促使企业努力。

(3) 当 $\begin{cases} C_1 + R_1 < C_2 \\ C_4 - R_1 < C_6 + \lambda R_2 - C_5 \end{cases}$ 时，均衡解 $E_4(1,1)$ 为稳定演化策略，此时政府选择监管，应急物资企业选择努力。分析 $C_1 + R_1 < C_2$，即政府监管成本 C_1 与政府对努力企业的奖励 R_1 之和（即政府监管时的损失）小于政府监管时得到的社会效益 C_2（即政府监管时的收益）时，政府倾向于选择监管。因此，可以通过减少 C_1、R_1 与增加 C_2 来促使政府对企业进行监管。分析 $C_4 - R_1 < C_6 + \lambda R_2 - C_5$，与 E_3 一样，通过增大偷懒企业的声誉损失 C_6、政府给予努力企业的补贴 R_1、政府对偷懒企业的罚款 R_2 和减小企业努力付出的成本 C_4、企业偷懒获得的额外收益 C_5 来促使企业努力。

随着经济社会和科学技术的迅猛发展，当前我国人民生活环境与社会氛围整体向好，对于应急管理体系的高效建设也是十分重视。政府监管在一定程度上能够抑制企业在筹集过程中偷懒的行为，企业若能够严格约束自身、在应急物资筹集过程中努力，从而保证应急物资的质量与品质，为突发应急事件做好保障，有利于社会的健康发展，因此本书致力于提供政府监管、企业努力的发展模式。由以上分析可知，通过调整相关参数可以使政企双方博弈模型演化到相对理想的稳定状态（即政府监管，企业努力）。在现实生活与实际案例中，政府可以出台相关扶持政策，如对努力的企业给予一定的税收减免、直接的经济奖励或者根据实际营利情况适当减少企业检查与轮换更新应急物资的费用，以此减少企业努力需要付出的高成本；也可对偷懒的企业进行政府大力度的罚款，明文规定企业若偷懒被发现，需要支付其盈利的较大比例，使其偷懒时要付出极大损失以此约束企业。

第四节　数值仿真

一　不同情境下的仿真分析

针对上节得出的均衡点渐进稳定约束条件设置三种情境，参考相关政策与具体实际案例，[1][2][3][4][5][6][7] 三种情境的参数设置情况如表 8－4。

---

[1] 中华人民共和国司法部：《河北省省级重要物资储备管理办法》，2023 年 4 月 26 日，https://www.moj.gov.cn/pub/sfbgw/flfggz/flfggzdfzwgz/202304/t20230426_477832.html，2024 年 1 月 8 日。

[2] 国家粮食和物资储备局：《山东省地方储备粮管理办法》，2015 年 1 月，http://www.lswz.gov.cn/html/c100211/2018-06/12/content_215148.shtml，2023 年 5 月。

[3] 中华人民共和国中央人民政府：《粮食流通管理条例》，2021 年 4 月，https://www.gov.cn/zhengce/zhengceku/2021-04/07/content_5598180.htm，2023 年 2 月。

[4] 国家粮食和物资储备局：《国家粮食和物资储备局关于八起粮食收购环节违法违规典型案例的通报》，2023 年 5 月，http://www.lswz.gov.cn/html/ywpd/zfdc/2023-05/17/content_274775.shtml，2023 年 6 月。

[5] 国家市场监督管理总局：《市场监管总局 财政部关于印发〈市场监管领域重大违法行为举报奖励暂行办法〉的通知》，2021 年 8 月，https://www.samr.gov.cn/zw/zfxxgk/fdzdgknr/zfjcs/art/2023/art_b263af21c54f46d8b79f85fac7a09c0a.html，2023 年 5 月。

[6] 中华人民共和国生态环境部：《生态环境部公布第五批生态环境执法典型案例（举报奖励领域）》，2022 年 8 月，https://www.mee.gov.cn/ywdt/xwfb/202208/t20220819_992080.shtml，2022 年 8 月。

[7] 茂名市人民政府：《关于印发〈茂名市生态环境局关于举报环境违法行为奖励办法（2021 年）〉的通知》，2021 年 8 月 29 日，http://www.maoming.gov.cn/xxgkml/sthjj/zc/gfxwj/content/post_1252567.html，2024 年 1 月 8 日。

表8-4　　　　　　　政企博弈不同情境下的参数赋值情况

参数	C_1	C_2	C_3	C_4	C_5	C_6	λ	R_1	R_2	R_3
情境1	4	4	1.5	2	5	2	0.5	1.5	4	10
情境2	2	4	2.5	2	5	2	0.5	1.5	4	10
情境3	2	4	2.5	2	5	2	0.5	1.5	8	10

（一）情境1：未发生突发应急事件的筹集时期

此种情境下社会环境较为稳定，对应急物资及应急物资筹集企业的需求不高，政府此时对应急物资企业监管的成本较高，因未发生突发应急事件，即使政府不监管企业，其造成的社会影响不大，因此政府不监管付出的政治成本较低，满足 $C_3 < C_1 - \lambda R_2$。处于未发生突发应急事件的筹集时期时，企业在筹集应急物资过程中努力会投入时间、经济等成本，其选择偷懒获得的收益比企业声誉等损失多，部分不良企业为更高的经济利益选择偷懒；而政府对应急物资企业实行不监管时，企业在筹集过程中因无人监管、内部懈怠导致应急物资质量下降。这种情境下，企业会对应急物资筹集环境产生负面影响，进而造成更大的危害，属于发展不良的平衡状态。

由图8-1可知，在此参数设置下，无论 X、Y 取何值，博弈的初始演化都稳定在点 (0,0) 处，表示政府选择不监管策略，企业选择偷懒策略。通过前文的分析，可以通过增大政府不监管时要付出的政治成本 C_3、政府对偷懒企业的罚款 R_2 和减少政府监管付出的成本 C_1 来促使政府对企业进行监管，督促企业进行整改，推动企业在物资筹集过程中努力。减小 C_1 为2，增加 C_3 为2.5、R_2 为4，其他参数不变，其优化后的演化仿真如图8-2所示。在优化过的参数设置下，无论 X、Y 取何值，博弈演化都稳定在点 (1,1) 处，表示政府由选择不监管策略转变为选择监管策略，企业由采取偷懒策略转变为选择努力策略，实现了系统优化，即达到本书所追求的理想均衡状态。

（二）情境2：突发应急事件形势严峻、应急物资紧缺

此种情境下，政府采取不监管付出的成本较高，企业偷懒获得收益

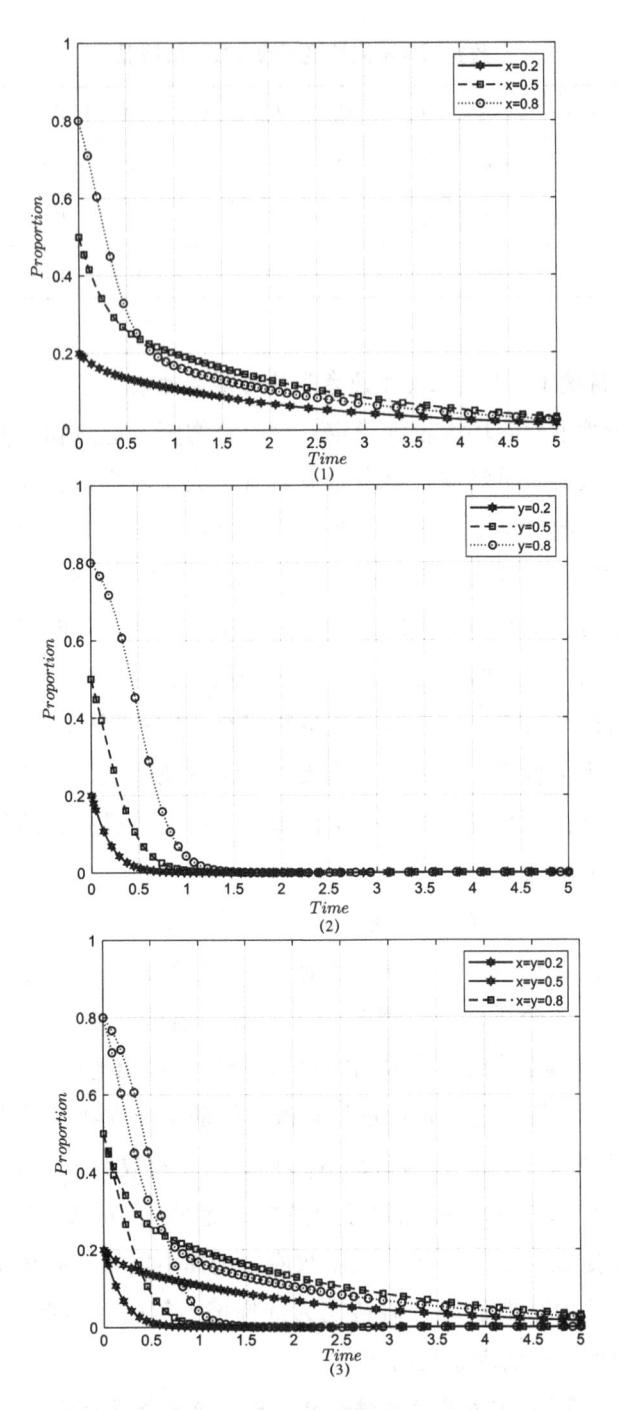

图 8-1 情境1 双方主体初始值不同时的演化仿真

第八章 政企协同共治下应急物资委托代储博弈策略研究 ◇◇ 223

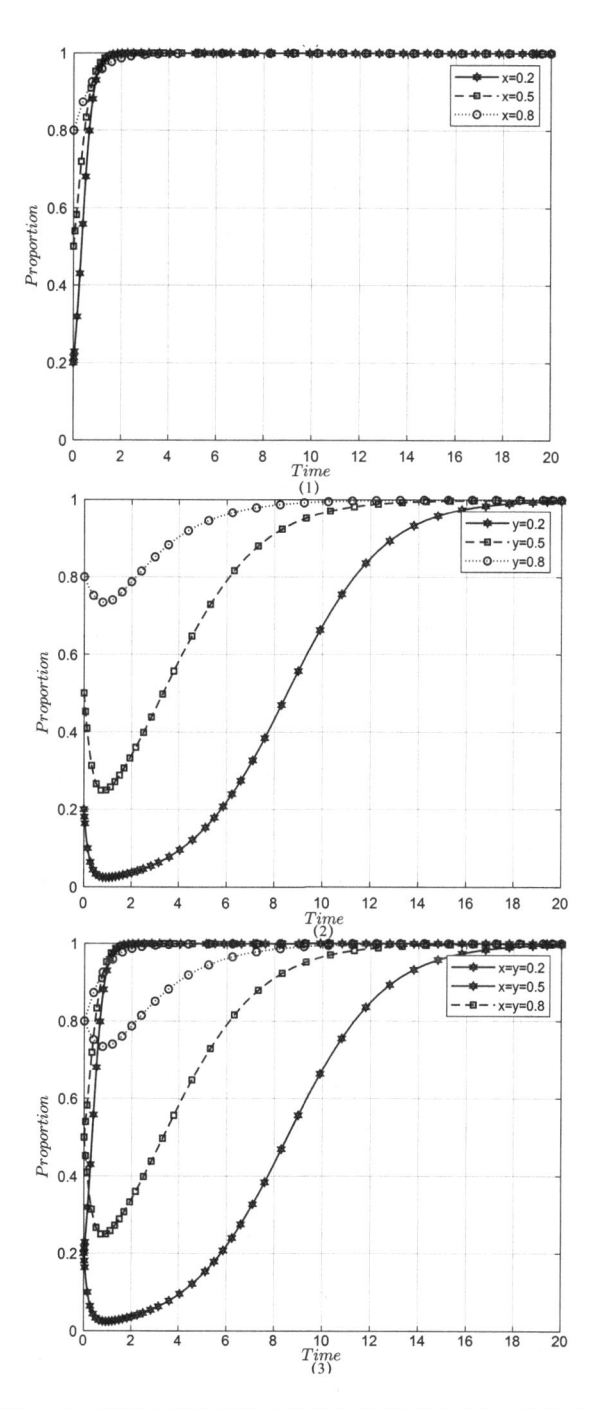

图 8-2 情境 1 优化后双方主体初始值不同时的演化仿真

较高，满足 $\begin{cases} C_1 - \lambda R_2 < C_3 \\ C_6 + \lambda R_2 - C_5 < C_4 - R_1 \end{cases}$。政府若因对应急物资企业监管力度不够导致应急物资出现问题、无法及时解决突发应急事件，从而导致应急事件严重程度加剧，会引起大众不满、对政府失去信心，此时政府付出的政治成本极高，远超政府实行监管、对企业进行一定的奖惩措施付出的成本，因此政府高度重视应急物资的筹集，会加强对企业的监管力度、对努力的企业补贴增多并加大对偷懒企业的惩罚。而应急物资在市场上"一货难求"的情况下，价值随之提升，企业在筹集储备应急物资过程中努力投入时间、经济等成本较大，其选择偷懒获得的收益（除去被政府罚款与声誉损失后的净盈利）远比其努力获得的纯收益（企业努力付出的成本与政府给予努力企业的补贴之差）多，部分企业较易铤而走险选择偷懒来谋求更大的经济收益。此时政府要投入极大成本与精力，企业偷懒行为会危害应急物资质量进而影响救灾效果，属于危害性较大的稳定状态。

由图8-3可知，在此参数设置下，无论 X、Y 取何值，博弈的初始演化都稳定在点(1,0)处，表示政府选择监管策略，企业选择偷懒策略。本章致力于提供政府监管、企业努力的发展模式，通过前文的分析，可以通过增大偷懒企业的声誉损失 C_6、政府给予努力企业的补贴 R_1、政府对偷懒企业的罚款 R_2 和减小企业努力付出的成本 C_4、企业偷懒获得的额外收益 C_5 来促使企业努力。增大 C_6 为3、R_1 为2、R_2 为3，减少 C_4 为1，其他参数不变，其优化后的演化仿真如图8-4所示，在优化过的参数设置下，无论 X、Y 取何值，博弈演化都稳定在点(1,1)处，表示企业由采取偷懒策略转变为选择努力策略实现了系统优化，政府采取监管策略的速度也加快，即达到本书所追求的理想均衡状态。

(三) 情境3：突发应急事件得到控制后的恢复重建时期

此种情境下，政府采取监管的成本较低，企业选择偷懒要付出的损失太大，满足 $\begin{cases} C_1 + R_1 < C_2 \\ C_4 - R_1 < C_6 + \lambda R_2 - C_5 \end{cases}$。在突发应急事件刚结束后，政府仍对应急物资的质量高度重视，其对企业进行监管和奖惩需付出的

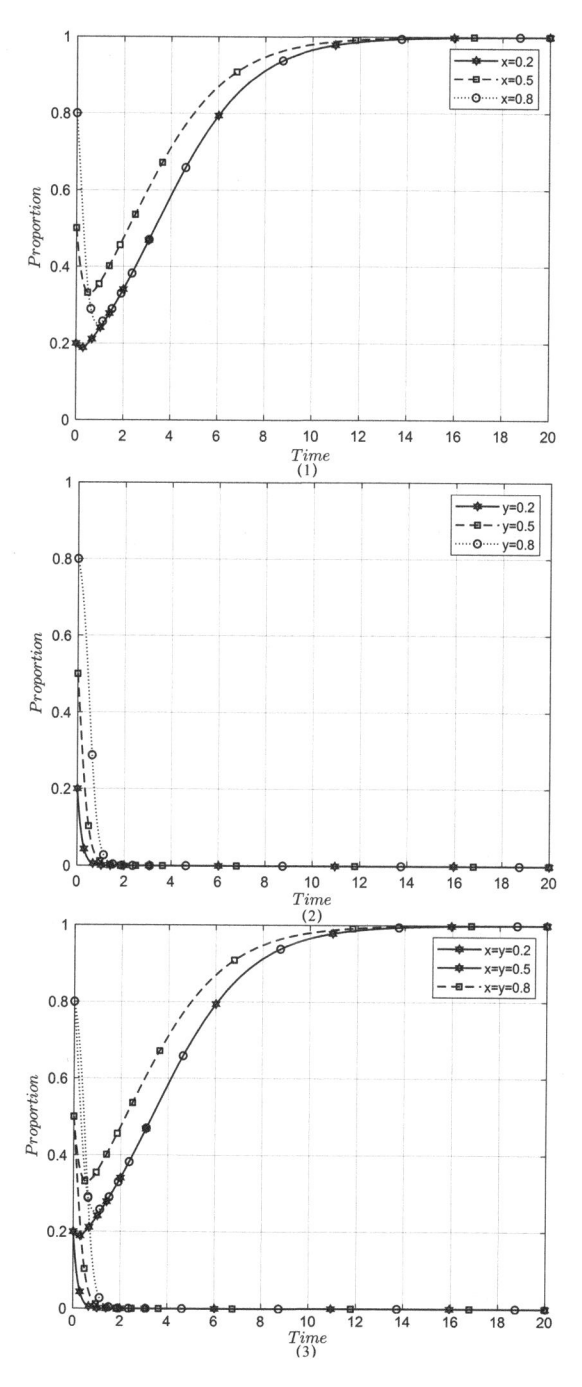

图 8-3 情境 2 双方主体初始值不同时的演化仿真

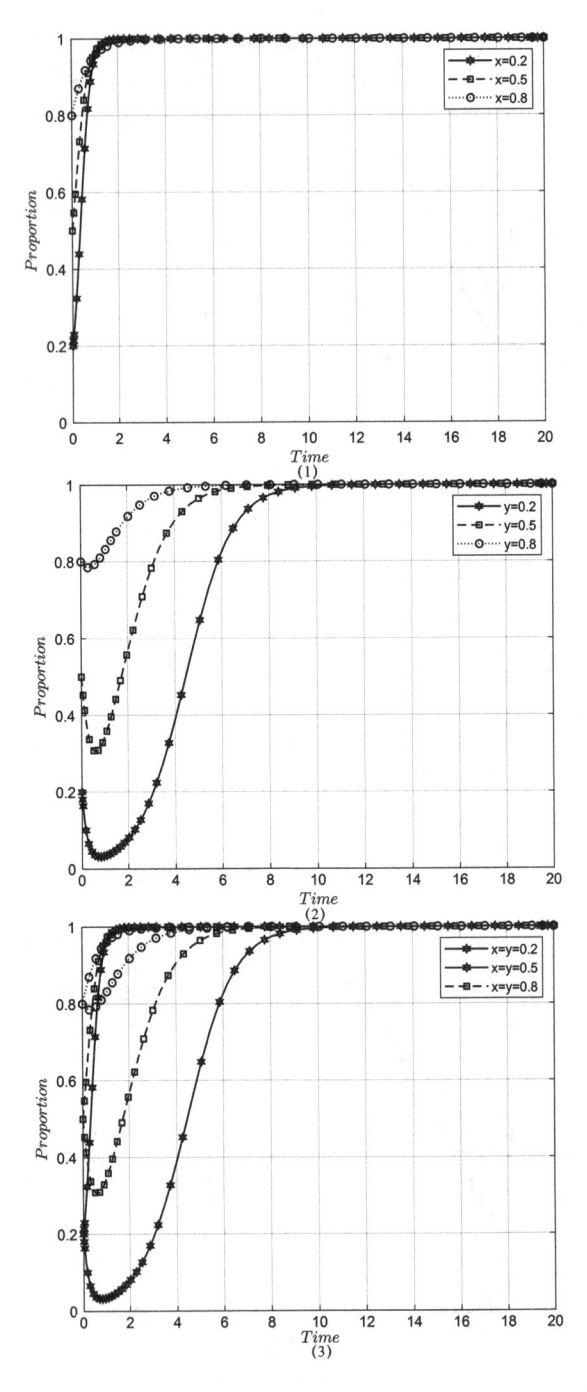

图 8-4 情境 2 优化后双方主体初始值不同时的演化仿真

成本不如获得的政治声誉等社会效益高,且政府对企业监管一定程度上能防止发生衍生事件或其他安全事件,有助于社会应急环境的恢复重建;企业在刚经历过应急事件后也对物资筹集极度重视,其努力不仅能够获得政府奖励而且对人民健康和社会发展都大有益处,若一意孤行为了追求高利润偷懒,则会遭受严重的声誉损失与政府惩罚,得不偿失。此种情况下形成了政企合力,应急物资筹集过程得到保障,对于应急管理共治格局的构建与维护具有重大意义,是本书所追求的理想状态。

由图 8-5 可知,在此参数设置下,无论 X、Y 取何值,博弈的初始演化都稳定在点 (1,1) 处,表示政府选择监管策略,企业选择努力策略。在此参数基础上,改变其中的某几个参数能够使企业采取努力策略和政府选择监管策略的时间缩短,从而更快地达到更优的均衡状态。由前文可知,通过减少政府监管成本 C_1 与政府对努力企业的奖励 R_1 和增加政府监管时得到的社会效益 C_2 来促使政府对企业进行监管,通过增大偷懒企业的声誉损失 C_6、政府给予努力企业的补贴 R_1、政府对偷懒企业的罚款 R_2 和减小企业努力付出的成本 C_4、企业偷懒获得的额外收益 C_5 来促使企业努力。减少 C_1 为 1、C_4 为 1,增大 C_2 为 5、R_1 为 2、C_6 为 3、R_2 为 5,其他参数不变,其优化后的演化仿真如图 8-6 所示。在优化过的参数设置下,无论 X、Y 取何值,博弈演化都稳定在点 (1,1) 处,企业选择努力策略的速度明显加快、达到稳定状态的时间大大缩短,因参数设置问题政府采取监管策略的速度虽不明显但总体上缓慢加快,实现了系统优化,即达到本书所追求的理想均衡状态。

二 参数变化对博弈的影响仿真分析

在博弈中,参数发生变化可能导致主体的行为策略发生变化,演化系统与过程也会受到影响。通过前文分析可知,博弈双方理想均衡点为 E_4 (1, 1),即最理想状态的行为策略选择为(监管,努力)。因此,在此基础上改变其中部分参数,针对性研究其变化对双方主体选择的影响及对博弈系统的影响,分析双方相互行为选择策略之间的关系。结合实际情况,参数初始赋值情况见表 8-5。

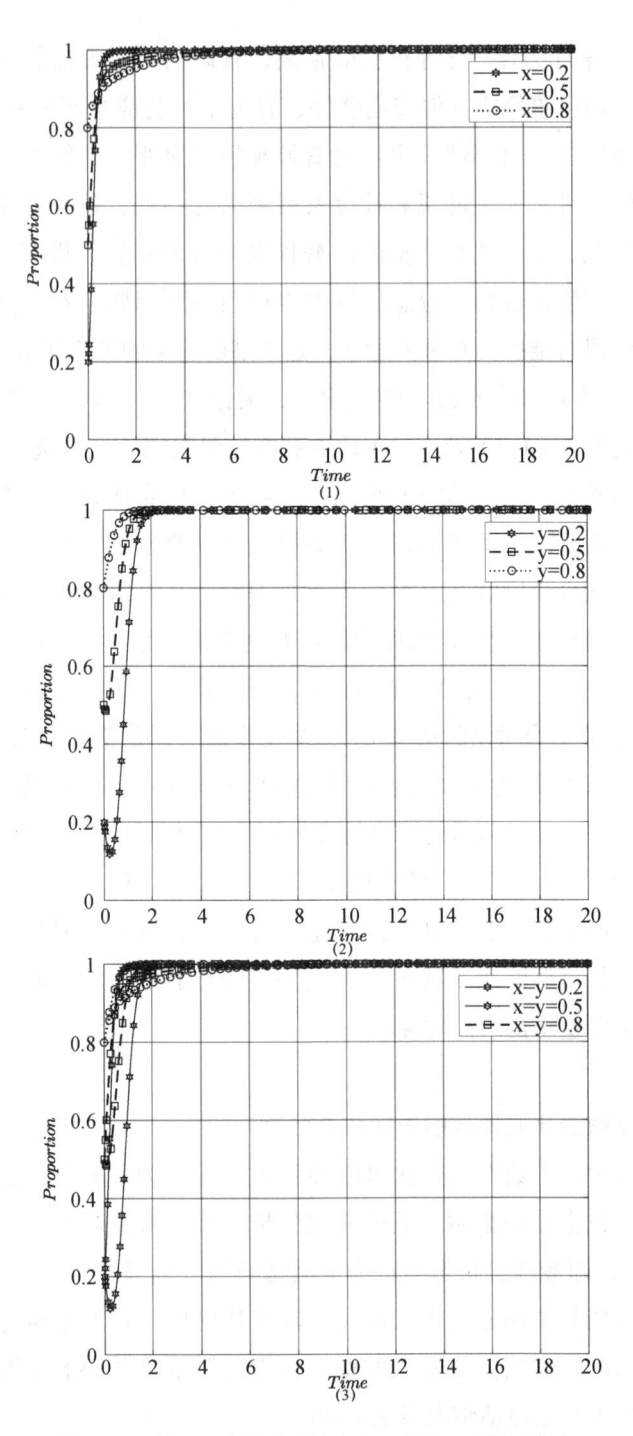

图 8-5 情境 3 双方主体初始值不同时的演化仿真

第八章 政企协同共治下应急物资委托代储博弈策略研究 229

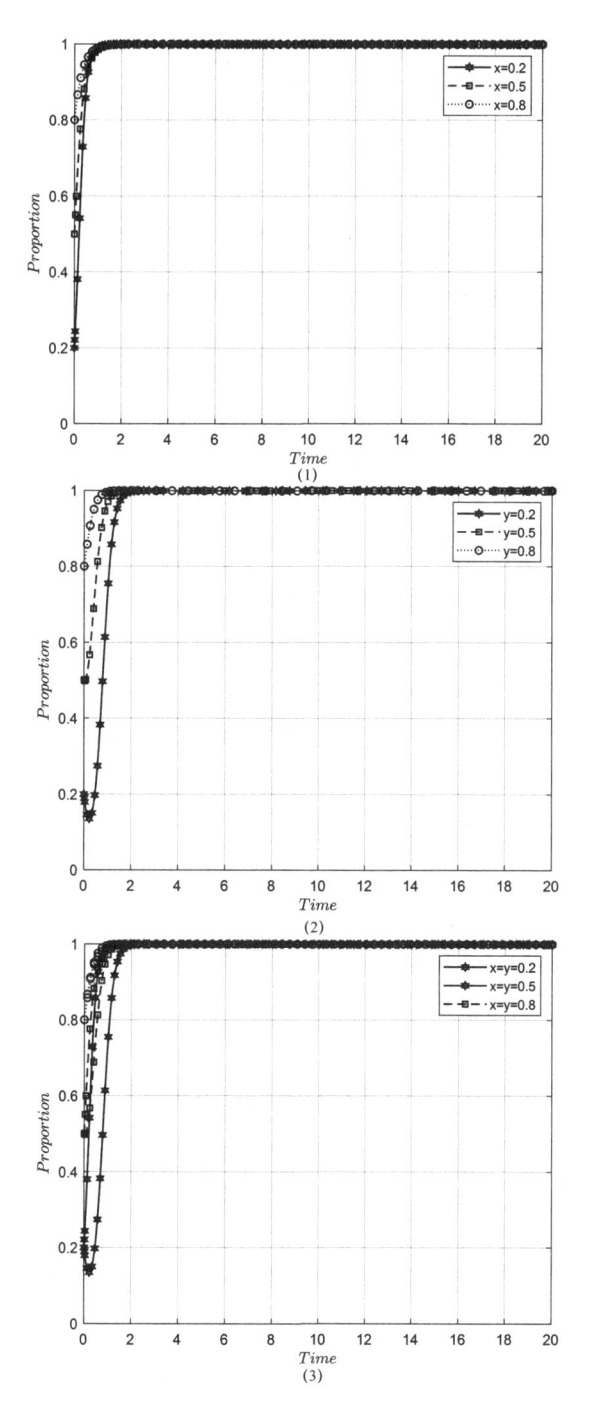

图 8-6 情境 3 优化后双方主体初始值不同时的演化仿真

表 8-5   政企博弈参数初始赋值情况

参数	C_1	C_2	C_3	C_4	C_5	C_6	λ	R_1	R_2	R_3
数值	1	5	2.5	1	5	4	0.5	1	4	10

(一) 初始意愿对博弈的影响仿真分析

在两方主体初始意愿分别为 0.2、0.5 和 0.8 且同时变化的情况下对最终的策略演化结果的影响，如图 8-7 所示。

由图 8-7 可得，无论政企双方主体的初始意愿如何，最终演化结果都趋向于 (1,1) 即 (政府监管，企业努力)。初始意愿越强烈，两方收敛的速度就越快，其达到稳定状态的时间缩短，更快地达到理想状态。可以看到，企业努力的初始意愿越强烈，其收敛于 1 的速度越快，企业积极努力可以保证应急物资的质量，此情况对应急物资筹集管理大有益处，能够创造良好的市场环境。且无论初始意愿是多少，企业收敛于 1 的时间都多于政府收敛于 1 的时间，说明企业在应急物资筹集管理过程中密切关注政府的动向，参考政府的行为策略相应调整其措施。当企业初始意愿为 0.2 和 0.5，即企业努力的初始意愿很消极、不愿意采取努力的策略时，企业前期先是趋向于偷懒后转变为努力，可能初期企业出于追求经济目的趋向于选择偷懒，随着政府趋向于监管，若偷懒被政府监管发现会付出相应代价，企业考虑整体收益与支出后综合考虑的最优策略是努力。可以得出，在奖惩机制、行为选择付出成本等条件达到一定标准时，此应急物资筹集模式能有效协调多方主体的行为策略，对创造良好的应急物资管理环境有一定的参考意义。

(二) 奖惩机制下双方主体博弈分析

令 $R_1 = 1, 2, 3$ 和 $R_2 = 4, 6, 8$，分析在政府奖励与惩罚变化的情况下博弈双方的演化状态，研究奖惩机制对双方策略演化的影响，如图 8-8 和图 8-9 所示。

从图 8-8 和图 8-9 中可看出，当政府给予努力企业的奖励 R_1 增大即政府的奖励力度越大时，政府趋向于监管的时间逐渐变长、速度变慢，企业趋向于努力的时间逐渐变短、速度加快；而当政府对偷懒企业的惩罚 R_2 增大即政府的惩罚力度越大时，政府趋向于监管的时间逐渐变短、收敛速度缓慢加快，企业趋向于努力的时间逐渐变短、速度加快；在初始意愿为 0.2 与 0.5 的情况下，企业由前期趋向偷懒最终转变为努力，当政府给予企业的奖励和惩罚逐渐增大时，企业趋向偷懒的时间变短。

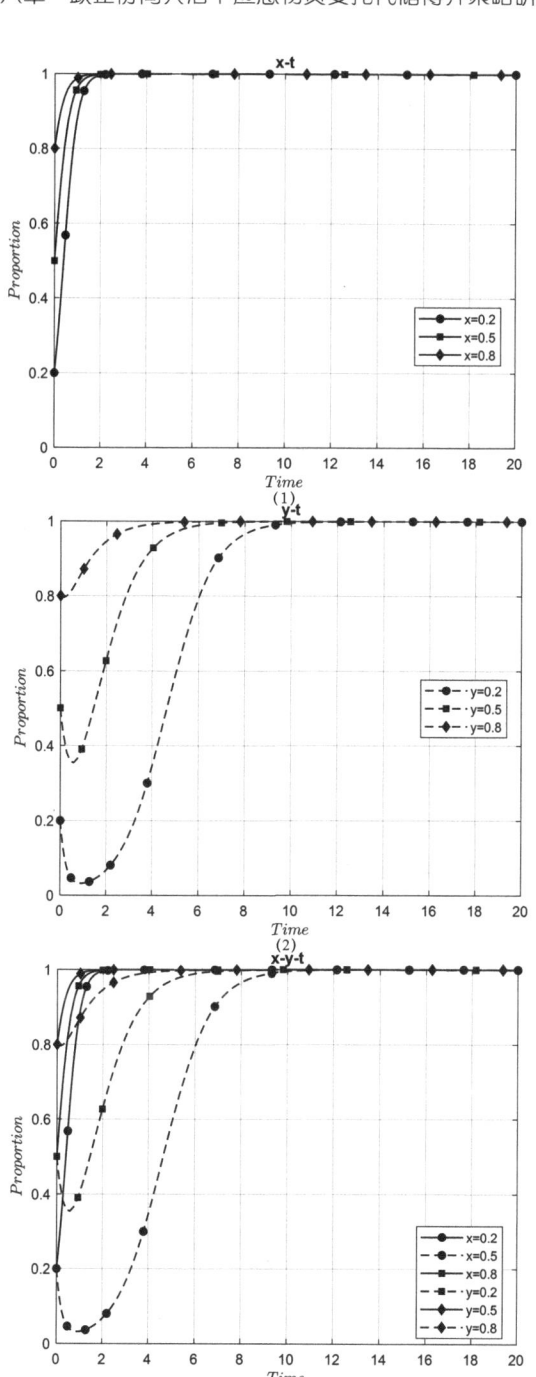

图 8-7 初始意愿变化时双方主体仿真

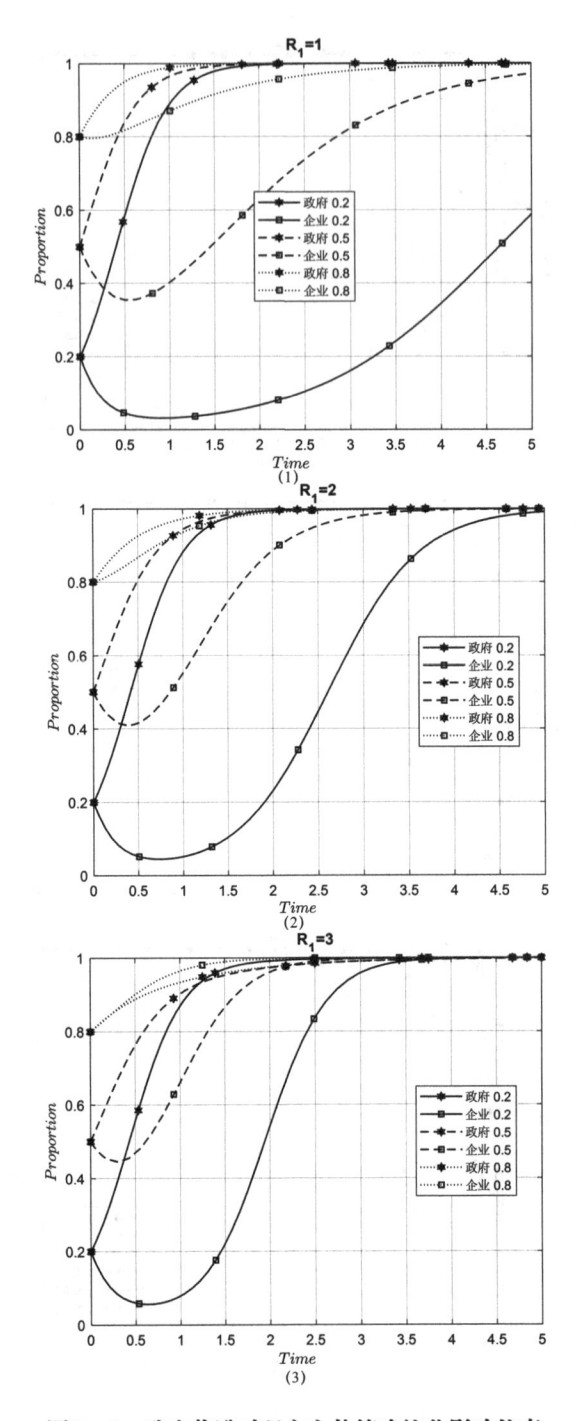

图 8-8　政府奖励对双方主体策略演化影响仿真

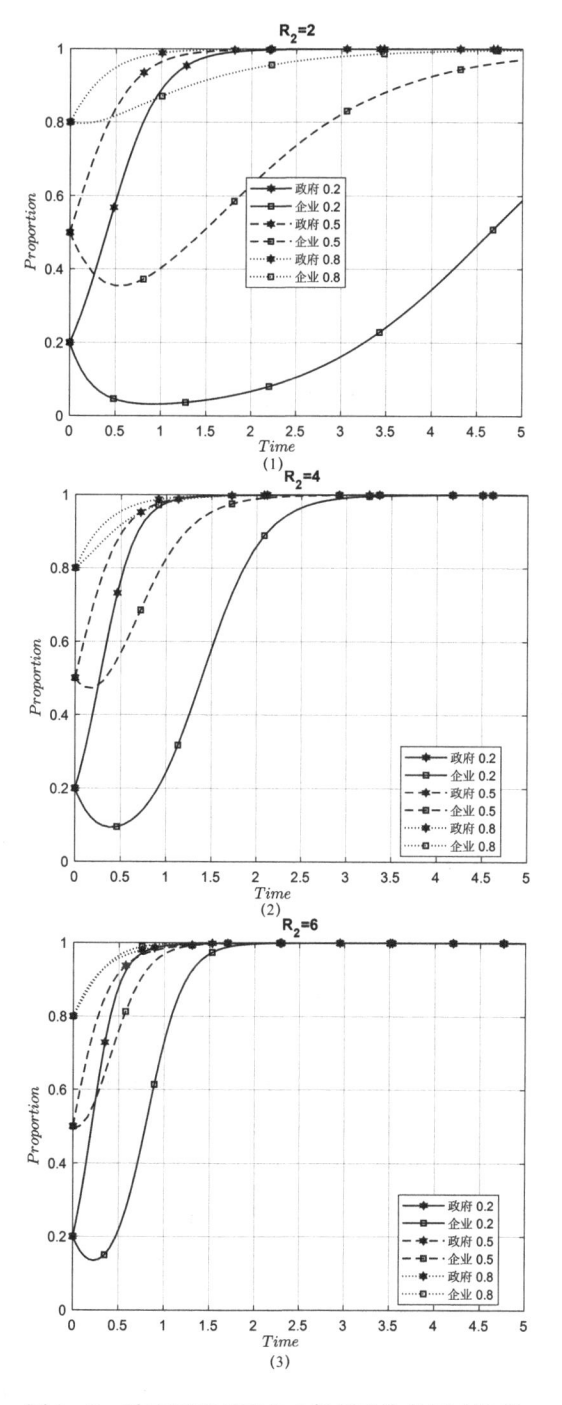

图 8−9 政府惩罚对双方主体策略演化影响仿真

令 $\frac{R_1}{R_2} = \frac{1}{2}$，1，2，分析在政府奖惩力度变化的情况下博弈双方的演化状态，研究奖惩力度对双方策略演化的影响，如图 8-10 所示。

从图 8-10 中可看出，在其他参数不变的情况下，当政府奖惩力度 $\frac{R_1}{R_2}$ 增大时政府和企业最终仍趋向于（监管，努力），但演化速度和奖惩力度并不同向变化：当 $\frac{R_1}{R_2} = 1$ 时，企业策略选择的演化速度最高，$\frac{R_1}{R_2} = 2$ 时的企业策略选择的演化速度略小于 $\frac{R_1}{R_2} = \frac{1}{2}$ 时，且在初始意愿为 0.2 与 0.5 的情况下，当政府奖惩力度逐渐增大时，企业均由最初的趋向偷懒最终转变为努力，但演化速度各不相同。

对于政府来说，在政府监管下，给予努力企业的奖励属于政府支出，惩罚偷懒企业缴纳罚款是政府收入，同时政府监管也需要更多的成本付出且随着奖励额度越来越大可能造成支出远大于收入，因此政府出于经济考虑可能会更趋向于不监管。

对于企业来说，一方面，在应急物资筹集管理过程中，只针对应急物资本身的筹集、存储整理、维护等已经需要大量的人力物力与资金支持，而对于过程中可能出现的道德风险导致物资出现问题则会再损失一部分经济，因此企业保持努力付出的成本也很大，若政府给予的奖励能够抵销一部分企业成本甚至多出来的额度可以作为补贴，则企业在维持自身经营的条件下能够更倾向于努力；另一方面，若企业偷懒被政府监管发现，需要缴纳政府的罚款，在罚款力度较小时，企业偷懒受到的损失远低于努力带来的收益、不足以引起企业重视，出于盈利目的企业优先选择偷懒，对应急物资筹集不利，但随着罚款力度的加大，企业偷懒损失过大，经营状况不容乐观，同时会受到更多投诉与不满，导致企业声誉损失加大，则能够促使企业更倾向于努力。因此，可以通过调整政府对企业的奖励与惩罚（奖惩力度）来改变双方相应的行为策略，维护应急物资的质量和性能，为应急物资筹集管理提供保证，有益于社会发展。

（三）政府监管强度变化下双方主体博弈分析

令 $\lambda = 0.2$，0.5，0.8，通过调整 λ 的数值，使 $\lambda R_2 = 0.8$，2，3.2，分析在政府监管强度变化的情况下博弈双方的演化状态，研究政府监管强度对双方策略演化的影响，如图 8-11 所示。

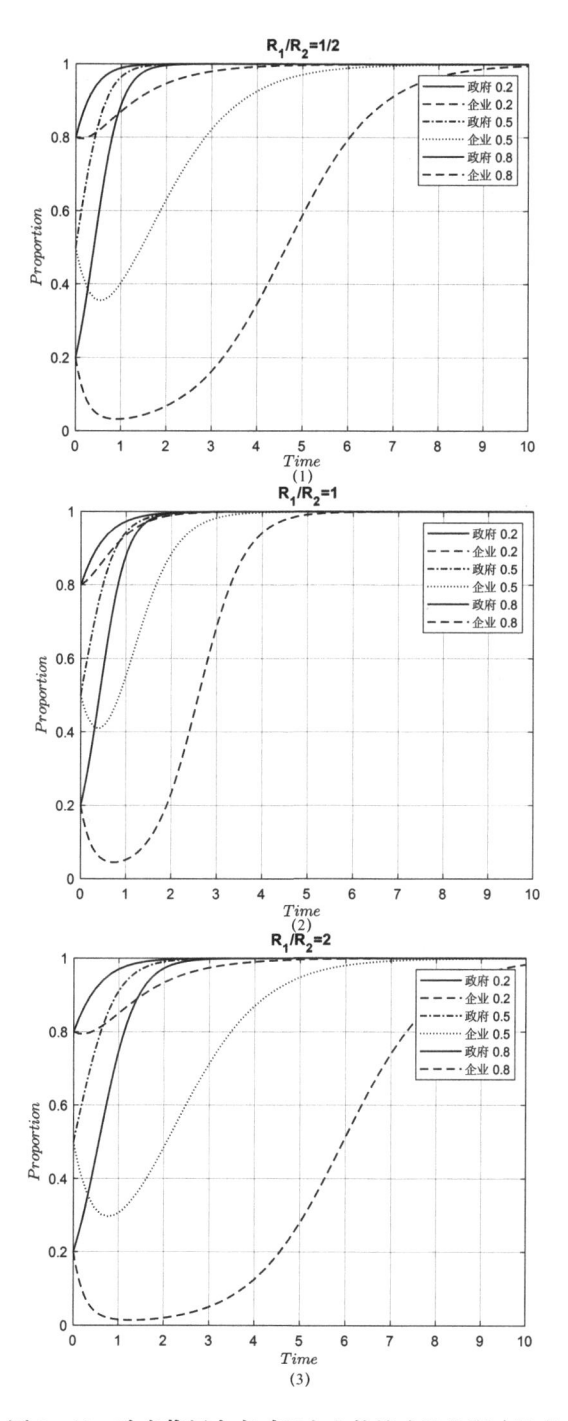

图 8-10　政府奖惩力度对双方主体策略演化影响仿真

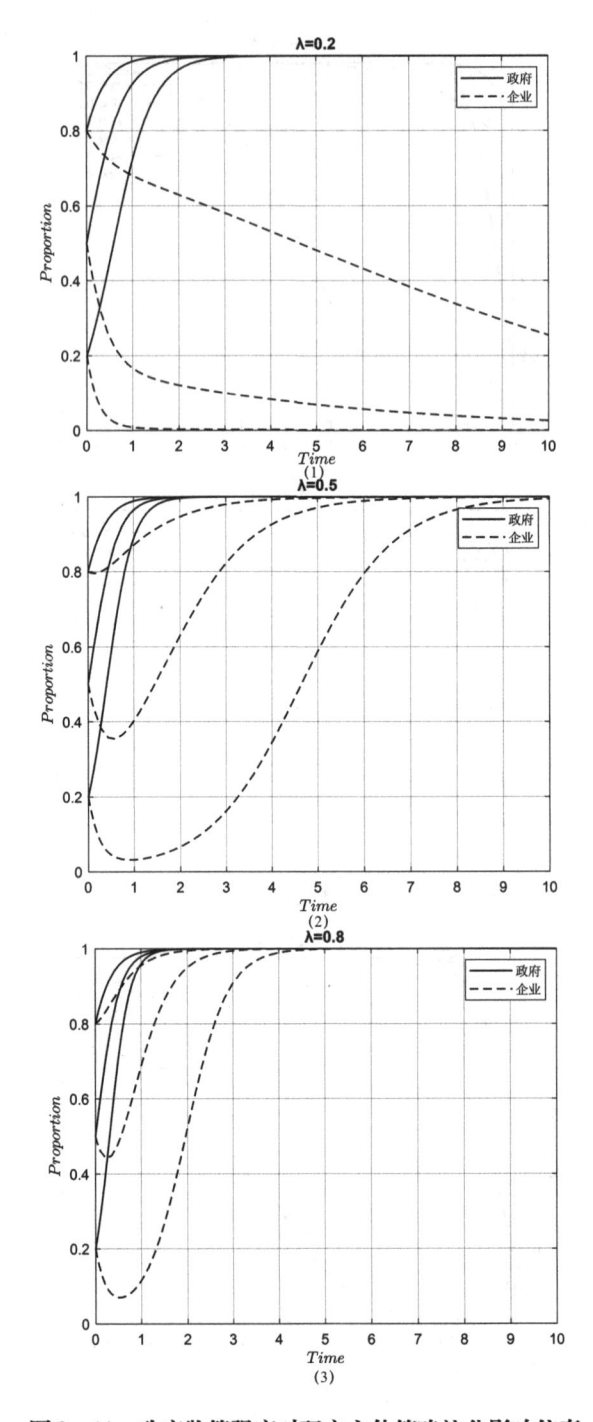

图 8-11 政府监管强度对双方主体策略演化影响仿真

从图 8-11 中可看出，在其他参数不变的情况下，当政府监管发现企业偷懒概率 λ 增大即政府监管强度 λR_2 增大时，政府监管策略选择速度加快，企业由偷懒转变为努力，且策略选择速度明显加快。主要原因为：政府发现企业偷懒的概率小即政府监管力度弱时，企业偷懒获得的利益大而付出成本与受到的惩罚少，总体利润空间较大；当监管力度加大时，政府对偷懒企业的罚款增多，甚至超过企业因偷懒得到的经济利益，则企业利润减少，考虑转变行为策略为努力；同时罚款可看作政府的财政收入，则政府监管概率上升。因此，可以通过调整政府监管强度动态调整政企双方行为。

第五节 本章小结

本章构建应急物资代储中政府与企业两方博弈模型，探究政府监管与企业努力行为之间的动态博弈关系，探寻使双方利益最大化的均衡策略，对演化趋势进行系统仿真分析与优化，同时在初始意愿、奖惩机制与政府监管强度变化的情况下，研究关键变量对博弈均衡及各主体行为决策的影响。研究结果显示，各主体初始意愿越强，博弈主体收敛速度越快；政府补贴越多，企业采取努力措施的速度越快；惩罚额度越大，企业偷懒的概率越小；政府奖惩力度和监管强度与双方主体的演化速度不完全一致，需要具体情况具体分析。通过改变这些参数能够促使双方转变行为策略，可为后续实施何种措施提供一定的参考与建议，从而实现应急物资管理朝更优状态发展。

本书可得出以下管理启示：

（1）各级政府应该注重提升监管的科学化水平，完善监管相关工作机制和配套制度，合理安排监管范围、监管频次等，加强对重点企业风险监测能力，探索合适的监管强度来提升监管效率；

（2）制定出相应的激励奖惩政策，政府可以对在应急物资筹集与储备过程中弄虚作假、偷懒导致发生道德风险的企业进行处罚，通过优先贷款、减免税收、补贴等方式对努力企业进行扶持、给予一定的奖励机制，同时要注意监管的力度，以此实现良性循环。

第九章

多主体协同共治的应急物资委托代储博弈机制协调研究

在应急物资筹集与储备过程中,政府作为应急保障、维护国家安全与社会稳定的责任者,发挥了统筹领导、合理储备与调配物资、组织协调救灾活动等主导作用。然而,中央级应急物资储备库存在储备量少、分布不均衡、物资种类有限等问题,仅依靠政府力量应对突发事件时往往出现应急物资供应不及时、供不应求等现象。近年来,我国在应急管理中高度重视基层治理理念与治理方式的转变,在"十四五"应急物资保障规划中提到要加强应急物资储备社会协同,提升应急物资多渠道筹措能力,积极调动社会力量共同参与物资筹集[1]。有鉴于此,突发事件下应急物资的筹集中应充分发挥企业、社会公众的辅助作用,助力形成多元主体协同共治的应急管理新格局。

企业参与应急物资筹集是政府提高应急物资筹集水平、保障物资供应能力的有效途径之一,能够丰富筹集与储备的物资种类、调拨及时、保障物资时效性与安全性。而应急物资筹集中企业道德风险(如未定期更新物资、储备物资中牟取私利等潜在风险行为)是制约突发事件应对有效性的重要因素,对应急物资救援质量的影响不容小觑。如福州粮企"稻花香公司"未按规定对储备粮食质量定期进行检验与轮换,存在"转

---

[1] 中华人民共和国中央人民政府:《应急管理部国家发展改革委财政部国家粮食和储备局关于印发〈"十四五"应急物资保障规划〉的通知》,2023年2月3日,https://www.gov.cn/zhengce/zhengceku/2023-02/03/content_5739875.htm,2023年4月27日。

圈粮"、未经批准擅自动用动态储备粮进行加工销售等违规行为,危害粮食安全与国家财产。① 有鉴于此,要保障政府应急救援效果,亟须对企业道德风险行为加以管控。在应急管理领域,部分学者借助博弈模型,针对政企协作救灾过程中企业慈善行为动机不单纯问题以及救援延迟时间、随机干扰因素对政企协同救灾策略的影响研究政企联合救灾过程中双方合作博弈关系以此规避企业潜在的风险行为,提升应急条件下的政企协作救灾的效率。部分学者通过对企业按期轮换更新应急物资行为、应急物资跨区域协调调度问题、应急物资联合储备模式、应急物资库存成本问题与声誉效应机制等应急物资筹集、储备与管理过程中政企博弈问题展开了一系列研究,为应急物资管理中的政企关系提出了相关建议。同时面向不同行业中企业道德风险行为的政企博弈问题,众多学者已在环境污染与治理、食品安全、产品质量监管、行业诚信等领域展开了一系列相关研究,有助于从多维度理解企业道德风险并为科学设置相关参数与构建模型提供借鉴。

然而,受制于企业道德风险行为的阶段性动态变化特征,加之信息不透明导致政府对企业道德风险防范效果不佳。在信息技术与网络媒体蓬勃发展的背景下,社会公众可较易获取突发应急事件相关信息,并借助多媒体平台自由发表相关意见,这正好能够有效弥补政府信息空窗期,在筹集、管理物资时社会公众参与起到一定的监督作用,可助力政府对企业道德风险行为的有效监管、减少企业潜在道德风险。因此,社会公众在应急物资筹集过程中的力量也不容忽视,其行为选择在一定程度上能够影响政府与企业的决策,进而影响应急管理的效率和效果。针对社会公众参与的博弈问题,学者们较多从政府与灾民、社会组织两方面博弈入手进行研究,通过分析政府与灾民或社会组织各自的行为选择及产生的相互影响,寻求双方均衡,剖析应急管理过程中政府与灾民或社会组织之间的关系,找出影响救灾效率的相关因素,探索合作救灾新模式,

---

① 澎湃新闻:《福州粮企"稻花香公司"腐败细节获披露,当影子股东的市粮食局长已获刑 12 年半》,2023 年 3 月,https://www.thepaper.cn/newsDetail_forward_22462532,2023 年 4 月。

针对性地提出相关对策，解决实际问题，共同保障社会秩序。

总的来说，现阶段关于应急物资代储的研究多考虑政府与企业的两方演化博弈，较少地将社会公众纳入同一系统进行博弈研究，其中对于企业道德风险的研究也还比较少。在多主体协同共治的格局下，政府、企业及社会公众作为应急管理中的重要角色，企业在应急物资筹集过程中离不开政府的政策指引、资金支持和监督管理以及社会公众的支持与监督。因此，本章构建政府、企业和社会公众激励博弈模型，探究政府监管、社会公众监督与企业努力行为之间的动态博弈关系，分析不同主体对应急物资筹集的影响，并试图达到理想的均衡状态，且对各主体稳定性策略的演化趋势进行数值仿真，得出相关结论，以期降低企业出现道德风险的可能性，为维持政府、企业与社会公众之间长久稳定的良好关系提供策略与建议。

第一节　多主体参与视角下应急物资委托代储人因风险因素识别

为便于深入研究，假设本项目中涉及的应急物资代储主体（企业、社会团体）在突发事件前已与地方政府签订契约（即不考虑突发事件中途参与应急物资代储的主体）。在突发事件不同阶段，应急物资代储主体的能力风险与道德风险呈现主次互换性，且风险概率、风险大小都具有动态性特征。因此，充分考虑应急物资代储过程中人因风险的动态性特征，从来源角度挖掘引发人因风险的因素，实证分析出应急物资代储中关键风险因素，识别出应急物资代储中不同主体关键风险，探求不同关键因素对关键风险的差异性影响。

应急物资的社会化筹集是一个复杂动态的长期过程，可将应急物资代储过程划分为突发事件初期的筹集、突发事件中期的筹集和突发事件后期的筹集三个阶段，不同阶段筹集主体道德风险和能力风险的大小、主次都不同。

突发事件初期，企业与社会团体并没有获取任何经济效益，考虑到筹集应急物资或许可以获取政府在未来经济政策上的倾斜，一定程度上能够提升自身知名度和荣誉感等，因此产生筹集或捐赠应急物资的动力，而一旦决策失误，如并未预测到突发事件中哪种物资紧缺，造成顾此失彼、资源浪费，反而得不偿失。因而，此阶段代储主体的能力风险较大，道德风险较小。突发事件中期，应急物资代储主体采储、筹集与发放应急物资的表现会逐渐得到社会公众的认可与赞扬，其知名度迅速提升，此时，代储主体的道德风险明显高于突发事件初期，且能力风险也较大。在公众的聚焦点上，应急物资代储主体一旦决策失误，必将付出惨重的代价，甚至公众会质疑其前期筹集物资的目的。因而，此阶段应急物资代储主体的道德风险和能力风险都较大。突发事件后期，长时间地筹集发放应急物资，政府会在政策上对企业、社会团体给予一定的补贴和奖励，此阶段应急物资筹集主体积累了一定的经济与规模效益，其道德风险与前两个阶段相比明显增大，而长时间的筹集让企业在应急物资筹集过程中驾驭风险的能力逐渐提高，因而能力风险较小。因此，该阶段应急物资代储主体的道德风险较大，能力风险较小。

第二节 博弈模型构建

本章假设政府、企业与社会公众三方利益主体参与应急物资代储。为便于研究，做出如下具体假设。

（1）政府有"监管"和"不监管"两种策略，即当政府采取监管策略时，政府会对努力企业和参与监督的社会公众给予相应的奖励，对偷懒企业给予相应的罚款，当政府采取不监管策略时不作激励奖惩；企业在筹集过程中有"努力"和"偷懒"两种策略；社会公众有"参与监督"与"不参与监督"两种策略。设政府实施监管策略的概率为 X，则实施不监管策略的概率为 $1-X$；企业实施努力策略的概率为 Y，则实施偷懒策略的概率为 $1-Y$；社会公众实施参与监督策略的概率为 Z，则实施不参与监督策略的概率为 $1-Z$。X、Y 和 Z 均位于区间 $[0,1]$ 内，且均为时间 T 的函数。

（2）当政府采取监管策略时，为了更好地对企业行为进行管控，政府通常鼓励企业努力、社会公众参与监督最直接的途径就是给予一定的经济奖励、对偷懒企业给予一定的惩罚,因此将政府对努力企业和参与监督的公众的奖励分别记为 R_1 和 R_2,对偷懒企业进行惩罚 R_3(可视为政府收益),与此同时政府需要支付的监管成本记为 C_1,包括大量的人力、物力和财力,此时社会环境较为稳定和谐,政府可以获得一定的社会效益 C_9。此外,由于信息不对称、企业筹集过程的复杂性、政府监管的频次和技术条件有限等原因,政府监管存在失败的可能性(即无法及时发现和判断企业筹集行为中的风险及做出相应的处理措施),假设政府监管发现企业偷懒的概率为 μ($0<\mu<1$),则 μR_3 可看作政府的监管收益,同时也是应急物资企业选择偷懒时由于政府监管产生的损失,可以反映政府监管强度;相反,当政府采取不监管策略、不实施激励奖惩时,若企业偷懒导致应急物资筹集出现问题,政府对企业监管不力、纵容放任偷懒的企业持续营业,不能及时解决出现的突发应急事件,政府会面临很多的投诉,让公众丧失信心,将政府监管不严造成的公信力、声望的损失记为政治成本 C_2。

(3)将企业正常经营得到的收入定为 R_4,当应急物资企业采取努力策略时,需要付出的成本为 C_3,获得政府奖励 R_1;相反,在"全灾种,大应急"和实施健康中国战略的背景下,社会对应急管理的要求日益提高,提高应急物资筹集与管理意识将会具有更大的可持续竞争优势,如果企业采取偷懒策略,在应急物资筹集过程中作假,将会给企业带来更高的经济效益 C_4,但在政府监管下,会受到政府罚款 R_3,以及在公众参与监督的情况下,企业偷懒导致应急物资出现问题会对公众造成一定的危害 C_5。此情况下需要按照政府要求向公众支付相应补偿 C_6,同时造成的不良后果会受到公众的批评,将因偷懒被公众或政府监管发现,导致企业口碑下降、竞争优势和声誉的损失成本共记为 C_7,企业若继续在筹集应急物资过程中偷懒必将导致成本 C_7 的增加。

(4)对于社会公众而言,要积极参与监督应急物资企业,提高对企业偷懒行为的监管,如发现问题及时向政府报告,会受到政府奖励 R_2,将公众参与监督成本记为 C_8。此外,由于信息不对称、企业筹集过程的复杂性、公众监督方式和频次等原因,公众监督存在失败的可能性(即无法及时发现和判断企业筹集行为中的风险及做出相应的处理措施),假设公众参与监督发现企业偷懒的概率为 v（$0<v<1$），则 vC_6 可看作公众的监督收益，公众受到偷懒企业对其造成的损害为 C_5。vC_6+C_7 即为应急物资筹集企业选择偷懒时由于公众监督产生的损失，一定程度上可以反映公众监督强度。

参数设定及含义如表 9-1 所示。

表 9-1　　　　　　　　　　参数设定及含义

参数	含义
C_1	政府严格监管付出的成本
C_2	政府付出的政治成本
C_3	企业遵守道德付出的努力成本
C_4	不遵守道德企业获得的额外收益
C_5	不遵守道德企业对公众造成的损失
C_6	不遵守道德企业对公众付出的补偿
C_7	不遵守道德造成的竞争优势和声誉等损失
C_8	公众参与监督的成本
R_1	政府给予遵守道德企业的奖励
R_2	政府给予监督公民的奖励
R_3	政府对不遵守道德企业的惩罚
R_4	企业的正常收入

博弈三方的收益矩阵如表 9-2 所示。

表 9-2　　　　　政府、企业、社会公众三方收益矩阵

企业	社会公众	政府 监管	政府 不监管
努力	监督	$(-C_1-R_1-R_2+C_9, -C_3+R_4+R_1, -C_8+R_2)$	$(-R_2, -C_3+R_4, -C_8+R_2)$
努力	不监督	$(-C_1-R_1+C_9, -C_3+R_4+R_1, 0)$	$(0, -C_3+R_4, 0)$
偷懒	监督	$(-C_1+\mu R_3-R_2, C_4-vC_6-C_7+R_4-\mu R_3, vC_6-C_8-C_5+R_2)$	$(-R_2-C_2, C_4-vC_6-C_7+R_4, vC_6-C_8-C_5+R_2)$
偷懒	不监督	$(-C_1+\mu R_3, C_4+R_4, -C_5)$	$(0, C_4+R_4, -C_5)$

第三节　政府、企业与社会公众的演化博弈分析

一　三方复制动态方程

令政府采取"监管"策略时的收益为 P_{11}，采取"不监管"策略时的收益为 P_{12}，平均收益为 P_1，结合表 9-2 中的收益矩阵，政府采取"监管"和"不监管"策略的收益以及平均收益分别为：

$$P_{11} = Z^*[Y^*(-C_1-R_1-R_2+C_9)+(1-Y)^*(-C_1+\mu R_3-R_2)]$$
$$+ (1-Z)^*[Y^*(-C_1-R_1+C_9)+(1-Y)^*(-C_1+\mu R_3)]$$
$$= (-R_1-\mu R_3+C_9)Y - R_2 Z - C_1 + \mu R_3 \qquad (9-1)$$

$$P_{12} = Z^*[Y^*(-R_2)+(1-Y)^*(-R_2-C_2)]+(1-Z)^*$$
$$[Y^*0+(1-Y)^*0] = -ZC_2(1-Y)-ZR_2 \qquad (9-2)$$

$$P_1 = X^* P_{11} + (1-X)^* P_{12} \qquad (9-3)$$

由演化博弈理论可知，政府策略的复制动态方程为：

$$F_1(X) = \frac{dX}{dt} = X^*(P_{11}-P_1) = X(1-X)(P_{11}-P_{12})$$
$$= X(1-X)[-(R_1+\mu R_3-C_9)Y - C_1 + \mu R_3 + ZC_2(1-Y)]$$
$$\qquad (9-4)$$

令企业采取"努力"策略时的收益为 P_{21}，采取"偷懒"策略时的收益为 P_{22}，平均收益为 P_2，结合表 9-2 中的收益矩阵，企业采取"努力"和"偷懒"策略的收益以及平均收益分别为：

$$P_{21} = Z^*[X^*(-C_3+R_1+R_4)+(1-X)^*(-C_3+R_4)]+(1-Z)^*$$
$$[X^*(-C_3+R_1+R_4)+(1-X)^*(-C_3+R_4)] = R_1 X - C_3 + R_4$$
$$\qquad (9-5)$$

$$P_{22} = Z^*[X^*(-C_4-\nu C_6-C_7+R_4-\mu R_3)$$
$$+ (1-X)^*(C_4-\nu C_6-C_7+R_4)]+(1-Z)^*$$
$$[X^*(C_4+R_4)+(1-X)^*(C_4+R_4)]$$
$$= -\mu R_3 XZ - (\nu C_6+C_7)Z + C_4 + R_4 \qquad (9-6)$$

由演化博弈理论可知，企业策略的复制动态方程为：

$$F_2(Y) = \frac{dY}{dt} = Y^*(P_{21} - P_2) = Y(1-Y)(P_{21} - P_{22}) = Y(1-Y)$$
$$[R_1X - C_3 + R_4 - (-\mu R_3XZ - \nu C_6Z - C_7Z + C_4 + R_4)]$$
(9-7)

令社会公众采取"参与监督"策略时的收益为 P_{31}，采取"不参与监督"策略时的收益为 P_{32}，平均收益为 P_3，结合表9-2中的收益矩阵，社会公众采取"参与监督"和"不参与监督"策略的收益以及平均收益分别为：

$$P_{31} = Y^*[X^*(-C_8 + R_2) + (1-X)^*(-C_8 + R_2)] + (1-Y)^*$$
$$[X^*(\nu C_6 - C_5 - C_8 + R_2)] + (1-X)^*(\nu C_6 - C_5 - C_8 + R_2)$$
$$= (C_5 - \nu C_6)Y + \nu C_6 - C_5 + C_8 + R_2 \quad (9-8)$$
$$P_{32} = Y^*[X^*0 + (1-X)^*0] + (1-Y)^*$$
$$[X^*(-C_5) + (1-X)^*(-C_5)] = -C_5(1-Y) \quad (9-9)$$
$$P_3 = Z^*P_{31} + (1-Z)^*P_{32} \quad (9-10)$$

由演化博弈理论可知，社会公众策略的复制动态方程为：

$$F_3(Z) = \frac{dZ}{dt} = Z^*(P_{31} - P_3) = Z(1-Z)(P_{31} - P_{32}) = Z(1-Z)$$
$$(\nu C_6Y + \nu C_6 - C_8 + R_2) \quad (9-11)$$

二 演化博弈均衡点稳定性分析

$$\begin{cases} F_1(X) = \dfrac{dX}{dt} = X(1-X) \\ \qquad [-(R_1 + \mu R_3 - C_9)Y - C_1 + \mu R_3 + ZC_2(1-Y)] \\ F_2(Y) = \dfrac{dY}{dt} = Y(1-Y)[R_1X - C_3 + R_4 \\ \qquad -(-\mu R_3XZ - \nu C_6Z - C_7Z + C_4 + R_4)] \\ F_3(Z) = \dfrac{dZ}{dt} = Z(1-Z)(-\nu C_6Y + \nu C_6 - C_8 + R_2) \end{cases} \quad (9-12)$$

令 $F_1(X) = 0$，$F_2(Y) = 0$，$F_3(Z) = 0$，得到该演化博弈系统的8个纯策略均衡解：$E_1(0, 0, 0)$，$E_2(0, 0, 1)$，$E_3(0, 1, 0)$，E_4

(0, 1, 1)，E_5 (1, 0, 0)，E_6 (1, 0, 1)，E_7 (1, 1, 0)，E_8 (1, 1, 1)。在多群体演化博弈的动态复制系统中，渐近稳定状态必是演化稳定策略组合（ESS），演化稳定策略组合（ESS）和渐近稳定状态都是纯策略纳什均衡。[①] 根据政府、企业和社会公众三者联立建立的复制动态方程组，当复制动态方程组等于零时，表明此演化博弈系统中的三方参与主体策略调整的速度和方向不再变化，从而使得系统达到相对稳定的均衡状态。因此，对于上述动态复制系统的研究只需要讨论以上 8 个纯策略均衡点的渐近稳定性，可以用雅可比矩阵来判断各均衡点的稳定性，如下所示：

$$J = \begin{bmatrix} \dfrac{dF_1(X)}{dX} & \dfrac{dF_1(X)}{dY} & \dfrac{dF_1(X)}{dZ} \\ \dfrac{dF_2(Y)}{dX} & \dfrac{dF_2(Y)}{dY} & \dfrac{dF_2(Y)}{dZ} \\ \dfrac{dF_3(Z)}{dX} & \dfrac{dF_3(Z)}{dY} & \dfrac{dF_3(Z)}{dZ} \end{bmatrix}$$

$$= \begin{cases} (1-2X)\begin{bmatrix} -(R_1+\mu R_3 - C_9)Y \\ -C_1+\mu R_3 + ZC_2(1-Y) \end{bmatrix} \\ Y(1-Y)(\mu R_3 Z + R_1) \\ 0 \\ X(1-X)[-(R_1+\mu R_3 - C_9) - ZC_2] \\ (1-2Y)\begin{bmatrix} R_1 X - C_3 + R_4 - \\ (-\mu R_3 XZ - \nu C_6 Z - C_7 Z + C_4 + R_4) \end{bmatrix} \\ -Z(1-Z)\nu C_6 \\ X(1-X)(1-Y)C_2 \\ Y(1-Y)(\mu R_3 X + \nu C_6 + C_7) \\ (1-2Z)(-\nu C_6 Y + \nu C_6 - C_8 + R_2) \end{cases}$$

---

① 王建华、李富华：《政府规制下废旧品正规与非正规回收群体的三方演化博弈研究》，《物流科技》2021 年第 9 期。

第九章　多主体协同共治的应急物资委托代储博弈机制协调研究　　247

根据演化博弈理论的研究结果可知，当雅可比矩阵的特征值都为负数时，此时的局部均衡点即为演化稳定策略（ESS）。① 每一个均衡点对应的雅可比矩阵的特征值见表9-3。

表9-3　　　　　　　三方博弈均衡点对应雅可比矩阵的特征值

均衡点	特征值1	特征值2	特征值3
E_1 (0, 0, 0)	$\nu C_6 - C_8 + R_2$	$\mu R_3 - C_1$	$-C_3 - C_4$
E_2 (0, 0, 1)	$C_8 - \nu C_6 - R_2$	$\nu C_6 - C_4 - C_3 + C_7$	$C_2 - C_1 + \mu R_3$
E_3 (0, 1, 0)	$R_2 - C_8$	$C_9 - C_1 - R_1$	$C_3 + C_4$
E_4 (0, 1, 1)	$C_8 - R_2$	$C_9 - C_1 - R_1$	$C_3 + C_4 - \nu C_6 - C_7$
E_5 (1, 0, 0)	$C_1 - \mu R_3$	$\nu C_6 - C_8 + R_2$	$R_1 - C_3 - C_4$
E_6 (1, 0, 1)	$C_1 - C_2 - \mu R_3$	$C_8 - \nu C_6 - R_2$	$\nu C_6 - C_4 - C_3 + C_7 + R_1 + \mu R_3$
E_7 (1, 1, 0)	$R_2 - C_8$	$C_1 - C_9 + R_1$	$C_3 + C_4 - R_1$
E_8 (1, 1, 1)	$C_8 - R_2$	$C_1 - C_9 + R_1$	$C_3 + C_4 - \nu C_6 - C_7 - R_1 - \mu R_3$

由表9-3可知，均衡点 E_3 (0, 1, 0) 中特征值存在非负情况（$C_3 + C_4 > 0$），不满足要求。结合实际情况，实施参与监督策略的公众得到的收益（包括偷懒的企业对公众做出的补偿和政府对实施参与监督策略公众的奖励）应大于公众参与监督的成本，即 $\nu C_6 + R_2 - C_8 > 0$，则 E_1 (0, 0, 0) 与 E_5 (1, 0, 0) 中也均存在特征值非负情况（$\nu C_6 + R_2 - C_8 > 0$），不满足要求。下面分析其他几个点 E_2、E_4、E_6、E_7 及 E_8 的稳定性，可以得到：

（1）当 $\begin{cases} \nu C_6 + C_7 - C_4 < C_3 \\ C_2 < C_1 - \mu R_3 \end{cases}$ 时，均衡解 E_2 (0, 0, 1) 为稳定演化策略，此时政府选择不监管，企业选择偷懒，社会公众选择参与监督。分析 $\nu C_6 + C_7 - C_4 < C_3$，即当偷懒企业对公众付出的补偿 C_6 与声誉损失

---

① 杜志平、区钰贤：《基于三方演化博弈的跨境物流联盟信息协同机制研究》，《中国管理科学》2023年第4期。

C_7 的和与其额外收益 C_4 之差（即企业偷懒的损失）小于企业努力付出的成本 C_3 时，企业倾向于选择偷懒。因此，可以通过增大 C_6 与 C_7 或者降低 C_3、C_4 来促使企业在物资筹集储备过程中努力。分析 $C_2 < C_1 - \mu R_3$，即政府不监管时付出的政治成本 C_2 小于政府监管时付出的成本 C_1 与政府对偷懒企业的罚款 R_3 之差（即政府监管的损失）时，政府倾向于选择不监管。因此，可以通过增大 C_2、R_3 或者减小 C_1 来促使政府对企业进行监管。

(2) 当 $\begin{cases} C_8 < R_2 \\ C_9 < C_1 + R_1 \\ C_3 < \nu C_6 + C_7 - C_4 \end{cases}$ 时，均衡解 $E_4(0, 1, 1)$ 为稳定演化策略，此时政府选择不监管，应急物资企业选择努力，社会公众选择参与监督。分析 $C_8 < R_2$，即当公众参与监督付出的成本 C_8 小于政府给予参与监督公众的补贴 R_2 时，公众倾向于选择参与监督。因此，可以通过降低 C_8 或者增加 R_2 来促使公众参与监督。分析 $C_9 < C_1 + R_1$，即当政府监管获得的社会收益 C_9 小于政府监管付出的成本 C_1 与政府给予努力企业的奖励 R_1 之和时，政府倾向于选择不监管。因此，可以通过降低 C_1、R_1 或者增加 C_9 来促使政府选择监管。分析 $C_3 < \nu C_6 + C_7 - C_4$，与 $E_2(0, 0, 1)$ 相同，可以通过增大偷懒企业对公众付出的补偿 C_6 与声誉损失 C_7 或者降低企业努力付出的成本 C_3、偷懒企业的额外收益 C_4 来促使企业选择努力。

(3) 当 $\begin{cases} C_1 - \mu R_3 < C_2 \\ \nu C_6 + C_7 + \mu R_3 - C_4 < C_3 - R_1 \end{cases}$ 时，均衡解 $E_6(1, 0, 1)$ 为稳定演化策略，此时政府选择监管，应急物资企业选择偷懒，社会公众选择参与监督。分析 $C_1 - \mu R_3 < C_2$，与 $E_2(0, 0, 1)$ 相同，可以通过增大政府不监管时要付出的政治成本 C_2、政府对偷懒企业的罚款 R_3 或者减小政府监管付出的成本 C_1 来促使政府对企业进行监管。分析 $\nu C_6 + C_7 + \mu R_3 - C_4 < C_3 - R_1$，即当偷懒企业对公众付出的补偿 C_6 与声誉损失 C_7、政府对偷懒企业的罚款 R_3 的和与其额外收益 C_4 之差（即企业偷懒的损失）小于企业努力付出的成本 C_3 与政府给予努力企业的补贴 R_1 之差

（即企业努力的损失）时，企业倾向于选择偷懒。因此，可以通过增大 C_6、C_7、R_1、R_3 或者减小 C_3、C_4 来促使企业努力。

（4）当 $\begin{cases} C_8 > R_2 \\ C_9 > C_1 + R_1 \\ C_4 < R_1 - C_3 \end{cases}$ 时，均衡解 E_7 (1, 1, 0) 为稳定演化策略，此时政府选择监管，应急物资企业选择努力，社会公众选择参与不监督。分析 $C_8 > R_2$，与 E_2 相同，可以通过降低公众参与监督付出的成本 C_8 或者增加政府给予参与监督公众的补贴 R_2 来促使公众参与监督。分析 $C_9 < C_1 + R_1$，与 E_4 相同，通过降低政府监管付出的成本 C_1、政府给予努力企业的奖励 R_1 或者增加政府监管获得的社会收益 C_9 来促使政府选择监管。分析 $C_4 < R_1 - C_3$，与 E_6 相似，可以通过增大政府给予努力企业的补贴 R_1 或减小企业努力付出的成本 C_3 与偷懒企业的额外收益 C_4 来促使企业努力。

（5）当 $\begin{cases} C_8 < R_2 \\ C_9 > C_1 + R_1 \\ \nu C_6 + C_7 + \mu R_3 - C_4 > C_3 - R_1 \end{cases}$ 时，均衡解 E_8 (1, 1, 1) 为稳定演化策略，此时政府选择监管，应急物资企业选择努力，社会公众选择参与监督。分析 $C_8 < R_2$，与 E_7 相同，可以通过降低公众参与监督付出的成本 C_8 或增加政府给予参与监督公众的补贴 R_2 来促使公众参与监督。分析 $C_9 > C_1 + R_1$，与 E_7 相同，通过降低政府监管付出的成本 C_1、政府给予努力企业的奖励 R_1 或者增加政府监管获得的社会收益 C_9 来促使政府选择监管。分析 $\nu C_6 + C_7 + \mu R_3 - C_4 > C_3 - R_1$，与 E_6 相同，可以通过增大偷懒企业对公众付出的补偿 C_6 与声誉损失 C_7、政府给予努力企业的补贴 R_1、政府对偷懒企业的罚款 R_3 或者减小企业努力的成本 C_3 与偷懒企业的额外收益 C_4 来促使企业努力。

随着经济社会和科学技术的迅猛发展，当前我国人民生活环境与社会氛围整体向好，对于应急管理体系的高效建设也是十分重视。在信息不对称的情况下，政府监管与社会公众监督在一定程度上能够抑制企业在筹集过程中偷懒的行为，企业若能够自身严格约束、在应急物资筹集过程中主动加强努力程度、减少道德风险,从而保证应急物资的质量与品质,为突发应急事件做好保障,有利于应急管理多元格局的构建和社会健康发展,因此本书致力于提供政府监管、企业努力、社会公众参与监督的发展模式。

由以上分析可知,通过调整相关参数可以使博弈模型演化到相对理想的稳定状态(政府监管,企业努力,公众参与监督)。若政府不监管的情况下,偷懒企业被公众发现,则政府在公众心目中的形象与号召力会大大降低,在之后的政府工作中也会被公众不信任,付出更多的成本,所以政府应在应急物资筹集过程中进行监管并制定合理的奖惩制度,关注企业和社会公众的行为变化,促进应急物资筹集向好发展。

在实际实施过程中,政府可以出台相关扶持政策,如对努力的企业给予一定的税收减免、直接的经济奖励或者根据实际营利情况适当减少企业检查与轮换更新应急物资的费用,以此减少企业努力需要付出的高成本;也可对偷懒的企业进行大力度的罚款,明文规定企业若偷懒被发现则需要向公众支付其盈利的较大比例,使其偷懒时要付出极大损失以此约束企业,通过增加对偷懒企业的罚款也可补贴政府在监管时付出的经济成本,使政府在监管的情况下财政收入大于支出;还可以通过制定相关奖励制度或补贴机制对公众实施激励,并拓展监督渠道,如网络匿名举报等措施,使公众尽量能够低成本甚至无成本参与监督,一定程度上弥补政企之间的信息不对称,约束企业的道德风险,从而构建全民参与监督的健康环境,减少应急物资社会筹集过程中的不合理偷懒行为。

第四节　数值仿真

一　不同情境下的仿真分析

针对上节得出的均衡点渐进稳定约束条件设置五种情境,运用 MATLAB 软件进行验证,探究政府、企业与社会公众三方的演化仿真过程,以便结果可视化,并根据约束条件调整参数对均衡点进行优化,从而使博弈系统达到更为理想的均衡状态。参考相关政策与具体实际案例，①②③④⑤ 五种情境的参数设置情况如表9-4所示。

表9-4　　　　　三方博弈不同情境下的参数赋值情况

参数	C_1	C_2	C_3	C_4	C_5	C_6	C_7	C_8	C_9	μ	ν	R_1	R_2	R_3	R_4
情境1	4	1.5	2	5	3	4	2	0.5	6	0.5	0.5	2.5	1	4	10
情境2	4	1.5	1.5	5	3	10	2	0.5	6	0.5	0.5	2.5	1	4	10
情境3	4	3	2.5	5	3	4	2	0.5	6	0.5	0.5	1	1	4	10
情境4	4	3	1	1	3	4	2	1	7	0.5	0.5	2.5	0.5	4	10
情境5	4	3	1	1	3	4	2	1	7	0.5	0.5	2	2	4	10

（一）情境1：未发生突发应急事件的筹集时期

此种情境下，政府监管的成本较高，企业努力的付出成本较高，公众获得的收益较多，满足 $\begin{cases} \nu C_6 + C_7 - C_4 < C_3 \\ C_2 < C_1 - \mu R_3 \end{cases}$。处于未发生突发应急事件的筹集时期时，政府对应急物资企业实行不监管、不进行奖惩，企业造成应急物资出现问题后需对公众付出的补偿要求不重，而在筹集储备应急物资过程中努力会投入时间、经济等成本，其选择偷懒时获得的收益比被举报后对公众付出的补偿与声誉的损失多，部分不良企业为更高的经济利益选择偷懒。同时在目前信息基本公开、传播较广的大环境下，

---

① 中华人民共和国司法部：《河北省省级重要物资储备管理办法》，2023年4月26日，https://www.moj.gov.cn/pub/sfbgw/flfggz/flfggzdfzwgz/202304/t20230426_477832.html，2024年1月8日。

② 国家粮食和物资储备局：《山东省地方储备粮管理办法》，2015年1月，http://www.lswz.gov.cn/html/c100211/2018-06/12/content_215148.shtml，2023年5月。

③ 中华人民共和国中央人民政府：《粮食流通管理条例》，2021年4月，https://www.gov.cn/zhengce/zhengceku/2021-04/07/content_5598180.htm，2023年2月。

④ 国家粮食和物资储备局：《国家粮食和物资储备局关于八起粮食收购环节违法违规典型案例的通报》，2023年5月，http://www.lswz.gov.cn/html/ywpd/zfdc/2023-05/17/content_274775.shtml，2023年6月。

⑤ 国家市场监督管理总局：《市场监管总局 财政部关于印发〈市场监管领域重大违法行为举报奖励暂行办法〉的通知》，2021年8月，https://www.samr.gov.cn/zw/zfxxgk/fdzdgknr/zfjcs/art/2023/art_b263af21c54f46d8b79f85fac7a09c0a.html，2023年5月。

实施参与监督策略的公众得到的收益（包括偷懒的企业对公众做出的补偿和政府对实施参与监督策略公众的奖励）多于公众参与监督的成本。这种情境下，企业会对应急物资筹集环境产生负面影响，进而造成更大的危害，属于发展不良的平衡状态。

由图9-1和图9-2可知，在此参数设置下，无论 X、Y、Z 取何值，博弈的初始演化都稳定在点（0, 0, 1）处，表示政府选择不监管策略，企业选择偷懒策略，公众选择参与监督策略。因本书致力于提供政府监管、企业努力、社会公众参与监督的发展模式，通过前文的分析，结合增大政府不监管时要付出的政治成本 C_2、政府对偷懒企业的罚款 R_3 或者减少政府监管付出的成本 C_1，来促使政府对企业进行监管；通过增大偷懒企业对公众付出的补偿 C_6 与声誉损失 C_7 或者降低企业努力付出的成本 C_3、偷懒企业的额外收益 C_4，来促使企业在物资筹集储备过程中努力。下面降低 C_1 为3、C_3 为1、C_4 为4，增加 C_2 为3、C_6 为3、C_7 为3、R_3 为5，其他参数不变，其优化后的演化仿真图如下。

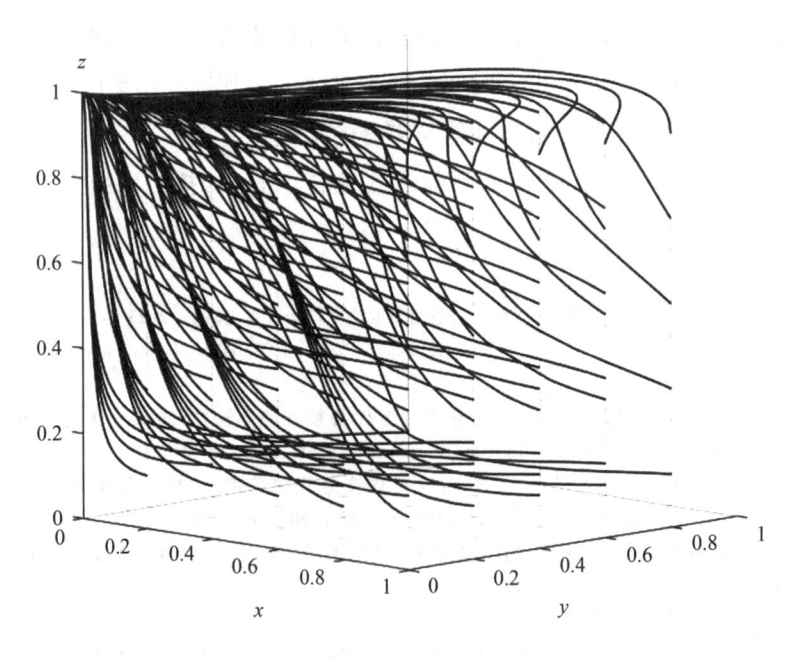

图9-1 情境1演化50次结果

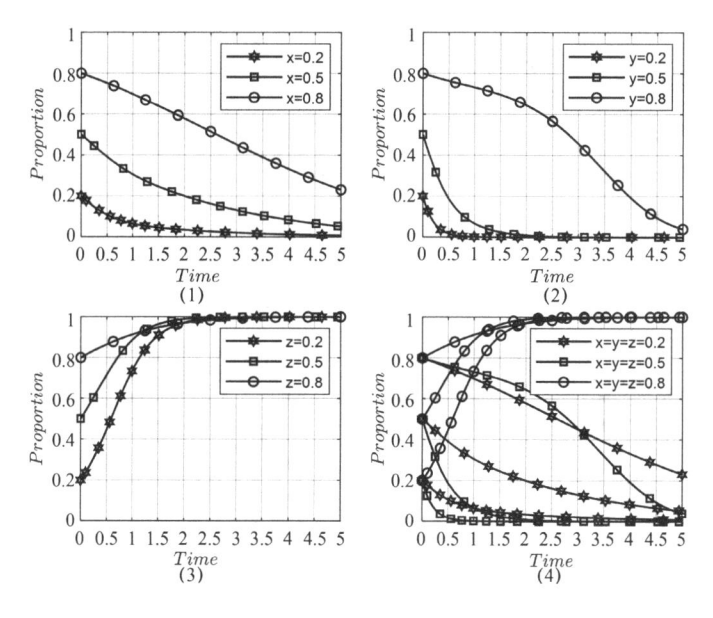

图9-2 情境1三方主体初始值不同时的演化仿真

由图9-3和图9-4可知,在优化过的参数设置下,无论 X、Y、Z 取何值,博弈演化都稳定在点(1,1,1)处,表示政府由采取不监管策略转变为选择监管策略,企业由采取偷懒策略转变为选择努力策略,社会公众选择参与监督策略,实现了系统优化,即达到本书所追求的理想均衡状态。

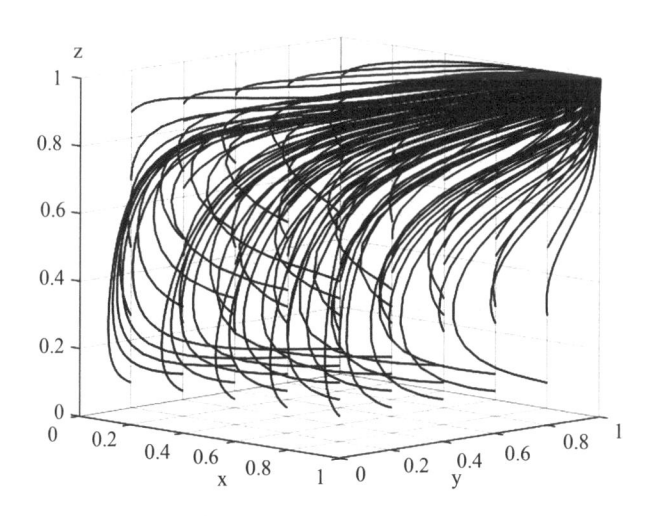

图9-3 情境1优化后演化50次结果

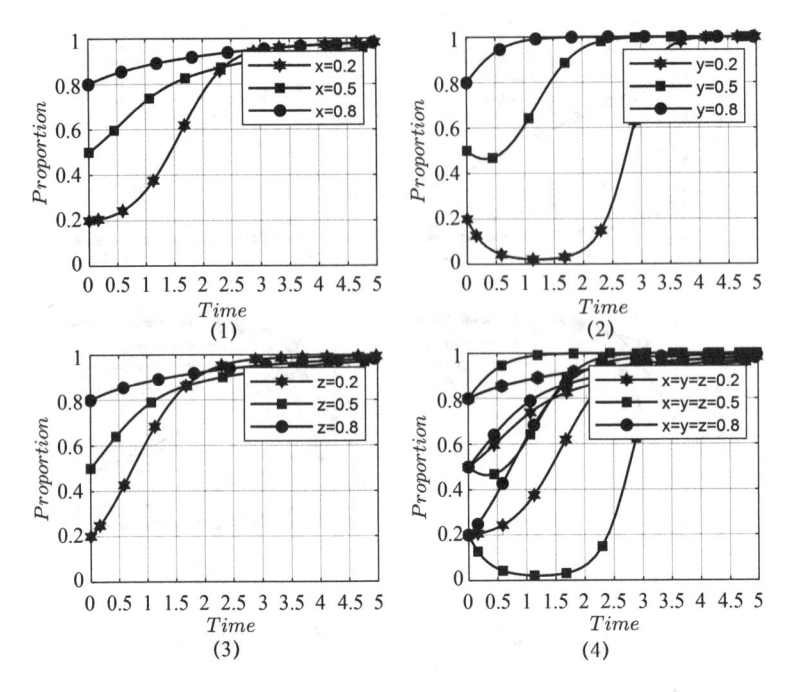

图9-4 情境1优化后三方主体初始值不同时的演化仿真

(二) 情境2：突发应急事件解决后的平稳时期

此种情境下，政府监管的成本较高，企业努力获得的收益较高，公众参与监督的损失较少，满足 $\begin{cases} C_8 < R_2 \\ C_9 < C_1 + R_1 \\ C_3 < \nu C_6 + C_7 - C_4 \end{cases}$。处于未突发应急事件解决后的平稳时期时，由于应急事件已被解决，过程中政府对不道德企业的惩罚起到了警示作用，社会筹集环境较好，政府对应急物资企业实行不监管、不额外进行奖惩，其付出较低成本即能对筹集企业进行约束，同时政府监管获得的社会收益比政府监管付出的成本与给予努力企业的奖励多，政府入不敷出导致政府更倾向于不监管。此时企业在筹集应急物资过程中努力付出的成本低于企业偷懒被发现的损失（包括对公众付出的补偿与声誉损失的和与其额外收益之差），且公众参与监督付出的成本小于政府给予参与监督公众的补贴，此时处于一种较为平稳的应急物资筹集阶段，但缺少政府的监管约束，企业极大可能会在一段时间

后再次选择利益最大化的策略,长远来看不利于有效应对应急事件、构建和谐环境。

由图 9-5 和图 9-6 可知,在此参数设置下,无论 X、Y、Z 取何值,博弈的初始演化都稳定在点(0,1,1)处,表示政府选择不监管策略,企业选择努力策略,社会公众选择参与监督策略。在此参数基础上,改变其中的某几个参数能够缩短政府采取监管行动、企业实施努力行为和社会公众选择参与监督策略的时间,从而更快地达到更优的均衡状态。

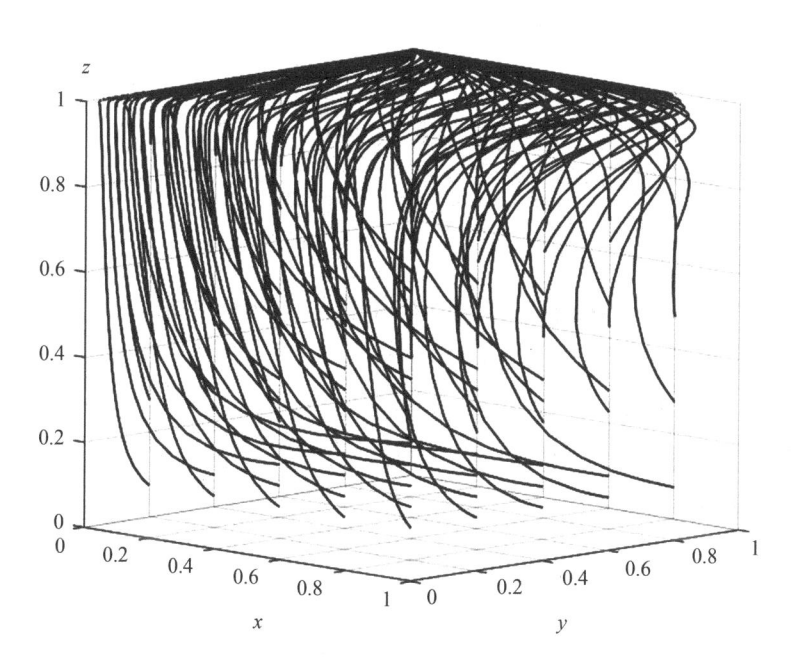

图 9-5 情境 2 演化 50 次结果

通过前文的分析,可以通过降低公众参与监督付出的成本 C_8 或者增加政府给予参与监督公众的补贴 R_2 来促使公众参与监督;通过降低政府监管付出的成本 C_1、政府给予努力企业的奖励 R_1 或者增加政府监管获得的社会收益 C_9,来促使政府选择监管;通过增大偷懒企业对公众付出的补偿 C_6 与声誉损失 C_7 或者降低企业努力付出的成本 C_3、偷懒企业的额外收益 C_4,来促使企业选择努力。下面降低 C_1 为 3、C_3 为 1、C_4 为 4、C_8

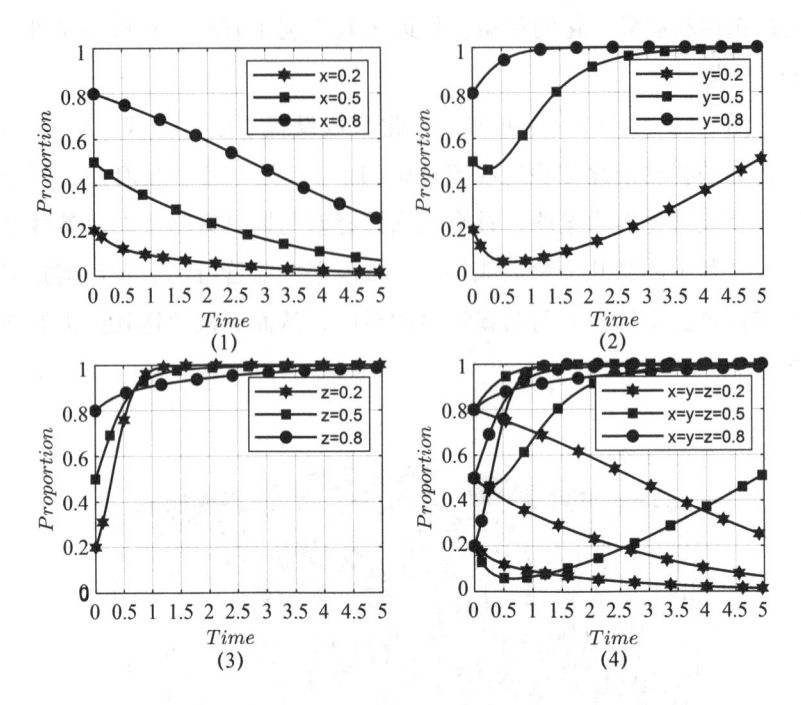

图 9-6 情境 2 三方主体初始值不同时的演化仿真

为 0.3、R_1 为 2，增加 C_6 为 12、C_7 为 3、C_9 为 7、R_2 为 2，其他参数不变，其优化后的演化仿真图如图 9-7 和图 9-8。

在优化过的参数设置下，无论 X、Y、Z 取何值，博弈演化都稳定在点 (1, 1, 1) 处，表示演化系统中政府由不监管转变为监管策略，企业选择努力策略，社会公众采取参与监督策略，与初始均衡状态相比，政府由不监管转变为监管，以及企业选择努力策略和社会公众选择参与监督策略的时间都缩短了，实现了系统优化，更快地达到本书所追求的更优的理想均衡状态。

（三）情境 3：突发应急事件形势严峻、应急物资紧缺

此种情境下，政府不监管的成本较高，企业偷懒获得的收益较高，公众参与监督的损失较少，满足 $\begin{cases} C_1 - \mu R_3 < C_2 \\ \nu C_6 + C_7 + \mu R_3 - C_4 < C_3 - R_1 \end{cases}$。政府若因对应急物资企业监管力度不够导致应急物资出现问题、无法及时解决

第九章　多主体协同共治的应急物资委托代储博弈机制协调研究　◇◇　257

图9-7　情境2优化后演化50次结果

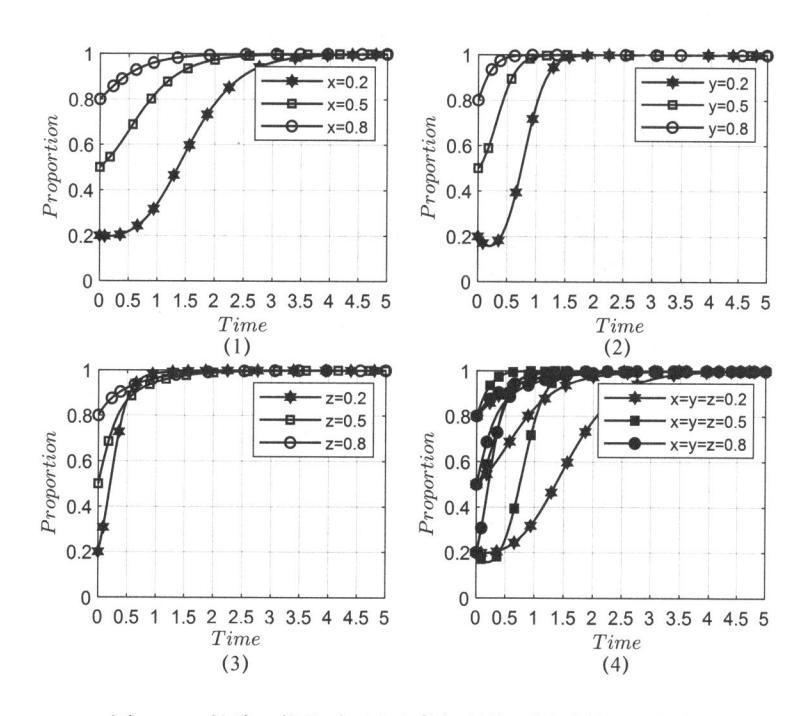

图9-8　情境2优化后三方主体初始值不同时的演化仿真

突发应急事件,从而导致应急事件严重程度加剧,会引起大众不满、对政府失去信心,此时政府付出的政治成本极高,远超政府实行监管、对企业和公众进行一定的奖惩措施付出的成本,因此政府高度重视应急物资的筹集,会加强对企业的监管力度、对努力的企业补贴增多并加大对偷懒企业的惩罚。而应急物资在市场上"一货难求"的情况下,应急物资价值随之提升,企业在筹集储备应急物资过程中努力投入时间、经济等成本较大,其选择偷懒获得的收益(除去被政府罚款、被举报后对公众付出的补偿与声誉损失后的净盈利)远比其努力获得的纯收益(企业努力付出的成本与政府给予努力企业的补贴之差)多,部分企业较易铤而走险选择偷懒来谋求更大的经济收益。此时政府要投入极大成本与精力,企业不道德行为会危害应急物资质量进而影响救灾效果,属于危害性较大的稳定状态。

由图9-9和图9-10可知,在此参数设置下,无论 X、Y、Z 取何值,博弈的初始演化都稳定在点(1,0,1)处,表示政府选择监管策略,企业选择偷懒策略,社会公众选择参与监督策略。在此参数基础上,改变其中的某几个参数能够使企业转变为努力策略以此达到一个更为理想的均衡状态。

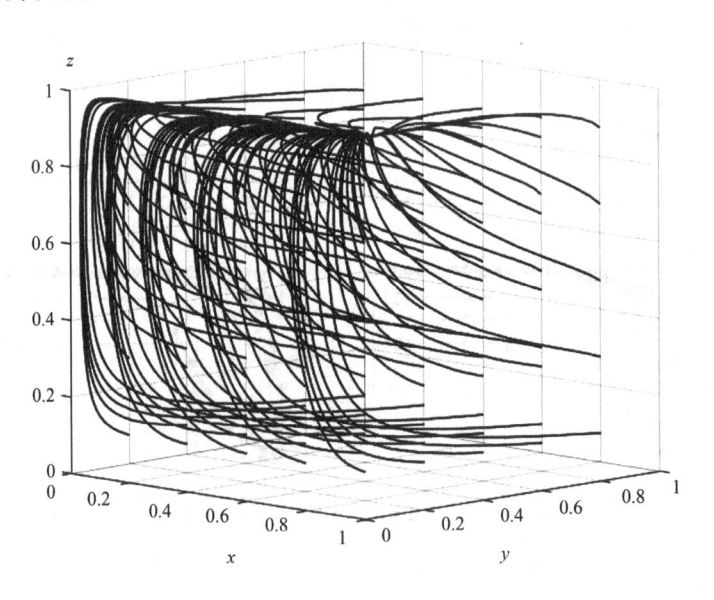

图9-9 情境3演化50次结果

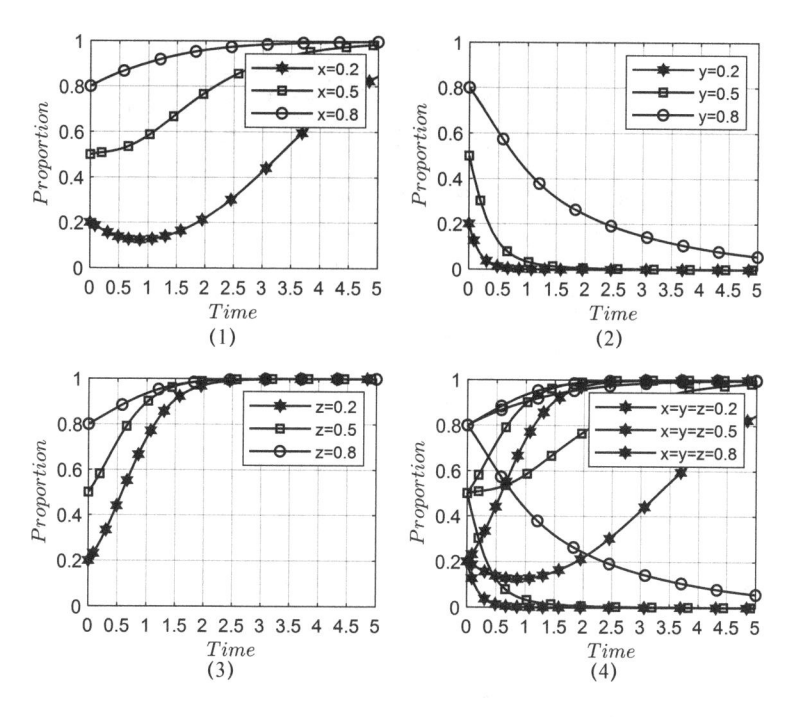

图 9-10　情境 3 三方主体初始值不同时的演化仿真

通过前文的分析,可以通过增大政府不监管时要付出的政治成本 C_2、政府对偷懒企业的罚款 R_3 或者减少政府监管付出的成本 C_1 来促使政府对企业进行监管;通过增大偷懒企业对公众付出的补偿 C_6、声誉损失 C_7、政府给予努力企业的补贴 R_1、对偷懒企业的罚款 R_3 或者减少企业努力付出的成本 C_3 与偷懒企业的额外收益 C_4 来促使企业努力。下面降低 C_1 为 3、C_3 为 1.5、C_4 为 4,增加 C_2 为 4、C_6 为 6、C_7 为 3、R_1 为 2、R_3 为 5,其他参数不变,其优化后的演化仿真图如下。

由图 9-11 和图 9-12 可知,在优化过的参数设置下,无论 X、Y、Z 取何值,博弈演化都稳定在点 (1,1,1) 处,表示企业由采取偷懒策略转变为选择努力策略,以及政府选择监管策略和社会公众选择参与监督策略的时间都明显缩短,实现了系统优化,即达到本书所追求的理想均衡状态。

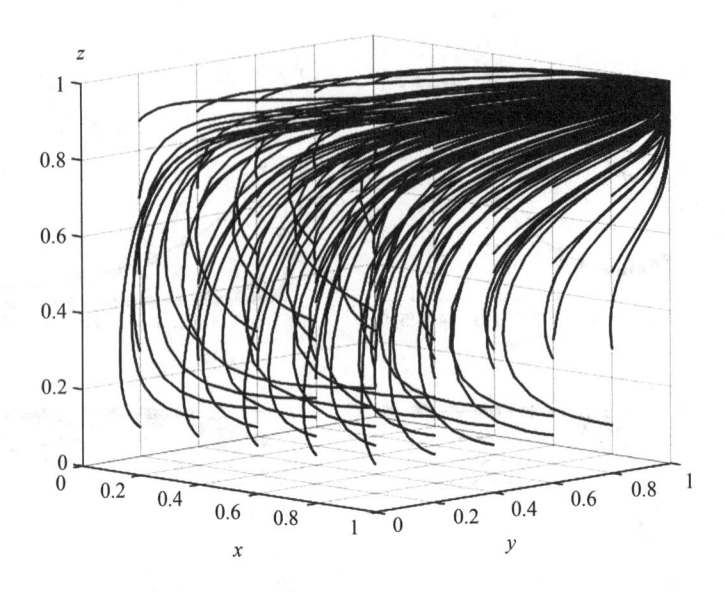

图9-11 情境3优化后演化50次结果

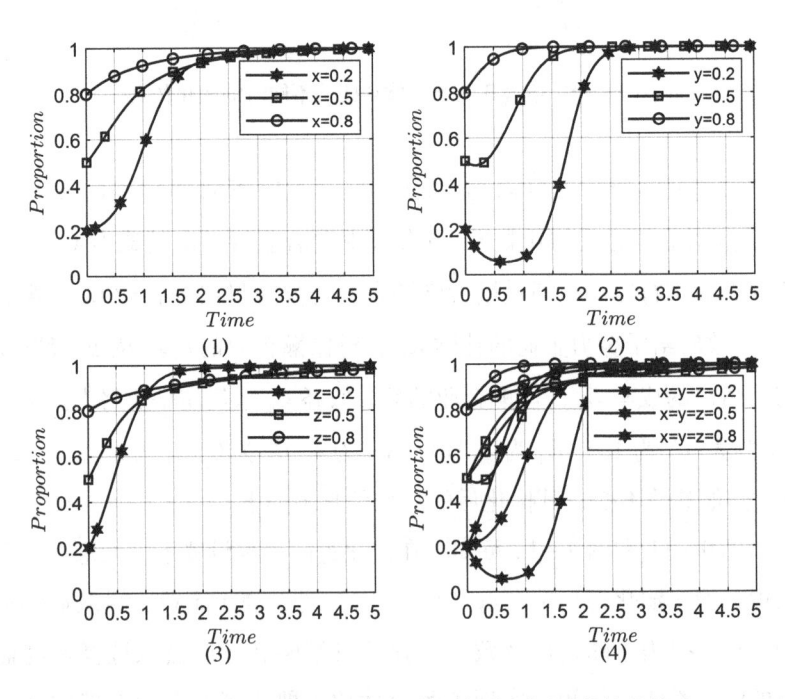

图9-12 情境3优化后三方主体初始值不同时的演化仿真

（四）情境4：突发事件得到控制，应急物资筹集过程逐渐稳定

此种情境下，政府获得收益较高，企业努力收益多，公众参与监督付出成本较大，满足 $\begin{cases} C_8 > R_2 \\ C_9 > C_1 + R_1 \\ C_4 < R_1 - C_3 \end{cases}$。突发事件发生后，政府和应急物资企业迅速响应，对突发事件进行有效控制，政府对企业监管力度加强，获得社会收益比付出成本高，企业物资筹集过程也自觉努力，获得政府补贴与付出的成本之差（即企业努力的收益）比偷懒获得的额外收益多，此时物资筹集过程比较稳定，公众参与监督效果不大，且付出成本比收益大。但仅靠政府一方的力量只可以维持短时间内的良好态势，约束企业后续不做出不道德行为仍需要社会公众的监督，帮助维持应急物资筹集的良好循环。

由图9-13和图9-14可知，在此参数设置下，无论 X、Y、Z 取何值，博弈的初始演化都稳定在点 (1, 1, 0) 处，表示政府选择监管策略，企业选择努力策略，社会公众选择不参与监督策略。在此参数基础上，改变其中的某几个参数能够使社会公众采取参与监督策略，以此达到一个更为理想的均衡状态。

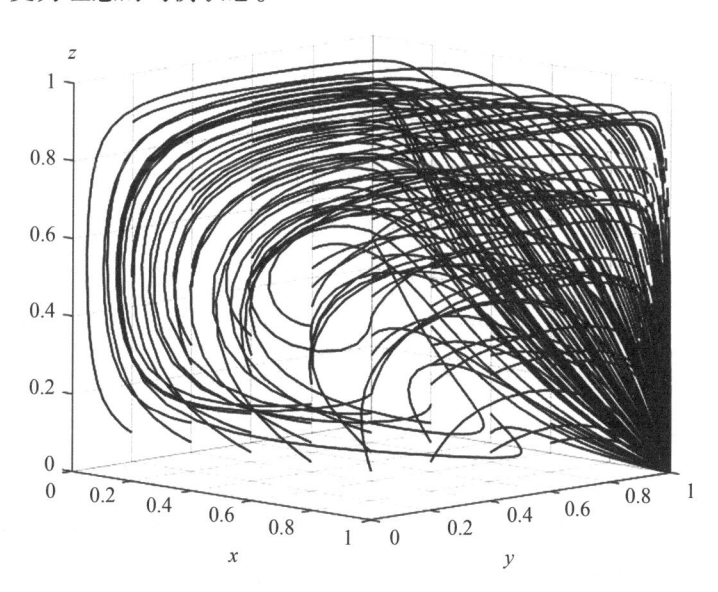

图9-13 情境4演化50次结果

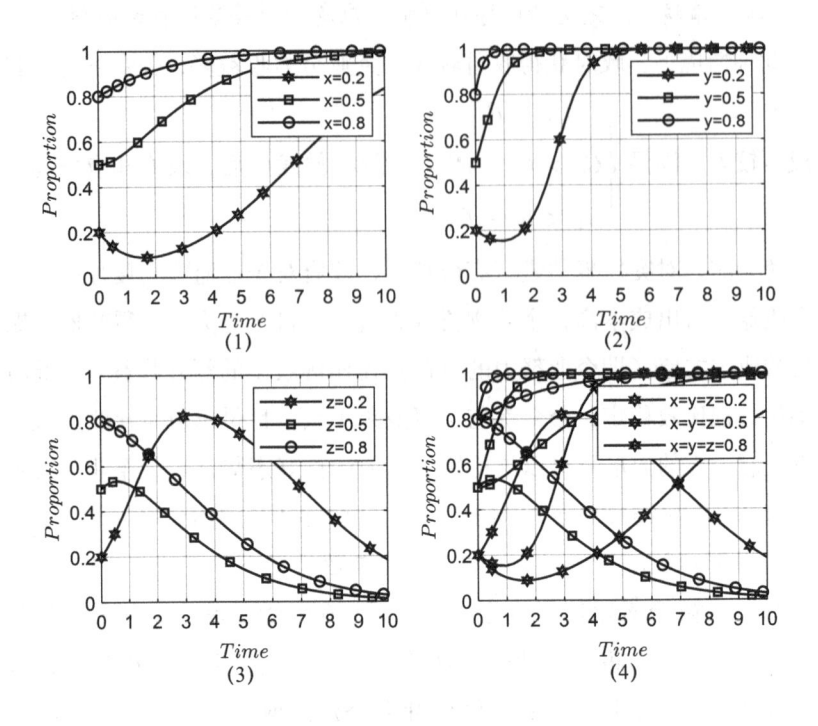

图9-14 情境4三方主体初始值不同时的演化仿真

通过前文的分析，可以通过降低公众参与监督付出的成本 C_8 或者增加政府给予参与监督公众的补贴 R_2 来促使公众参与监督；通过降低政府监管付出的成本 C_1、政府给予努力企业的奖励 R_1 或者增加政府监管获得的社会收益 C_9 来促使政府选择监管；通过增大政府给予努力企业的补贴 R_1 或者减少企业努力付出的成本 C_3 与偷懒企业的额外收益 C_4 来促使企业努力。下面降低 C_1 为3、C_3 为0.5、C_4 为0.5、C_8 为0.5，增加 C_2 为4、C_9 为8、R_1 为3、R_2 为1，其他参数不变，其优化后的演化仿真图如下。

由图9-15和图9-16可知，在优化过的参数设置下，无论 X、Y、Z 取何值，博弈演化都稳定在点（1,1,1）处，表示政府选择监管策略，企业选择努力策略，社会公众由选择不参与监督策略转变为参与监督策略，实现了系统优化，即达到本书所追求的理想均衡状态。

第九章 多主体协同共治的应急物资委托代储博弈机制协调研究 263

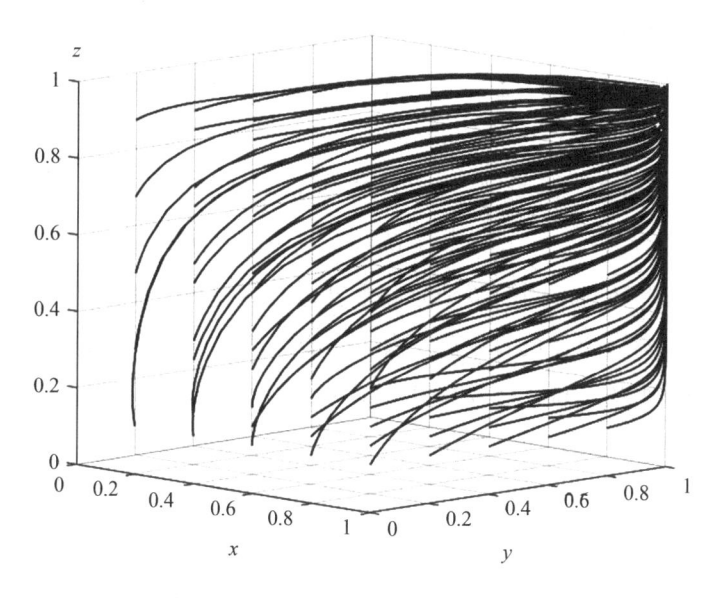

图 9-15 情境 4 优化后演化 50 次结果

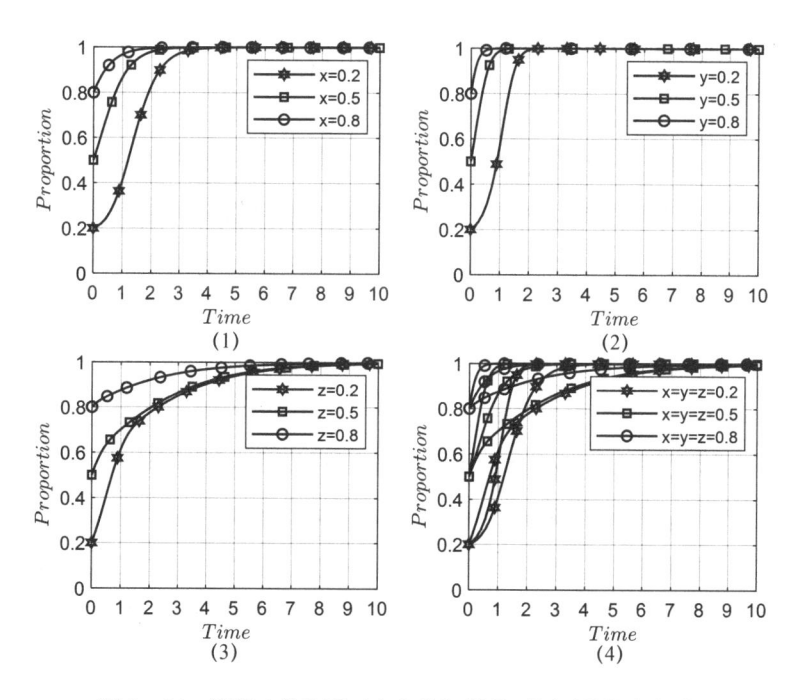

图 9-16 情境 4 优化后三方主体初始值不同时的演化仿真

（五）情境5：常态化监管下的多主体应急物资管理

此种情境下，政府监管获得的收益较高，企业偷懒的损失大，公众参与监督获利多，满足 $\begin{cases} C_8 < R_2 \\ C_9 > C_1 + R_1 \\ \nu C_6 + C_7 + \mu R_3 - C_4 > C_3 - R_1 \end{cases}$。在政府监管下，公众参与监督得到的奖励比成本高，能够提高公众参与监督的积极性。在政府与社会公众的双重监督下，企业若在应急物资筹集过程中不努力，极易被政府和公众发现其不道德行为，因而受到政府罚款、损失声誉与补偿公众的惩罚。当偷懒企业对公众付出的补偿与声誉损失、政府对偷懒企业的罚款的和与其额外收益之差（即企业偷懒的损失）大于企业努力付出的成本与政府给予努力企业的补贴之差（即企业努力的损失）时，企业会选择努力，则应急物资筹集过程得到保证，此时社会环境整体良好，应急物资筹集过程基本不会出现问题，政府监管得到的社会收益也比付出的成本高，企业努力与公众参与监督都能得到相应奖励，三方都能达到利益最大化，属于较为理想的稳定状态。

由图9-17和图9-18可知，在此参数设置下，无论 X、Y、Z 取何值，博弈的初始演化都稳定在点（1，1，1）处，表示政府选择监管策略，企业选择努力策略，社会公众选择参与监督策略。在此参数基础上，改变其中的某几个参数能够使三方收敛速度加快，更快地达到理想的均衡状态。

通过前文的分析，可以通过降低公众参与监督付出的成本 C_8 或者增加政府给予参与监督公众的补贴 R_2 来促使公众参与监督；通过降低政府监管付出的成本 C_1、政府给予努力企业的奖励 R_1 或者增加政府监管获得的社会收益 C_9 来促使政府选择监管；通过增大偷懒企业对公众付出的补偿 C_6 与声誉损失 C_7、政府给予努力企业的补贴 R_1、政府对偷懒企业的罚款 R_3 或者减少企业努力的成本 C_3 与偷懒企业的额外收益 C_4 来促使企业努力。下面降低 C_1 为3、C_3 为0.5、C_4 为4、C_8 为0.5，增加 C_6 为6、C_7 为3、C_9 为8、R_1 为3、R_2 为3、R_3 为5，其他参数不变，其优化后的演化仿真图如下。

第九章　多主体协同共治的应急物资委托代储博弈机制协调研究　265

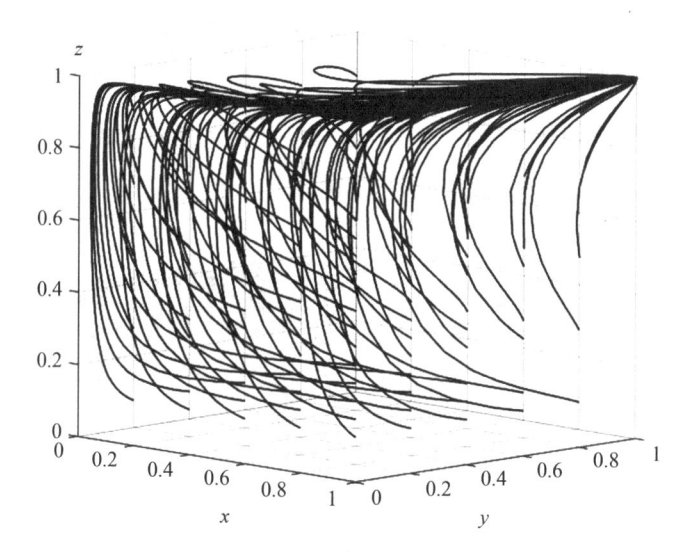

图9-17　情境5演化50次结果

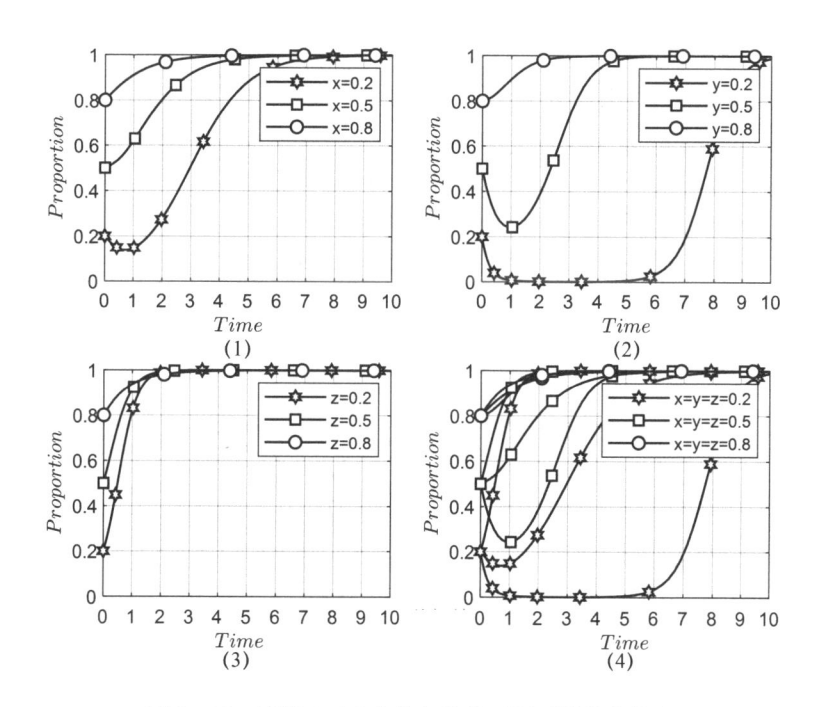

图9-18　情境5三方主体初始值不同时的演化仿真

由图 9-19 和图 9-20 可知，在优化过的参数设置下，无论 X、Y、Z 取何值，博弈演化都稳定在点 (1,1,1) 处，政府选择监管策略、企业选择努力策略与社会公众选择参与监督策略的时间都明显缩短，实现了系统优化，即达到本书所追求的理想均衡状态。

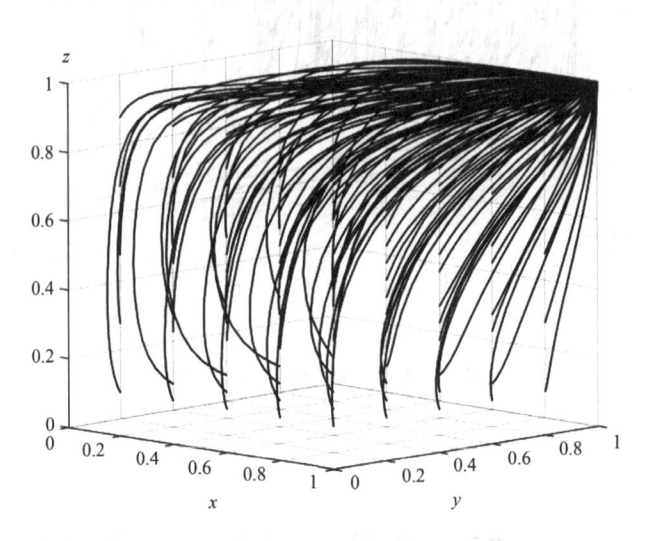

图 9-19　情境 5 优化后演化 50 次结果

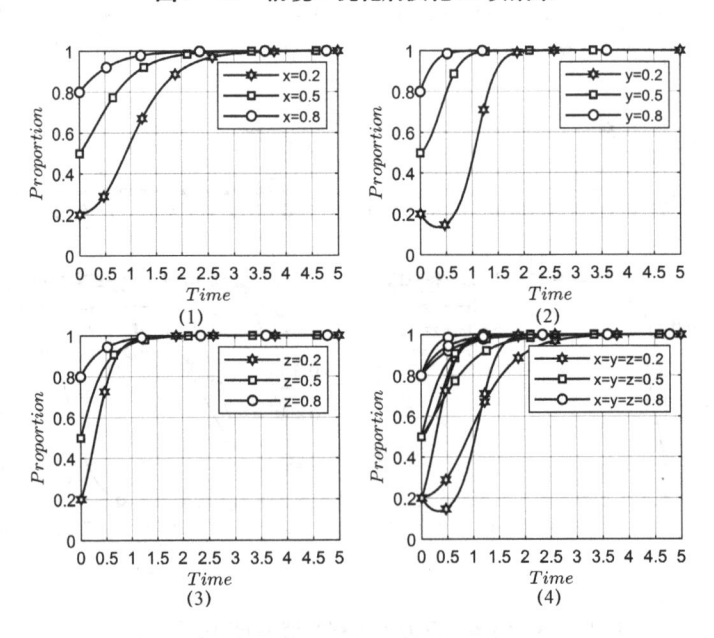

图 9-20　情境 5 优化后三方主体初始值不同时的演化仿真

二 参数变化对博弈的影响仿真分析

在博弈中,参数的变化可能导致主体的行为策略发生变化,演化系统与过程也会受到影响。通过前文分析可知,博弈三方主体理想均衡点为E_8(1,1,1),即最理想状态的行为策略选择为(监管,努力,参与监督)。因此在此基础上改变其中部分参数,针对性研究其变化对三方主体选择的影响及对整个博弈系统的影响,分析三方相互行为选择策略之间的关系。结合实际情况,参数初始赋值情况如表9-5所示。

表9-5 三方博弈参数初始赋值情况

参数	C_1	C_2	C_3	C_4	C_5	C_6	C_7	C_8	C_9	μ	ν	R_1	R_2	R_3	R_4
数值	3	1	3	2	3	4	4	1	8	0.5	0.5	4	4	4	10

(一)初始意愿对博弈的影响仿真分析

在三方主体初始意愿分别为0.2、0.5和0.8且同时变化的情况下对最终的策略演化结果的影响,如图9-21所示。

由图9-21可得,无论三方主体的初始意愿如何,最终演化结果都趋向于(1,1,1)即(政府监管,企业努力,公众参与监督)。初始意愿越强烈,三方收敛的速度就越快,其达到稳定状态的时间缩短,更快地达到理想状态。可以看到,企业努力的初始意愿越强烈,其收敛于1的速度越快,企业积极努力可以保证应急物资的质量,此情况对应急物资筹集管理大有益处,能够创造良好的市场环境;无论初始意愿是多少,三方中政府收敛于1的时间都多于企业和公众收敛于1的时间,说明政府在应急物资筹集管理过程中密切关注企业与公众的动向,参考两方的行为策略相应调整其奖惩措施,以此达到更好的管理效果。当初始意愿为0.2即政府监管、企业努力和社会公众参与监督的初始意愿都很消极、不愿意采取以上策略时,企业前期先是略趋向于偷懒后转变为努力,可能初期企业出于追求经济角度趋向于选择偷懒,随着政府趋向于监管和公众趋向于参与监督,若偷懒被公众监督和政府监管发现会付出相应代价,企

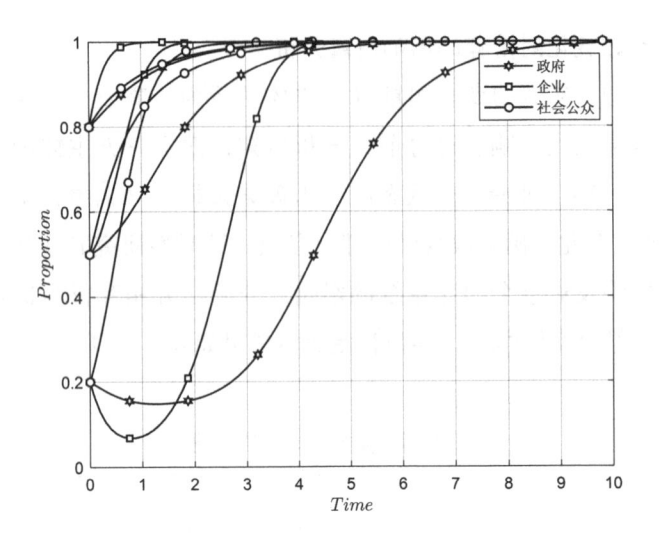

图 9-21 初始意愿变化时三方博弈主体仿真

业考虑整体收益与支出后的最优策略是努力。可以得出，在奖惩机制、行为选择付出成本和监督强度等条件达到一定标准时，此应急物资筹集管理模式能有效协调多方主体的行为策略，对创造良好的应急物资管理环境有一定的参考意义。

（二）补贴机制下三方主体博弈分析

令 $R_1 = 2, 4, 6$；$R_2 = 2, 4, 6$；分析在政府补贴变化的情况下博弈三方的演化状态，研究补贴机制对三方主体策略演化的影响，如图 9-22 所示。

从图 9-22 中可看出，当政府给予努力企业的补贴 R_1 与政府给予参与监督公众的补贴 R_2 增大即政府的补贴力度越大时，政府趋向于不监管、社会公众趋向于参与监督的时间明显缩短，速度显著加快，且在初始意愿为 0.2 即意愿消极的情况下，当政府给予的补贴增大时，企业由前期趋向偷懒转变为努力。政府在监管过程中为努力的企业和参与监督的公众提供补贴，这属于政府支出。然而，随着补贴额度的增加，政府可能因经济压力而倾向于减少监管力度。对企业而言，应急物资的筹集、存储、整理和维护本身就需要大量的人力、物力和资金投入。如果再考虑到可

第九章　多主体协同共治的应急物资委托代储博弈机制协调研究　◇◇　269

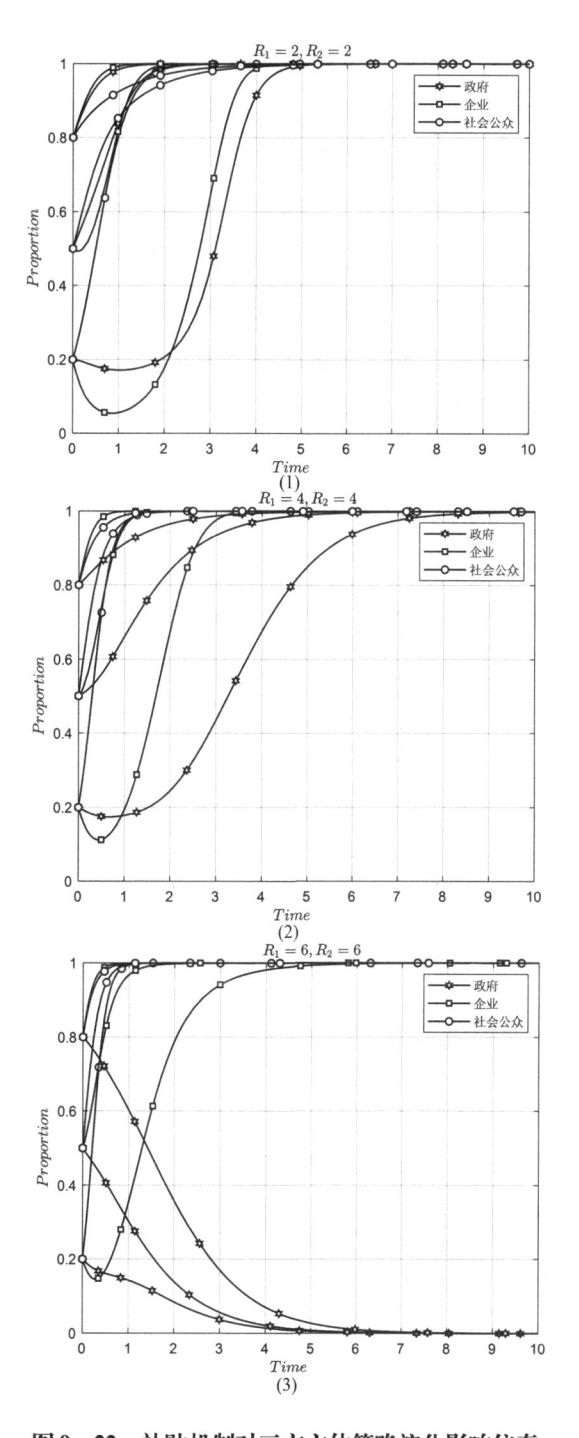

图 9-22　补贴机制对三方主体策略演化影响仿真

能因人为道德问题导致的物资损失,企业的经济负担会进一步加重。因此,企业维持努力付出的成本很高。但如果政府提供的补贴能够抵消部分成本,甚至有额外奖励,企业就更有动力去努力,从而保证应急物资的质量,这对社会整体是有益的。同样,社会公众参与应急物资管理监督也需要投入时间和精力,这可能带来一定的经济压力。如果政府给予适当补贴,不仅可以减轻公众的负担,还能提高他们参与监督的积极性,使公众能够更好地行使监督权和建议权,为营造和谐的社会氛围创造条件。因此,通过合理调整政府补贴额度,可以有效影响政府、企业和公众的行为策略,促进各方在应急物资管理中的积极参与和有效协作。

(三) 惩罚机制下三方主体博弈分析

令 $C_6 = 2,4,8$;$R_3 = 2,4,8$;分析在罚款变化的情况下博弈三方的演化状态,研究惩罚机制对三方主体策略演化的影响,如图 9-23 所示。

从图 9-23 中可看出,当偷懒企业对公众付出的补偿 C_6 与政府对偷懒企业的罚款 R_3 增大即惩罚力度越大时,政府趋向于监管、企业趋向于努力与社会公众趋向于参与监督的收敛速度都显著加快,时间缩短,且在初始意愿由 0.2 转变为 0.5 的情况下,当政府给予偷懒企业的惩罚增大时,政府和企业由最初的倾向于(不监管,偷懒)转变为(监管,努力)。对于政府来说,政府惩罚偷懒企业缴纳的罚款是政府收入,但政府监管也需要更多的成本付出,政府在不监管情况下凭借公众的监督与企业自身努力即能保证应急物资筹集实现良性循环是最优策略,因此政府更趋向于不监管。对于企业来说,当企业偷懒被公众发现,需要按照规定给予公众补偿,因此企业不仅需要缴纳政府的罚款还要负担对公众的补偿,但在罚款力度较小时,企业偷懒受到的损失远不抵偷懒带来的收益、不足以引起企业重视,出于盈利目的企业优先选择偷懒,对应急物资筹集不利;但随着罚款力度的加大,企业偷懒损失过大,盈利状况不容乐观,同时会收到更多公众投诉与不满,由此能够促使企业更倾向于努力。对于公众来说,监督偷懒的企业、发现并举报其不合规行为,不仅能够使不负责任的企业受到惩罚,同时自己还可以得到一定的补偿,

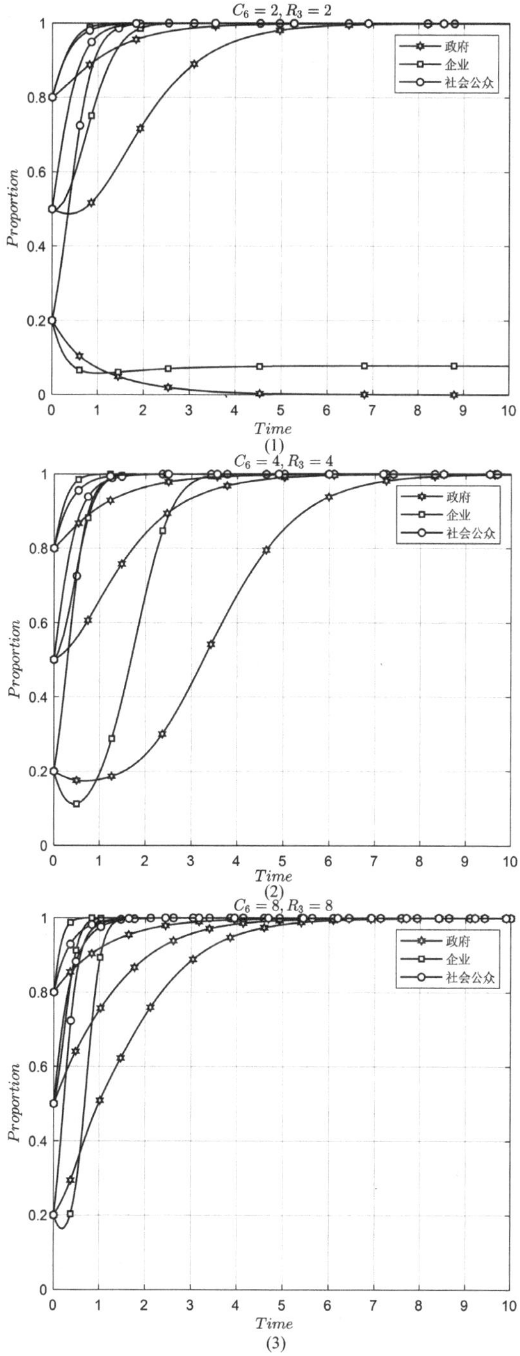

图9-23 惩罚机制对三方主体策略演化影响仿真

同时也能协同政府治理应急物资筹集管理、为社会做贡献，因而公众更倾向于参与监督。因此，可以通过调整对偷懒企业的惩罚促使企业朝着努力的良好状态转变，积极提升应急物资质量，维护应急物资性能，为应急物资筹集管理提供保证。

（四）行为成本变化下三方主体博弈分析

令 $C_1 = 1.5, 3, 4.5$；$C_3 = 1.5, 3, 4.5$；$C_8 = 1.5, 3, 4.5$；将政府选择采取监管、企业采取努力与社会公众采取参与监督的行为所要付出的成本定义为三方的行为成本，分析在行为成本变化的情况下博弈三方的演化状态，研究其对三方主体策略演化的影响，如图9-24所示。

从图9-24中可看出，当政府监管付出的成本 C_1、企业努力付出的成本 C_3 及公众的监督成本 C_8 即三方主体的行为成本增大时，政府、企业及社会公众三方的策略选择也会随之改变。政府趋向于监管的时间明显变长，速度逐渐缓慢，当成本增长到一定程度时最终转变为不监管；社会公众趋向于参与监督的时间变长，并在初始意愿为0.8、行为成本为4.5即大于政府对其监督的奖励4时，社会公众先是趋向于不参与监督后仍选择参与监督；随着行为成本增大，企业由最初的努力转变为偷懒。当政府、企业和公众三方的行为成本均从1.5增加到3时，系统仍能够实现均衡策略，即政府进行监管、企业积极努力、公众参与监督。然而，随着成本的增加，系统达到这一均衡策略的收敛速度会变慢，达到稳定状态所需的时间也会相应延长。当行为成本由3增大到4.5时，企业由努力转变为偷懒。可以得出，当行为成本过大超出企业能够承受的范围时，企业会因为做出理想选择行为需要付出的成本太高而放弃追求理想状态，做出最符合自身利益的决定即偷懒，公众参与监督的可能性也会逐渐减小。企业偷懒会造成应急物资涌现大量问题，在突发应急事件中难以发挥作用，甚至产生危害，公众不积极参与监督也难以实现良性循环，此种情况不利于建立和谐稳定的应急物资筹集管理环境，应急物资质量难以保证，管理过程艰难，因此要想维护应急物资筹集可以从政府、企业与公众的三方行为成本上进行改善。

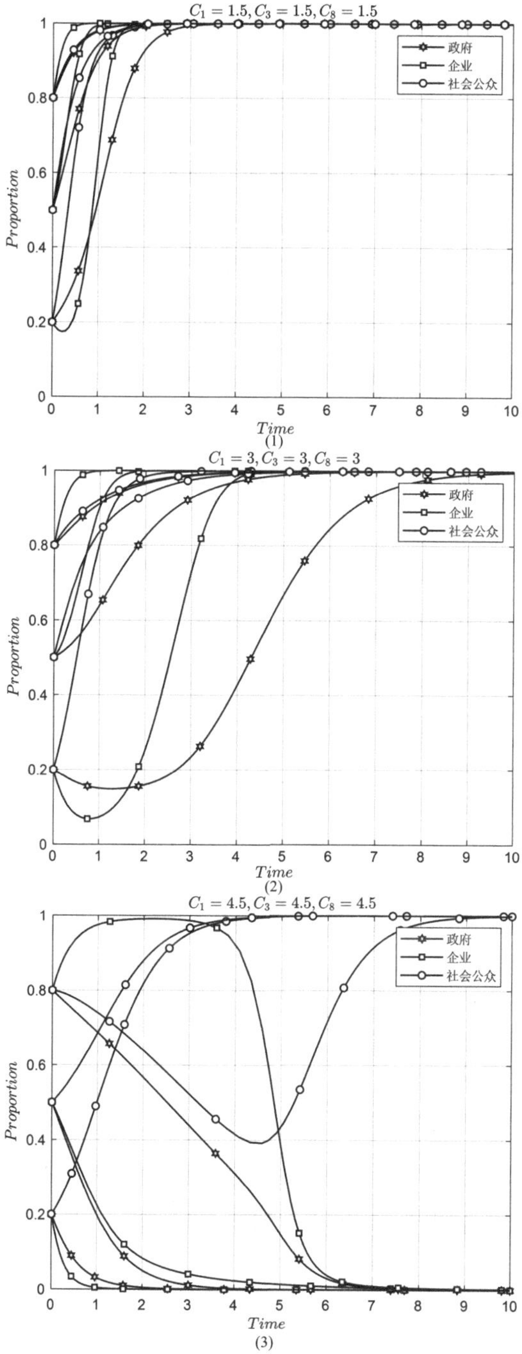

第九章 多主体协同共治的应急物资委托代储博弈机制协调研究 273

图9-24 行为成本对三方主体策略演化影响仿真

(五) 政府监管与社会公众监督强度变化下三方主体博弈分析

令 $\mu = 0.2, 0.5, 0.8$，通过调整 μ 的数值，使 $\mu R_3 = 0.8, 2, 3.2$；分析在政府监管强度变化的情况下博弈三方的演化状态，研究政府监管强度对三方策略演化的影响，如图 9-25 所示。

从图 9-25 中可看出，在其他参数不变的情况下，当政府监管发现企业偷懒概率 μ 增大即政府监管强度 μR_3 增大时，政府监管和企业努力策略选择速度加快。主要原因为：因政府发现企业偷懒的概率小即政府监管力度弱时，企业偷懒获得的利益大；当监管力度加大时，政府对偷懒企业的罚款增多，企业选择偷懒获得的利润减少，同时罚款可看作政府的财政收入，则政府监管概率上升。因此，可以通过调整政府监管强度动态调整政企行为。

令 $\nu = 0.2, 0.5, 0.8$，通过调整 ν 的数值，使 $\nu C_6 + C_7 = 4.8, 6, 7.2$；分析在社会公众监督强度变化的情况下博弈三方的演化状态，研究社会公众监督强度对三方策略演化的影响，如图 9-26 所示。

从图 9-26 中可看出，在其他参数不变的情况下，当公众监督发现企业偷懒概率 ν 增大即公众监督强度 $\nu C_6 + C_7$ 增大时，政府监管、企业努力和公众参与监督策略选择速度加快，随着公众监督强度的增大，政府和企业由（不监管，偷懒）趋向于（监管，努力）。主要原因为：当公众监督发现企业偷懒的概率小即公众监督强度弱时，企业偷懒获得的利益大，公众对企业监督力度加大时，企业偷懒会造成公众不满，社会舆论增强，企业声誉损失大大增加，社会公众将企业偷懒行为举报到政府，企业需要根据政府规定对公众付出相应赔偿，同时会遭到政府罚款，企业选择偷懒损失太大，因此企业更倾向于选择努力；公众加强监督强度、发现企业偷懒后举报政府，政府及时制止企业违规行为并作出相应处罚，对公众进行奖励，能够提升政府形象和自身公信力，同时若政府不监管导致应急物资出现问题被公众监督发现，政府会面临公众的投诉与不满，造成公信力、声望损失等政治成本增加，则政府监管概率上升，更积极维护应急物资筹集环境。因此，可以通过调整社会公众监督强度动态调整三方行为。

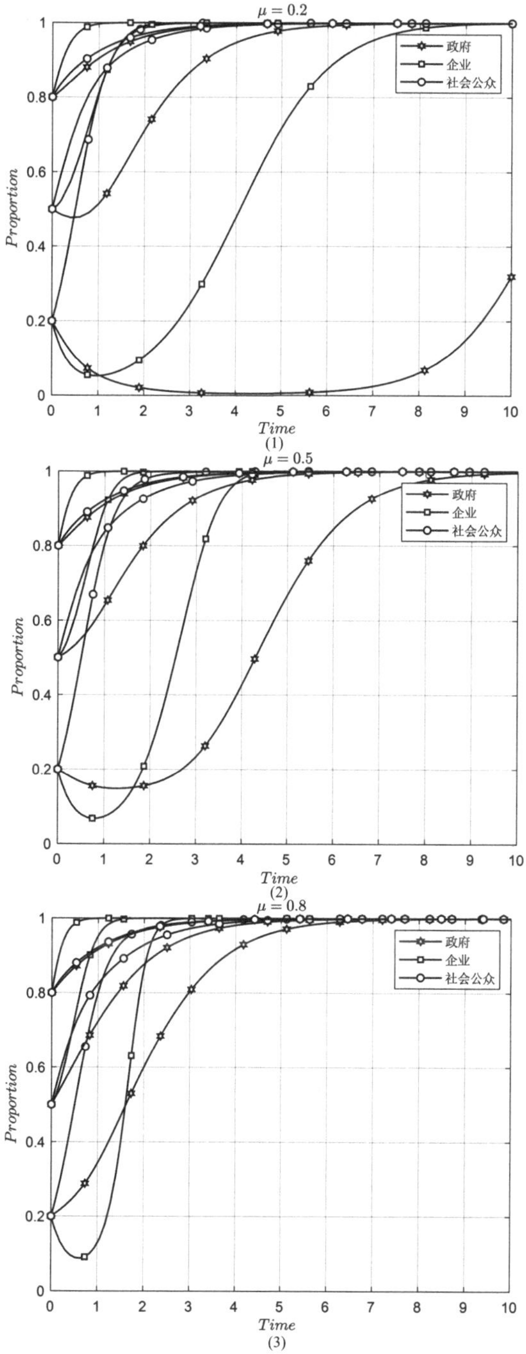

图 9-25 政府监管强度对三方主体策略演化影响仿真

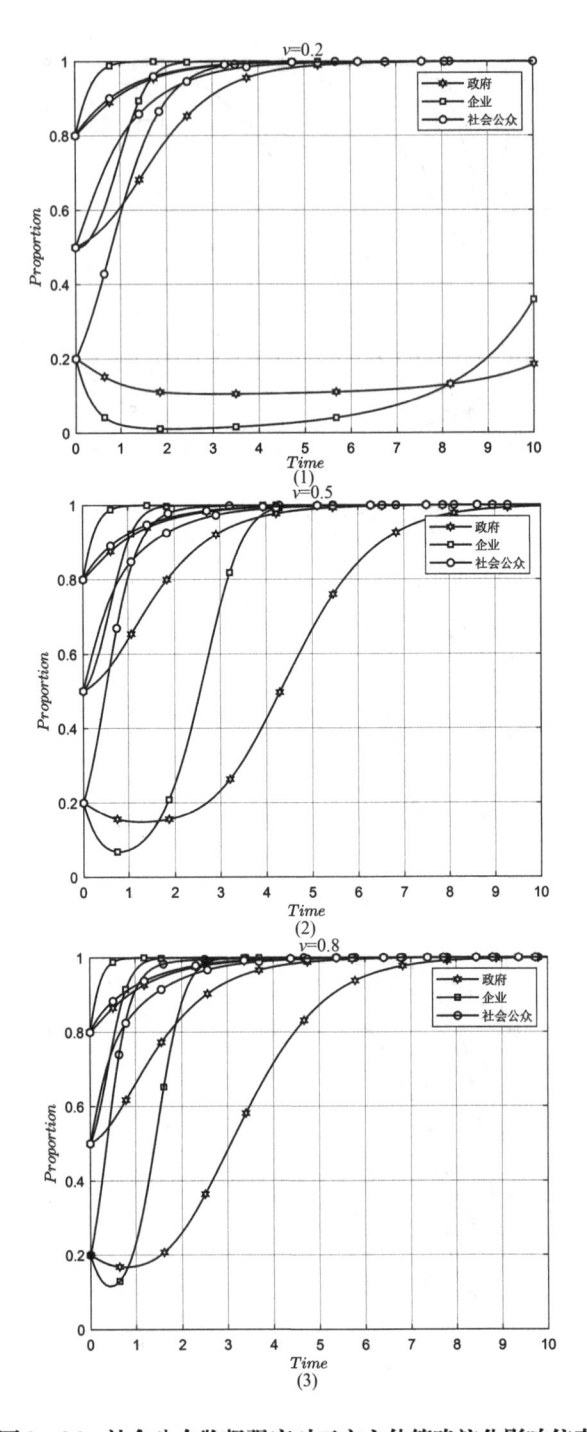

图 9-26　社会公众监督强度对三方主体策略演化影响仿真

第五节　本章小结

本章构建应急物资代储中政府、企业与社会公众三方激励博弈模型，探究政府监管、社会公众监督与企业努力行为之间的动态博弈关系，探寻多主体协同共治视角下能够使各方利益最大化的均衡策略，并对各主体稳定性策略的演化趋势进行系统仿真分析与优化，同时在各主体初始意愿、补贴机制、惩罚机制与行为成本变化的情况下，研究关键变量对博弈均衡及各主体行为决策的影响。研究结果显示，各主体初始意愿越强，博弈主体收敛速度越快；政府补贴越多，企业与公众采取最优策略即企业努力与公众参与监督的速度越快；惩罚额度越大，企业偷懒的概率越小，能够有效督促企业合理管理应急物资，保证应急物资质量；主体的行为成本越大，其做出相反的选择概率越大；政府奖惩力度、监管强度与社会公众的监督力度变化与三方主体的策略选择并不完全同向，需结合具体实际具体分析。改变这些参数能够促使三方转变行为策略，动态调整主体行为选择，可为三方主体后续实施何种措施提供一定的参考与建议，尽可能减少信息不对称导致的企业道德风险，从而实现应急物资筹集朝更优状态发展。本书可得出以下管理启示。

（1）各级政府应该注重提升监管的科学化水平，完善监管相关工作机制和配套制度，合理安排监管范围、监管频次等，加强对重点企业的风险监测能力，探索合适的监管强度来提升监管效率；制定出相应的激励奖惩政策，根据具体实际采取相应的奖惩力度，对在应急物资筹集与储备过程中弄虚作假、偷懒的企业进行处罚，通过优先贷款、减免税收、补贴等方式对努力的企业进行扶持，对参与监督的社会公众进行一定的奖励，以此实现良性循环；注重应急物资筹集储备重要性与应急科普知识的宣传，增强民众对应急物资管理的重视程度，鼓励社会公众积极参与对政府与企业的监督，并拓展监督渠道，如网络匿名举报等，使公众尽量能够低成本甚至无成本参与监督，从而构建全民参与监督的健康环境。

（2）企业应积极配合政府监管并强化自我监管，优化企业治理体系、提升企业治理能力，可通过调整组织结构、改革管理制度与制定相关政策措施等提升内部监管效率，对关键环节实施多重监督，消除会诱发企业内部员工出现道德风险的因素；设立监督检查岗，健全企业内部激励与监督举报制度，鼓励员工积极参与企业监督，完善监督举报意见的程序、及时处理并给予反馈；加强企业员工素质与道德水平建设，定期开展合规培训、宣传道德风险的危害，加强员工工作能力与社会责任感和使命感的培养；重视社会公众舆论的影响，加强与公众的沟通和互动，承担起相应的社会责任，保障企业的诚信经营和可持续发展，赢得公众的信任和支持。

（3）社会公众应提升对应急物资筹集的重视度和对企业道德风险的警惕性，学会识别和防范企业的违法违规行为，敢于对应急物资筹集管理过程中企业偷懒行为进行举报，保护自身合法权益，督促政府与企业更好地为人民服务；对于政府监管可能存在的监管频次、监管手段问题进行补充，增加企业的舆论压力，促使企业能够自觉遵守相关规定、减少自身道德风险发生的概率，对企业行为有一定的约束效果，共同为社会的应急物资管理做出一份贡献，助力社会健康发展。

本书仍存在一定的局限性，后续研究中会进一步考虑影响因素的全面性，结合系统动力学挖掘更多的影响因素，完善并改进激励博弈模型，以此对博弈演化系统展开更为全面、深入的研究。

第十章

应急物资委托代储管理决策

第一节 应急物资委托代储的制度环境层面

一 完善政策法规,加强监管力度

政策法规作为影响公民社会行为的主导因素,在解决当前模式困境、变革不适应时代需求的模式和提高应急物资储备能力方面发挥着至关重要的作用。为此,需要充分利用和完善相关法律法规,强化应急救灾理念,将应急管理纳入法律体系。通过政府和法规的引导,可以提升公民和企业的社会责任感和参与度,明确各机构的职责,推动储备信息的标准化、公开化和透明化,从而加快应急救灾储备物资的实际交接进程。此外,还需加强对企业的督导检查力度,推进信息化监管,提升储备管理的透明度,健全灾害事故直报和调查机制,以确保应急管理体系的科学性和有效性。

完善法律法规,强化应急救灾理念和管理体系。明确各机构的责任,推动储备信息的标准化、公开化和透明化,以提升各储备机构的积极性,加快应急救灾储备物资的实际交接进程。进一步突出政府在应急救灾储备中的主导作用,发展政府储备、政企联合储备和多机构联合储备,并通过科学统筹,建设完善的应急救灾储备体系。

建立健全企业督导检查制度。政府和企业获得的信息往往是不对称的:一方面,政府无法充分监督企业的投入和努力;另一方面,政府不知道企业为获得经济利益而进行欺诈活动,导致原材料和生产设备库存的约定数量减少。因此,政府应加强对承储企业的督导检查力度,强化管理措施，落实管理责任，确保各项制度落实落地，确保储备物资安全，确保一声令下，各级应急救灾物资能够拿得出、调得快、用得上。

推进信息化监管，提升应急救灾物资社会化储备监管的信息化、公开化、智能化水平。充分利用"互联网＋"和大数据技术，加强应急救灾物资社会化储备监管。实现重要物资和产能的实时、常态和全过程监控，提高验收、入库、出库、盘点、回收和报废环节的智能化水平，确保物资储备和产能的动态管理；鼓励承储企业升级基础设施，完善信息监控网络，增强与政府管理平台的对接。逐步实现库存和产能的远程动态监管，确保数据真实，防止管理失职和违纪行为；推进监管信息公开，建立应急救灾物资承储企业名录和公示制度，包括分级认证、物资详情、承储绩效和监管情况等内容。通过第三方评估和公众满意度调查，不断改进监管信息公开工作，促进储备管理的透明化和规范化。

健全灾害事故直报和调查机制。建立健全重大灾害事故的调查评价机制，将事故调查重点扩展到政策制定、法规修订和制度管理等方面。完善应急管理责任的评估指标体系和奖惩机制，定期对重大事故进行调查和"回头看"审查。通过广泛应用巡查和监测制度，加强对安全生产责任落实情况的监控和评估，确保各项安全措施得到有效执行和持续改进。

二 制定扶持政策，建立激励机制

企业在应急物资储备中面临着成本高、风险大、资金压力大等诸多挑战。制定有效的扶持政策和建立激励机制，对于调动企业积极性、提高应急物资储备能力具有重要意义。通过财税金融扶持政策和多种激励措施，全面提升企业在应急物资储备中的参与度和效率，调动企业参与的积极性，确保在突发事件中能够迅速、有效地动用储备物资，保障社会公共安全。

财税金融扶持政策。通过补助补贴、税费优惠、资金支持和政府采购等方式，为企业参与应急救灾物资社会化储备提供必要的财税金融扶持，激发企业的积极性。在贷款支持政策方面，提供政策性贷款、商业贷款或贷款贴息等适宜方式，对参与应急生产能力社会化储备的企业进行融资支持，帮助解决流动资金问题、降低融资成本。

利益补偿保障政策。通过购买服务、补贴补偿等方式，给予参与应急救灾物资社会化储备企业更大的利益补偿和保障。除按协议和合同保障社会主体参与应急建设与救援的应得利益外，还要积极创新应急保障制度设计，完善补偿条例等措施，对企业在应急救灾物资储备中发生的支出与损失进行补偿。充分发挥市场机制在应急救灾物资供应链中的作用，及时了解工业企业、商超等主体的储存情况，提前协调各种用品价格，避免因价格上涨导致购货不足。制定政府兜底收储政策，解决实物储备和产能储备企业的后顾之忧。

应急复产转产政策。鼓励生产基本救灾物资的企业腾出现有产能，进一步提高产量，迅速恢复满负荷生产，通过技术改造和增设生产线（设备），迅速扩大产能。鼓励有能力生产的企业尽快转产，重点生产急需的应急救灾物资，以应对严峻的应急形势。积极助力企业解决资金、技术、生产场地、设备和原材料采购等实际困难，促进上下游生产的良性循环，提高产业链的生产能力。引导企业科学改进生产工艺，提高产品技术水平，保证产品质量。

三　落实指挥体制，强化协同共治

为了提升应急救灾物资储备的整体效能，必须优化协同运行机制，建立健全储备协调机制，定期召开协调会议，通报工作进展，分析形势，科学调整规模布局。各部门，包括粮食和物资储备部门、应急管理部门、交通运输部门和武警部队等，需定期通报储备物资管理情况，及时对接应急需求。在顶层设计方面，需要进一步厘清应急管理部门与粮食和物资储备部门之间的关系，明确灾害和突发事件响应、指挥统筹协调和物资调运等职责分工，强化部门合力，确保无缝衔接、迅速高效。同时，要加强中央和地方的协同保障，统筹各级、各地的储备布局，形成应急救灾物资储备品种互补、规模共享、布局协调、责任共担的运行机制。中央储备主要储存生产周期长、通用性较强的应急物资，地方储备则侧重于储存年限较短、符合当地需求的物资。加强地区间的协同互助，结合京津冀、长三角、粤港澳等一体化区域的发展，探索建立区域性应急救灾物资储备的共建、资源共享、应急协同机制。

推动政企联合储备模式。政企联合储备模式在应急救灾物资储备中具有很大的潜力。政府可以通过有约束力的法规和引导，推动多主体联合应急救灾物资储备模式的发展。现有法律虽然涉及政府和企业的联合储存，但仍较为模糊，缺乏系统、详细的规范。政府应通过奖惩机制，树立联合储备模式下的正反面典型，对表现良好的企业给予经济和行政奖励，对违约企业施加民事和刑事责任，从而在行业内形成良性竞争。

优化实物储备的时间和空间整合。随着共同储备的发展，政府必须确保实物储备的时效性，优化实物储备的时间和空间整合。政府应将安全库存视为一个整体，优化其在时间和空间上的整合，实现多渠道资源、多模式储备、多模式调用和多渠道投放的全面流通。

建立应急社会储备信息平台。加快建立应急社会储备信息平台，将应急救灾社会储备信息进行整合，在系统、透明的应急储备管理系统中实时更新信息。这将有助于提高信息的透明度和共享程度，确保各级政府和相关企业能够及时、准确地获取储备信息，从而更有效地进行应急物资的管理和调配。

第二节　应急物资委托代储的整体布局层面

一　完善区域空间布局

科学规划应急物资储备区域布局。根据地理特征、灾害频率及历史数据，将全国划分为若干个应急物资储备区，在每个储备区内设立储备点，确保各区域在突发事件发生时能够迅速获得物资供应，并且在每个储备区设立一个或多个物资储备中心，负责区域内物资的调配与管理，这些中心应具备较强的仓储和物流能力，能与周边储备点形成辐射网络，确保物资能够迅速送达需求点。同时建立应急物资储备的动态调整机制，根据灾害预警信息与应急物资使用情况及时调整各储备区的物资种类和数量，确保储备与需求相匹配。需要提升仓储能力和现代化水平，建立标准化、智能化的仓储系统，确保物资存储安全、有效。优化应急物资运输通道，提升交通网络的通达性和应急反应能力。在主要储备中心和储备点之间建立快速通道，确保物资能够迅速运输到灾区。

提升应急物资储备管理水平。建立健全应急物资储备的指挥体系，明确各级管理机构的职责与权限，确保在突发事件发生时能够迅速启动应急响应机制，实现高效指挥与协调。制定并严格执行应急物资储备管理的标准和规范，包括物资采购、储存、调拨、使用等各个环节，确保物资质量可靠、管理有序。定期开展应急物资管理和使用的培训与演练，提升相关人员的专业能力和实战水平。通过模拟实战，提高各级应急响应人员的协同配合能力和快速反应能力。

加强应急物资储备多方合作与协调。政府应加强与企业的沟通和合作，鼓励和引导社会力量参与应急物资储备工作，包括企业、社会组织和个人的捐赠与储备。通过多元化的储备渠道，增强应急物资储备的充足性和灵活性。积极引导和鼓励企业参与储备物资的生产和轮换，通过公开招标和竞争性谈判等方式，选取最优质的供应商，提高储备物资的更新效率。通过政府和市场的有机结合，形成既有市场效率又有政府保障的双重机制，确保储备物资管理的科学性和高效性，实现储备物资的动态优化和长效管理。

二 优化物资储备机制

建设多元主体应急物资储备体系。构建一个涵盖政府、企业和公众，集协议储备、代储、产能储备和公众储备于一体的多元化应急物资储备体系。多主体的参与和协同是实现多元化储备体系的关键，应急管理部门、卫生部门、交通部门、教育部门等都应紧密合作，形成协调联动机制，共同制定和实施储备计划。激励企业承担社会责任，建立必要的物资储备以应对突发事件和市场波动。企业在完善商业储备的过程中，应积极与政府合作，形成资源共享和信息互通的机制，通过加强政府对储备物资的管理与监督，确保在紧急情况下能够迅速调配和使用，从而提升整体应急响应能力和供应链稳定性，实现政府与企业储备的无缝对接，共同保障社会的安全与稳定发展。同时，鼓励社会组织参与，发挥其在资源整合和信息传递方面的优势，进一步完善应急物资储备网络，有效提升社会整体应急能力，为应对各类突发事件提供坚实保障。

加强应急物资储备宣传教育。政府应通过各种渠道向公众普及应急物资储备的重要性和必要性,加强应急物资储备意识的宣传教育。利用社交媒体和移动应用等平台,扩大知识普及的覆盖面和影响力。在学校或其他机构组织灾害自救课程,提高公民的防灾意识和自救能力。与社区组织、非政府组织以及企业合作,定期举办应急演练和安全培训活动,使公民能够在模拟的灾害环境中实践自救技能,增强应对实际灾害的信心和能力。

实施行政机构和经营者联合储备模式。联合储备的模式有助于优化资源配置,避免重复投资和浪费,实现资源的最大化利用。行政机构可以依托企业的仓储和物流网络,提高物资储备的响应速度和配送效率,确保在灾害发生时能够迅速调集和分发救援物资。企业在与政府合作过程中,可以提升自身的社会形象,增强市场竞争力和品牌声誉,这种合作模式不仅能有效分摊储备成本,减轻政府财政负担,还能提高物资储备的效率和灵活性。行政机构和经营者实施联合储备的模式,将实现多方共赢,为社会提供更为可靠的应急保障体系。

三 强化应急物资保障能力

应急物资保障能力是公共应急保障系统的重要支持,为整个应急保障系统的运行提供物资基础支撑,确保物资供应的充足性、多样性和及时性,以满足不同场景下的需求。具体涵盖以下几个方面。

规范应急物资储备规章制度,提高国家紧急物资储备水平。法治建设是全面践行综合治理能力现代化的着力点。在应急物资储备方面,通过完善国家应对突发事件的法律法规,加大对应急物资储备的政策支持与倾斜力度,严格贯彻执行应急物资储备的相关规章制度,从而在法律层面进一步强化应急物资保障能力,优化应急物资储备的现状。

明晰应急物资储存的各方主体间的职责边界,压实政府应急救灾主体责任。在应急物资储存和应急救灾工作中涉及多方主体。为确保应急物资储备与管理的有效性,防止职责重叠与缺失,应首先明晰应急物资储存过程中政府、企业、社会组织等多方主体间的职责边界,明确各主体在应急物资储备、调配、使用等环节的具体责任与权限范围。同时,政府作为应急物资储备和应急救灾的主要责任主体，具备更广泛的资源和更强的协调能力，需加强对其他主体的指导和协调，确保整个应急物资体系的有效运转。

整合提升物资保障基建水平，实施应急物资储备能力科技化改造。为应对日益复杂的物资管理挑战和应急响应需求，需整合优化物资保障基础设施，并引入现代科技手段实施应急物资储备能力的科技化改造，以实现物资保障系统的全面升级和应急响应能力的显著提升。这一过程不仅包括物资储存、调配、运输等基础供应链体系的升级完善，更涵盖了信息技术、物联网、大数据等现代科技在物资管理中的应用，以提升物资保障系统的智能化、自动化水平。

完善人才培育体系，健全应急物资储备人才激励措施。围绕公共管理、应急管理等领域，完善相关人才培育体系，积极做好专业培训，确保相关人员具备扎实的专业知识和技能水平，为应急物资储备工作的顺利开展提供有力保障。同时，开展技能认定，着重培养人才创新能力。随着科技的发展，应急物资储备管理需要不断创新以适应新的需求。因而，需要定期加强对相关人员系统培训与创新实践，使相关人员能够熟练掌握物资储备、调配、运输等各个环节的操作流程，提高工作效率。

四　优化应急物资储备结构

建立健全应急物资信息储备目录。《中华人民共和国突发事件应对管理法（草案）》针对应急物资储备保障制度的建立健全，提出以"平时服务、灾时应急、采储结合、节约高效"为原则，动态更新应急物资储备品种目录。为此，需要在目前储备基础上积极扩展应急物资储备范围及规模，在细化调整应急物资储备目录及结构的基础上，提高储备品级。同时，引入情景构建技术理论与方法，结合国内外大量的实际案例进行深入分析。通过模拟和预测不同突发事件情景下的物资需求，有针对性地制定或调整物资需求方案和应急预案。

分类分级优化物资储备。深入研究不同应急救灾储备物资的自然属性、社会属性，从战略安全、宏观调控和应急需求出发，科学合理规划应急救灾物资储备，优化完善物资储备分类分级。此外，对不同地区而言，应当重点掌握当地历史灾害数据，综合考虑当地经济发展水平及人口规模，科学合理地确定各类物资的储备比例和数量，确保关键物资充足，避免浪费和过度储备。

建立多元化储备模式。积极调动政府、企业以及社会力量参与物资共同储备，推动现有的市场储备模式进行改革和创新，进而形成以政府储备为主导、协议企业储备为辅、社会各界积极参与的多元储备主体框架。政府作为主要责任方，应建立专门的应急物资储备库，储备关键物资和专用设备；企业根据自身业务特点和生产能力，储备与业务相关的应急物资；通过宣传和教育，鼓励家庭、社区、学校等社会单位自主储备应急物资，形成全社会共同参与的应急物资储备体系。

第三节 应急物资委托代储的风险控制层面

一 严格企业监管，细化责任分工

为降低供应过程中的潜在风险，进而减少灾害事件可能引发的损失，企业应当进行严格的监督和对责任分工进行细化，从源头上预防和化解风险。

企业应积极配合政府监管，优化企业治理体系，提升企业治理能力。企业要建立健全监督检查机制，建立完善的应急物资管理制度，明确采购、储备、调用等各环节的责任分工，定期对应急物资各环节进行检查评估，及时发现并解决问题，强化监督检查力度。企业需要以科学的风险管理理念为指导，构建全流程、多维度、完善化的企业监管体系，提高应急响应效率和应急保障能力，有效降低应急物资委托代储过程中的风险。

各级政府应完善监管相关工作机制以及配套制度。结合承储企业的关键环节，政府应提升监督与检查的频率和力度，对潜在的风险苗头进行及时预警和通报，确保问题能够早发现、早解决。同时，政府应进一步强化执法监管工作，通过实施综合性监督检查、专项检查和随机抽查等多元化的监管手段，严肃查处违法违规案件，维护市场秩序。政府还应建立应急救灾社会化物资承储企业的信息公示制度，包括企业名录、承储物资详情、承储绩效以及监管情况等，并鼓励采用第三方评估和公众满意度调查等方式，对监管信息公开工作的实际效果进行评估，以促进监管工作的持续改进。针对应急救灾社会化储备物资承储企业，政府应实施动态化的监管策略，确保储存安全和运作合规性。监管内容应涵盖企业的经营条件、资质认证、物资的生产、收购、保管、轮换过程以及进销记录和相关资料的真实性和完整性。为提升监管效能，政府应创新监管方式，构建多元化、协同高效的监管体系。这包括将日常业务检查与执法督查相结合，全面检查与随机抽查、专项检查相结合，以及政府监管与企业自查相结合等多种方式。

政府应健全生产经营责任部门的安全机制。政府应明确企业负责人为本单位安全生产的第一责任人，并建立全员安全生产责任制。在重要领域，政府应鼓励规模以上公司建立专业的生产和技术团队，提高专业技能水平，确保应急救灾物资的质量和数量符合标准要求。

二 保障储备稳定，提高供应效能

如今突发事件频发，政府及企业对应急物资都有不同程度的应对缺口。因此，为了确保应急物资储备的稳定性并且提高物资的供应效率，应当采取一系列措施优化储备的管理机制。

建立更加完善的应急物资储备体系及相关法律法规。政府和企业可以从物理环境方面对储备设施空间及设施进行适应性改造，提高其储存能力和效率。同时，要注重多元化的储备方式，不仅要依靠政府和企业进行储备，还要充分地利用其他社会组织，发挥市场的活力，激发市场的生产能力，构成多主体参与的储备格局。在储备体系逐渐完善的情况下，有关应急事件管理的法律法规也要及时跟进。在突发事件的情况下，明确参与主体的责任，将责权进行归属，也能使企业和政府等主体在应对过程中更加有法可依、有据可循。

制定更加科学有效的采购及分配策略。对所需的应急物资进行科学研判，明确物资的需求特性和供需情况，制定严密的采购计划及采购时间控制，以提高应急情况下物资的有效性。除此之外，要根据应急事件发生的实际情况及现场环境，建立灵活可行的分配机制，以达到物资利用效率最大化及成本消耗最小化。政府在应急物资需求量过大的情况下，可以根据研判采取多个供应商进行合作的模式，保证物资供应的稳定性，也能激发供应商的积极性。

注重应急物资供应过程中的供应链及质量管理。要求在应急事件发生的整个周期中，跟踪物流动态及运输情况，尽可能地与经验丰富的运输系统人员进行合作，确保物资能够迅速安全地抵达目的地，同时，要加强与供应企业或组织的严密配合，监督所供应物资的质量，保障物资的持续供应。

将应急物资的储备系统进行信息化管理。利用现代化的技术，建立物资供应的预警系统、库存管理系统及消耗实时监控系统，实现物资的有效管理，提高应急物资的供应效率。政府或企业可以建设简单高效的协同共享平台，参与应对突发事件的主体利用平台进行信息共享及协同配合。在必要的情况下，也可以在共享平台上向公众公布应急事件的关键信息，以达到事件涉及公众和应对主体的密切配合。在供需双方密切配合下，管理机制的提升可以切实可行地保障应急物资的稳定供应，显著提高供应效率，为应对应急事件做好充分的准备。

三　发展动态模式，提倡多维代储

应急物资代储的动态模式是指根据实际情况和需求不断调整和更新物资储备、管理和分配的策略和方法，动态模式包括预测需求、定期检查与更新、灵活调配、多元化储备和持续改进等方面。

发展应急物资代储的动态模式。通过分析历史数据、灾情趋势等信息，预测未来可能的灾害发生情况以及对应的物资需求，及时调整储备量和种类。定期对物资储备进行检查和清点，确保物资的完好性和有效性，并根据需要更新、替换过期或损坏的物资。根据具体的应急情况和需求，动态调配储备物资的数量和种类，确保在紧急时刻能够及时有效地使用物资。建立多元化的应急物资储备机制，涵盖不同类型的物资，如食品、水源、医疗用品等，以应对各种灾害和紧急情况。根据每次应急事件的经验教训和反馈意见，不断改进物资代储的管理方式和流程，提高应对突发事件的效率和灵活性。

提倡应急物资代储的多维代储模式。由于应急物资的不确定性、不可替代性的特殊性质，多维代储模式已成为当前应急物资代储的主流模式。汉中市应急管理局采用物资仓库储备为主、委托商（厂）家代储为辅两种方式，并鼓励群众家庭积极储备物资；江苏省应急管理局采用三种代储模式，分别是由具备物资储备基本条件的中标企业代储，由省内符合条件的政府物资储备单位代储，以及政府购买服务，租用社会仓库代储；中华人民共和国应急管理部在实物储备的基础上，开展企业协议代储、产能储备等多种方式的应急物资储备。目前，基本形成了以实物储备为基础、协议储备和产能储备相结合，以政府储备为主、社会储备为辅的应急物资储备模式。伴随着我国应急物资储备规模大幅增加，物资储备品种不断丰富，传统的应急物资储备模式已不能满足当前的储备需求。相较于传统应急物资储备模式，多维代储可以有效构成应急物资储备网络，形成以点带面、区域之间相互协调互助的优势局面，还可以提升应急物资储备数量、种类，并在一定程度上减少政府的应急存储负担，减少经济成本。同时，多维代储模式也可以因地制宜，结合地方经济发展水平及自然条件，进行优势物资代储、产能代储，将区域优势发挥到最大。

第四节　本章小结

本章深入探讨了应急物资委托代储管理决策的关键问题，重点分析了制度环境、整体布局和风险控制三个层面的内容。从政策法规的完善、政府监管力度的加强，到扶持政策和激励机制的制定，本章系统阐述了如何通过多维度措施提升应急物资储备能力与应急响应效能，具体管理决策如下：

（1）在制度环境层面，强调了通过完善法律法规、加强政府监管、建立健全企业督导机制来提升储备管理透明度和规范化水平。政府应通过法律引导和监督强化各主体的责任，推动信息公开化和智能化监管，确保储备物资的及时交接与有效调配。此外，制定具有针对性的扶持政策，构建合理的激励机制，对于提升企业参与度和提高储备物资的效率起到了积极作用。

（2）在整体布局层面，科学规划区域储备与优化储备机制显得尤为关键。通过构建多主体参与的应急物资储备体系，政府、企业与社会公众的协同合作得以实现，形成了资源共享、信息互通的储备网络。同时，提升物资储备管理水平、加强应急物资储备宣传教育，增强各方责任意识和社会动员能力，为应急响应提供了坚实保障。

（3）在风险控制层面，严格的企业监管与责任分工能够有效降低应急物资储备过程中的潜在风险，减少灾害事件带来的损失。通过动态监管策略和多元化监督手段的引入，政府能够实现对应急物资企业的有效监管，确保储备的安全性与合规性。

综上所述，本章通过对应急物资委托代储管理决策的多维度分析，提出了一系列切实可行的政策建议，为完善应急物资储备体系提供了理论依据与实践指南。通过政府、企业与社会公众的共同努力，可以有效提升应急物资储备体系的科学性、透明性和响应效率，确保在突发事件发生时能够及时、有效地动用储备物资，保障公共安全与社会稳定。

第十一章

结论与展望

第一节 基本研究结论

针对政企合作的应急物资委托代储供应链,因信息不对称因素的存在,导致应急物资委托代储中企业努力程度下降,供应链无法进行高效协作现象,建立了能够提升代储企业努力程度,实现不对称信息下供应链协调的激励契约模型。首先,考虑政企合作代储方式,分析了对称信息下政企合作进行实物和生产能力委托代储中如何确定企业最优努力程度,以及单边不对称信息下政府如何设计激励协调契约提升企业努力程度,约束企业行为,避免代储企业道德风险问题;其次,考虑政企合作周期,分析政企多期合作进行应急物资委托代储中,如何设计多期激励契约约束多期合作下代储企业行为,促进政企信息共享,保障多期合作下应急物资市场价值;再次,从促进政府有效监管,规避政府监管不到位导致企业道德风险问题的视角,考虑双边不对称信息下政府监管努力程度对企业努力行为的影响,为避免政府监管职责外包对企业努力程度造成不利影响,设计了针对政企双方努力程度的双向激励契约模型,改善了政企合作关系,实现了双边不对称信息下应急物资委托代储供应链协调;最后,运用MATLAB实验平台模拟分析了上述模型中各变量之间的复杂关系,验证了不同情形下激励契约模型的有效性。本书在研究过程中取得的突破性成果及主要结论如下。

(一)在政企合作的不同代储方式下激励契约模型的设计

首先,在实物代储供应链激励契约设计中,政府补贴函数是关于政府激励的凸函数,政府社会效益函数是关于政府激励的凹函数,即存在最优的奖惩系数满足政府以最低的补贴实现社会效益最大化的目标。外界随机因子与政府激励成反比例关系,即政府激励受外界因素的影响较为明显,因此政府作为激励契约设计的主导方,应尽量为代储企业排除市场不确定风险,营造一个可控范围的稳态合作环境,这样才能让设计的激励契约更具效力。政府激励与代储企业风险规避程度成反比例关系,研究发现企业风险厌恶程度越大,激励效力就越不显著,为此政府需适当调低固定补贴的数额,且鼓励代储企业提升承担风险的能力。政府激励与代储企业努力成本系数成反比例关系,即代储企业付出努力带来的负效应越大,政府则越不倾向于较高的奖励;社会效益转换系数越大,政府就越愿意给予代储企业较高的激励,从而提升政府期望社会效用。

其次,在生产能力代储供应链激励契约设计中,主要结论有:政府期望效用函数对于储备量奖惩系数 ω 和收益奖惩系数 γ 都呈现凹性,因此在该契约条件下,存在最优的储备量奖惩系数和收益奖惩系数使得政府期望效用函数最大化;在收益奖惩系数 γ 作为 X 坐标在 [0,1] 的范围内变化时,储备量奖惩系数 ω 作为 Y 坐标随之变化,此时政府与代储企业的收益是处在三维空间的曲面,且两曲面有相交之处,因此必定存在最优的激励契约,代储企业付出最优的努力程度,同时政府期望效用最大化;储备量奖惩系数 ω 表达式反映了其与随机因子 θ 的关系,对于代储企业而言,储备过程中随机因子越少,企业储备流程标准化水平就越高,政府就越倾向于设置较高的奖惩系数,因此,储备量奖惩系数与影响储备量的随机因子呈负相关;收益奖惩系数 γ 表达式反映了其与随机因子 ξ 的关系,对于政府而言,外界受控随机因子越多,在政府收益上的把握就越大,政府就越容易提高激励系数,来刺激企业付出更多的努力;政府设定的储备量奖惩系数 ω 和收益奖惩系数 γ 与代储企业努力成本系数 η 呈负相关关系,也就是说,企业努力边际成本越大,政府就越不倾向于给予企业奖励,随社会效益转换系数的增大,政府就越愿意给予企业较高的奖励来提升物资储备量,进而提升政府期望社会效用。

（二）在研究政企多期合作进行应急物资委托代储的过程中的研究结论

政府收益是关于政府激励系数的凹函数，即政企多期合作下存在最优的激励系数满足政府收益最大化的同时，企业努力程度达到最优；政府激励力度与企业努力成本系数负相关。即若 m 增大，说明企业付出努力带来的负效益越大，显而易见，相较于未知的政府激励力度而言，取得固定补贴的企业就愈不愿为之付出努力，而政府基于此时企业的努力行为，给予激励力度肯定会减弱，才能弥补因企业不努力带来的风险。相反，m 越小，企业付诸努力的积极性增高，而政府的激励可谓釜底加薪，刺激企业提高努力程度，保障应急物资的充足供应。政府激励力度与企业风险厌恶度负相关，代储企业越是勇于承担风险，政府给予的激励就越大；政府激励系数是关于契约周期的递减凸函数，随契约周期的增大，激励力度减小直到最终趋于相对稳定状态。从多期合作下政府最优激励系数表达式（式5-37）可以看出，外界随机因子与政府激励成反比例关系；通过推导分析求证了政府激励系数、代储企业努力程度、应急物资市场价值、政企双方收益在单期与多期激励契约模型下的优劣，得出政企多期合作情况下，政府激励力度在多期激励契约下优于单期激励契约情况；代储企业在政企多期合作情况下更愿意付出努力，积极性更高；政企多期合作下更能保障应急物资市场价值，即多期激励契约模型下应急物资市场价值高于单期情况；政企双方收益在多期合作供应链下高于政企单期合作情况。因此，在代储企业信誉较好的条件下，政府选择多期合作策略优于双方单期合作策略。

（三）当信息不对称程度加剧，政企合作的应急物资委托代储供应链中双方努力程度互不可见

为促进政府有效监管，规避政府监管不到位导致的企业道德风险问题，设计了基于双向激励契约协调机制的应急物资委托代储供应链决策模型。研究发现，对称信息条件下政企双方努力程度达到最优值，此时政企合作供应链实现完美协调。政企双方最优努力程度与应急物资单位变质损失、应急物资最大变质量及对方努力成本系数正相关，而与自身努力成本系数负相关；双边不对称信息下政府和企业的努力程度除了包

含对称信息策略下的结论之外,还与应急物资变质损失比例呈正相关;双边不对称信息下的应急物资变质量高于对称信息策略,且当应急物资变质损失比例 $\theta=0.5$ 时,两种策略下的应急物资变质量差距最小,且此时双边不对称信息下的应急物资变质量达到最低水平,约为集中策略下的1.56倍,而随着应急物资变质损失比例的不均匀分配,双边不对称信息下的应急物资变质量将会越来越大;双边不对称信息下供应链处于不协调状态,当 $\theta=0.5$ 时,差值最小,供应链不协调程度最低,随着 θ 增大,差值越大,即供应链协调带来的利润就越大;设计双向激励契约模型之后,得出应急物资变质损失比例 $\theta \leqslant 0.1696$ 时,惩罚因子显示对政府的惩罚远小于对企业的惩罚,政府收益大大增加,为实现协调,补偿收益曲线显示此时政府将收益一部分转移给企业来协调整个供应链;应急物资变质损失比例 $\theta \geqslant 0.6282$ 时,发现对企业惩罚远小于对政府的惩罚,企业收益得到大幅度的提升,此时则通过转移企业的部分收益给予政府来实现政企合作供应链的协调。

(四)由于在突发灾害下应急物资的需求呈爆发式增长,多个企业共同参与筹集具有明显优势

对政府与多个企业联合储备应急物资时的利润分配与供应链协调问题进行探析,集中决策下供应链整体期望收益是关于储备量的凹函数,最终目标是通过企业最优储备量实现期望供应链整体收益最大化;分散决策下,代储企业需要向政府确定自己的储备量,以满足期望效用最大化的目的。代储企业的效用函数是关于代储量的凹函数,并且在相关条件成立的情况下,代储企业最优总代储量 Q 分别是关于代储企业个数 n 的增函数、关于代储企业风险厌恶程度 λ 的减函数、关于政府给予的单位补贴额度 ω 和收益分配比例 γ 的增函数;代储企业之间竞争程度的增加将能够提高应急物资储备量,代储企业承担风险的能力提升,应急物资总的代储量将会增加。对此,政府可通过创造良好的竞争环境,鼓励企业主动承担风险,以此保障应急物资的供应与储备。此外,政府也可以通过提高对代储企业的单位补贴额度,或提高代储企业自身保留收益分配份额的方式来激励其增加代储量;当参与合作的代储企业数量较少时,对供应链及政企期望收益的影响较大,随代储企业数量的增加, n 的

影响逐渐变小；在同等条件时，分散决策下供应链总期望收益难以达到集中决策下供应链运作效力，因此需要合理设置利润分配与协调模型中参数 ω 和 γ 值，求得收益分配比例 γ 的最终取值范围，以此实现分散决策下政企合作供应链的协调。

（五）应急物资委托代储管理体系中常考虑将政府与企业作为主体，通过构建政府与企业的博弈模型探究政府监管与企业努力行为之间的动态博弈关系

当雅克比矩阵的特征值都为负数时，此时的局部均衡点即为演化稳定策略。在均衡解 E1 时，社会未发生突发应急事件，环境较稳定，此时属于发展不良的平衡状态，可以通过增大 C_3、R_2 和减少 C_1 来促使政府对企业进行监管、督促企业进行整改，使企业转变策略为努力；在均衡解 E3 时，社会的突发应急事件形势严峻、应急物资紧缺，属于危害较大的稳定状态，可以通过增大 C_6、R_1、R_2 和减小 C_4、C_5 来促使企业努力，使得企业由采取偷懒策略转变为选择努力策略实现了系统优化，政府采取监管策略的速度也加快，从而达到理想均衡状态；在均衡解 E4 时，为突发应急事件得到控制后的恢复重建时期，此时通过减少 C_1、R_1 与增加 C_2 来促使政府对企业进行监管，企业选择努力策略速度明显加快、达到稳定状态的时间大大缩短。在初始意愿、奖惩机制与政府监管强度变化的情况下，研究关键变量对博弈均衡及各主体行为决策的影响。研究结果显示，各主体初始意愿越强，博弈主体收敛速度越快；政府补贴越多，企业采取努力措施的速度越快；惩罚额度越大，企业偷懒的概率越小；政府奖惩力度和监管强度与双方主体的演化速度不完全一致，需要具体情况具体分析。通过改变这些参数能够促使双方转变行为策略，可实现应急物资管理朝更优状态发展。

（六）本书认为突发事件下应急物资的筹集需要企业、社会、社会公众等多元主体协同共治

政府、企业及社会公众都是应急管理中的重要角色，因此通过构建政府、企业和社会公众激励博弈模型，探究政府监管、社会公众监督与企业努力行为之间的动态博弈关系。在应急物资代储过程中，不同阶段筹集主体的道德风险和能力风险大小、主次都不同。在多群体演化博弈

的动态赋值系统中存在均衡点，并通过调整相关参数可以使博弈模型演化达到相对稳定的均衡状态。对均衡点 E2、E4、E6、E7 及 E8 的稳定性进行分析以及相关参数进行调整，能够促使三方转变行为策略。在优化过的参数设置下，政府采取监管策略，企业采取选择努力策略，社会公众选择参与监督策略，从而实现系统优化，达到本书所追求的理想均衡状态。因此，系统可以尽可能减少信息不对称导致的企业道德风险，从而实现应急物资筹集朝更优状态发展。政府在应急物资筹集管理过程中密切关注企业与公众的动向，参考两方的行为策略相应调整其奖惩措施，以此达到更好的管理效果。在奖惩机制、行为选择付出成本和监督强度等条件达到一定标准时，此应急物资筹集管理模式能有效协调多方主体的行为策略，对创造良好的应急物资管理环境有一定的参考意义。补贴机制可以使得企业和社会公众的行为更加积极，可通过调整政府补贴额度来改变三方相应的行为策略。可以通过调整对偷懒企业的惩罚促使企业朝着努力的良好状态转变，积极提升应急物资质量，维护应急物资性能，为应急物资筹集管理提供保证。当行为成本过大超出企业能够承受的范围时，企业会因为做出理想选择行为需要付出的成本太高而放弃追求理想状态，做出最符合自身利益的决定即偷懒，公众参与监督的可能性也会逐渐减小。要想维护应急物资筹集可以从政府、企业与公众的三方行为成本上进行改善。在博弈过程中，参数的变化可能会导致主体的行为策略发生变化，从而使演化系统与过程也会受到影响。因此在最理想状态的参数优化下，无论三方主体的初始意愿如何，最终演化结果都趋向于（1，1，1）。但是观察每个参数进行变化后的结果，都可以看出：可以通过调整相关参数来动态调整三方的行为，以趋达到最理想状态。

  本书的应急物资委托代储供应链激励机制与契约协调，丰富了应急物资供应链契约理论，较好地弥补了应急物资供应链契约在不对称信息角度的研究缺陷，推动了激励契约理论的应用和发展，提升了应急条件下物资及时供应能力。

第二节 研究主要创新点

首先,根据政府委托企业代储应急物资的方式不同,分析了不同代储方式下应急物资委托代储供应链中政府和代储企业之间的利益博弈关系,基于问题描述深层次探讨模型参变量的设计以及奖惩规则的制定,设计了针对应急物资实物代储和生产能力代储的激励契约模型,运用MATLAB实验平台模拟分析了模型中各变量之间的复杂关系。其次,分析政企长期合作下双方收益分析,采用应急物资市场价值作为衡量政府收益的指标,设计多期应急物资委托代储激励契约模型,对比分析单期和多期契约合作下的优劣,并模拟出政企多期合作下最优合作期限。最后,考虑到双边不对称信息下政府双方努力程度互不可见,为避免政府监管职责外包给企业努力程度造成的不利影响,促进政府有效监管,改善政企合作关系,构建了双边不对称信息下应急物资委托代储供应链双向激励契约协调机制,通过转移支付使政企双方利益得以合理分配,实现了供应链的完美协调。本研究在理论、应用以及研究视角方面都有一定的创新性,具体表现在以下五个方面。

(一)基于信息不对称的前提考虑并分析应急物资委托代储供应链

通过分析国内外文献综述总结得出,目前在应急物资委托代储领域的研究大多集中于完全信息的前提下,分析应急物资企业代储过程中政府与企业双方利益博弈关系,挖掘双方在利益上的冲突点,继而采用供应链契约模型(如期权契约、数量柔性契约等)解决政企双方利益分配问题,本书不仅考虑了企业努力行为可观测下的激励契约模型,更为详细地分析了不对称信息因素存在的情况,在单边不对称信息和双边不对称信息两种情形下,全面剖析了应急物资委托代储供应链中政企双方角色的变化,不同情形下设置相适应的参数变量构建激励契约模型,深层次探讨了双方在利益分配中能否实现更高一层的均衡。

(二)提出运用激励契约理论研究应急物资委托代储供应链

通过对激励契约理论在供应链管理中的应用研究综述,发现激励契约是解决供应链中不对称信息问题的可行方法,借此本书将其应用到应急物资委托代储供应链中。研究基于激励契约一般分析模型,深入挖掘并设置与本书对象相关的参数变量,构思对应的决策变量以及约束条件,然后设计不同情形下的激励契约机制。首先解决了政企不同代储方式以及不同合作周期下的企业不努力现象,通过设计单边不对称信息下应急物资实物代储和生产能力代储激励契约模型,提升了双方信息共享程度,增强了政企双方的相互信任,从而保障应急物资及时供应能力;其次解决了因双边不对称信息因素导致委托代储供应链无法实现协调的相关问题,通过设计针对政企双方努力程度互不可见前提下的双向激励契约模型,促进了政府有效监管,规避了政府监管不到位导致的企业道德风险问题,改善了政企合作关系,保障了易变质类应急物资的质量,并通过数值模拟分析并验证了双向激励契约协调机制下应急物资委托代储供应链如何实现帕累托最优。

(三) 拓展并深化了应急物资供应链契约理论

本书基于供应链契约理论,通过分析完全信息情况下供应链契约在应急管理中的应用研究,并结合现实情况,发现不对称信息因素普遍存在于应急物资委托代储供应链中,基于对供应链契约模型在相关领域的构建过程分析,如数量柔性契约理论,在某种程度上也体现了"激励"在供应链管理中的作用。本书在由政企双方构成的二级供应链系统中引入激励因子,设置参变量令双方的利益与激励因子紧密相关,解决企业或政府"不努力"的行为,重新分配政企双方利润,最终实现不对称信息下供应链协调。因此,在研究方法上,研究采用的激励契约模型在一定程度上丰富了应急物资供应链契约理论,同时研究将激励契约应用到政企合作的应急物资委托代储供应链中,拓展了激励契约的应用研究领域。

(四) 从多主体协同治理的视角研究应急物资委托代储供应链治理问题

本书引入演化博弈理论,并结合激励策略构建了应急物资代储中政府、企业与社会公众三方激励博弈模型。首先,探究了政府监管、社会公众监督与企业努力行为之间的动态博弈关系;其次,分析多主体协同共治视角下能够使各方利益最大化的均衡策略,并对各主体稳定性策略的演化趋势进行系统仿真与优化；最后，在各主体初始意愿、补贴机制、惩罚机制与行为成本变化的情况下，研究关键变量对博弈均衡及各主体行为决策的影响。

（五）为应急物资委托代储方式的进一步探索、创新提供了理论基础

本书详细描述了应急物资委托代储供应链运作流程，分析政府与企业在委托代储过程中努力行为的变化，探讨双方利益博弈关系，基于双方在利益分配上的冲突提出若干亟待解决的关键科学问题，并给出可行的解决方案，研究不仅在理论上深化并丰富了应急物资储备方式，而且能够为应急物资委托代储方式在现实中的应用提供针对性策略建议，为政府提供针对代储企业道德风险问题的防范策略，并为后者进一步探索和创新不对称信息前提下的应急物资委托代储供应链提供坚实的理论基础。

第三节 研究展望

本书通过分析由差异目标构成的委托代理关系中代储企业努力程度对供应链协调的影响，设计了多种情形下应急物资委托代储激励契约模型，更好地约束和鼓励代储企业遵照政企双方约定的目标行事，较好地解决了不对称信息情况下应急物资委托代储供应链协调问题，模型结论在一定程度上能够为实践中的决策者提供决策思路，并能为后续研究拓展新的思路。

（1）委托代储供应链中一对一模式拓展为多对多模式可作为今后研究方向之一。研究主要针对供应链中一个政府和一个（或多个）企业的情况设计激励协调契约模型。但结合现实情况，应急条件下，委托代储过程中肯定存在多个地方政府（或社会组织）与多个企业合作供给应急物资的情形，每个地方政府都面临多个合作企业，同时每个代储企业同时面临多个地方政府（或社会组织）。政府间、企业间都存在竞争关系。那么这种情况下，政府与企业间如何选择合作对象，如何分配应急物资代储量，如何设计激励契约刺激企业提高努力程度增加代储量、增强政府监管效力，协调多个企业之间利益关系，均衡企业之间利益分配同样

可作为后期研究的重点。

（2）考虑委托代储供应链中存在两种或两种以上代储方式的情况。研究中主要考虑政府委托企业进行单纯的实物代储，生产能力代储时如何设计激励协调契约。而根据地区发生突发灾害的概率不同，政府会考虑到该地区实物储备和生产能力储备的分配比例问题，因此该种情况下，如何引导企业合理调配不同储备方式的储备量，根据实际情况激励企业倾向于某一种储备方式。比如，发生灾害频繁的一些地区需要过多地储备应急物资实物，但企业本身考虑到应急物资变质以及占用库存等因素，不愿过多地储备实物。此时，政府该如何设计激励机制鼓励企业也是一个有趣的研究问题。

（3）运用动态规划理论模拟两个契约周期间的联系可作为今后研究方向之一。政府委托企业进行长期委托代储过程中，考虑到灾害发生时间的不确定性，以及应急物资需求的随机性等变量的复杂性，因此仅关注了在签订同样的契约合同条件下，两期之间企业努力程度的动态变化，导致政府主导的多周期激励契约模型具有一定的局限性，研究构建的多周期激励契约模型并未考虑两个契约周期之间其他变量的关系，而是从总体分析多周期契约情况下政企期望效用、政府激励力度、企业努力程度及应急物资市场价值等随契约周期的变化趋势，并求证了政企长期合作要优于单周期合作，多期情况下更能保障应急条件下物资供应能力。而从动态规划的角度模拟两期之间联系的研究可作为进一步的工作方向。

参考文献

一 中文专著

范维澄、闪淳昌:《公共安全与应急管理》,科学出版社 2021 年版。

冯春、张怡:《人道物流:理论与方法》,西南交通大学出版社 2015 年版。

陆相林、王智新、马飒:《城市应急物资储备库网络优化模型构建与实证研究》,人民出版社 2021 年版。

叶永、赵林度、庞海云:《大规模应急医用物资配置策略及其优化研究》,中国社会科学出版社 2022 年版。

应急管理部编写组:《深入学习贯彻习近平关于应急管理的重要论述》,人民出版社 2023 年版。

中共中央党史和文献研究院编:《习近平关于总体国家安全观论述摘编》,中央文献出版社 2018 年版。

二 中文译著

[美]迈克尔·K. 林德尔、[美]卡拉·普拉特、[美]罗纳德·W. 佩里:《公共危机与应急管理概论》,王宏伟译,中国人民大学出版社 2016 年版。

三 中文期刊

艾云飞等:《应急物资政企联合储备合作机理研究》,《运筹与管理》2015 年第 5 期。

柏庆国等:《基于收益共享的多周期易变质产品供应链协调模型》,《运筹与管理》2016 年第 2 期。

蔡玫、曹杰：《应急物资需求量的二型模糊集合预测方法》，《中国安全科学学报》2015 年第 9 期。

曹柬等：《基于 EPR 制度的政府与制造商激励契约设计》，《系统工程理论与实践》2013 年第 3 期。

曹柬等：《基于激励理论的政府与逆向供应链系统协调机制》，《系统工程学报》2015 年第 6 期。

曹裕等：《政府参与下食品企业监管博弈研究》，《系统工程理论与实践》2017 年第 1 期。

曾波等：《面向灾害应急物资需求的灰色异构数据预测建模方法》，《中国管理科学》2015 年第 8 期。

柴亚光、李芃萱：《考虑储备周期的应急物资柔性采购模型》，《管理学报》2021 年第 7 期。

陈戈等：《不同公平偏好模型下基于批发价格契约的供应链协调》，《预测》2017 年第 3 期。

陈立文、张孟佳：《基于前景理论的既有建筑绿色改造多主体演化博弈》，《土木工程与管理学报》2021 年第 5 期。

陈俐颖等：《基于生产能力储备的战备物资生产企业选择》，《军事交通学院学报》2017 年第 4 期。

陈涛等：《协议企业实物储备、生产能力储备模式的协调性研究》，《中国管理科学》2013 年第 5 期。

陈婉婷、胡志华：《奖惩机制下政府监管与制造商回收的演化博弈分析》，《软科学》2019 年第 10 期。

陈业华、史开菊：《突发事件灾前应急物资政企联合储备模式》，《系统工程》2014 年第 2 期。

崔春岳等：《碳配额交易政策下基于收益共享契约的两阶段供应链协调》，《中国管理科学》2021 年第 7 期。

代建生：《促销和定价影响需求下供应链的收益共享契约》，《管理学报》2018 年第 5 期。

代建生：《零售商的资金约束对协调契约的影响分析》，《中国管理科学》

2020 年第 10 期。

代应等：《利他偏好下低碳供应链批发价格契约协调机制》，《计算机工程与应用》2017 年第 11 期。

刁玉宇、郭志达：《基于三方博弈模型的快递包装废弃物回收激励模式研究》，《环境保护科学》2021 年第 5 期。

丁斌、桂斌：《基于合作博弈的预付条件下应急物资库存策略》，《运筹与管理》2011 年第 3 期。

丁斌、朱玉杰：《政企合作应急物资储备策略探析》，《中国应急管理》2022 年第 2 期。

杜志平、区钰贤：《基于三方演化博弈的跨境物流联盟信息协同机制研究》，《中国管理科学》2023 年第 4 期。

范如国等：《基于多任务目标的企业低碳发展动态激励契约设计》，《软科学》2018 年第 2 期。

范如国等：《基于批发价格契约的低碳供应链协调研究——考虑互惠和利他偏好的分析视角》，《商业研究》2020 年第 6 期。

房宏扬、陈荔：《低碳背景下考虑批发价格契约供需网企业决策》，《计算机应用研究》2019 年第 6 期。

付德强等：《基于 NSGA-II 的应急储备库多目标选址决策模型及算法研究》，《运筹与管理》2014 年第 4 期。

傅沂等：《新能源汽车行业的政策设计及优化研究——基于 Van Damme 模型的三方演化博弈视角》，《工业技术经济》2021 年第 10 期。

高雷阜等：《不确定需求下应急物资储备库选址鲁棒优化模型》，《中国安全科学学报》2015 年第 12 期。

高晓宁等：《应急物资委托代储系统跨期激励的契约设计与管理策略研究》，《管理工程学报》2021 年第 1 期。

高晓宁等：《政府委托下应急物资代储系统激励契约设计》，《运筹与管理》2017 年第 11 期。

高晓宁等：《政府委托下应急物资生产能力代储系统激励契约设计》，《管理工程学报》2019 年第 1 期。

官子力、张旭梅：《需求不确定下制造商服务投入影响销售的供应链信息共享与激励》,《中国管理科学》2019 年第 10 期。

韩永飞、侯云先:《基于改进模糊 TOPSIS 的应急物资代储企业选择研究》,《中国安全科学学报》2013 年第 3 期。

胡少龙等:《考虑企业生产能力储备的应急物资配置随机规划模型》,《系统工程理论与实践》2018 年第 6 期。

胡晓青等:《需求信息不对称环境下供应链契约设计研究进展》,《管理学报》2022 年第 5 期。

扈衷权等:《基于数量柔性契约的双源应急物资采购定价模型》,《中国管理科学》2019 年第 12 期。

扈衷权等:《生产能力储备模式下应急物资储备与采购定价模型》,《管理工程学报》2021 年第 2 期。

扈衷权等:《协议企业代储模式下应急物资储备策略及采购定价研究》,《系统工程理论与实践》2020 年第 3 期。

黄梅萍等:《基于收益共享和成本共担的供应链双向激励协调》,《经济经纬》2012 年第 4 期。

黄星、王绍玉:《基于稳定性分析的应急物资储备策略研究》,《运筹与管理》2014 年第 1 期。

简惠云、许民利:《风险规避下基于 Stackelberg 博弈的供应链回购契约》,《系统工程学报》2017 年第 6 期。

蒋雪琳、何建佳:《考虑顾客策略行为和风险偏好影响的供应链回购契约研究》,《统计与决策》2016 年第 15 期。

金亮等:《不对称信息下线下到线上 O2O 供应链佣金契约设计》,《管理学报》2017 年第 6 期。

李晟等:《政企联合储备应急物资的合作策略研究》,《中国管理科学》2024 年第 11 期。

李芳等:《不对称信息为连续类型的逆向供应链激励契约设计》,《计算机集成制造系统》2016 年第 7 期。

李红艳:《突发公共事件应急管理双重委托代理博弈分析》,《自然灾害学报》2014 年第 4 期。

李健等:《基于双向期权契约的应急物资采购储备模型》,《系统管理学报》2023 年第 3 期。

李轲等：《考虑风险偏好的外包质量风险控制与激励机制研究》，《中国管理科学》2013 年第 S1 期。

李善良、朱道立：《不对称信息下供应链线性激励契约委托代理分析》，《计算机集成制造系统》2005 年第 12 期。

李云飞、周宗放：《基于委托—代理关系的风险投资家激励契约模型》，《管理学报》2011 年第 6 期。

刘桂东、唐小丽：《基于收益共享契约和回购契约的三级供应链联合协调机制》，《商场现代化》2010 年第 1 期。

刘桂海等：《区块链技术背景下假房源治理主体博弈及仿真分析》，《管理评论》2021 年第 9 期。

刘阳等：《基于数量柔性契约与 Markov 链的应急物资采购模型》，《系统工程理论与实践》2020 年第 1 期。

刘阳等：《供应商风险规避下基于期权契约的政企联合储备应急物资模型》，《运筹与管理》2020 年第 11 期。

刘阳等：《基于期权契约的政企联合储备应急物资模型与利润分配机制研究》，《中国管理科学》2020 年第 8 期。

刘阳等：《考虑声誉效应的应急物资储备系统动态激励模型》，《系统管理学报》2022 年第 1 期。

刘阳等：《考虑突发事件状态转移的政府应急物资采购定价模型》，《运筹与管理》2020 年第 4 期。

刘阳等：《期权契约机制下应急物资储备模型研究》，《中国管理科学》2022 年第 12 期。

马龙等：《基于新陈代谢灰色马尔科夫的应急物资需求量预测方法》，《系统仿真学报》2023 年第 2 期。

孟庆春等：《考虑参考价格效应的中断供应链动态恢复策略》，《系统工程理论与实践》2024 年第 4 期。

潘伟等：《我国随机事故发生时间的机场应急物资储备——基于单个应急准备阶段的医疗物资应急库存决策》，《管理评论》2015 年第 10 期。

庞海云、叶永：《基于实物期权契约的应急物资政企联合储备模型》，《系统管理学报》2020年第4期。

浦徐进等:《企业生产行为和官员监管行为的演化博弈模型及仿真分析》,《中国管理科学》2013年第S1期。

邵必林、胡灵琳:《绿色供应链参与行为演化博弈分析——基于系统动力学视角》,《科研管理》2021年11期。

宋英华等:《基于演化博弈的应急医疗物资质量保障策略研究》,《中国安全生产科学技术》2022年第5期。

孙华丽等:《风险应对视角下不确定需求定位——路径鲁棒优化研究》,《运筹与管理》2017年第11期。

孙怡川等:《风险波动下带有努力水平的回馈与惩罚契约模型》,《系统管理学报》2017年第6期。

田军等:《政府主导的基于实物期权契约的应急物资采购模型》,《系统工程理论与实践》2014年第10期。

田军等:《基于能力期权契约的双源应急物资采购模型》,《系统工程理论与实践》2013年第9期。

王辉、侯文华:《考虑业务流程模块化度影响的业务流程外包激励契约设计》,《管理工程学报》2014年第1期。

王雷:《多地点协同恐怖袭击下的多目标警务应急物流调度》,《系统工程理论与实践》2017年第10期。

王伟涛等:《基于模糊支持向量机的深远海应急物资优先级研究》,《安全与环境学报》2022年第6期。

王熹徽、梁樑:《救灾供应链采购策略及契约协调机制研究》,《中国管理科学》2013年第4期。

王先甲等:《随机演化动态及其合作机制研究综述》,《系统科学与数学》2019年第10期。

王新辉、汪贤裕:《考虑销售商风险规避的双边信息不对称的供应链协调》,《中国管理科学》2015年第3期。

王新辉等:《双边成本信息不对称的供应链协调机制》,《管理工程学报》2013年第4期。

王英辉等:《重大公共卫生事件下应急物资动态需求预测分析》,《情报杂志》2022 年第 6 期。

王志国等：《动态博弈下引导企业低碳技术创新的政府低碳规制研究》，《中国管理科学》2016 年第 12 期。

魏洁等：《政府补贴下应急医疗物资政企协议储备决策研究》，《中国管理科学》2023 年第 11 期。

吴晓涛等：《基于改进熵权 TOPSIS 的应急物资生产能力储备企业选择》，《安全与环境学报》2011 年第 3 期。

吴正祥、李宝库：《利他偏好下需求依赖于价格和营销努力的两级供应链决策与协调》，《中央财经大学学报》2017 年第 12 期。

吴忠和等：《非对称信息下供应链批发价格契约应对突发事件》，《数学的实践与认识》2014 年第 21 期。

武健等：《"互联网+"背景下再生资源产业协同创新三方演化博弈研究》，《中国软科学》2021 年第 12 期。

郗蒙浩等：《基于 P-center 问题的国家级应急物资储备设施选址优化布局研究》，《自然灾害学报》2019 年第 3 期。

夏萍、刘凯：《应急物流中基于 PPSVM 的应急物资分类研究》，《交通运输系统工程与信息》2010 年第 2 期。

夏西强、李梦雅、路梦圆：《碳减排政策对授权再制造影响的对比研究》，《系统工程理论与实践》2023 年第 5 期。

肖俊华、侯云先：《带容量限制约束的应急设施双目标多级覆盖选址模型及算法》，《计算机应用研究》2015 年第 12 期。

徐辉：《突发公共事件应急治理三方博弈模型构建》，《统计与决策》2020 年第 22 期。

徐玖平、陈书剑：《不对称信息下风险投资的委托代理模型研究》，《系统工程理论与实践》2004 年第 1 期。

徐庆等：《不对称信息下供应链最优激励契约的设计》，《系统工程理论与实践》2007 年第 4 期。

许杰等：《机动车碳税政策下政府、企业与出行者的三方演化博弈模型研究》，《运筹与管理》2021 年第 9 期。

许民利等：《竞争回收平台双向公平关切下逆向供应链的决策分析》，《管理学报》2020年第9期。

杨曼、刘德海：《救援延迟效应如何影响政府企业救灾合作？基于微分博弈的研究》，《运筹与管理》2022年第5期。

杨曼、刘德海：《政府主导下应急医疗物资多元化供给的随机微分博弈模型》，《系统工程理论与实践》2023年第5期。

杨松等：《不同奖惩机制下食品企业行为与政府监管演化博弈》，《管理评论》2022年第3期。

姚琦旬等：《基于双向拍卖机制的供应链回购契约研究》，《管理学报》2009年第11期。

于涛、刘长玉：《政府与第三方在产品质量监管中的演化博弈分析及仿真研究》，《中国管理科学》2016年第6期。

张海波等：《新一代信息技术赋能应急管理现代化的战略分析》，《中国科学院院刊》2022年第12期。

张海波：《作为应急管理学独特方法论的突发事件快速响应研究》，《公共管理与政策评论》2021年第3期。

张汉江等：《闭环供应链上的回收激励契约设计与政府补贴再制造政策的优化》，《中国管理科学》2016年第8期。

张汉江等：《最优价格与回收努力激励的闭环供应链协调》，《系统工程学报》2015年第2期。

张红：《我国应急物资储备制度的完善》，《中国行政管理》2009年第3期。

张欢、刘洋：《双边信息不对称下供应链契约研究》，《计算机集成制造系统》2016年第6期。

张琳等：《考虑灾后现货市场采购的应急物资供应协议企业实物与原材料储备策略研究》，《系统工程理论与实践》2022年第4期。

张玲等：《不确定需求下应急资源配置的鲁棒优化方法》，《系统科学与数学》2010年第10期。

张梦玲等：《不确定需求下考虑供应商参与机制的应急资源配置鲁棒优化研究》，《中国管理科学》2020年第7期。

张钦红、骆建文：《双边不完全信息下的供应链信用期激励机制》，《系统工程理论与实践》2009 年第 9 期。

张旭等：《不确定需求下基于匹配度的应急物资分配区间鲁棒优化》，《系统工程》2023 年第 1 期。

张彦博等：《企业污染减排过程中的政企合谋问题研究》，《运筹与管理》2018 年第 11 期。

张永领：《中国政府应急物资的储备模式研究》，《经济与管理》2011 年第 2 期。

张云丰等：《需求受销售价格与变质时间影响的时滞变质品供应链协调研究》，《中国管理科学》2020 年第 3 期。

赵宁、刘德海：《地方灾情报送与上级信息核查的信号博弈模型》，《管理科学学报》2023 年第 6 期。

赵黎明等：《基于微分博弈的政企救灾合作策略研究》，《系统工程理论与实践》2018 年第 4 期。

赵小柠、马昌喜：《基于范例推理的灾害性地震应急物资需求预测研究》，《中国安全科学学报》2012 年第 8 期。

郑琪、范体军：《考虑风险偏好的生鲜农产品供应链激励契约设计》，《管理工程学报》2018 年第 2 期。

周定平：《突发事件应对的物资保障分析》，《中国安全科学学报》2008 年第 3 期。

周愉峰等：《应急物资储备库的可靠性 P – 中位选址模型》，《管理评论》2015 年第 5 期。

朱海波、胡文：《基于期权的供应链数量柔性契约决策模型》，《控制与决策》2014 年第 5 期。

朱华桂、吴丹：《基于演化博弈的政府——社会组织应急管理合作持续性研究》，《风险灾害危机研究》2020 年第 2 期。

朱立龙等：《政府奖惩机制下药品安全质量监管三方演化博弈及仿真分析》，《中国管理科学》2021 年第 11 期。

邹筱等：《双向收益共享成本分担契约下生鲜农产品供应链优化研究》，《西南大学学报》（自然科学版）2021 年第 11 期。

四 学位论文

黄星：《震灾应急物资筹集的优化决策模型研究》，博士学位论文，哈尔滨工业大学，2014 年。

郭瑞鹏：《应急物资动员决策的方法与模型研究》，博士学位论文，北京理工大学，2006 年。

王永明：《非常态事件影响下的交通组织规划及交通流模拟研究》，博士学位论文，北京交通大学，2010 年。

夏西强：《政府参与下汽车零部件再制造博弈模型研究》，博士学位论文，大连理工大学，2015 年。

赵悦：《政府主导、社会力量和保险机制参与的救灾体制演化博弈模型》，硕士学位论文，东北财经大学，2020 年。

五 中文网站

国家粮食和物资储备局：《国家粮食和物资储备局关于八起粮食收购环节违法违规典型案例的通报》，2023 年 5 月 17 日，http：//www.lswz.gov.cn/html/ywpd/zfdc/2023 - 05/17/content_274775.shtml，2023 年 6 月 15 日。

国家粮食和物资储备局：《山东省地方储备粮管理办法》，2015 年 1 月 16 日，http：//www.lswz.gov.cn/html/c100211/2018 - 06/12/content_215148.shtml，2023 年 5 月 16 日。

国家市场监督管理总局：《市场监管总局 财政部关于印发〈市场监管领域重大违法行为举报奖励暂行办法〉的通知》，2021 年 8 月，https：//www.samr.gov.cn/zw/zfxxgk/fdzdgknr/zfjcs/art/2023/art_b263af21c54f46d8b79f85fac7a09c0a.html，2023 年 5 月。

茂名市人民政府：《关于印发〈茂名市生态环境局关于举报环境违法行为奖励办法（2021 年）〉的通知》，2021 年 8 月 29 日，http：//www.maoming.gov.cn/xxgkml/sthjj/zc/gfxwj/content/post_BFQ1252567.html，2024 年 1 月 8 日。

澎湃新闻：《福州粮企"稻花香公司"腐败细节获披露，当影子股东的市粮食局长已获刑 12 年半》，2023 年 3 月 27 日，https://www.thepaper.cn/newsDetail_forward_22462532，2023 年 4 月 27 日。

中华人民共和国中央人民政府：《应急管理部国家发展改革委财政部国家粮食和储备局关于印发〈"十四五"应急物资保障规划〉的通知》，2023 年 2 月 3 日，https://www.gov.cn/zhengce/zhengceku/2023-02/03/content_5739875.htm，2023 年 4 月 27 日。

中华人民共和国司法部：《河北省省级重要物资储备管理办法》，2023 年 4 月 26 日，https://www.moj.gov.cn/pub/sfbgw/flfggz/flfggzdfzwgz/202304/t20230426_477832.html，2024 年 1 月 8 日。

中华人民共和国生态环境部：《生态环境部公布第五批生态环境执法典型案例（举报奖励领域）》，2022 年 8 月 19 日，https://www.mee.gov.cn/ywdt/xwfb/202208/t20220819_992080.shtml，2023 年 8 月 12 日。

中华人民共和国中央人民政府：《粮食流通管理条例》，2021 年 4 月 7 日，https://www.gov.cn/zhengce/zhengceku/2021-04/07/content_5598180.htm，2023 年 3 月 18 日。

中华人民共和国中央人民政府：《市场监管总局 财政部关于印发〈市场监管领域重大违法行为举报奖励暂行办法〉的通知》，2021 年 7 月 30 日，https://www.gov.cn/zhengce/zhengceku/2021-08/21/content_5632541.htm，2023 年 5 月 18 日。

六 外文专著

Dukes A., et al., "Bilateral Information Sharing and Pricing Incentives in a Retail Channel", *Handbook of Information Exchange in Supply Chain Management*, 2017.

Ergun O., Karakus G., Keskinocak P., et al., "Operations Research to Improve Disaster Supply Chain Management", *John Wiley & Sons, Inc*, 2010.

七 外文期刊

Arani H. V., et al., "A Revenue-Sharing Option Contract Toward Coordination of Supply Chains", *International Journal of Production Economics*,

Vol. 178, 2016.

Babaioff M. and Walsh W. E., "Incentive - Compatible, Budget - Balanced, Yet Highly Efficient Auctions for Supply Chain Formation", *Decision Support Systems*, Vol. 39, No. 1, 2005.

Babich V., "ContractingWith Asymmetric Demand Information in Supply Chains", *European Journal of Operational Research*, Vol. 217, No. 2, 2012.

Bakal I. S. and Karakaya S., "Quantity Flexibility for Multiple Products in a Decentralized Supply Chain", *Computers & Industrial Engineering*, 2011.

Barnes - Schuster D., et al., "Coordination and Flexibility in Supply Contracts With Options". *Manufacturing & Service Operations Management*, Vol. 4, No. 3, 2002.

Basu A. K., et al., "Salesforce Compensation Plans: An Agency Theoretic Perspective", *Marketing Science*, Vol. 4, No. 4, 1985.

Beamon B. M. and Kotleba S. A., "Inventory Modelling for Complex Emergencies in Humanitarian Relief Operations", *International Journal of Logistics: Research and Applications*, Vol. 9, No. 1, 2006.

Becker - Peth M. and Thonemann U. W., "Reference Points in Revenue Sharing Contracts: How to Design Optimal Supply Chain Contracts", *European Journal of Operational Research*, Vol. 249, No. 3, 2016.

Berman O., et al., "Generalized Coverage: New Developments in Covering Location Models", *Computers and Operations Research*, Vol. 37, No. 10, 2010.

Bicer I and Hagspiel V., "Valuing Quantity Flexibility under Supply Chain Disintermediation Risk", *International Journal of Production Economics*, Vol. 180, 2016.

Cai J. H., et al., "Flexible Contract Design for VMI Supply Chain With Service - Sensitive Demand: Revenue - Sharing and Supplier Subsidy", *European Journal of Operational Research*, Vol. 261, No. 1, 2017.

Cao E. B., et al., "Contracting with Asymmetric Cost Information in a Dual -

Channel Supply Chain", *Operations Research Letters*, Vol. 41, No. 4, 2013.

Chakraborty T., et al., "Coordination and Competition in a Common Retailer Channel: Wholesale Price Versus Revenue – Sharing Mechanisms", *International Journal of Production Economics*, Vol. 166, 2015.

Chakravarty A. K., "Humanitarian Relief Chain: Rapid Response under Uncertainty", *International Journal of Production Economics*, Vol. 151, 2014.

Chao G. H., et al., "Quality Improvement Incentives and Product Recall Cost Sharing Contracts", *Management Science*, Vol. 55, No. 7, 2009.

Chao R. O., et al., "Incentives in a Stage – Gate Process", *Production and Operations Management*, Vol. 23, No. 8, 2014.

Chatterjee K. and Samuelson L., "Bargaining with Two – Sided Incomplete Information: An Infinite Horizon Model with Alternating Offers", *The Review of Economic Studies*, Vol. 54, No. 2, 1987.

Chen K. B. and Xiao T. J., "Demand Disruption and Coordination of the Supply Chain With a Dominant Retailer", *European Journal of Operational Research*, Vol. 197, No. 1, 2009.

Chen Z. H., et al., "Career Incentive Contract Design in Project Management Under Companies' Competition and Asymmetric Information", *Computers & Industrial Engineering*, Vol. 118, 2018.

Chen Z. H., et al., "Impacts of Risk Attitude and Outside Option on Compensation Contracts Under Different Information Structures", *Fuzzy Optimization & Decision Making*, Vol. 17, No. 1, 2018.

Chiang C., "A Note on Optimal Policies for a Periodic Inventory System with Emergency Orders", *Computer & Operations Research*, Vol. 28, No. 2, 2001.

Chu L. Y. and Sappington D. E. M., "Procurement Contracts: Theory vs. Practice", *International Journal of Industrial Organization*, Vol. 27, No. 1, 2009.

Corbett C. J., et al., "Optimal Shared – Savings Contracts in Supply Chains: Linear Contracts and Double Moral Hazard", *European Journal of Operation-*

al Research, Vol. 163, No. 3, 2005.

Corbett C. J. and Tang C. S., "Designing Supply Contracts: Contract Type and Information Asymmetry", *Management Science*, Vol. 50, No. 4, 2004.

Cucchiella F. and Gastaldi M., "Risk Management in Supply Chain: A Real Option Approach", *Journal of Manufacturing Technology Management*, Vol. 17, No. 6, 2006.

Devangan L., et al., "Individually Rational Buyback Contracts with Inventory Level Dependent Demand", *International Journal of Production Economics*, Vol. 142, No. 2, 2013.

Ding-yang He, et al., "Research on Incentive and Constraint Mechanism of Government Entrust to Enterprise Agent Reserve Emergency Material", *The Open Cybernetics & Systemics Journal*, Vol. 8, 2014.

Dong Y., "Transshipment Incentive Contracts in a Multi-Level Supply Chain", *European Journal of Operational Research*, Vol. 223, No. 2, 2012.

Dukes A., et al., "Bilateral Information Sharing and Pricing Incentives in a Retail Channel", *Information Exchange in Supply Chain Management*, 2017.

Egri P. and Váncza J., "A Distributed Coordination Mechanism for Supply Networks with Asymmetric Information", *European Journal of Operational Research*, Vol. 226, No. 3, 2013.

Ergun O., et al., "Operations Research to Improve Disaster Supply Chain Management", *Wiley Encyclopedia of Operations Research and Management Science*, 2010.

Esmaeili M. and Zeephongsekul P., "Seller-Buyer Models of Supply Chain Management With an Asymmetric Information Structure", *International Journal of Production Economics*, Vol. 123, No. 1, 2010.

Farhat M., et al., "Procurement Planning with Batch Ordering under Periodic Buyback Contract", *IFAC Papersonline*, Vol. 50, No. 1, 2017.

Fayezi S., et al., "Agency Theory and Supply Chain Management: A Structured Literature Review", *Supply Chain Management: An International Journal*, Vol. 17, No. 5, 2012.

Feng Q. , et al. , "Dynamic Bargaining in a Supply Chain with Asymmetric Demand Information", *Management Science*, Vol. 61, No. 2, 2015.

Gao C. , et al. , "Incentives for Quality Improvement Efforts Coordination in Supply Chains with Partial Cost Allocation Contract", *International Journal of Production Research*, Vol. 54, No. 20, 2016.

Gao X. N. and Tian J. , "Multi – Period Incentive Contract Design in the Agent Emergency Supplies Reservation Strategy with Asymmetric Information", *Computers & Industrial Engineering*, Vol. 120, 2018.

Giovanni P. D. , "Closed – Loop Supply Chain Coordination Through Incentives with Asymmetric Information", *Annals of Operations Research*, Vol. 253, No. 1, 2017.

Giri B. C. and Bardhan S. , "Supply Chain Coordination for a Deteriorating Item with Stock and Price – Dependent Demand under Revenue Sharing Contract", *International Transactions in Operational Research*, Vol. 19, No. 5, 2012.

Govindan K. and Popiuc M. N. , "Reverse Supply Chain Coordination by Revenue Sharing Contract: A Case for the Personal Computers Industry", *European Journal of Operational Research*, Vol. 233, No. 2, 2014.

Guo S. , et al. , "A Review on Supply Chain Contracts in Reverse Logistics: Supply Chain Structures and Channel Leaderships", *Journal of Cleaner Production*, Vol. 144, No. 1, 2017.

Gu Q. and Tagaras G. , "Optimal Collection and Remanufacturing Decisions in Reverse Supply Chains with Collector's Imperfect Sorting", *International Journal of Production Research*, Vol. 52, No. 17, 2014.

Hess J. R. and Thomas M. J. G. , "Blood Use in War and Disaster: Lessons from the Past Century", *Transfusion*, Vol. 43, No. 11, 2003.

Holmstrom B. , "Moral Hazard and Observability", *Bell Journal of Economics*, Vol. 10, No. 1, 1979.

Huang H. , et al. , "Procurement Mechanism for Dual Sourcing and Emergency Production Under Capacity Constraint", *Computers & Industrial Engineering, Vol. 119, 2018.

Huang Y., et al., "Research of Regional Emergency Logistics Support Capability Evaluation: A Case of Typhoon Disaster in Zhejiang Province", *Journal of Applied Sciences*, Vol. 13, No. 5, 2013.

Hu B. Y., et al., "Three – Echelon Supply Chain Coordination With a Loss – Averse Retailer and Revenue Sharing Contracts", *International Journal of Production Economics*, Vol. 179, 2016.

Hu B. Y. and Feng Y., "Optimization and Coordination of Supply Chain With Revenue Sharing Contracts and Service Requirement Under Supply and Demand Uncertainty", *International Journal of Production Economics*, Vol. 183, 2017.

Hu Z. Q., et al., "A Relief Supplies Purchasing Model Based on a Put Option Contract", *Computers & Industrial Engineering*, Vol. 127, No. C, 2019.

Ibrion M., et al., "Earthquake Disaster Risk Reduction in Iran: Lessons and 'Lessons Learned' from Three Large Earthquake Disasters – Tabas 1978, Rudbar 1990 and Bam 2003", *International Journal of Disaster Risk Science*, Vol. 6, No. 4, 2015.

Inderfurth K., et al., "The Impact of Information Sharing on Supply Chain Performance Under Asymmetric Information", *Production Operations Management*, Vol. 22, No. 2, 2012.

Inderfurth K. and Clemens J., "Supply Chain Coordination by Risk Sharing Contracts under Random Production Yield and Deterministic Demand", *OR Spectrum*, Vol. 36, No. 2, 2014.

Jena S. K. and Sarmah S. P., "Price and Service Co – opetition Under Uncertain Demand and Condition of Used Items in a Remanufacturing System", *International Journal of Production Economics*, Vol. 173, 2016.

Jeuland A. P. and Shugan S. M., "Managing Channel Profits", *Marketing Science*, Vol. 2, No. 3, 1983.

Johansen S. G. and Thorstenson A., "An Inventory Model with Passion Demands and Emergency Orders", *International Journal of Production Economics, Vol. 56, No. 1, 1998.

John L. and Gurumurthy A. , "Are Quantity Flexibility Contracts with Discounts in the Presence of Spot Market Procurement Relevant for the Humanitarian Supply Chain? An Exploration", *Annals of Operations Research*, Vol. 315, No. 2, 2022.

Joseph E. , "Principal and Agent", Allocation, *Information and Markets*, 1989.

Kandel E. , "The Right to Return", *The Journal of Law and Economics*, Vol. 39, 1996.

Katok E. , et al. , "Wholesale Pricing under Mild and Privately Known Concerns for Fairness", *Production & Operations Management*, Vol. 23, No. 2, 2014.

Kerkkamp R. B. O. , et al. , "Two-Echelon Supply Chain Coordination under Information Asymmetry with Multiple Types", *Omega*, Vol. 76, 2018.

Kim J. S. , et al. , "A Quantity Flexibility Contract Model for a System With Heterogeneous Suppliers", *Computers & Operations Research*, Vol. 41, 2014.

Kleindorfer P. R. and Wu D. J. , "Integrating Long and Short Term Contracting via Business-to-Business Exchange for Capital-Intensive Industries", *Management Science*, Vol. 49, No. 11, 2003.

Kong G. , et al. , "Revenue Sharing and Information Leakage in a Supply Chain", *Management Science*, Vol. 59, No. 3, 2013.

Kunter M. , "Coordination via Cost and Revenue Sharing in Manufacturer-Retailer Channels", *European Journal of Operational Research*, Vol. 216, No. 2, 2012.

Lal R. and Staelin R. , "Salesforce Compensation Plans in Environments with Asymmetric Information", *Marketing Science*, Vol. 5, No. 3, 1986.

Lambertini L. , "Coordinating Research and Development Efforts for Quality Improvement Along a Supply Chain", *European Journal of Operational Research*, Vol. 270, No. 2, 2018.

Lariviere M. A. and Porteus E. L., "Selling to the Newsvendor: An Analysis of Price – Only Contracts", *Manufacturing & Service Operations Management*, Vol. 3, No. 4, 2001.

Lee C. C., "Development and Evaluation of the Many – to – Many Supplier Negotiation Strategy", *Computers & Industrial Engineering*, Vol. 70, 2014.

Lei D., et al., "Supply Chain Contracts Under Demand and Cost Disruptions With Asymmetric Information", *International Journal of Production Economics*, Vol. 139, No. 1, 2012.

Lei Q. S., et al., "Supply Chain Coordination Under Asymmetric Production Cost Information and Inventory Inaccuracy", *International Journal of Production Economics*, Vol. 170, 2015.

Li B., et al., "Impacts of Government Subsidies for Environmental – Friendly Products in a Dual – Channel Supply Chain", *Journal of Cleaner Production*, Vol. 171, 2018.

Li L., et al., "An Option Contract Pricing Model of Relief Material Supply Chain", *Omega*, Vol. 40, No. 5, 2012.

Liu J., et al., "Supply Chain Coordination With Customer Returns and Refund – Dependent Demand", *International Journal of Production Economics*, Vol. 148, 2014.

Liu Y., et al., "A Relief Supplies Purchasing Model via Option Contracts", *Computers & Industrial Engineering*, Vol. 137, 2019.

Liu Y., et al., "Pre – Positioning Strategies for Relief Supplies in a Relief Supply Chain", *Journal of the Operational Research Society*, Vol. 73, No. 7, 2022.

Li X., et al., "A Quantity – Flexibility Contract with Coordination", *International Journal of Production Economics*, Vol. 179, 2016.

Li X. P., et al., "Cooperative Maximal Covering Models for Humanitarian Relief Chain Management Under Demand Uncertainty", *Computers & Industrial Engineering*, Vol. 119, 2018.

Li Y. J., et al., "Governance Mechanisms of Dual – Channel Reverse Supply

Chains with Informal Collection Channel", *Journal of Cleaner Production*, Vol. 155, No. 2, 2016.

Lodree E. J. and Taskin S. , "An Insurance Risk Management Framework for Disaster Relief and Supply Chain Disruption Inventory Planning", *Journal of the Operational Research Society*, Vol. 59, No. 5, 2008.

Lv F. , et al. , "The Implication of Capacity Reservation Contracts in Assembly System with Asymmetric Demand Information", *International Journal of Production Research*, Vol. 53, No. 18, 2015.

Ma P. , et al. , "Enhancing Corporate Social Responsibility: Contract Design under Information Asymmetry", *Omega*, Vol. 67, 2016.

Ma W. M. , et al. , "Dual – Channel Closed – Loop Supply Chain with Government Consumption – Subsidy", *European Journal of Operational Research*, Vol. 226, No. 2, 2013.

Mei S. W. , et al. , 2016, "On engineering game theory with its application in power systems", *Control theory and technology*, Vol. 15, No. 1, 2017.

Metin C. , et al. , "Contracting and Coordination Under Asymmetric Production Cost Information", *Production & Operations Management*, Vol. 21, No. 2, 2011.

Mirrlees J. A. , "The Optimal Structure of Incentives and Authority Within an Organization", *The Bell Journal of Economics*, Vol. 7, No. 1, 1976.

Mittendorf B. , et al. , "Manufacturer Marketing Initiatives and Retailer Information Sharing", *Quantitative Marketing and Economics*, Vol. 11, No. 2, 2013.

Mohebbi S. and Li X. , "Coalitional Game Theory Approach to Modeling Suppliers Collaboration in Supply Networks"。*International Journal of Production Economics*, Vol. 169, 2015.

Natarajan K. V. and Swaminathan J. M. , "Inventory Management in Humanitarian Operations: Impact of Amount, Schedule and Uncertainty in Funding", *Manufacturing & Service Operations Management*, Vol. 16, No. 4, 2014.

Nie T. F. and Du S. F. , "Dual – Fairness Supply Chain With Quantity Discount Contracts", *European Journal of Operational Research*, Vol. 258, No. 2, 2016.

Nikkhoo F. , et al. , "Coordination of Relief Items Procurement in Humanitarian Logistic Based on Quantity Flexibility Contract", *International Journal of Disaster Risk Reduction*, Vol. 31, 2018.

Nouri M. , et al. , "Coordinating Manufacturer's Innovation and Retailer's Promotion and Replenishment Using a Compensation – Based Wholesale Price Contract", *International Journal of Production Economics*, Vol. 198, 2018.

Noyan N. , "Risk – Averse Two – Stage Stochastic Programming with an Application to Disaster Management", *Computers & Operations Research*, Vol. 39, No. 3, 2012.

Ouardighi F. E. , "Supply Quality Management with Optimal Wholesale Price and Revenue Sharing Contracts: A Two – Stage Game Approach", *International Journal of Production Economics*, Vol. 156, 2014.

Pacheco G. G. and Batta R. , "Forecast – Driven Model for Prepositioning Supplies in Preparation for a Foreseen Hurricane", *Journal of the Operational Research Society*, Vol. 67, No. 1, 2016.

Paha J. , "Wholesale Pricing With Incomplete Information About Private Label Products", *Magks Papers on Economics*, 2017.

Papakonstantinou A. and Bogetoft P. , "Multi – Dimensional Procurement Auction Under Uncertain and Asymmetric Information", *European Journal of Operational Research*, Vol. 258, No. 3, 2016.

Pasternack B. A. , "Filling Out the Doughnuts: The Single Period Inventory Model in Corporate Pricing Policy", *Interfaces*, Vol. 10, No. 5, 1980.

Pasternack B. A. , "Optimal Pricing and Return Policies for Perishable Commodities", *Marketing Science*, Vol. 27, No. 1, 2008.

Porteus E. L. and Whang S. , "On Manufacturing Marketing Incentives", *Management Science*, Vol. 37, No. 9, 1991.

Pu X. , et al. , "A Feasible Incentive Contract between a Manufacturer and

His Fairness – Sensitive Retailer Engaged in Strategic Marketing Efforts", *Journal of Intelligent Manufacturing*, Vol. 27, No. 3, 2016.

Qiu Y., et al., "System Dynamics Mechanism of Cross – Regional Collaborative Dispatch of Emergency Supplies Based on Multi – Agent Game", *Complex & Intelligent Systems*, Vol. 1, No. 12, 2021.

Qi X. T., et al., "Supply Chain Coordination with Demand Disruptions", *Omega*, Vol. 32, No. 4, 2004.

Rabbani M., et al., "Option Contract Application in Emergency Supply Chains", *International Journal of Services & Operations*, Vol. 20, No. 4, 2015.

Renna P., "Negotiation Policies and Coalition Tools in E – Marketplace Environment", *Computers & Industrial Engineering*, Vol. 59, No. 4, 2010.

Ren X., et al., "Enterprise Emergency Logistics Capability Evaluation Research Based on Rough Set and Unascertained Measurement Model", *IAENG International Journal of Applied Mathematics*, Vol. 44, No. 2, 2014.

Ross S. A., "The Economic Theory of Agency: The Principal's Problem", *The American Economic Review*, Vol. 63, No. 2, 1973.

Saha S. and Goyal S. K., "Supply Chain Coordination Contracts with Inventory Level and Retail Price Dependent Demand", *International Journal of Production Economics*, Vol. 161, 2015.

Sappington D. E. M., "Incentives in Principal – Agent Relationships", *The Journal of Economic Perspectives*, Vol. 5, No. 2, 1991.

Sarathi G. P., et al., "An Integrated Revenue Sharing and Quantity Discounts Contract for Coordinating a Supply Chain Dealing with Short Life – Cycle Products", *Applied Mathematical Modelling*, Vol. 38, No. 15 – 16, 2014.

Seung H. Y. and Taesu C., "Quality Improvement Incentive Strategies in a Supply Chain", *Transportation Research Part E: Logistics & Transportation Review*, Vol. 114, 2018.

Simon H. A., "A Behavioral Model of Rational Choice", *The Quarterly Journal of Economics*, Vol. 69, No. 1, 1955.

Spence M. and Zeckhauser R., "Insurance, Information and Individual Action", *The American Economic Review*, Vol. 61, No. 2, 1971.

Srinivasan V. and Lal R., "Compensation Plans for Single – and Multi – Product Salesforces: An Application of the Holmstrom – Milgrom Model", *Management Science*, Vol. 39, No. 7, 1993.

Tagaras G. and Vlachos D., "A Periodic Review Inventory System with Emergency Replenishments", *Management Science*, Vol. 47, No. 3, 2001.

Taylor T. A., "Supply Chain Coordination under Channel Rebates with Sales Effort Effects", *Management Science*, Vol. 48, No. 8, 2002.

Torabi S. A., et al., "Integrated Relief Pre – Positioning and Procurement Planning in Humanitarian Supply Chains", *Transportation Research Part E: Logistics & Transportation Review*, Vol. 113, 2018.

Traulsen A. and Glynatsi N. E., "The Future of Theoretical Evolutionary Game Theory", *Philosophical Transactions of the Royal Society B – biological Sciences*, Vol. 378, No. 1876, 2023.

Trunick P. A., "Tsunami Aftermath: How to Make Good Logistics Better: Disaster Resource Network Reveals Lessons Learned in Sri Lanka. (News)", *Logistics Today*, Vol. 46, No. 4, 2005.

Tsay A. A., et al., "Modeling Supply Chain Contracts: A Review", *Quantitative Models for Supply Chain Management*, Vol. 17, 1999.

Tsay A. A., "The Quantity Flexibility Contract and Supplier – Customer Incentives", *Management Science*, Vol. 45, No. 10, 1999.

Van Wassenhove L. N., "Blackett Memorial Lecture – Humanitarian Aid Logistics: Supply Chain Management in High Gear", *Journal of the Operational Research Society*, Vol. 57, No. 5, 2006.

Wang D., et al., "Vendor – Managed Inventory Supply Chain Coordination Based on Commitment – Penalty Contracts with Bilateral Asymmetric Information", *Enterprise Information Systems*, Vol. 16, No. 3, 2022.

Wang X., et al., "Wholesale Price Contract Under Bilateral Information Asymmetry", *Proceedings of the Ninth International Conference on Management *Science and Engineering Management*, vol. 362, 2015.

Wang X., et al., "Supply Chain Contract Mechanism under Bilateral Information Asymmetry", *Computers & Industrial Engineering*, Vol. 113, 2017.

Wang X., et al., "Wholesale – Price Contract of Supply Chain with Information Gathering", *Applied Mathematical Modelling*, Vol. 37, No. 6, 2013.

Wang X. H., et al., "Pre – Purchasing with Option Contract and Coordination in a Relief Supply Chain", *International Journal of Production Economics*, Vol. 167, 2015.

Wang X. H., et al., "Service Outsourcing and Disaster Response Methods in a Relief Supply Chain", *Annals of Operations Research*, Vol. 240, No. 2, 2016.

Wang Y., et al., "Emergency Resource Supplying Model under Multi – Supply Subjects", *Chang'an Daxue Xuebao (Ziran Kexue Ban) / Journal of Chang'an University (Natural Science Edition)*, Vol. 36, No. 6, 2016.

Wei G. and Yin Y., "Buy – Back Contract Incorporating Fairness in Approach of Stackelberg Game", *American Journal of Industrial and Business Management*, Vol. 4, No. 1, 2014.

Wei J., et al., "Pricing and Collecting Decisions in a Closed – Loop Supply Chain with Symmetric and Asymmetric Information", *Computers & Operations Research*, Vol. 54, 2015.

Weitzman M. L., "Efficient Incentive Contracts", *The Quarterly Journal of Economics*, Vol. 94, No. 4, 1980.

Whybark D. C., "Issues in Managing Disaster Relief Inventories", *International Journal of Production Economics*, Vol. 108, No. 1 – 2, 2007.

Wilson R., "The Structure of Incentives for Decentralization under Uncertainty", *La Decision, Editions Du Centre National De Le Recherche Scientifique*, Vol. 171, 1969.

Wu D. C., "Coordination of Competing Supply Chains With News – Vendor and Buyback Contract", *International Journal of Production Economics*, Vol. 144, No. 1, 2013.

Wu Y. , "The Government Expenditure on Health and Health Systems – The Perspective Behind the SARS", *Chinese Hospital Management*, Vol. 23, No. 7, 2003.

Xiang P. C. , et al. , "Research on the Phenomenon of Asymmetric Information in Construction Projects – The Case of China", *International Journal of Project Management*, Vol. 33, No. 3, 2015.

Xiong H. C. , et al. , "A Composite Contract Based on Buy Back and Quantity Flexibility Contracts", *European Journal of Operational Research*, Vol. 210, No. 3, 2011.

Xu H. , "Managing Production and Procurement through Option Contracts in Supply Chains with Random Yield", *International Journal of Production Economics*, Vol. 126, No. 2, 2010.

Xu J. T. , et al. , "Coordinating a Dual – Channel Supply Chain With Price Discount Contracts Under Carbon Emission Capacity Regulation", *Applied Mathematical Modelling*, Vol. 56, 2018.

Xu R. , et al. , "Evolutionary Game Analysis for Third – Party Governance of Environmental Pollution", *Journal of Ambient Intelligence and Humanized Computing*, Vol. 10, No. 8, 2019.

Xu X. Y. , et al. , "Coordination Contracts for Outsourcing Supply Chain with Financial Constraint", *International Journal of Production Economics*, Vol. 162, 2015.

Yalabik B. , et al. , "An Integrated Product Returns Model with Logistics and Marketing Coordination", *European Journal of Operational Research*, Vol. 161, No. 1, 2005.

Yang K. , et al. , "Impacts of Uncertain Project Duration and Asymmetric Risk Sensitivity Information in Project Management", *International Transactions in Operational Research*, Vol. 23, No. 4, 2016.

Yang K. , et al. , "The Impact of Risk Attitude in New Product Development under Dual Information Asymmetry", *Computers & Industrial Engineering*, Vol. 76, 2014.

Yang Y. M. , et al. , "Bilateral Negotiation Facilitates Stable Coexistence of Cooperation with Defection in Prisoner's Dilemma Game", *Applied Mathematics and Computation*, Vol. 471, 2024.

Yao X. , et al. , "Pre-Positioning Inventory and Service Outsourcing of Relief Material Supply Chain", *International Journal of Production Research*, Vol. 56, No. 21, 2018.

Yue X. H. and Raghunathan S. , "The Impacts of the Full Returns Policy on a Supply ChainWith Information Asymmetry", *European Journal of Operational Research*, Vol. 180, No. 2, 2007.

Yu G. D. , et al. , "Risk-Averse Flexible Policy on Ambulance Allocation in Humanitarian Operations under Uncertainty", *International Journal of Production Research*, Vol. 59, No. 9, 2021.

Zaheer A. and Venkatraman N. , "Relational Governance as an Interorganizational Strategy: An Empirical Test of Trust in Economic Exchange", *Strategic Management Journal*, Vol. 16, No. 5, 1995.

Zeng A. Z. , "Coordination Mechanisms for a Three-Stage Reverse Supply Chain to Increase Profitable Returns", *Naval Research Logistics*, Vol. 60, No. 1, 2013.

Zhang B. , et al. , "Supply Chain Coordination Based on a Buyback Contract under Fuzzy Random Variable Demand", *Fuzzy Sets & Systems*, Vol. 255, 2014.

Zhang M. and Kong Z. J. , "A Tripartite Evolutionary Game Model of Emergency Supplies Joint Reserve Among the Government, Enterprise and Society", *Computers & Industrial Engineering*, Vol. 169, 2022.

Zhang P. , et al. , "Designing Contracts for a Closed-Loop Supply Chain under Information Asymmetry", *Operations Research Letters*, Vol. 42, No. 2, 2014.

Zhao J. , et al. , "Coordination of Fuzzy Closed-Loop Supply Chain with Price Dependent Demand under Symmetric and Asymmetric Information Conditions", *Annals of Operations Research*, Vol. 257, No. 1-2, 2017.

Zhao Y. X. , et al. , "Buyback Contracts With Price-Dependent Demands:

Effects of Demand Uncertainty", *European Journal of Operational Research*, Vol. 239, No. 3, 2014.

Zheng B. R., et al., "Pricing, Collecting and Contract Design in a Reverse Supply Chain With Incomplete Information", *Computers & Industrial Engineering*, Vol. 111, 2017.

Zhou X., et al., "Impact of Policy Incentives on Electric Vehicles Development: A System Dynamics – Based Evolutionary Game Theoretical Analysis", *Clean Technologies and Environmental Policy*, Vol. 21, No. 5, 2019.

Zhou Y. J., et al., "Stackelberg Game of Buyback Policy in Supply Chain With a Risk – Averse Retailer and a Risk – Averse Supplier Based on CVaR", *PLOS ONE*, Vol. 9, No. 9, 2014.

Zissis D., et al., "Supply Chain Coordination under Discrete Information Asymmetries and Quantity Discounts", *Omega*, Vol. 53, 2015.

Zou Q. M. and Ye G. Y., "Pricing – Decision and Coordination Contract Considering Product Design and Quality of Recovery Product in a Closed – Loop Supply Chain", *Mathematical Problems in Engineering*, Vol. 2015, 2015.

后　　记

本书即将付梓之际，回首过往，从最初构思到最终将文字一一落于纸上，这一过程漫长而充满挑战。在忙碌的日子里，查阅文献与撰写书稿如同一日三餐，成为生活的一部分。此刻，我满怀感激，向所有关心、支持、帮助和陪伴我的人致以最诚挚的感谢。

首先，我要感谢我的父亲和已故的母亲。他们赋予了我健康的体魄，培养了我独立的人格和丰富的心灵。他们身上有许多值得我学习的品质，多年的教育、鼓励和支持让我不断成长与进步。他们的每一次肯定都让我倍感温暖，每一次挫折也都能从他们的教诲中找到慰藉。亲情无价，我深爱着他们，并将用一生的努力去回报他们的养育之恩。

感谢我的先生，他包容我的急躁与疏忽，是我坚实的后盾。在学术与生活中，他给予我全力支持，帮我化解难题，让我的学术之路不再艰辛。他的陪伴是我前行的动力。

我还要特别感谢编辑程春雨老师，以及中国社会科学出版社的团队。他们的专业指导和无私帮助让我的书稿更加完善。编辑的细心校对和宝贵建议极大地提升了书稿质量，使其以最佳面貌呈现给读者。在此，也感谢出版社的领导和同事们，他们的支持让我在写作过程中受益匪浅。

学术之路既有孤独，也有喧嚣，科研过程充满艰辛与清苦。然而，于我而言，这是一次次精神的洗礼，一段段精彩的发现之旅。它让我不断成长，永葆内心的健康、清澈与和谐。

感谢撰写书稿过程中给予我帮助的老师，感谢臧国全老师、杨瑞仙老师、金燕老师、袁静老师给予我的悉心指导和帮助，感谢张珂老师对书稿内容的修改。同时，也要感谢我的研究生团队成员，包括张孟伟、杨金永、李卓娅、房子、黄青、杨蕴琦等学生的参与。你们的支持让我在研究中不断进步。感谢每一位在我学术旅程中给予帮助的人，是你们让我的成长之路充满力量。

最后，感谢每一位读者。你们的关注和支持是我继续前行的动力。我仍在路上，期待与你们共同探索更多未知的领域。

高晓宁
2024 年 1 月 22 日